대원불교
학술총서

42

대원불교
학술총서
42

불교에 심취한 서양 작가들

셰익스피어부터 토니 모리슨까지

딘 슬루이터(Dean Sluyter) 지음
양윤희 옮김

운주사

발간사

오늘날 인류 사회는 4차 산업혁명을 통해 완전히 새로운 세상을 맞이하고 있습니다. 전통적인 인간관과 세계관이 크게 흔들리면서, 종교계에도 새로운 변혁이 불가피하게 되었습니다. 이런 상황에서 대한불교진흥원은 다음과 같은 취지로 대원불교총서를 발간하려고 합니다.

첫째로, 현대 과학의 발전을 토대로 불교를 현대적으로 재해석할 필요가 있습니다. 불교는 어느 종교보다도 과학과 가장 잘 조화될 수 있는 종교입니다. 이런 평가에 걸맞게 불교를 현대적 용어로 새롭게 이해할 수 있도록 하려고 합니다.

둘째로, 현대 생활에 맞게 불교를 이해할 필요가 있습니다. 불교가 형성되던 시대 상황과 오늘날의 상황은 너무나 많이 변했습니다. 이런 변화된 상황에서 부처님의 가르침을 제대로 이해할 수 있도록 하려고 합니다.

셋째로, 불교의 발전과정을 종합적으로 이해할 필요가 있습니다. 북방불교, 남방불교, 티베트불교, 현대 서구불교 등은 같은 뿌리에서 다른 꽃들을 피웠습니다. 세계화 시대에 부응하여 이들 발전을 한데 묶어 불교에 대한 총체적 이해가 가능하도록 하려고 합니다.

대원불교총서는 대한불교진흥원의 장기 프로젝트의 하나로서 두 종류로 출간될 예정입니다. 하나는 대원불교학술총서이고 다른 하나는 대원불교문화총서입니다. 학술총서는 학술성과 대중성 양 측면을 모두 갖추려고 하며, 문화총서는 젊은 세대의 관심과 감각에 맞추려고 합니다.

본 총서 발간이 한국불교 중흥에 조금이나마 기여할 수 있기를 바랍니다.

불기 2570년(서기 2026년) 1월

(재)대한불교진흥원

서문
신발을 벗읍시다

「매드(Mad)」 잡지의 겉표지에서 나의 첫 번째 구루*를 발견했다.

열두 살이었던 것 같다. 그날 밤 우리는 자동차 극장에 갈 예정이어서, 엄마는 내게 차고로 가서 내쉬 램블러 스테이션 왜건의 뒷좌석을 정리하라고 했다. 형제들과 내가 어지른 장난감과 만화책들을 뒤적이다가, 늘 그랬던 것 같은 막연한 불안감, 뭔지 모를 동요, 하릴없이 공터에 놓인 쓰레기 트럭의 공회전 소리에 위장이 뒤

* 구루(guru): 스승, 안내자.

틀리는 듯한 감정이 올라왔다.

그때 「매드」라는 생뚱맞은 풍자 잡지 한 권이 눈에 띄었다. 표지에는 그 잡지의 마스코트, 갈라진 이빨 사이로 멍청하고 해맑은 미소를 짓고 있는 알프레드 E. 뉴먼(Alfred E. Neuman)이 있었다. 그의 모토는 이랬다: "뭐라고? 나에게 걱정을 하라고?"

오.

내 마음이 멈췄다. 시간이 멈췄다. 모든 것이 깊고, 감미롭게 고요해졌다. 그 고요함 속에서 뒤틀리는 불안감이나 걱정이란 나에게 일어난 일이 아니라는 것을 알게 되었다. 습관적으로 스스로 돌리고 있었던 쓰레기 트럭의 엔진 페달에서 발을 뗀 것이다. 황홀이라는 단어가 이상하게 들릴 수도 있지만(이야기가 모두 이상하게 들릴 수도 있지만), 그것은 바로 황홀감이었다. 마치 내 두개골의 윗부분이 열리고 뇌가 하늘과 합쳐진 것처럼 말이다. 그날 오후 저녁 내내 하늘과 합쳐진 반짝이는 황홀경 속에 있었다. 아침이 되자 그 비전은 사라졌으나 메아리는 여전히 남았다. 해방이 가능하다는 어떤 감각: 초조한 '내 걱정'에서 넓고 밝은 빛으로의 향함이었다.

그렇다, 내가 처음으로 명확하게 맛본 니르바나, 깨달음이었다. 아마도 그것은 내가 예상치 못한 곳에서 발견하도록 주재되어 있는 것 같았고, 그것에 대해 너무 엄숙하게 생각하거나 특정 현자나 구세주만 독점하는 것이라 생각지 말라는 예방주사를 맞은 듯했다.

두 번째 구루는 남부 캘리포니아의 한 교실에서 만났다. 나는 『곰돌이 푸』를 읽던 어린 시절부터 책에 빠져들었고, 말문이 트이자마자 말장난과 운율, 혀 꼬임을 즐겼지만, 단어가 깊이를 헤아릴 수 없는 세계를 열어 준다는 것은 존 프리시어스(John Frisius)라고 불리는 반 누이(Van Nuys) 고등학교의 영어 선생님을 통해 알게 되었다. 그는 진정한 괴짜였다. 유난히 배가 나오고, 이른 나이에 회색 스포츠머리를 하고, 술을 많이 마신 사람 특유의 붉은 안색을 가지고 있었다. 자주 입던 싸구려 흰 셔츠의 가슴팍 주머니에는 늘 담배 한 갑씩이 들어 있었다. 그는 많은 욕설을 퍼붓고, 위선자들을 신랄하게 비난했다. 지역 목사들은 그를 해고하라고 학교 이사회에 여러 번 압력을 가했지만, 고등학교를 졸업하자마자 제2차 세계대전에 뛰어든 그가 겁먹을 리 만무했다.

선생님은 나쁜 농담과 구식 슬랭을 반복적으로 사용했다. 자신을 '엉클 존'이라고 불렀고, 영화의 여신 헤디 라마(Hedy Lamarr)에게 반했다고 연거푸 말하면서 늑대 울음소리를 냈는데, 끈적한 연애 장면에는 "거의 토할 뻔했어"라고 반응했다. 좋은 답변에는 "정확해!"라고 외쳤고, 나쁜 답변에는 큰 머리를 가로젓는 바람에 턱살이 흔들렸다.

그는 삶의 기쁨과 슬픔을 표현하는 단어의 놀라운 힘을 전달하려는 열망에 사로잡힌 듯했다. 시를 소리 내어 읽을 때는 진가가 발휘되어, 로런스 올리비에의 웅장한 발음과 그라우초 막스의 삽입 대사가 어우러졌다. 예를 들어 스물다섯에 절망적인 사랑과 욕망에 불타 죽어가던 키츠의 비극적인 소네트를 읽을 때, 그는 눈을 크게 뜨고 고통스러워하며 우리가 시인의 비극을 충분히 이해하지 못했다고 비난하는 듯한 표정을 지었다. 그러고는 "이건 정말로 끔찍하군"이라고 으르렁거렸다. 시를 다 읽고 나면 "좋아, 신발을 벗고 한번 달려봅시다"라고 말하면서 다시 처음으로 돌아가 구절 하나하나를 분석하고 시적 기법의 미묘한 기어와 레버를 모두 드러내며, 가끔씩 "맙소사, 정말 훌륭해!"라고 중얼거렸다.

그는 흔히 접할 수 있는 영적 가르침에 관해서는 회의적이었지만, 한번은 익사했다가 소생되기 전에 황홀하고 무한한 평온함을 경험한 적이 있다고 이야기한 적이 있었다. 또 한번은 꿈속에서 신을 만났는데, 그가 조롱하고 반항하던 복수심 많은 주일학교 스타일의 신이 아니라 무한한 웃음을 터뜨리는 보이지 않는 신이었다고 했다.

어느 순간 나는 엉클 존이 되고 싶다고, 적어도 그와 같은 직업을 갖고 싶다는 생각이 들었다. 결국 뉴저지에 정착하여 최고의 사립학교에서 영어를 가르쳤다. 나는 나 자신을 '엉클 딘'이라고 불렀고, 시를 분석하기 전에 "좋아, 신발을 벗고 한번 달려봅시다"라고 말하지 않고서는 수업을 시작할 수 없었다. 모두가 내 교실에 책상 의자 대신 편안한 소파가 원형으로 배치되어 있다는 것을 알고 있었다. 33년 동안 책을 읽고 영특한 젊은이들과 이야기하며 돈을 벌었다. (그리고 아, 맞다, 시험지 채점. 그 부분은 최악이었다.)

그즈음에 나는 동서양을 막론하고 실제로 깨친 현자들(awakened sages)*을 만나 그들과 함께 깊은 수행에 들어 몇 달씩 시간을 보냈으며, 때로는 들어가자마자 신발을 벗어야 하는 아쉬람에서도 지냈다. (읍…) 또한 우파니샤드와 복음서, 플라톤의 대화와 불교 경전 같은 텍스트를 읽었다. 그 과정에서 내가 「매드」 잡지의 표지를 보고 느꼈던 머리가 열리는 듯한 해방감의 체험이 단순한 신경학적 현상이 아니라는 것을 알게 되었다. 무색의 빛이 모든 색의 본질인 것과 마찬가지로 그때가 존재의 본질을 엿볼 수 있는 순간이었다. 나는 이러한 스치는 각성을 넘어서는 '숙련된 방법'이 있다는 것도 알게 되었다. 가장 단순한 방법은 명상인데, 밀어붙이기보다는 자연스럽게 이끌리도록 그냥 놓아두면 놀랄 만큼 쉬워진다. 이것을 커리큘럼에 슬쩍 넣어보면서 15세 아이들도 할 수 있다는 것을 알게 되었다.

---

* "Awakened sages"는 불교에서 깨달음을 얻은 스승들을 의미하며, 붓다(Buddha)와 같은 고승들이 포함된다. 이들은 일체의 무지에서 벗어나, 진리와 자비를 완전히 이해한 존재들이다. 불교에서는 깨달음을 얻은 이들을 "붓다", 또는 "아라한"이라 하며, 그들은 사마디와 지혜를 통해 모든 고통을 초월한 상태에 도달한 인물들이다. 깨달은 스승들은 중생들에게 진리의 가르침을 전하고, 그들을 고통에서 벗어나도록 돕는다. 이들은 무상無常, 고통(苦), 무아無我 등 불교의 기본 교리를 이해하고 실천하며, 법을 통해 중생들에게 깨달음을 전파하는 역할을 한다. 이러한 스승들의 가르침은 불교 수행자들이 자기 내면을 깨닫고 궁극적으로 해탈에 이를 수 있도록 돕는 중요한 지침이 된다. 불교의 시각에서 볼 때 '깨달음'이라는 말은 최상의 경지를 지칭하는 것이나 이 책에서 저자는 자각, 깨침, 통달한 지혜 등을 모두 "깨달은(Awakened)"으로 표기했으므로 번역도 문맥에 따라 '깨침', '깨달음', '각성' 등으로 달리했다.

현자들이 가르친 것을 통해, 점차 확인하게 된 것은, 우리가 존재의 빛을 향해 계속 마음을 열고 날마다 삶을 새롭게 할 때 일어나는 일이었다. 이렇게 해보니 바깥에서 일어나는 삶의 소음과 혼잡한 일들을 우아하게 처리하면서도 내부는 빈 거울처럼 고요하고 투명하게 유지할 수 있었다. 단도직입적으로 말하면 다르마(Dharma), 즉 깨달음의 길에 흠뻑 빠져 그 길에 머물렀다는 얘기다. 다른 선택을 할 생각은 한 번도 해본 적이 없었다.

시간이 지나면서 깨달음과 내가 사랑하는 책과 시, 그리고 고요함과 단어 사이의 연결고리를 보기 시작했다. 흥미로운 발견 중 하나는 에밀리 디킨슨의 증언이다. 그녀는 이렇게 말했다:

> 내 머리 위쪽이 물리적으로 벗겨지는 느낌이 든다면, 나는 그것이 시詩임을 안다.

바로 그것이다. 내가 열두 살 때 맛본 머리가 열리는 느낌인 '개두 삼매'*였다. 문학(또는 축구, 건축, 그 어떤 것이라도)을 숭고하게 만

---

* 개두 삼매("The open-cranium samadhi")는 명상, 초월적 의식 상태, 또는 영적인 깨달음과 관련된 시적인 또는 상징적인 표현으로 보인다. 이 표현은 다음과 같은 개념을 함축하고 있을 가능성이 크다. 인간의 머리와 두뇌는 종종 생각과 자아를 상징하므로, "open-cranium"은 자아의 경계를 넘어서 우주적 의식이나 초월적 진리와 연결되는 상태를 의미할 수 있다.

드는 그 물질, 그 즙, 그 빛은 깨달음의 맑은 빛과 동일한 것으로 판명되었다. 그리고 그 빛은 문학이 탐구하는 모든 큰 질문들—출생과 죽음, 희망과 절망, 사랑과 두려움—을 비춘다.

에밀리 디킨슨이나 제롬 데이비드 샐린저, 윌리엄 블레이크 같은 몇몇 작가들은 그것에 대해 명시적으로 언급한다. 그들의 작품은 그들의 삶처럼 빛 속으로 뛰어드는 기쁨과 다시 어둠 속으로 던져지는 고통으로 소비된다. 마크 트웨인이나 토니 모리슨 같은 작가들에게는 빛이 가끔, 예상치 못하게 옆문을 통해 스며든다. 그러나 그들은 예리한 관찰자들이며, 빛의 부재로 말미암은 고통을 관觀할 때조차, 그 고통에 이미 빛이 존재함을 암시했다. 개츠비가 데이지를 그리워하고, 에이헵이 흰고래를 찾고, 블라디미르와 에스트라곤이 고도를 기다릴 때, 그들은 모두 같은 빛을 갈망하고 있었다. 그들의 창작자들도, 그들의 독자들도 마찬가지다.

결국 이 빛은 실제로는 절대 사라지지 않는다. 다만 우리가 그것을 간과할 뿐이다. 무한이 무한하다면, 그것이 존재하지 않는 곳은 있을 수 없다. 이것은 서양과 동양의 영적 전통에서 모두 인정되는 것이다.

> 어디로 가야 당신의 영으로부터 벗어날 수 있겠습니까?
> 어디로 가야 당신의 존재로부터 도망칠 수 있겠습니까?
> 내가 하늘로 올라가도, 당신은 거기에 계시고;
> 내가 깊은 곳에 잠자리를 펴도, 당신은 거기에 계십니다. …
> 어둠도 당신에게는 어둡지 않으며;

밤이 낮처럼 빛나리니,

어둠이 당신에게는 빛과 같습니다.

— 시편 139편

따라서 이 책의 목표는 밝은 깨달음의 길로 가는 여정을 문학을 통해 제공하는 것이다. 물론 동양에는 강력한 깨달음을 주는 책들이 많이 있다. 그 책들은 스스로 충분히 가치가 있으며, 몇몇은 이미 우리 문화에 자리잡았다. 요즘 루미는 미국에서 가장 잘 팔리는 시인 중 하나이고, CEO들은 도교의 지혜를 담은 책을 책상 위에 두고 있다. 대신 나는 다르마(Dharma)*의 눈을 통해 가장 익숙한 서양 문학에서 하나의 빛을 찾고자 한다—우리가 고등학교나 대학교에서 읽었거나 읽어야 했던 책들이다. (그래서 대부분의 텍스트는 백인 남성 작가들의 작품일 것이며, 몇몇은 논란의 여지가 있을 수 있다. 그런 논쟁은 더 높은 자격을 가진 논평가들에게 맡기고, 나는 조

* 다르마(Dharma)는 산스크리트어로 "법", "진리", "원칙" 등을 의미하며, 종교적, 철학적 문맥에 따라 다양한 의미로 해석된다. 다르마는 힌두교, 불교, 자이나교 같은 인도 종교 전통에서 중심 개념으로 다루어지며, 각 전통에서의 의미와 강조점은 조금씩 다르다. 이 책에서 다르마는 부처가 깨달음을 통해 전한 진리와 가르침을 의미한다. 이는 고통(두카, Dukkha)의 원인과 해탈의 길을 설명하는 사성제와 팔정도를 포함한다. 우주의 법칙으로서의 다르마는 모든 존재와 현상을 지배하는 자연의 법칙, 즉 무상無常, 무아無我, 연기緣起와 같은 법칙을 뜻하기도 한다. 인간은 다르마를 따름으로써 깨달음(열반, Nirvana)에 이를 수 있다.

용히 다르마 문학이라는 잊힌 정원을 가꾸겠다.)

당신이 문학이나 다르마에 대한 고급 배경지식이 있다고 가정하지 않겠다. 그러나 만약 있다면, 이미 알고 있거나 알고 있다고 생각했던 것을 새롭게 보는 방법을 알게 될 것이다. 나도 엘모어 레너드의 조언을 따라 건너뛰기 쉬운 부분을 생략하려고 노력할 것이다. 이것은 엄격한 학문적 연구가 아니다. 우리의 여행은 깔끔하거나 포괄적이거나 심지어 연대기적이지도 않을 것이다. 단지 빨리 놀고 싶어 안달이 난 빛으로 가득 찬 책들과 함께 놀려는 것이다.

영어로 써진 작품들에만 집중할 것이다. 그것이 내가 잘 읽을 수 있는 유일한 언어이기 때문이다. 때로는 탈선도 할 것이다. 홀든 콜필드처럼 말이다.

> 누군가의 이야기가 옆길로 새는 걸 좋아해. 그건 상당히 흥미있고 결국 그게 다거든… 난 누군가가 어떤 것에 대해 신나 하는 게 좋아.

그래서 우리는 흥분을 가이드로 삼을 것이다. 스키광이 눈을 따라가고, 서핑광이 파도를 따라가듯, 우리는 빛을 따라가는 다르마(Dharma)광이 되어, 가장 재미있고, 가장 재미있는 곳에서 빛을 찾을 것이다. 재미가 없다면 무슨 소용이 있겠는가?

「매드」 잡지에서 겪은 놀라운 점은 단순히 세 단어: "What—Me Worry?(뭐—내게 걱정을 하라고?)"를 읽은 것만으로 깨달음이 촉발되었다는 사실이다. 나는 요가나 명상을 하지 않았고, 만트라를 외지도 않았다. 하지만 인도 철학에서 '마하바카(mahavakya)'*라고 부르는 "위대한 발언"의 순수한 서구 버전, 진리를 담은 표현과 맞닥뜨린 것이다. 이는 예상치 못한 순간 기대치 않은 사람에게 진정한 깨달음이 촉발될 수 있음을 말해 준다. 단순한 단어가 말 너머, 모든 것을 초월한 넓은 차원으로 우리를 해방하는 촉매제가 될 때, 그것은 일종의 기적이다. 운이 좋다면, 키츠나 셰익스피어, 버지니아 울프나 월트 휘트먼의 말에서 당신도 그런 기적을 경험할 수 있을 것이다.

---

* 마하바카(Mahavakya)는 산스크리트어로 "위대한 진술(Great Sayings)"이라는 뜻으로, 힌두교의 베단타 철학에서 가장 중요한 철학적 진언들을 가리킨다. 이들은 우파니샤드(Upanishads)에 기록된 진리의 핵심을 압축적으로 표현하는데, "아트만(Atman)"은 개인의 영혼 또는 참된 자아를 의미하고 "브라만(Brahman)"은 우주의 궁극적 실재 또는 절대적 진리를 의미한다. 마하바카는 아트만과 브라만이 동일하다는 깨달음을 제시하며, 이를 통해 해탈(Moksha)을 추구하도록 돕는다. 인간의 본질과 우주의 궁극적 실재를 깨닫게 하는 데 초점이 맞춰져 있다.

열쇠는 많지만, 문은 하나뿐이다.

—잭 케루악, 『다르마 선승(The Dharma Bums)』

1. 영원의 일출

윌리엄 블레이크

눈에 모래바람이 불어와 아팠다. 윌리엄 블레이크에게 이것은 황홀경의 현현이다.

바람을 향해 모래를 던지면
그 바람은 다시 되돌아 불어온다.

모든 모래는 한 점의 보석이 되어
빛줄기 속에서 신성으로 빛난다.

블레이크처럼 예지를 타고난 이에게, 신성은 모든 일상적인 사물에 드러난다. 우리는 그것을 거부하려 안간힘을 쓰지만, 그것은 언제나 우리의 얼굴 앞에 날리는 모래바람처럼 떠오른다. 블레이크의 유명한 경구에 다음과 같은 말이 있다:

인식의 문이 맑아지면 삼라만상이 인간 앞에
무한한 참모습을 드러낼 것이다.

블레이크의 인식의 문은 일찌감치 활짝 열렸다. 그는 18세기 중반 런던의 소호 지역에서 자랐다. 네 살 때 창문에 이마를 기대고 있는 신을 보았고, 그가 소리를 지르자 신은 사라졌다고 했다. 여덟 살 무렵엔 더욱 인식이 확장되어 집안에서도 빛나는 천사로 가득 찬 나무의 광경을 즐길 수 있었다. 나중에 그는 형 로버트가 죽는 광경을 지켜보고, 로버트의 영혼이 환희에 차서 지붕을 통해 하늘로 올라가는 것을 보았다고 말했다. 그러니 동시대 사람들이 그를 미치광이로 보는 것은 그리 놀라운 일이 아니다. 그가 도처에서 법을 구하는 다르마(Dharma) 행려들의 등불이 되는 데는 백 년 이상이 걸렸다.

보는 관점에 따라 블레이크가 환각이나 영적 환상을 일으키는 에르고 중독증을 앓았다는 설도 있다. 중세 이래로 농부들 사이에서 성 안토니의 불*로 알려진 그 병은 보라색 에르고 버섯 균에 감

* 성 안토니의 불(Saint Anthony's Fire)은 맥각 중독, 또는 맥각 중독증(ergot-

염된 호밀빵을 먹어서 발생하는데, 20세기에는, 환각제로 정제해 사용하기도 했다. ('더 도어스'라는 밴드 이름*도 위의 블레이크 구절에서 따왔고, 올더스 헉슬리가 메스칼린 복용 후 환각여행 경험을 설명한 「지각의 문」도 마찬가지다.) 그러나 블레이크의 고도의 깨달음은 특별한 향정신제에 의한 것이 아니라 순수한 것이었다. 다시 한번 말하지만, 그것은 모래알처럼 명백하다.

한 톨의 모래알에서 세상을 보고
한 송이 들꽃에서 천국을 보며
손바닥 안에 무한을 거머쥐고
찰나 속에서 영원을 느낀다.

---

ism)을 가리키는 중세 용어이다. 이 질병은 맥각(ergot)이라는 곰팡이에 감염된 호밀을 섭취했을 때 발생하며, 맥각에는 신경에 영향을 미치는 독소가 있어 신체와 정신에 강력한 영향을 미친다. 이 독소는 강한 환각과 극심한 신체 통증을 유발할 수 있는데, 중세 사람들은 이를 신비한 현상으로 이해해 "성 안토니의 불"이라는 이름을 붙였다. 증상으로는 불타는 듯한 극심한 통증, 근육 수축, 정신 혼란, 환각 등이 일어나고, 심한 경우 괴사와 사망에 이르기도 했다. 이 병은 유럽 전역에 큰 영향을 미쳤으며, 사람들은 이를 피하기 위해 맥각에 오염되지 않은 곡식을 찾아 떠나기도 했다.

* 'Doors'의 유래: 블레이크의 작품에서 비롯된 유명한 문구, "If the doors of perception were cleansed everything would appear to man as it is, infinite"는 20세기 대중문화에도 큰 영향을 미쳤다. 블레이크의 이 문장에서 록 밴드 *The Doors*와 올더스 헉슬리(Aldous Huxley)의 환각 경험을 다룬 책 *The Doors of Perception*의 이름이 유래했다.

위에 있는 시의 의미는 깊지만 단순하다. 마치 바다라는 것이 모든 파도 속에 현전하듯, 모든 시간의 순간엔 영원이 존재한다는 것이다. 이것은 히피의 영적 환상이 아니라 확실한 가설이고, 블레이크는 우리에게 그것을 확인하라고 부추긴다. 당신은 꼭 보아야만 한다. 손바닥 위에 모래알, 들꽃, 구겨진 껌 종이, 아니면 다른 그 무엇이라도 올려놓고서 말이다. 그게 아니라면 그냥 손만 바라보아도 좋다. (블레이크에게는 적어도 한 명의 제자, 아내 캐서린이 있었으며, 그녀는 그가 하는 대로 보고 배웠다.)

한 시간과 영원 중 어떤 것이 먼저인지 보고 계속 찾아보라. 영원은 수억 겁의 끝에 오는 것이 아니라 오히려 시간이 녹아 없어지는 어떤 한순간 그것을 알아차릴 때 온다. 당신이 헤드폰을 끼고 정신없이 춤을 출 때, 혹은 잡초를 뽑을 때, 점프 샷을 연습할 때, 아니면 별을 응시하다가 시간이 증발한 바로 그 순간 당신 앞에 펼쳐진다. 현재가 충만하여 과거나 미래가 기쁘게 녹아 없어질 때, 돈을 잘 벌어 휴가를 떠나 즐거움에 푹 빠져 시간 가는 줄 모르는 그런 때 일어난다.

이 영원 속에서 우리가 경험하는 모든 것은 무한함을 드러낸다. 당신과 연인이(혹은 당신과 고양이가) 서로의 눈 속에서 안온하게 녹아 시간의 초월과 무중력을 느끼며 "나"와 "너"의 경계가 흐려지면, 바로 그것이 시간과 공간의 메트릭스로부터 놓여나는 한 줄기 섬광이다.

그 무한함이야말로 의식적이던 무의식적이던 모두가 찾고 있던 그것이다. 그것을 찾지 못하면, 어떤 위로나 보상, 가치 있는 업적,

맛있는 음식, 그런 것들에 만족할 수도 있다. 그러나 그럴 때는 희미한 불만족이 끈질기게 지속되다가, 어느 순간 깊은 갈망이 밑바닥으로부터 쑥 올라온다.

해바라기여! 시간에 지쳐
태양의 발걸음을 헤고 있누나.
나그네의 여정이 끝나는
달콤한 황금빛 열반을 찾아서.

욕망에 바싹 타버린 청년이여
눈밭에 사그라든 창백한 처녀여
그대들이 무덤에서 일어나
열망하는 곳, 나의 해바라기가
향하는 곳이지.

'헬리엔터스 아누스(Helianthus annuus)'라고 불리는 해바라기는 두 가지 이유로 그렇게 이름이 붙여졌다. 첫째로 태양을 닮았고, 둘째로 하늘을 가로지르며 움직이는 태양을 따라가기 때문이다. 그 꽃은 "태양의 발걸음을 좇아" 근면한 시계처럼 종종거리며 "시간에 지칠" 때까지 시간과 날을 헤아린다. 우리 모두도 시간에 지치지 않는가? "달콤한 황금빛 나라/ 여행자들의 여정이 끝나는 정점"을 조용히 꿈꾸지 않는가? 그곳은 희망과 두려움, 판에 박힌 일상과 책임에 지쳐가는 우리가 마침내 해방되는 곳이다. 시간이 존재하지 않음을 깨달을 때까지 우리는 모두 아등바등 시간을 치러내고 있다.

블레이크에게 '청년' 혹은 '창백한 처녀'로 표현되는 사람에게, 욕망은 세상에서는 결코 실현될 수 없는 것이다. 바로 지금, 아름다운 영혼들이 자신의 체형이나 특이한 성격 때문에 사랑받을 자격이 없다고 확신하며 방안에서 홀로 울고 있다. 셀 수 없이 많은 온순한 영혼들이 자신을 혼란스럽게 했던 폭력적 상황은 이미 오래전에 지나갔건만, 홀로 갇혀서 고뇌에 차 있다. 그러나 영혼들의 깊은 열망은 반드시 충족될 수 있다. 달콤한 황금빛 니르바나는 언제나 우리 곁에 있으니까.

어디에 있냐고? 바로 당신의 손바닥 안에. 그보다도 더 가까이. 힌트는 이름에 있다. "해바라기(Sunflower)"에는 "태양(Sun)"이 포함되어 있다. 우리는 무한을 추구하는 자들이며, 우리의 본질에는 무한이 포함되어 있다. 본질을 깨달을 때, 우리는 절망의 무덤에서 일어나 "나의 해바라기가 가고자 하는 곳으로" 나아간다. 바로 여기서 말이다.

무한은 때때로 신이라고 불린다. 모든 곳에서 신을 보는 사람들은 그것이 특정한 사원이나 책에 갇힐 수 없다는 것을 알고 있다. 사원과 책의 소유자들은 예컨대 블레이크 같은 비전가들(visionaries)이 자신들의 독점을 위협한다고 두려워한다(그렇다). 비전을 자유롭게 탐구하는 이들이 그들의 영역을 침범할 거라고 느끼는 것이다. 과거에는 문제를 해결하는 방법으로 이들을 이단으로 처벌하거나 성인으로 선언하여 평범한 사람들의 접근을 막았다. 블레이크의 시대는 그 비전을 병리화(pathologize)하는 것이 가장 쉬운 방법이었다. '아, 블레이크요? 그 사람은 미쳤어요.' 이렇게 하면 문제는 해결되었다.

좋다. 블레이크는 교회가 그를 쓸모없다고 여겼듯 그도 교회를 쓸모없게 여겼다. 그의 관점에서, 교회의 목사들은 무한을 오래된 소문으로만 알고 있었다. 그들은 삶의 기쁨을 맛보기엔 너무 눈이 멀었거나 억눌려 다른 사람들의 기쁨을 공격함으로써 좌절을 표출했다.

애벌레가 가장 아름다운 잎을 골라 알을 낳듯이,
사제는 가장 아름다운 기쁨에 저주를 내린다.

가장 아름다운 기쁨은 영적이고 육체적인 것으로, 두 가지는 분리될 수 없다. 몸은 블레이크의 판화 "앨비언 로즈(Albion Rose)"에서처럼 신성한 에너지의 표현이다. 앨비언은 우주적 원형 인간으로, 영적이고 육체적인 나체의 영광을 만끽하고 있다. 이는 무화과 나뭇잎으로 부끄러움을 가리는 아담과는 다르다. 빛은 정숙한 기독교 성인들의 후광처럼 앨비언의 머리에서만 빛나는 것이 아니라, 그의 온몸에서 빛나고 있다. 그는 두려움과 부끄러움을 넘어선 360도 풀어진 기쁨의 화신이다.

이것은 블레이크가 자신의 삶에서 지향한 이상이었다. 그는 아

앨비언 로즈

마도 앨비언의 모델이 되었을 것이다. 앨비언 로즈(이 장의 시작 부분에 있는 그의 자화상과 비교해 보라. 그리고 그 깊은 눈을 깊이 들여다보라). 한번은 이웃이자 정부 서기인 토마스 버츠가 찾아갔을 때, 블레이크와 그의 아내가 에덴의 야생 정원 같은 곳에서 벌거벗고 『실낙원』을 읽으며 즐거움을 누리는 모습을 보았다. 시인의 삶이 그의 시와 일치하는 모습에 감명받은 버츠는 그의 몇 안 되는 후원자 중 한 명이 되었다.

블레이크가 1789년에 쓴 책 『순수의 노래』는 우리를 에덴으로 안내한다. 그곳은 육체와 영혼, 인간과 자연, 그림과 단어가 하나의 유기적 전체로 함께 어우러진 장소이다. 이 책은 순수한 아이의 자발적이고 무의식적인 노래로 표현되어 있으나 책을 만드는 과정은 처음부터 끝까지 세심하게 수작업을 한 듯 보인다. 블레이크는 이 책을 그의 죽은 형이 비전으로 계시해 준 새로운 방법인 "조명 인쇄(Illuminated Printing)"를 사용하여 제작했다고 말했다.

각 페이지는 이미지와 서체를 통합한 디자인으로 꾸며졌는데, 블레이크는 붓과 깃펜을 사용하여 이를 구리판에 거꾸로 그렸다. 그는 바니시를 적신 펜으로 그림을 그리고, 바니시가 칠해지지 않은 부분은 질산으로 부식시켜 음각을 만들었다. 그런 다음, 아내의 도움을 받아 구리판으로 찍어낸 각각의 페이지에 일일이 수채화로 채색을 했다. (영적 아웃사이더나 소외된 예술가에게는 인내심을 갖고 지지해 주는 배우자가 드물지만, 블레이크는 캐서린 블레이크라는 아내 덕분에 행운을 누렸다.) 이 책들은 약 3×4.5인치 크기의 작은 책들이었고, 블레이크는 이를 한 권씩 판매했다. 나는 현존하는 몇몇 복사본을 본 적이 있는데, 그것들은 마치 다른 행성*에서 온 작은 보석들 같았다.

『순수의 노래』의 본질은 "어린양"에서 잘 전달된다. 이 텍스트 윗부분은 얽힌 채 서로를 감싸고 있는 두 그루 나무로 테두리 지어져, 마치 나선형 덩굴손이 자라나는 것처럼 보인다. 텍스트 아래에는 작은 언덕과 시골 오두막이 있고, 한 아이가 풀을 뜯는 양떼 옆에 서서 어린양에게 말을 걸고 있다. 어린양은 달콤한 얼굴로 고개를 들어 아이의 말에 귀를 기울인다. 아이는 앨비언이나 양들처럼 순수하게 벌거벗은 상태이다.

---

* 고해상도의 스캔 이미지와 각기 다른 독특한 채색을 감상하려면, 블레이크 아카이브(blakearchive)에서 확인할 수 있다.

작은 양아, 너를 만든 이는 누구니
너는 만든 이를 아니
너에게 생명을 주고 먹을 것을 준 이를.
시냇가와 초원에서;
너에게 기쁨의 옷을 주시고,
부드러운 옷, 양털처럼 밝고;
너에게 그토록 부드러운 목소리를 주신 이를,
모든 계곡이 기뻐하도록;
작은 양아, 너를 만든 이는 누구니
너는 너를 만든 이를 아니.

이 시는 정말 달콤하게 들린다. 블레이크는 일부러 18세기 어린이 시의 달콤한 스타일을 모방하고 있다. 그러나 여기에는 깊은 목적이 있다: 어린양으로부터 신에게로 확장하는 것이다. 어린양이 우주의 유한한 존재로서 어떤 특별한 성정을 지녔다면—"부드러움", "밝음", "기쁨"— 어린양을 만든 신, 존재의 바다에서 생겨난 파도는 무한한 부드러움, 무한한 밝음, 무한한 기쁨이어야 한다.

시의 후반부는 첫 번째 부분에서 제기된 질문에 대답함으로써 이 점을 명확히 한다.

작은 양아, 내가 너에게 말해 줄게,
작은 양아, 내가 너에게 말해 줄게;
그는 너의 이름으로 불리운단다,
그는 스스로를 어린양이라 부르지;
그는 온순하고 부드러우며,
그는 작은 아이가 되었지:
나도 아이고 너도 어린양이야.
우리는 그의 이름으로 불리우지.
작은 양아, 신의 축복이 있기를.
작은 양아, 신의 축복이 있기를.

기독교 전통에서 그리스도는 당연히 하느님의 어린양으로, 신이 인간으로, 무한이 유한으로 나타난 것이다. 그는 또한 사랑하는 선한 목자로서 우리를 돌보는 양치기이다. (다른 전통에도 유사한 개념이 있다. 예를 들어 고빈다(Govinda)라는 "소들의 보호자"는 젊은 소치기 소년으로서의 크리슈나의 이름이다.) 그리고 그리스도 또한 "작은 아이가 되었다"는 점에서 시의 화자 "나"와 동일시된다.

아브라카다브라(Abracadabra)—몇 줄의 간단한 시를 통해 블레이크는 "그"(그리스도), "나"(화자와 독자), 그리고 "너"(어린양)를 통합한다. 신성, 인간성, 그리고 자연이 이제 하나의 큰, 행복한 혼합체가 된다.

이것은 넓은 의미에서 성찬식이다: 포도주와 성체를 취하여 신과 하나가 되는 것이 아니라, 우리가 본래 신과 하나이며, 그 신의 현현인 자연 세계와도 하나임을 발견하는 것이다. 성직자는 필요치 않다. 우리가 겉으로 소외된 것은 단지 일시적인 혼란일 뿐이며, 이제 우리는 "온순하고 부드러운"—순수하고 꾸밈없이 그저 있는 그대로 존재하는 심오한 마술을 통해 이를 해결했다.

이 목표 없는 단순한 존재는 때때로 명상이라고 불리며, 이 단어는 신과 같은 다양한 연상을 불러일으킬 수 있다. 그것들을 잠시 옆으로 밀쳐 두어라. 명상도 신도 모든 단순함을 넘어선 단순한 것이다. 둘 다 그저 존재하는 것이다. 시도하는 것은 역효과를 낳는다. 양들과 교감하려면, 온순하고 부드러운 … 양처럼 되어야 한다.

하지만 어린양들과 교감하는 것은 존재의 어두운 면을 간과하는 너무 순진하고 조야한 접근이 아닐까 하고 블레이크는 생각한다. 『순수의 노래』를 출판한 지 5년 뒤에 확장판인 『순수와 경험의 노래』를 제작했다. 무한한 것이 진정으로 모든 것을 포용한다는 것을 보여주기 위해서는 어린 시절을 넘어 에덴의 문밖으로 나가야 한다. 그는 어려운 문제들에 직면해야 했다. 많은 경험의 노래들은

특정 순수의 노래에 대한 답이다. "어린양"에 대한 답은 "호랑이"로, 황량한 나무줄기 아래에 그려져 있고, 시의 연은 잎이 없는 죽은 가지들로 구획되어 있다.

호랭아 호랭아, 밝게 타오르는구나.
밤의 숲속에서;
어떤 불멸의 손이나 눈이
너의 무시무시한 당당함을 구현해 냈을까?*

---

* 왜 블레이크는 'Tyger'를 y로 철자했을까? 그의 시대에는 그 철자가 구식이었지만, 그 덕분에 호랑이가 더욱 신비롭고 신화적으로 보인다. 또한, 블레이크에게 단어와 그림은 뗄 수 없는 관계였기 때문에, y의 모양이 꼬리 같다는 점이 마음에 들었을지도 모른다. 그리고 이제 독자들도, 평생 i로 철자된 'tiger'에는 뭔가 부족함을 느낄 것이다. 이런 특징을 살리기 위해 시에서는 호랑이를 "호랭이"로 번역하였다.

이 시는 시작부터 명확한 도전이다: 이번에는 온순한 어린양이 아니라 어린양을 잡아먹는 포식자에서 신을 추론해야 한다. 어떤 신성한 손이 호랑이를 인간이 집 짓듯 "구조"할 수 있을까? 어떤 신성한 눈이 호랑이의 격렬함을 보편적 조화의 일부, 웅장한 당당함으로 볼 수 있는 거시적 시각의 틀을 가질 수 있을까?

호랑이는 자신의 불타는 빛으로 "밝게 타오르고" 있다. 논리적으로는 말이 되지 않지만, 심리적으로는 완벽하게 이해가 된다. "밤의 숲"은 단순히 어두운 정글이 아니라 삶과 어둠의 심장부이다. 그곳에서 호랑이는 순수한 동물적 욕망으로 불타며, 길을 가로막는 약한 존재들을 죽이고 잡아먹기 위해 몰아붙이고, 그들의 생명이나 비명을 완전히 무시한 채 피의 갈증을 해소한다. 어쩌면 한밤중에 여우나 코요테에게 잡아먹히는 토끼나 고양이의 비명을 들어본 적이 있을지도 모른다. 포식자들은 그것을 완벽히 받아들인다. 우리 세계의 많은 폭력은 그저 일상일 뿐이다. 때로는 우리가 코요테고 때로는 토끼이기도 하다.

영화 "죠스"에서 쿵쾅거리는 상어 등장 테마처럼("빠—둠 … 빠—둠"), 호랑이의 불타는 빛은 결국 우리의 피를 노리고 다가오는 모든 무서운 것들을 상징한다. 하지만 그것은 또한 우리의 불타는 피에 대한 욕망과 모든 다른 욕망을 상징하기도 한다. 이러한 욕망은 이기적인 만족을 가져다줄 수 있다. 사람들은 다른 사람이 먹기 전에 마지막 케이크 조각을 먼저 채간다. 일부 사람들은 보험금을 타기 위해 배우자를 살해하고 더 젊고 매력적인 파트너와 도망친다. 이것이 바로 "밤의 숲"이다.

"어린양"에서 사용된 논리와 마찬가지로, 호랑이의 "무시무시한 당당함"—턱과 발톱, 다리의 스프링 파워, 맹렬한 살인 기기의 모든 날렵한 효율성—은 무한한 격렬함에서 비롯된 것이다. 그것은 너무나 이해 불가해서 우리는 그 원천을 찾을 수도 없다.

어떤 먼 심연이나 하늘에서 그대의 눈은 불타올랐는가?
어떤 날개로 대담하게 날아올랐나?
어떤 손이 감히 불을 부여잡으려 하는가?

이 상상할 수 없는 힘을 이해하려는 노력으로, 다음 두 연은 호랑이를 용광로에서 단련하고 창조의 모루 위에 그 형상을 두드려 만든 강력한 대장장이로서의 신이 그려져 있다.

어떤 어깨와 어떤 기교가
그대의 마음 힘줄을 비틀 수 있을까?
그리고 그대의 심장이 뛰기 시작할 때,
어떤 두려운 손? & 어떤 두려운 발이?

어떤 망치? 어떤 사슬,
어떤 용광로에서 호랑이의 뇌가 만들어졌나?
어떤 모루? 어떤 무시무시한 손이
그 치명적인 공포를 감히 부여잡았는가?

밤의 숲은 이미 양의 밝은 초원과 극명한 대조를 이루고 있다. 하지만 다음 연에서 감정이 고조됨에 따라, 그것은 번개와 비가 별의 창과 눈물이 되는 폭풍의 세계로 변한다. 우리의 세상에 양뿐만 아니라 호랑이가 있어야 한다는 깨달음이 전체 우주를 전쟁과 슬픔으로 몰아넣는 것처럼 보인다. 그리고 그 폭풍우가 몰아치는 하늘로 시인은 큰 질문을 던진다.

별들이 그들의 창을 내던지고
눈물로 하늘을 적시고 있는 때,
그는 자신의 작품을 보며 미소 지었는가?
양을 만든 그가 너도 만들었을까?

바로 그것이다: 단맛과 빛의 할렐루야 신에게 도전하는 대답할 수 없는 질문, 그리고 여전히 내 영어 교사 존 프리시어스의 목소리가 말하던 그 끔찍한 질문이다. 그는 19세에 전쟁의 피바다를 헤쳐 나와, 얼굴을 일그러뜨리며 역겨운 표정으로 책을 움켜쥐고, 놀란 10학년 학생들 앞에서 말을 길게 늘여 쓰며 표현할 수 없는 공포를 응시했다. "신은 자신의 작품을 보며 미소 지었을까?"라고 말이다.

휴. 거기서 어디로 가야 할까? 처음으로 돌아가는 수밖에 없다. 마지막 연은 첫 번째 연과 거의 동일하다. 단지 한 단어만 다른데, 중요한 단어이다.

호랭아 호랭아, 타오르는 밝은 불빛

밤의 숲속 한 가운데서:
어떤 불멸의 손이나 눈이
감히 네 무시무시한 당당함을 만들 수 있는가?

"감히(dare)"*라는 단어에는 엄청난 의미가 담겨 있다: '신이시여, 어찌 감히, 신이? 모든 것이 가능한 이 우주 안, 존재들에게 고통을 가하고 견디도록 우주를 창조하고, 그 후에는 그들이 당신에게 경배하도록 기대하다니? 당신은 어디서 그런 용기를 얻었나요? 망할 하느님.'

아니면 이것은 너무 쉽고, 뻔뻔한 반응일까? 시가 최종적이고 파괴적인 "감히(dare)"에 에너지를 집중할 때, 사실은, 프리시어스 선생님이 가정한 것처럼, 잔인하게 창조물을 배신한 창조주와 충돌하고 있는 것은 아닐까? 아니면 그것은 우리의 선과 악, 검정과 흰색, 그리고 창조주와 창조물이라는 이원적 개념의 한계와 충돌하고 있는 것일까? 블레이크는 무한한 모순을 포용하는 광대한 무한의 대담함에 놀라고 있는 것일까? 그는 결코 순수의 노래를 부정하지 않았고, 자신의 경험에 의한 노래가 그 노래를 대체한다고 선언하지도 않았다. 그는 후에 『천국과 지옥의 결혼』이라는 책을 썼다. 하느님의 현실은 모든 모순된 인간 현실을 포함하고 초월해야 한다. 무한은 틀이 없으므로, 모든 유한한 틀이 공존할 수 있는 공

---

* 'dare'라는 단어는 '감히' 혹은 '대담하게도', '용맹스럽게도'라는 사전적 의미이나 문맥상으로 의역하면 '기절할 정도로 찬탄스럽게'가 적합할 듯싶다.

간을 가지고 있다.

그렇다면 "어린양을 만든 자가 너도 만들었느냐?"라는 질문은 실망한 기독교인의 불평에서 공안(koan)*으로 격상된다. "부모가 태어나기 전에 당신의 얼굴은 어땠습니까?" 같은 마음을 찌르는 역설적 화두와 같다. 그러나 그것은 선禪의 화두들보다 덜 추상적이고 더 열정적으로 느껴진다. 왜 하느님은 아름다운 녹색 세상을 만드셨으면서도 그 안에 암을 포함시켜야 했을까? 왜 자연은 우리에게 무지개와 돌고래를 주고, 그와 동시에 어린양을 잡아먹는 호랑이 같은 괴물도 던져줄까?

대답의 일부는 그것이 모두 상대적이라는 점에 있다. 많은 색맹 동물에게 무지개는 아무 특별할 것이 없다. 물고기에게 돌고래는 물고기를 잡아먹는 괴물이다. 젖을 먹고 있는 호랑이 새끼에게 호랑이는 엄마다. 우리가 어린양과 호랑이의 역설을 이해하기 어렵다면, 이는 삶과 죽음이 비록 두렵지만, 그것을 큰 그림의 장엄한 대칭으로 보는 '하느님의 시각'으로 관점을 넓히라는 초대장이다.

---

* 공안(公案, Koan)은 선불교禪佛教에서 사용되는 독특한 수행법으로, 주로 스승이 제자에게 제시하는 짧은 이야기, 질문, 또는 역설적 진술이다. 공안의 목적은 이성적 사고를 넘어서 깨달음(悟り, Satori)을 얻도록 돕는 데 있다. 공안은 전통적인 논리나 언어로는 해결할 수 없는 문제를 제기하는데, 이는 수행자가 이성적 사고를 초월하여 직관적 깨달음에 도달하도록 유도하는 장치이다. 예를 들면 "손뼉 소리가 나려면 두 손이 필요하다. 한 손으로 치는 소리는 무엇인가?", "너의 본래의 얼굴은 무엇인가? 네가 태어나기 전의 모습은?" 같은 것들이다.

한번은 내 아내가 집에 돌아와 보니 까마귀가 부엌 창문 밖에 둥지를 튼 갓 부화한 새끼 비둘기들을 먹어 치워, 부모 새가 나무 주위를 배회하며 공포에 크게 울부짖고 있었다. 몇 주 동안 그녀는 눈에 띄는 모든 까마귀를 죽이고 싶다고 했다. 그러던 어느 날 저녁, 뒷길에서 그녀는 날개가 부러져 끔찍하게 망가진 까마귀를 발견했다. 까마귀는 필사적으로 날아가려고 몸부림치고 있었다. 그녀는 그저 서서 그 고통을 목격할 수밖에 없었다고 했다. "하지만 나는 이해했어요." 그녀는 말했다. "까마귀도, 다른 존재도. 그리고 모든 사람도. 그저 살아남기 위해 애쓰고 있었던 거죠. 고통받는 다음 타자가 되지 않기 위해서요."

블레이크는 골칫덩이였다. 영적으로 깨쳤을 뿐 아니라 정치적으로도 깨어 있어, 전쟁, 노예제, 성 불평등을 비난하며 시대보다 앞서갔다. 그는 위험한 급진주의자 토마스 페인과 친구였기에, 프랑스 혁명을 지지한다는 표시로 런던 거리에서 자유 모자를 쓰고 다녔다. 이는 분쟁을 자초하는 행동이었다. 실제로 그는 영국 군인과 큰 싸움을 한판 벌이고 반역 혐의로 법정에 서기도 했다. 한번은 뉴게이트 감옥을 습격한 시위대에 합류해 감옥을 불태우고 죄수들을 풀어주었다. 그는 "과잉의 길이 지혜의 궁전으로 이어진다"*라

* "과잉의 길이 지혜로 이어진다(The road of excess leads to the palace of wisdom)"는 윌리엄 블레이크의 잠언 중 하나로, 그의 작품 『The Marriage

는 글을 썼다.

개략적으로 볼 때, 그는 실패자였다. 생애 동안 『순수와 경험의 노래』 몇십 부를 겨우 팔았을 뿐이다. 그의 후속 작품들, 복잡하고 난해한 신화적 체계를 담고 있는 책들은 지금도 여전히 잘 읽히지 않는다. (하지만 그 작품들은 자신에게 영감을 준 천사들이 열렬히 즐겼다고 그는 말했다.) 사업적으로는 여러 번 배신당하거나 사기를 당했다. 대다수 작품은 그의 사후 열성적인 기독교인에 의해 불태워졌다. 그는 일차적으로 예술가였고 부수적으로 시인이었으며, 몇 달간 전시회를 준비해도 단 한 점의 그림도 팔리지 않는 화가였다.

블레이크는 다른 사람의 책을 삽화로 장식하며 근근이 생계를 이어갔다. 죽던 날에도 단테의 『신곡』을 완성하려고 수채화를 그리며 일하고 있었다. 그와의 결혼 생활은 영감을 주었을지는 몰라도 지치는 일이었을 것이다. 그러나 아내 캐서린은 빈곤과 조롱에도 아랑곳없이 그에게 늘 충실했다. 그녀는 이런 말을 한 적이 있다. "곁에 붙어 있는 친구들이 거의 없음에도 불구하고 그는 항상 천국에 있었어요"라고 말이다. 임종 때는 단테에 관한 작업을 내려놓고 마지막으로 캐서린의 모습을 그렸다. 그는 "그대는 내게 늘 천사였소"라고 말했다고 한다.

블레이크는 자신의 시와 격언들이 미래 세계의 영적 탐구자들

---

of Heaven and Hell』에서 나온 구절이다. 이 문장은 종종 과잉이나 지나친 경험이 결국 지혜로 이어질 수 있다는 의미로 해석된다.

에게 영감을 줄 것이라고는 결코 생각지 못했을 것이다. 오늘날 우리는 그의 작품들을 온라인에서 쉽게 찾아볼 수 있으며, 티셔츠나 커피 머그컵에 인용되거나 잘못 인용된 형태로도 접할 수 있다. 그는 결코 꿈꾸지 못했을 것이다(혹은 꿈꾸었을지도 모른다), 그의 시 "예루살렘(Jerusalem)"이 영국 성공회의 찬송가가 되고, 영국의 비공식 국가國歌가 되어, 공식 국가(God Save the Queen)보다 더 인기를 끌게 될 거라는 사실을 말이다. 이 시는 왕실 결혼식에 깃발을 휘날리며, 맥주를 들이키고, 얼굴에 페인트를 칠한 축구팬들에게 불려졌다. 그들은 자신들이 교회를 혐오하고 신성모독을 일삼았던 괴짜 급진적 나체주의자 미치광이 예술가의 시구절을 반복하고 있다는 사실을 알지 못할 것이다. 더 이상한 것은, 이 시가 어린 예수가 "잃어버린 세월" 동안 영국을 방문하여 지상에 천국의 씨앗을 심었다는 괴짜 같은 전설에 기반한다는 점이다.

그 발로 옛날 영국의 푸른 산을 거닐었는가:
하느님의 거룩한 어린양을,
영국의 즐거운 목초지에서 볼 수 있었다니!

그러나 이 시는 세 번째 연에서 보편적으로 저항할 수 없게 된다. 이 부분은 모든 인간의 갈망을 담고 있으며, 이를 성취하기 위한 결연한 의지를 천둥 치듯 표현하고 있다.

불타는 황금 활을 내게 가져다주오:

욕망의 화살을 내게 가져다주오:
내게 창을 가져다주오: 오, 구름이여 펼쳐지라!
불타는 전차를 내게 가져다주오!

"예루살렘"의 마지막 절은 강력한 서약으로 끝난다: "우리가 예루살렘을 건립할 때까지, 영국의 푸르고 아름다운 땅에." 블레이크는 진정한 예루살렘이란 멀리 존재할 성스러운 도시가 아니라, 우리가 직접 지어야 할 무언가로 보고 있다. 이 "푸르고 아름다운 땅"은 우리의 뒷마당, 즉 우리의 즉각적인 주변을 의미한다. 우리는 종종 갈망하는 궁극적인 무언가가 멀리 떨어져 있다고 생각한다. 예를 들어 구루의 아쉬람에 있거나, 엄숙한 로브나 샌들을 신은 과거, 휴거나 물병자리 시대 이후의 유토피아적 미래에 있다고 생각한다.

천국을 내면에서 찾고, 일상의 벽돌로 그것을 건설하는 것, 신성한 것을 찾아 그것을 평범한 것에 통합하는 것이 우리의 몫이다. 이는 전사의 정신을 필요로 한다. 무지와 고통의 구름을 걷어내기 전에, 활과 화살, 창과 전차를 불러와야 한다. "하지만 나는 너무 바빠." 정말로? 잠시 고요히 정좌해 보라. 아마도 우리의 조부모는 파시즘을 물리치기 위해 해변에서 피를 흘렸거나 인종차별에 대항하며 거리에서 매를 맞았을 것이다. 당신은 단지 20분 동안 휴대폰을 내려놓고, 쿠션이나 의자에 앉아 존재하도록 부름을 받은 것이다.

블레이크의 죽음 이후, 그의 노트에 연필로 휘갈겨 쓴 작은 미발표 시 "영원(Eternity)"이 발견되었다. 이 네 줄의 시는 영국에서는 알려지지 않았던 부처님의 모든 법문이 깔끔하게 요약되어 있다. 블레이크는 자신의 명확한 통찰을 통해 다르마를 발견한 것이다.

출발점은 인간의 삶이 불행으로 가득 차 있다는 것을 인정하는 것이다. 이것은 부처님이 말씀하신 첫 번째 고귀한 진리, 즉 고성제이다: 지친 해바라기들처럼 모든 것들이 그렇다. 다음 단계는 그 불행의 원인을 조사하는 것이다.

즐거움에 자신을 묶어두는 자는
삶을 파괴로 이끄는 날갯짓에 맡긴 것이라네.

우리를 행복하게 해주는 대상, 우리 삶에 들어오는 기쁨들은 섬세한 날개를 가진 존재들이다. 아마도 날아다니는 나비나 반짝이는 천사들일 것이다. 당연히 우리의 충동은 그것들을 영원히 붙잡고자 하는 것이다. 그러나 붙잡으려는 행위 자체는, 아이가 나비를 으깨고, 열정적인 연인이 천사를 질식시키는 것이다. 이것이 두 번째 고귀한 진리이다: 고의 원인은 바로 집착이라는 것이다. 부처님은 이를 '탐욕'(tanha)이라고 불렀다. 문자 그대로는 '갈증'을 의미한다. 종종 '욕망'으로 번역되지만, '갈망'이나 '열망'이 더 나은 의미일 것이다. 오늘날에도 우리는 욕심 많은 사람들을 '갈증을 내는 사람들'이라고 부르며, 그들에 대해 어떤 무지하고 자기 파괴적인 면이 있다는 것을 알아차린다.

그러면 어떻게 해야 할까? 인간적인 기쁨을 포기해야 한단 말인가? 우리의 욕망을 억압해야 할까? 승려가 되어야 할까? 비록 부처님 자신이 승려였지만, 그는 사람들에게 그것을 권장하지 않았다. 그의 세 번째 고귀한 진리, 즉 고의 소멸의 진리는 더 미묘하고 더 능숙한 해결책을 가리킨다. 기쁨을 밀어내지 마라. 사실, 그것들을 사랑하라—하지만 집착하지 마라. 블레이크는 시의 후반부에서 동일한 지혜를 전달하며, 언제나처럼 그것을 간단하고 우아하며 빛나게 표현한다.

하지만 기쁨이 날아갈 때
그것에 입맞춤하는 자는
영원의 일출 속에 살게 된다.

모든 것을 사랑하되, 그것이 모두 사라질 것임을 받아들이면서 사랑하라. 그것이 매 순간 사라져 가고 있다는 것을 인정하면서 사랑하라. 이 글을 읽는 동안, 당신이 가장 좋아하는 셔츠는 먼지로 변해 가고 있다. 당신이 고등학교 시절에 동경했던 멋진 남자나 여자들은 체중이 늘어가고 있다. 당신의 사랑스러운 새끼 고양이들은 … 어미 고양이로 성장해 가고 있다. 아, 그리고 당신이 아는 사람들은 죽어가고 있다. 하지만 영원성에 관한 꿈이 산산이 부서지는 첫 충격만 극복하고 나면, 우리가 상상하지 못했던 해방의 경지가 펼쳐지기 시작한다.

완전히 깨달음은 수행이 필요하다. 그것이 네 번째 고귀한 진리, 즉 길의 진리이다. 그러나 그것은 어떤 가상의 미래, 먼 예루살렘에서 깨달음이 도달할 때까지 기쁨을 미루어야 한다는 것을 의미하는 것이 아니다. 길을 걸어가면서도 지금 이 순간, 오직 이 순간, 현재의 맥박 같은 영원 속에서 모든 형태의 기쁨에 입맞춤하라. 사라진 과거와 상상된 미래에 대한 희망과 두려움의 집착을 놓아버려라. 그렇게 하면 우리는 답답하고 낡은 것을 벗어버리고, 신선한 바람과 차가운 영원의 빛 속에서 진정한 삶을 살게 될 것이다.

2. 형언할 수 없는 비전(Vision)

스콧 피츠제럴드 • 위대한 개츠비

『위대한 개츠비』의 모든 논의를 세 단어로 일축하고자 하는 준칙이 있다면 그것은 위대한 미국 소설이라는 세 어절일 것이다. 만약 우리가 말하려는 것이 '미국 정신의 천재성과 광기', 그리고 미국 생활에서 그 정신과 광기가 어떻게 펼쳐지는지를 신선하고 설득력 있게 담아낸 큰 이야기를 의미한다면 말이다. 바로 『개츠비』가 그런 소설이고 이와 같은 선상에 영원히 함께 존재할 다른 두 작품에는 『허클베리 핀』과 『모비딕』이 있다.

F. 스콧—다시 말해, 프랜시스 스콧 키 피츠제럴드(Francis Scott

Key Fitzgerald)는 이런 일에 적합한 유전자를 가진 셈이다. 그의 증조부는 "별이 빛나는 깃발"을 썼다. 그가 이 책에 대한 최종 제목을 "빨강, 하양, 파랑 아래서"라고 정했을 때 다행스럽게도 출판사는 제목을 그렇게 변경할 시간적 여유가 없었다. 그의 포효하던 이십 대의 저작들은 미국인들의 제멋대로인 꿈과 그들의 머리 위로 '쾅' 하고 모루가 떨어지는 듯한 거친 각성을 눈부시게 묘사한 작품이다. 그러나 이는 미국적인 것을 넘어서서, 다른 모든 사람에게도 똑같이 적용된다. 마치 인간의 표준적인 대본에 여분의 느낌표 한 줌을 흩뿌린 것 같다. 우리는 그저 인간이 하는 모든 일을 더 우렁차게 외칠 뿐이다.

인간은 갈망한다. 개츠비의 위대함은 그의 위대한 갈망에 있다. 우리는 서술하는 이야기꾼 닉 캐러웨이의 눈을 통해 그의 첫 등장에서부터 그것을 볼 수 있다:

> 달빛을 가로지르는 고양이의 실루엣이 흔들렸는데, 그것을 보려고 고개를 돌렸을 때 나 혼자만 있는 것이 아니라는 걸 알게 되었다. 50피트 떨어진 이웃 저택에서 사람의 형상이 그늘로부터 나와 주머니에 손을 꽂은 채 은빛 별 꼬리를 바라보며 서 있었다. … 바로 개츠비였고, 그는 마을의 하늘 한 귀퉁이를 탐색하는 듯 보였다
> … 나는 그를 불러 볼 엄두가 나지 않았다. 왜냐하면 홀로 있는 것에 푹 빠졌다는 암시를 주었기 때문이다. 그가 어두운 수면을 향해 이상한 방식으로 손을 뻗었을 때, 비록 멀리 떨어져 있긴

했지만 떨고 있음을 알 수 있었다. 무의식적으로 바다 쪽을 흘끗 쳐다보니, 아주 먼 부두의 끝자락에 초록 불빛 하나가 도드라져 반짝이는 것이 보였다. 개츠비를 향해 다시 몸을 돌렸으나 그는 이미 사라져 없고, 나만 다시 불안한 어둠 속에 홀로 남겨졌다.

드라마틱한 등장과 마법 같은 퇴장, 잊을 수 없는 동경의 이미지를 여기(1장의 끄트머리)보다 더 잘 묘사할 수는 없을 것이다. 개츠비가 갈망한 대상은 그에 관한 것이 대부분 그렇듯 처음에는 미스터리였다. 가난한 사람의 동경인 미국 롱아일랜드의 값나가는 북쪽 해안에 "한쪽에는 프랑스 성을 본뜬 타워가 있고 … 다른 쪽엔 대리석 수영장과 40에이커가 넘는 잔디밭과 정원"을 갖춘 거대한 집에서 개츠비는 부자로 살고 있다. 수상비행기와 "부풀어 오른 … 괴물 같은 … 여러 개의 태양을 반사하는 미로 같은 앞 유리가 달린" 자동차를 소유하고서 말이다. 그는 자신이 옥스퍼드에서 보낸 시절을 뻐기며, 사람들을 "구식 친구"라고 불렀고; '정교하게 격식을 차린 말투'는 가끔 우스꽝스럽게 흐지부지되었다. 개츠비는 호화로운 파티를 주최하지만, 정작 자신은 거의 모습을 드러내지 않는다. 고위층과 하층 사람들이 모두 몰려와 밀주를 과음하고, 새로 등장한 재즈 음악에 맞춰 춤을 추며, 개츠비에 대한 소문을 나누곤 했다.

하지만 그는 럼주 밀매, 수상한 주식 거래에 연루된 갱스터라는 사실이 밝혀진다. 닉이 개츠비의 멘토인 "1919년 월드 시리즈 우승을 이끈 인물"인 마이어 볼프스 하임(블랙삭스 스캔들의 지도자로 유명한 아놀드 로더 스테인을 모델로 삼은 인물)을 만나면서 개츠비의 정체가 드러난 것이다. 볼프스 하임은 사람의 어금니로 만든 커프스 단추를 달고 있으며 다른 이들은 그가 누구에게서 어떻게 그것을 떼어냈는지 알 길이 없다. 물론 '총'을 뜻하는 속어인 "개츠비"는 갱스터의 폭력과 옥스퍼드의 허세를 교묘하게 뒤섞어 놓은 영화이다. 하지만 이 모든 상황에서도 개츠비에게는 독자의 마음을 그에게서 거둬들일 수 없게 만드는 진정성, 순진무구한 순수함 같은 것이 있다.

개츠비가 갈망하는 것은 잃어버린 사랑, 닉의 사촌 데이지이다. 닉은 최근 고향 중서부에서 "채권 사업을 배우기 위해" 상경하여, 신흥 부촌인 웨스트 에그에 있는 호화로운 개츠비의 저택 옆에 소박한 방갈로를 빌려 살고 있다. 데이지는 롱아일랜드 사운드 건너편에 있는 구시가지 이스트 에그에 살고 있다. 그녀는 사랑스럽지만 촐랑거리고, 우아한 옷차림을 하고 농담 섞인 잡담으로 아무한테나 한잔 더 하자고 추근댄다. 로맨틱한 집착이 늘 그렇듯, 집착하는 사람의 눈에 그녀는 매우 매력적으로 비친다.

데이지의 남편 톰 뷰캐넌은 굳이 섬세하게 표현하자면 양아치이다. 그는 덩치가 크고, 부유하고, 오만하고, 위선적이고, 인종차별주의자이며, 참을 수 없을 정도로 멍청한 개자식으로, 평생 폴로를 치고, 데이지를 속이고, 자신처럼 부자로 태어나지 못한 사람을 깔보는 데 시간을 보낸다. 데이지조차 그를 '짐승 같은 놈'이라고 부른다. 우리가 영화에서 뷰캐넌을 처음 보았을 때, 그는 닉을 자기 집에 초대하며 다음과 같이 말한다. "내가 여기에 좋은 집을 가지고 있어." 그의 삶에서 전성기는 예일대에서 풋볼을 하던 시절로, 풋볼은 그가 사람들을 아무렇게나 대하도록 가르쳐준 스포츠였다. 한번은 내연녀가 그에게 건방지게 굴자 그는 그녀의 코뼈를 부러뜨려 버렸다.

개츠비는 5년 전 루이빌 육군 기지에 주둔했을 무렵 데이지와 잠깐 관계를 맺었으나, 그들의 만남은 개츠비가 가난하다는 이유로 끝을 맺었다. 데이지는 폭풍우처럼 울고 불며 술에 빠져 괴로워했지만 결국 톰 뷰캐넌과 결혼했다. 개츠비—사실, 남부 다코타 어딘가의 빈민가 출신의 가난한 소년인 지미 개츠—는 군대에서 전역한 후 부자가 되는 빠른 길을 찾아 어여쁜 공주를 용의 굴에서 구출하는 기사처럼 데이지를 되찾으려고 했다. 웨스트 에그의 집과 화려한 파티는 모두 이 계획의 일부였다. 어쨌건 그는 어두운 물 건너편 데이지를 갈망하며, 자신의 팔을 그녀가 사는 부두 끝의 초록 불빛 쪽으로 뻗고 있다.

빨간색은 멈춤을 의미한다. 동굴 생활을 하던 선조들이 알고 있듯이 그것은 피, 위험이다. 노란색은 불이다. 동굴 입구에서 불을 피워 음식을 요리하는 것일 수도 있고, 숲에서 불이 난 것일 수도 있으니 신중해야 한다. 그러나 초록을 보는 것은 안심이다. 초록색은 숲, 과수원, 그늘과 신선한 물이 있는 오아시스이다. 초록은 안전과 풍요, 무성한 생명의 번영을 의미한다. 데이지의 부두 끝에서 빛나는 초록 불빛은 개츠비에게 이런 풍요를 떠올리는 표징이고 데이지는 이 모든 것을 집약한 대상이다. 그녀는 그의 삶의 목표이다. 그녀는 오아시스, 꽃이 만개한 정원, 에덴의 부활이다. 그녀는 또한 자본가들이 상추 대신 키우는 현금이다. "그녀의 목소리는 돈으로 가득해"라고 개츠비는 닉에게 말한다.

데이지가 개츠비에게 잃어버린 꿈이자 집착의 대상인 것처럼, 우리도 수많은 세월 동안 로맨틱한 집착을 삶에 필수적인 동인으로 여겨왔다. 가질 수 없는 연인을 밤낮 갈망하거나, 그 사람이 없으면 비참하게 죽을 것 같은 마음, 80억 명 중 그 사람만이 우리의 고통을 치유하고 마법 같은 삶을 만들어 줄 유일한 존재라고 확신하면서 그가 없으면 마치 큰 문제라도 닥칠 듯 말이다.

논리적으로는 거의 말이 되지 않지만, 너무나 널리 퍼져 있는 강력한 이런 충동은* 생물학적으로 타당성이 있으며, 종의 생존에는 이점을 제공하는 듯 보인다. 우리는 호르몬이 왕성하게 분비되는 10대와 20대에 이런 종류의 감정적인 터널에 사로잡히는 경우가 빈번한데, 이는 아마도 한 명의 짝에게 집중함으로서 다음 세대를 낳고 기르는 데 유리하도록 하기 위함일 수 있다. 생식이 더는 중요치 않은 중년이 되면(우리의 동굴 선조들이 생식의 운명이 다해 대개 죽은 나이), 이 모든 소란이 무엇 때문이었는지 궁금해할지도 모른다.

---

* 이런 충동은 불교식으로 보자면 일종의 갈애渴愛라고 볼 수 있다. 이는 불교에서 사용되는 용어로, 한자로는 "목마를 갈渴"과 "사랑할 애愛"를 조합하여, 문자 그대로는 "목마른 사랑" 또는 "강렬히 원하는 사랑"을 의미한다. 이는 강렬한 집착이나 욕망을 가리키며, 특히 불교 철학에서 고통의 주요 원인으로 간주한다.

하지만 그 경우에도 좋아하는 록스타나 영화배우, 예술가나 작가, 수행자 또는 (신이 우리를 도와서) 정치인에게 비슷한 환상을 투영할 수 있다. 우리는 그들이 마법 같은 존재라고 믿고 그들의 마법을 주입 받기를 갈망한다. 한번은 나와 수백 명의 학생이 일주일 동안 가르침을 받기 위해 상당히 유명한 구루가 운전하는 차를 타고 수련원으로 간 적이 있었다. 정지 신호에 멈춰 섰다가 교차로에 진입하기 시작하는데, 갑자기 전혀 보지 못한 차가 경적을 울리기 시작했다. 그 차의 운전자는 교차로를 지나려는 자신의 통행권을 정확하게 주장하고 있었다. 구루는 브레이크를 밟으면서 투덜거림을 내뱉었다. "야, 야"—마치 여느 인간과 다름없이. 그것이 내가 그 주에 받은 최고의 가르침이었다(비근한 예로 그는 가는 길에 맛있는 햄샌드위치와 커피 파는 작은 가게에 들러야 한다고 고집을 피웠다).

다른 사람이 우리에게 없는 특별한 본질을 소유했다고 믿는 것은 부질없다. 개츠비처럼 떠난 연인의 초록빛을 향해 손을 뻗거나, 좋아하는 슈퍼스타의 간접적인 광채에 의지해서 살아가려는 것 말이다. 우리는 블레이크의 해바라기가 태양을 갈망하는 것처럼 빛을 원하고 있다. '해바라기'라는 말 안에 이미 해가 들어 있는 것처럼, 우리도 원하는 빛을 이미 가지고 있다. 예수는 '너희는 세상의 빛이다'라고 말했다. 붓다는 마지막에 '자신의 등불이 되라'는 말을 남겼다.

이는 단순히 아름다운 감상이 아니다. 실천하라는 격려이다. 우리의 행동, 생각, 감정을 깊이 들여다보고, 완벽하게 비어 있음을 직관하여 자족적인 자유로운 '존재'가 되라는 의미이다. 빛을 어떤 외부의 대상과 동일시하는 것은 위험하다. 그 대상을 얻을 수 없어서가 아니라, 오히려 그것을 얻은 후에 드러나는 진정한 위험 때문이다. 그때 소유는 우리의 거대한 갈망과 맞먹을 수 없다는 사실을 깨닫게 된다. 이것은 닉의 도움으로 개츠비가 처음 그의 집에서 데이지와의 로맨틱한 재회를 한 바로 그 순간 드러난다. 비가 내리고 있었고 두 사람은 수면을 응시하고 있었다.

> "안개가 끼지 않았다면 저 건너편 당신의 집을 볼 수 있을 텐데," 개츠비가 말했다. "당신은 저 부두 끝에서 항상 밤새도록 타오르는 초록 불빛이야."
>
> 데이지가 갑작스럽게 개츠비의 팔짱을 끼었고 그는 아랑곳없이 자신의 생각에 빠져 있었다. 아마도 그 불빛의 거대한 의미가 이제 영원히 사라졌다는 생각이 들었을지도 모른다. 데이지와 그를 갈라놓았던 먼 거리는 이제 가까이, 거의 닿을 것 같은 거리로 좁혀졌다. 달과 별처럼 말이다. 그때 다시 부두에 초록 불빛이 켜졌다. 마법에 걸린 물체의 수가 하나 줄어든 것이다.

피츠제럴드는 욕망을 이루는 데 부과되는 위험을 연구하는 예로 잘 알려져 있다. 개츠비처럼 가진 것 없는 중서부 출신의 가난한 소년이었던 그는, 초기에 동부에서 눈부신 성공을 거두어 그 자신이 주창한 용어인 재즈 시대(Jazz Age)에 걸맞은 호황을 누리며 파티를 즐겼으나, 『위대한 개츠비』가 흥행에 실패하고 대공황이 그가 파급시킨 1920년대의 브랜드를 시대에 맞지 않는 것으로 만들었

젤다 세이어 피츠제럴드

기 때문에 급격한 몰락을 겪었다. 개츠비와 마찬가지로 그 또한 로맨틱한 열망에 사로잡혀 있었다. 한번은 전쟁 중 군 생활에 대해 "나는 해외에 나간 적이 거의 없어요. 군에서의 내 경험은 주로 주둔하던 각 도시에서 만난 여인들과 계속해서 사랑에 빠진 거죠"라고 말한 적도 있다.

그 도시 중 하나에서, 드디어 그토록 열망하던 황금빛 소녀 젤다 세이어(Zelda Sayer)를 얻게 된다. 그녀는 앨라배마주 몽고메리의 최고 미녀이자 주 대법원 판사의 외동딸이었다. 뉴욕과 리비에라에서 커플로 몇 년을 보낸 후, 그들은 알코올 중독과 빚, 서로의 불륜 지옥으로 빠져들었고, 젤다의 매혹적인 야생성은 광적인 상태로 돌변했다. 스콧은 마흔네 살의 나이에 파멸의 길로 접어들었고, 젤다는 정신병원에서 남은 생을 보냈다.

천국을 갈망하거나 적어도 지옥에서 벗어나고 싶을 때, 우리는 종종 이상화된 과거에 집착하게 된다. 선동가들은 이러한 충동을 악용하여 로마의 영광을 되찾아 주겠다는 둥, 미국을 다시 위대하게 만들겠다는 약속을 한다. 물론 국가든 개인이든 결코 성공할 수는 없다. 개츠비는 또 한 번의 성대한 파티를 마친 후, 자신이 그토록 소중히 여기는 데이지의 과거 이미지와 현재의 이미지가 충돌하고 있음을 깨닫는다.

"그리고 그녀는 이해하지 못하고 있어," 그는 절망스럽게 말했다. "예전 같으면 이해했겠지. 우리는 몇 시간이고 함께 앉아 있었어 —"

그는 과일 껍질과 낙엽이 짓이겨져 황폐한 숲길을 오르내리기 시작했다.

"너무 많은 걸 바라지 않는 게 좋을 거야," 내가 조심스럽게 말했다. "과거를 되풀이할 수는 없지 않은가?"

"과거를 되풀이할 수 없다고?" 그는 믿지 못하겠다는 듯 포효했다. "왜 그럴 수 없다는 거지?"

그는 마치 과거가 자기 집 그림자 속 어딘가에 숨어 있어 손만 뻗으면 닿을 수 있다는 듯 주변을 거칠게 둘러보았다.

"모든 걸 예전으로 되돌려 놓을 거야." 그는 결연한 표정으로 고개에 힘을 주며 말했다. "그녀도 알게 되겠지."

심리학적인 정확도는 여기서 최고점이 된다. 자신을 속이던 장막이 걷히면, 우리는 그 실체에 경악하여, 재빨리 장막을 다시 내리고자 한다. 그런데 이 겁에 질린 반응은 개츠비 특유의 소년다운 순수함에 어울린다. 그가 결의에 차서 고개를 끄덕이며 "그녀도 알게 될 거야"라고 주장하는 모습에서 말이다. 그의 범죄에도 불구하고 독자나 닉이 개츠비를 온전하게 비난할 수 없는 이유가 여기에 있다. 그는 마치 내 아버지가 일곱 살 어린 시절 브루클린 거리에서 친구들과 하던 알 카포네나 럭키 루치아노 같은 갱스터 놀이를 흉내 내는 것이다.

개츠비가 되돌리고 싶어 하는 과거는 그가 루이빌에서 데이지와 나눈 첫 키스의 순간이며, 이 장면은 불교적 관점에서 볼 때 책에서 가장 매혹적인 대목이다. 우리는 닉의 간접 화법을 통해 이 이야기를 듣게 되는데, 이를 통해 피츠제럴드는 이 장면이 요구하는 고도로 서정적인 문체로 이야기를 전달한다. 개츠비가 느꼈지만 결코 스스로 표현할 수 없었던 감정을 그대로 드러낸다.

> 어느 가을밤, 다섯 해 전이었던가, 낙엽이 떨어지던 길을 걷던 두 사람은 나무 한 그루 없이 달빛이 하얗게 비치는 길가에 이르렀다. 그들은 거기서 멈춰 서로를 향해 돌아섰다. 계절이 두 번 바뀌어 신비로운 설렘이 가득한 서늘한 밤이었다. 집집마다 아늑하게 밝혀진 불빛이 어둠 속에서 콧노래를 흥얼거리며 퍼져 나가고, 별들 사이엔 소곤거림과 스산함이 감돌았다. 개츠비는 곁눈질로 보도블록이 사다리가 되어 나무 위의 비밀 장소에 걸쳐지는 것을 보았다. 혼자서 그 위로 오르면 그 어느 것에도 견줄 수 없는 생명의 우유 같은 달콤한 액체를 빨아 마실 수 있을 것 같았다.

이 모든 꽃향기 풍기는 표현은 과장된 것으로 들릴 수 있지만, 초월적인 비밀 장소에 가서 경이로운 우유를 한 모금 마신 사람에게는 그렇지 않다(인도의 시인이자 현자인 카비르는 "나는 그것을 15초 동안 보았고, 그것이 나를 평생 종복으로 만들었다"라고 노래했다). 이런 순간은 종종 로맨틱한 흥분이 절정에 이르는 순간에 엿볼 수 있다. 여기서는 하얀 달빛이 분사되는 마법 같은 분위기, "별들 사이의 소란스러움과 스산함", 그리고 보도가 90도로 비스듬히 하늘로 향하는 사다리가 되는 시각적 언어의 유희가 그런 경험을 가능하게 한다. 하지만 한 가지 걸림돌이 있다. "혼자 올라갈 때만 거기에 오를 수 있다"는 것이다. 최고 절정의 순간은 누군가와 나누려고 하면 재빨리 사라진다. ("둘은 성가셔," 롤링 스톤즈가 「내 구름에서 내려가」에서 표현했듯 말이다.)*

> 데이지의 하얀 얼굴이 그에게 가까이 다가오자 그의 심장은 더 빠르게 뛰었다. 입을 맞추는 이 말로 표현할 수 없는 비전은 그녀의 가녀린 숨결과 함께 영원히 신의 영역에 각인되어 이제 더는 그의 마음을 방황케 하지 않을 거라는 것을 알았다. 그래

---

* 롤링 스톤즈(Rolling Stones)의 '내 구름에서 내려가(Under My Thumb)'는 1966년 발표된 앨범 곡으로, 밴드의 롤링 스톤즈 사운드와 팝/록스타일을 대표하는 작품이다. 이 곡은 강렬한 리듬과 지배적인 기타 선율로 유명하며, 가사에서는 남성이 여성에게 권력을 쥐고 지배하는 관계를 묘사한다. '구름'은 상징적으로 자유로운 상태나 행복감을 의미하며, 이 곡에서는 주인공이 자기만의 방식으로 세상과 관계를 정의하려는 내용을 담고 있다. 음악적으로는 라틴 리듬이 가미된 점도 특징적이다. 당시 사회적 논란을 일으킨 가사와 스타일로, 롤링 스톤즈는 반항적이고 혁신적인 음악적 이미지를 강화했다.

서 그는 잠시 숨을 고르며 별들의 노래에 귀를 기울였다. 그리고는 그녀에게 키스했다. 그의 입술이 그녀에게 닿자 그녀는 꽃처럼 피어났고 열락은 완성되었다.

남자답고 정말 대담하다. 피츠제럴드는 형언할 수 없는 비전을 표현해 보기로 자청한 것이다. 가장 친한 친구이자 라이벌인 헤밍웨이가 스페인 내전에서 고환을 날리는 남자들을 찬양하고, 싱클레어 루이스가 미국 중산층 전체를 비아냥댈 때, 피츠제럴드는 신의 마음처럼 뛰노는 것에 대해 쓴다. 이는 영적인 황홀감에 대한 거리낌 없는 선언이었다. 황홀경(ecstasy)은 그리스어로 장소를 벗어난다는 ek-stasis에서 유래한 단어로, 더는 육체의 껍질에 갇혀 있지 않고, 자유롭게 뛰놀겠다는 상태를 묘사한다.

자유—삼매(samadhi)—란 극도로 민주적이어서 사회의 최상층을 꿈꾸는 로맨틱한 갱스터나 유명세를 타고 싶은 로맨틱한 소설가를 포함하여 누구에게나 일어날 수 있다. (이 황홀경을 맛본 사람만이 명확한 확신을 가지고 그런 글을 쓸 수 있다.) 우리는 이런 놀라운 은혜를 스스로 얻을 수는 없다. 하지만 그것에 마음을 열 수는 있다. 아이 같은 수수함이 개츠비로 하여금 그런 환상을 수용하도록 한 것이며 그것이 그를 구원하고 축복해 주기에, "꿈의 가장자리를 떠다니는 더러운 먼지"임에도 불구하고 "개츠비는 결국 괜찮은 존재였다"고 닉은 말한다.

개츠비에게 그 비전은 현현하자마자 사라진다. 하지만 이는 단순히 여신을 숭배하던 숫총각이 아침 숨결에 집에서 꾸는 몽환의 문제와는 다른 것이다. 키스의 순간, 하늘만큼 넓은 개츠비의 무한 삼매(samadhi)는 데이지라는 형상으로 좁혀져 내려온다. "그의 입술이 닿자 그녀는 한 송이 꽃처럼 피어나 화신이 되었다." 여기서 "화신"이라는 단어는 살덩이나 육체가 성스럽게 된다는 점에서 심오한 의미를 담고 있다. 소멸하지 않는 무한한 영혼인 그 빛이, 불완전하고 무상하며 언젠가는 소멸할 인간 소녀로 육화한 것이다.

여기엔 또 다른 시각적 언어유희의 암시도 있다. 그녀가 빛을 땅으로 끌어 내리면, 빛의 파장은 데이지의 노란빛(조심)으로부터 카네이션의 붉은빛(멈춤, 더 이상 금지)으로 내려앉는다. 그리고 특히 가톨릭 신자로 자란 피츠제럴드에게는 성체의 교리, 즉 예수 그리스도 안에서 신성한 영혼이 인간의 물리적 형태를 취한다는 "말씀이 사람이 되시도다"라는 신념이 있다. 당신의 구세주가 당신을 육신의 영역, 즉 살덩이의 세계에서 영적 세계인 천상으로 이끈다면 그건 좋은 일이다. 그러나 개츠비의 소멸할 수밖에 없는 구원자(데이지)는 그에게 베란다에서 술만 먹게 할 뿐 다른 곳으로 인도할 길이 없다.

닉은 지나치게 감정에 복받쳐 표현한 어조에 대해 개츠비에게 사과하면서 당황스럽게 마무리한다. 그러나 먼 곳에서 종소리가 울리는 것 같은 느낌을 부인할 수는 없다.

> 그가 말한 모든 것과 충격적인 감정 표현을 통해, 나는 오래전 어딘가에서 들었던 포착하기 어려운 리듬, 잃어버린 단어의 조각을 떠올렸다. 잠깐 내 입에서 무슨 말이 튀어나오려 했으나,

내 입술은 마치 공기를 내뱉으려 고투하는 벙어리처럼 벌어졌다. 그러나 입술에선 아무 소리도 나오지 않았고 내가 기억하고 있던 내용은 거의 영원히 전달할 수가 없게 되었다.

닉은 본질적으로, 책 속 사건을 관망하는 우리와 같은 방관자이다. 그러나 여기서는 관여하지 않을 수 없다. 개츠비의 이야기는 닉이나 우리에게 미묘하고 정의 내릴 수 없는 울림을 준다. 우리는 모두 하늘을 나는 황홀경을 본성적으로 추구하는 존재이기 때문이다. 영광으로부터의 타락이 우리의 원초적 트라우마이다. 이름 붙일 수 없는 무언가에 대한 상실감, 바로 그것이 보편이다: 종은 당신을 위해서 울린다.

이 사마디* 경험은 고양되고 화려한 필치의 언어를 요구하고, 공유할 수 없을 만큼 연약하고, 낯선 것이다. 가끔 내킬 때마다 수행에 임하는 것이 아니라 정기적으로 앉아서 사마디를 닦는 수행자들에게 현현은 인위적 특별함이나 흐릿한 상흔과는 완전히 다른 것이다. 신의 마음으로 뛰논다는 것은 당신이 고립된 작은 파도라는 환상을 버리고, 파도와 바다 사이에 경계가 없다는 것을 깨닫는 것이다. 그것이 세상에서 가장 자연스런 이치임이 밝혀졌다. 다른

* 사마디(Samadhi)는 명상과 영적 수행의 궁극적인 상태로, 산스크리트어로 "흡수" 또는 "합일"을 뜻한다. 이는 힌두교, 불교, 요가 전통에서 다양한 방식으로 이해되며, 수행자가 자기 자신과 우주의 본질에 완전히 하나가 되는 경험을 말한다. 사마디는 이원성을 넘어서는 지고한 의식 상태로, 흔히 깨달음 또는 열반(nirvana)과 연결된다.

이들과 연결되기 위해 희생할 필요도 없다. 가장 깊고 진실하게 연결되어 있음을 발견하면 그뿐이다. 바다는 단지 하나뿐이라서 나와 당신은 거기서 분리될 수 없으므로, 우리 사이에 존재치도 않는 간격을 낭만적 신화나 조작된 공연으로 메우려고 안달할 필요도 없다.

『위대한 개츠비』의 서문은 모두 퍼포먼스에 관한 것이다.

> 황금 모자를 쓰세요, 그녀를 감동시키고 싶다면요; 만일 당신이 높이 뛰어서, 그것 또한 그녀를 감동시킬 수 있다면, 그렇게 하세요.
>
> 그녀가 "그대, 황금 모자를 쓰고, 높이 뛰어오르는 그대여, 난 반드시 당신을 갖고 말거야!"라고 외칠 때까지.

모자를 쓰고 폼을 잡으며 이리저리 뛰어다니는 모습은 개츠비 같은 아이에게는 꼭 필요할지 모른다. 그러나 그것은 사랑과 아무 관련이 없으며 시간이 지나면 결국 지치게 된다. 그런 감정은 수행이나 이런저런 성숙한 깨달음에 의해 어쨌든 빠져나오게 되어 있다.

바오로 사도는 "사랑은 오래 참고 온유하다"라고 썼다. "질투도 하지 않고 자랑도 교만도 없다." 튀는 것과 금빛 모자를 쓰는 것은 모두 퍼레이드이고 우쭐대는 것이다. 바오로가 사랑에 대한 정의에서 질투를 배제하라는 말은 데이지에게 자신만을 사랑하고 톰은 사랑한 적이 없다고 맹세할 것을 요구하는 개츠비에게 꼭 필요한 말이다. 대부분의 낭만적 재앙과 마찬가지로 이런 비참한 주장은 사랑이 소방 호스 같아서, 하나의 좁고 강렬한 흐름으로 한 사람을 향하면 다른 모든 사람에게서 멀어진다는 개념을 전제로 한다. 하지만 (사도 바오로의 말을 빌리자면) 사랑은 안락한 것이지 강렬한 것이 아니다. 소방 호스가 아니라 따뜻한 욕조 같으며, 불교경전에서 말하는 것처럼 셀 수 없을 만큼 많은 중생이 쉴 수 있는 공간이다. 그래서 "사랑에 빠진"이라는 용어는 크고 감칠맛 나는 따뜻한 욕조에 몸을 푹 담그고 서로의 경계를 녹여내며 함께 휴식을 취하는 것을 일컫는다.

분명 몇몇 친구들은 다른 친구들보다 욕조 안에서 우리에게 더 가까이 앉을 것이다. 그런 게 인간이니까. 분명 우리에게는 가장 가까이에 앉은 특별한 친구, 세속적 삶을 즐기기에 훨씬 좋은 파트너가 있을 것이다. 존재 자체에 대한 기쁨이 깊어질수록 사랑은 단순하게 된다. 그냥 … 함께 존재하는 것뿐이다. 존재는 진정한 마법이고, 그것이 공유된다면 마법은 배가 될 것이다. 사랑하는 친구가 우리의 인생 문제를 해결해 줄 수는 없다. 왜냐하면 의식적으로든, 그렇지 않든, 우리는 무한을 갈망하기 때문이다. 그것이 바로 우리의 갈망, 개츠비의 갈망이며, 그 무한한 공간을 유한한 것으로 채우려고 노력하는 한, 우리는 되지 않을 일에 계속 고투하게 된다.

위대한 발견이란 누구나 언제든지 이 존재의 욕조에 들어가 휴식을 취할 수 있다는 것이다. 잠시 앉아서 잠깐이라도 당신을 사로

잡고 있는 모든 생각이나 느낌, 감각을 내려놓아라. 잡념을 없애려고 애쓰지 말아라. 그것은 오히려 또 다른 잡념을 붙잡는 것이다. 부여잡고 있던 것을 풀고 자신이라는 넓은 존재로 그저 돌아가라.

얼마 지나지 않아 그것이 "행함"이 아니라는 것을 알게 될 것이다. 존재는 항상 여기에 있고, 즐길 수 있으며, 세상 모든 것과 자연스럽게 조우한다. 그리고 그들로부터 고통과 고뇌를 제거하고, 그들이 있던 자리에 맛있는 공간을 남긴다. 이것을 깨달음이라는 용어 이외의 다른 단어로 설명할 수는 없을 것이다.

『위대한 개츠비』는 삶에서 이룰 수 없는 원대한 욕망과 열망을 가진 출중한 사람의 몰락을 다룬 비극이다. 이 소설은 주식 시장이 치솟고, 단발머리 말괄량이들이 춤을 추며 연애를 하고, 금주법이 전혀 먹혀들지 않던 20세기 중반에 쓰여졌다. 모든 멋진 파티가 그렇듯 이 파티도 끝이 나지 않을 듯했다.

피츠제럴드의 등장인물들은 반짝이는 차를 타고 롱아일랜드에서 맨해튼 사이를 왕복하면서 "어떤 황량한 땅" 옆을 지나게 된다. 퀸즈 플러싱의 코로나 쓰레기장을 기반으로 한 이곳은 당시 사용하던 석탄재와 도시 전역의 쓰레기가 쌓인 곳이다.

> 이곳은 재의 골짜기— 재가 밀처럼 자라나 산등성이와 언덕에, 기괴한 정원을 이루는 환상적인 농장. 재들은 집과 굴뚝에서 피어오르는 연기의 형태를 띠다가 마침내 어떤 초월적 힘에 이

> 끌려 흐릿한 공기를 뚫고 인간들에게까지 희미하게 무너져 내린다.

마치 폼페이의 폐허를 반향하듯—무너져 내리는 화산재에 파묻힌 망자들의 형상—, 이 골짜기는 1920년대의 붕괴와 개츠비, 그리고 피츠제럴드 붕괴의 전조가 된다. 인간의 모든 성취는 잿더미로 변할 것이다. 붓다는 처음부터 끝까지 이렇게 말했다. "모든 모였던 것은 반드시 흩어질 것이다."

잠시 당신의 삶 안에 모여서 구성된 것이 무엇인지 숙고해 보라. 그렇다, 존재한다는 것 말고는 모든 것이 구성된 것이다. 유감스럽게도 그것은 T.J. 에클버그 박사의 "푸르고 거대한" 눈, 빛바랜 잿더미 위를 빼꼼히 바라보는 거대한 간판 위의 신처럼 모든 육체의 길을 침묵으로 증언하는 안경 속 한 쌍의 눈에 의해 증명된다.

이 소설을 읽지 않은 사람들을 위해서 개츠비의 비극이 어떻게 전개되는지 자세히 설명하지는 않겠다. 그러나 책의 마지막을 마무리하는 닉의 생각을 되씹어볼 필요는 있다.

> 개츠비는 해마다 우리를 앞서 나가는 생동하는 미래를 믿었다. 그것은 매번 우리를 기만하지만 그건 아무 상관도 없다. 내일은 더 멀리 팔을 뻗고 더 빨리 달려 나갈 테니까. … 그래서 어느 화창한 아침이 오면—우리는 배를 타고 끊임없이 물결을 거슬러 과거를 향해 되돌아간다.

그것이 바로 개츠비이고, 그것이 바로 미국이며, 바로 그것이 몇몇 현자를 제외한 인류의 모습이다. 상상된 미래의 행복을 추구하는 것, 너무 황홀하고 환상적이어서 다시는 다른 것을 바라지 못하는 어떤 크리스마스 아침의 궁극적 행복의 상태를 원하는 것이다. 당나귀 앞에 매달린 당근처럼 미래는 우리가 한걸음 내딛을 때마다 한걸음 더 멀어진다. 그러나 우리는 계속 앞으로 나아간다. 그것이 우리의 방법이다..

피츠제럴드는 물론 더 아름답게 묘사한다. 이것은 장엄하고 가슴 아픈 수사이다. "물결을 거스르는 보트"라는 문구가 스콧과 젤다가 함께 묻힌 메릴랜드주 락빌 묘지의 돌판에 새겨져 있으며, 이 책에서 가장 많이 인용되는 구절이 바로 이것이다. 그러나 그것은 오산이었다.

우리는 과거로 실려 갈 수 없다. 일부러 과거를 반복할 수도 없고, 미래를 따라잡을 만큼 충분히 빠르지도 않다. 그의 영웅적인 인물들과 마찬가지로 피츠제럴드 또한 자신이 겪은 모든 고통에도 불구하고 그것들을 파악하지 못했다. 우리는 현재 외에는 도달할 곳이 없다. 미래의 신화를 부여잡으려 해도 실패하여 다시 현재로 떨어지는 것처럼 우리는 과거로도 되돌아갈 수 없다. 그것 역시 신화이다. 지도가 말해 주는 것처럼, "당신은 여기에 있다." 우리가 스스로 이곳에 충만히 존재하면서, 현재에 완전히 머무르면, 모든 게 견줄 수 없는 경이로운 은하수임을 알게 될 것이다.

3. 고난

프레드릭 더글러스 • 노예 서사

1990년 어느 날 오후, 선생님들과 멘토들에 관한 글쓰기 프로젝트를 위해, 시인이자 극작가, 흑인 문화 민족주의를 주도하는 인물인 아미리 바라카를 인터뷰했다. 그는 1967년 뉴어크 반란(일부에서는 이를 인종 폭동이라고 불렀는데)에서 경찰에게 거의 죽을 때까지 구타를 당한 일로 명성이 자자했다. 그는 백인들이 거주하는 로스앤젤레스 교외에서 뼛속까지 백인 아이로 자랐고, 흑인을 좋아하는 친구들 모임을 주선하는 부모님 밑에 있었기에 늘 편안했다고 말했다.

바라카와 나는 뉴어크 공동체의 극장과 예술 공간으로 사용되는 지하실에 앉아, 그의 성장에 핵심적인 영향을 준 선생님들에 대해 한두 시간 이야기를 나누었다. 한때 잠깐 백인 사립초등학교에서 문학을 가르친 경험이 있던 나는, 전임자들에게 전해 받은 강의계획서 작가들이 모두 백인이었다고 말문을 열었다. 그러면서 꼭 덧붙여야 할 흑인 작가가 있다면 누구냐고 물었더니 그는 망설임 없이 다음과 같이 답했다: "프레드릭 더글러스."

동료들과 나는 더글러스의 노예 서사를 독서 목록에 올려놓았고, 이 서사를 통해 학생들에게 노예들의 속박과 해방, 흑인 투쟁의 역사적 뿌리에 대한 친밀한 시각을 갖게끔 유도했다.

물론 다르마의 중심 주제는 내적 속박에서의 해방이지만, 외적 속박도 이와 비슷하다. 더글러스의 이야기는 미국인들에게 깊고 심오한 진실을 보게 했다. 그리고 다르마의 원칙이 그들이 주장하는 것처럼 삶의 진면목이라면, 진정한 인간 서사의 핵심에서는 반드시 다르마를 찾을 수 있어야 하지 않는가 말이다.

일인칭 시점으로 노예를 설명하는 노예 서사는 일찍이 1770년경 영국과 미국에서 확립된 문학 장르였다. 하지만 더글러스가 1845년 『미국 노예 프레드릭 더글러스의 삶의 이야기, 자신이 직접 씀』이라는 제목으로 책을 내놓았을 때, 그것은 센세이션을 일으켰다. 더글러스는 노예제의 육체적, 심리적 공포와 탈출을 향한 암울한 결심을 냉정하고 상세하게 기록하여 이 책을 미국 최초의 베스트셀러 중 하나로 만들었다. 남북전쟁 이전에 남부의 실제 상황은 여전히 부정론자와 옹호론자의 논쟁이 난무했다. 독자들은 더글러스가 책에 쓴 유려한 표현을 보고 이것은 백인 폐지론자들*이 지어낸 가짜 뉴스라고 생각했다. 분명, 어떤 흑인도 그렇게 지적이고 말솜씨가 뛰어날 리 없다는 편견 때문이었다.

더글러스는 이야기를 쓰기 전, 북부 전역에서 열린 노예제 폐지론자 모임에서(다시 붙잡힐 것을 각오하고) 연설을 했다. 그의 연설은 그의 글만큼이나 강력했다. 한 목격자는 다음과 같이 증언했다.

> 그의 목소리는 풍부하고 유창했으며, 발음은 정확하고 음악적이었다. 그는 낮은 저음으로 얘기했지만, 때때로 그의 음색은 오르간의 음색처럼 풍성하고 깊게 흘러나왔다. 마치 전기에 감염된 듯했다.

모임은 대중에게 공개되었고, 싸움도 빈번했다. 당시 '흑인의 생명도 소중하다'는 운동과 '프라우드 보이즈'* 간에 충돌이 있어 난

---

* 백인 폐지론자들은 노예제도를 반대하고 폐지하려고 활동한 백인들을 뜻한다. 19세기 미국에서 특히 활발했던 폐지 운동은 흑인 노예 해방을 목표로 했고, 이 운동에는 흑인뿐 아니라 백인들도 많이 동참했다. 이들은 노예제도가 비인간적이고 비도덕적이라고 믿었고, 정치적, 사회적 활동을 통해 노예제 폐지를 추진했다. 유명한 백인 폐지론자 중에는 윌리엄 로이드 개리슨이나 해리엇 비처 스토처럼 글을 쓰고 강연을 하며 노예제의 부당함을 알린 사람들이 있다.

투극이 벌어지기도 했다.

더글러스의 이야기가 사람들을 자극한 것은 놀라운 일이 아니다. 그는 메릴랜드주의 한 농장에서 어린 시절을 보냈다는 것, 지역 관습에 따라 어린 나이에 어머니와 헤어져 돌아가시기 전까지 몇 번의 만남밖에 갖지 못했다는 이야기로 책을 시작한다. 어머니는 그를 만나러 12마일이나 되는 거리를 밤새 걸어왔다가 돌아가곤 했다. 아버지는 백인이고 아마도 자신의 주인일지 모른다는 생각이 어렴풋이 들었다. (성장하면서 그 사실을 알았을 때의 끔찍한 감정적 혼란을 한번 생각해 보라.) 어린 프레디와 노예[**] 아이들은 바지도 신발도 없이 "초라한 린넨 셔츠만 일 년에 두어 벌" 배당받았다. 축축한 바닥에서 잠을 자고 땅바닥에 놓인 판자때기 위에서 숟가락도 없이 옥수수가루를 퍼먹었다. 빨리 먹어야 많이 먹을 수 있는 돼지처럼 말이다.

---

* 프라우드 보이스(Proud Boys)는 2016년에 미국에서 설립된 극우 성향의 남성 단체로, 서양 우월주의와 반이민 이념을 표방한다. 이 단체는 폭력을 정치적 수단으로 삼으며, 특히 반파시즘 단체(안티파) 및 진보적 활동가들과 충돌하는 경우가 많다. 게빈 맥킨스(Gavin McInnes)가 설립했으며, 스스로를 서구 문명의 수호자라고 주장하지만, 백인 우월주의라는 논란이 잦다.

** 오늘날 'slave(노예)'라는 용어는 많은 부담을 지닌 표현이 되었으며, 종종 'enslaved person(피억압자)'으로 대체된다. 이는 노예제가 강요된 상태임을 인정하고, 누구도 본질적으로나 정당하게 노예가 아니라는 것을 나타내기 위함이다—이는 더글러스에게 중요한 통찰이 되었다. 지금은 이야기의 이 시점에서 그의 이해와 용어에 일치하도록 'slave(노예)', 'master(주인)' 등과 같은 용어를 사용하고 있다.

어린 나이부터, 그는 끔찍한 폭력행위를 목격했다. 주인인 앤서니 선장은 프레디의 예쁘장한 이모 헤스터가 만나지 말라고 한 남자 노예와 함께 있는 장면을 목격했다. 앤서니는 그녀가 자기의 독점적인 성적 자산임을 과시하며 벌을 주었다. 벌주는 장면은 욕정과 분노가 어우러진 병적 상태, 즉 '피로 얼룩진, 노예 지옥 입구'로 들어가는 것 같았다고 그는 회상한다.

> 그는 여자를 부엌으로 데려가서, 목에서 허리까지 발가벗기고, 목과 어깨, 등을 맨몸으로 드러나게 한 뒤 … 의자에 앉히고, 손목을 갈고리로 묶었다. … 팔이 축 늘어져 발가락 끝에 닿았다. 그런 다음 "자, 이 멍청한 년아. 내 명령을 어긴 대가가 뭔지 보여주지!" … 어떤 말도, 눈물도, 기도도 심장이 강철처럼 굳어버린 피비린내 나는 희생자에게서 흘러나오지 않았다. 비명이 커질수록 채찍 소리도 커졌는데 피가 가장 많이 흐르는 곳을 더 세게 후려쳤다.

더글러스는 다음과 같은 메모로 에피소드를 끝낸다.

> 그 광경을 보고 너무나 겁이 나고 공포에 질려서 벽장에 몸을 숨겼다. 내가 다음 차례가 될 거라는 생각이 들었다.

폭력을 목격하는 것은 일반적으로 아이들에게 두 가지 종류의 두려움을 심어준다. 임상 문헌에 따르면 일반적으로 불안이나 우울증, 싸움, 따돌림, 거짓말, 부정행위, 학습 문제, 불안정한 관계 등을 초래한다고 한다. 이 사례의 경우 트라우마가 약 열 세대에 걸쳐 전체 인구에 영향을 미쳤으며, 치유할 수 없는 정신적 손상이 발생했을 가능성이 있다. 이러한 유산은 마법처럼 빠르게 사라지지는 않는다.

이 책에서 가장 소름 끼치는 부분 중 하나는 노예 뎀비의 이야기이다. 바라카는 이것이 150년이 지난 지금도, 더는 잃을 것이 없다는 흑인들의 절망적인 심리를 이해하는 열쇠가 되고 있다고 말했다. 이 에피소드는 고어(Gore)라는 이름의 가혹한 감독관에 의해 촉발된다.

> 미스터 고어는 한때 로이드 대령의 노예 중 한 명인 뎀비에게 채찍질을 한 적이 있었다. 그는 뎀비를 몇 차례 채찍으로 후려쳤고, 노예는 채찍질을 피하려 개울에 뛰어든 뒤 어깨만 내놓은 채 물에 몸을 담그고 서서 나오지 않으려 했다. 미스터 고어는 그에게 세 번 부를 때까지 물 밖으로 나오지 않으면 총을 쏘겠다고 으름장을 놓았다. 뎀비는 그대로 선 채 반응이 없었다. 두 세 번 불러도 반응이 없자 미스터 고어는 추호의 망설임도 없이 노예의 얼굴에 겨눈 총을 쏘았고, 순식간에 불쌍한 뎀비는 더 이상 존재하지 않았다. 몸은 훼손되어 물속으로 사라지고, 서 있던 자리에 피와 뇌 조각들만 떠올랐다.

미스터 고어는 이런 살해에 대해 아무런 가책도 없다는 듯, 뎀비

뎀비 총격 사건, 『미국 노예 프레드릭 더글러스의 삶의 이야기』, 1892년판

는 비록 "쓸모없게" 되었으나 다른 노예에겐 "본보기"가 되었다고 자신에 차서 말했다.

그는 만약에 노예 하나가 순종치 않고 탈출하면 다른 노예가 곧 그것을 흉내 내어 그 결과 노예는 자유로워지고 백인이 노예가 될 거라고 확언했다.

가해자가 정당방위라는 이름으로 악행을 정당화하는 이런 왜곡된 논리는 오늘날 인종차별주의에서 여전히 묵과되고 있다.

결국 앤서니 선상이 죽자 더글러스는 토마스 아울드의 재산이 되었다. 더글러스가 열여섯이 될 무렵, 아울드는 그를 관리하기가 어렵다는 것을 알고서 에드워드 코비라는 가난한 시골 농부에게 일 년 동안 빌려주었다. 6개월가량의 야만적인 학대 후에, 코비는 더글러스가 지쳐 기절할 때까지 일을 시키고, 계속해서 발로 차고 무거운 막대기로 때리면서 더 많은 일을 하라고 요구했다. 마침내 더글러스는 피를 흘리며 가까스로 도망쳤다.

나는 맨발과 맨머리로 늪지와 절벽을 지나 숲길을 헤쳐 나갔고, 발을 뗄 때마다 찔레에 찔려 살이 찢기었다. 그리고 약 5시간에 걸쳐 7마일을 걸어서 주인의 가게에 도착했다. 그는 내게 원하는 것을 물었다. 나는 그에게 … 코비가 반드시 나를 죽일 것이니 다른 집을 알아봐 달라고 했다. 그는 내 생각을 비웃으며 자기가 알기로 코비는 좋은 사람이라서 나를 앗아가지는 않을 거라고 했다. 그렇게 하면 일 년 치 임금을 잃어버리는 것이 될 터이니 말이다.

우리는 여기서, 대부분의 책에서 살펴보았듯이, 노예의 고통에 관한 강도뿐만 아니라, 그 절망감, 명백한 불가항력에 대해 알 수 있다. 어린 더글러스는 몇 번이고 "평생 노예"라는 말을 되뇌었다. 무겁고 물러설 수 없는 운명에 대한 그의 언급은 왜 뎀비가 탈출을 선택했는지 알 수 있게 한다.

불교나 힌두교 문헌에서 고통이라는 의미로 사용되는 단어는 '두카(dukka)'*이다. 공고한 우주의 현실인 두카는 우리가 앞에서 보았듯이 붓다의 가르침을 위한 출발점이다. 부처님은 인간 경험

* 두카(dukkha)는 불교에서 가장 중요한 개념 중 하나로, 삶의 본질적인 고통과 불만족을 설명하는 용어이다. 팔리어(Pāli)와 산스크리트어로 "고苦"를 의미하며, 한글로는 "고통", "괴로움", 또는 "불완전함"으로 번역된다.

전반에 걸쳐 있는 두카의 보편성을 자세히 설명하기 위해 많은 노력을 기울였다.

> 태어남도 고통, 나이가 드는 것도 고통, 죽음도 고통이다; 슬픔, 한탄, 고난, 비애 그리고 절망이 두카이다; 싫은 사람과 만나는 것도 두카이고, 사랑하는 사람과 만나지 못하는 것도 두카이다; 원하는 걸 얻지 못하는 것도 두카이다.

위의 말은 상당히 우울하게 들릴지도 모른다. 만약 부유한 나라에서 안락한 삶을 살 수 있는 행운을 가졌다면 말이다. 탄생이란 탁월한 거래로 보인다. (붓다가 항생제 치료, 치과 진료, 실내 배관 공사를 했다면 그의 태도를 바꾸었을까?) 그러나 두카의 실제는 그리 단순하게 생각할 문제가 아니다. 목이 뻐근하다든가, 또는 무언가 통증이 있을 때. 누군가 마음을 아프게 하고, 이 일 저 일로 상처를 입을 때, 이는 신체적 부상이나 고통을 말하는 것이 아니라 괴로움을 말하는 것이다.

두카라는 단어는 기이하게도, "차축 구멍(axle hole)"을 의미하는 어원에서 유래했다. 고대 인도-유럽 문화에서 사람들이 말이나 소가 끄는 수레를 타고 이동할 때, 구멍이 차축에 비해 너무 크면 바퀴를 돌릴 때마다 삐거덕거리며 부딪치게 된다. 작은 삶의 여정에서, 우리는 호화로운 차를 타고 아름다운 풍경(좋은 집, 학교, 직업, 고급의 여흥꺼리)을 지나칠 수 있다. 그러나 바퀴 하나가 계속 부딪친다면, 거친 여정을 겪게 될 것이다. 따라서 두카는 더글러스가 견뎌낸 일종의 명백한 육체적 고통(부처님이 말한 '두카—두카')을 포함하지만 더 나은 번역은 "불안", "불만족", "근심", "슬픔", "실망", 혹은 "고뇌"일 수 있다. 이것은 하나의 정의에 담기엔 너무 큰 현실이다.

그것은 깨달음에 있어서도 마찬가지다. 비록 적절치는 않지만 내가 가장 좋아하는 정의는 "무한한 괜찮음"이다. 이 말은 모든 것이 괜찮다는 의미는 아니다. 우리는 여전히 발가락을 찧거나, 직업을 잃거나, 십자가에 못 박히면 고통스럽다. 하지만 동시에 무거운 운명의 무게도 다소 무중력하게 만드는 단순하고, 깊고, 전혀 설명되지 않는 "괜찮음"도 있다.

> 고난이 있을지어다, 그러나 명랑하여라: 내가 세상을 제압할 것이니.
>
> — 요한복음 16:33

깨달음을 얻은 자에게는, 십자가에 못 박혀 죽는 것과 부활은 공존하는 것이고 그것이야말로 진정한 기적이다. 20세기 인도의 위대한 현자 니사르가닷타 마하라지는 인후암 말기 진단을 받은 후에도, 치료를 받지 않고 계속 가르쳤다. 그의 몸은 고난에 처해 있었지만 그는 육체가 속해 있는 세속을 이겨냈다.

이것은 단순한 신념이나 태도가 아니라, 무엇이 닥치든 근본적으로 다르게 경험하는 것이다. 마치 숙면을 취한 후의 기분 좋은 명료함처럼 자연스럽게 신경학적으로 깨어 있는 상태를 일컫는다. 이 무한한 수용의 상태가 도래하기 전까지 바퀴의 흔들림은 늘 남아 있을 것이다. 그 흔들림이 그들을 각성시켜 깨어나기 전까지 인간은 저주를 받은 불만족한 상태로 부유할 것이다.

붓다는 두카(苦)를 존재의 세 가지 표시(Three Marks of Existence) 중 하나, 삶의 기본으로 여겼는데, 이 모든 것은 우리가 더글러스의 이야기에서 볼 수 있다. 세 가지 표시 중 또 다른 하나는 '아니타(無)', 무상함이다. 모든 것은 끊임없이 변하고, 사라지고, 녹고, 변형된다. 도시의 거리에서 볼 수 있는 수많은 사람은 100년 후면 모두 사라져, 당신이 여기에 있었는지도 모르고 신경도 쓰지 않는 사람들로 대체될 것이다. 이 책을 읽기 시작했을 때보다 마지막 문장을 읽을 때가 당신은 더 나이 들어 있을 것이다. 우리는 이 모든 것을 일반적이고 추상적인 방식으로 알며 구체적인 상황을 접할 때마다 다시 충격을 받게 된다. 마치 뒷머리가 가늘어진다는 사실을 받아들이는 순간 앞머리도 가늘어지기 시작하는 것처럼 말이다.

그렇다면 아니타는 궁극적으로 어떤 것에도 의지할 수 없다는 뜻이다. 더글러스의 노예적 삶 속에는 두카와 마찬가지로 아니타가 극명하게 나타나 있다. 그는 따듯하게 잠잘 의지처를 찾을 수가 없고, 괜찮은 식사, 의료 등 우리가 당연히 여기는 것을 누릴 수 없었다. 거의 잘 알지도 못하는 어머니, 아버지, 그리고 잔인하게도 함께 고통받는 동료조차 의지할 수 없었다. 주인들은 그들 사이에 정탐꾼을 심어 놓고 그들이 어떻게 대접받는다고 느끼는지를 묻곤 했다. 진실을 말하는 것은 늘 굉장한 실수였다.

그 가엾은 남자는 감독관으로부터 주인을 흠잡은 것 때문에 이제 조지아 무역상에게로 팔려 가게 된다는 소리를 들었다. 그에게 즉시 쇠사슬이 묶이고, 수갑이 채워졌다. 그리고는 잠깐의 알릴 시간도 없이 죽음보다 더 무정한 손아귀에 의해 가족과 친구들로부터 유리되었다.

하지만 아니타는 양날의 검이다. 만약 모든 것이 지나간다면 거기엔 모든 억압적인 것들도 포함될 것이다. 그렇다면 '평생 노예'라는 선고 역시 절대적이고 영원한 진리는 아닐 것이다. 이 통찰력은 더글러스가 해방될 수 있었던 열쇠였다.

더글러스에게는 가장 중요한 통찰력이 하나 더 있는데, 물론 우리에게도 해당된다. 니사르가닷타에 따르면

구루(스승)가 우리에게 해줄 수 있는 유일한 말은: 친애하는 그대여, 그대는 자신에 대해 상당히 잘못 알고 있습니다. 당신은 자신이 생각하는 그런 사람이 아닙니다.

육체적 속박은 외부에서 일어나지만, 더 깊은 단계에서는 잘못된 자기 정의, 즉 잘못된 정체성이 기능을 하게 된다. 친구든 적이든, 백인이건 흑인이건 모든 이는 더글러스에게 그가 노예라고 말한다. 물이 물이고 불이 불이듯, 그는 그저 노예일 뿐이라고 말이다. 더글러스가 아는 것은 그뿐이었다.

그러나 예닐곱 살이 되었을 무렵 무지의 벽은 금 가기 시작했다. 그는 볼티모어에 있는 주인의 친척인 휴 아울드 가족을 섬기기 위

해 파견되었는데, 이 도시는 그가 전에는 본 적이 없는 곳이었다. 이곳은 낙후된 농장 생활의 고립과는 거리가 먼, 툭 튄 현실이었다. 그는 품위 있게 옷을 입고 음식을 먹었으며, 그 집 여주인으로부터 비교적 친절한 대접을 받았다. 그녀는 그에게 철자법과 기본적인 독서법을 가르쳤다. 그러나 그것은 오래가지 않았다.

> 내게 발전될 기미가 보이자, 미스터 아울드 씨는 무언가를 눈치채고 아내에게 당장 내 교육을 금지하라고 하면서, 다른 무엇보다도 노예에게 글을 가르치는 것은 법에 어긋나고 평안치 않은 일이라고 했다. … "배운 사람이 노예가 된다는 것은 걸맞지 않은 일이야…"라는 말이 내 가슴에 깊이 침잠되었다. 그제야 나에게 가장 당혹스러운 어려움이 뭔지 이해하게 되었다.—지식, 흑인을 노예로 만드는 백인의 힘은 바로 그것이었다. 그것은 큰 성과였고 나는 그것을 높이 샀다.

문자 해독력이 자유의 열쇠라는 것을 알아차린 그는 비밀리에 동네 백인 소년들에게 속임수를 쓰고 뇌물까지 주면서 읽고 쓰는 것을 교습 받은 후, 아울드가의 막내아들의 교과서를 베껴, 결국에는 『컬럼비아 연설가(The Columbian Orator)』라는 책을 수중에 넣는다. 그 책은 새로운 세계를 열어 주었고, 그가 노예 폐지 운동의 강력한 연설가가 되는 계기를 마련해 준다.

더글러스가 읽은 책의 궁극적 교훈은 자신이 노예가 아니라는 사실이었다. 한때는 노예였지만 농장의 식물이나 짐을 부리는 짐승이 아니라 인간이었다. 그는 책에서 자신의 정확한 나이와 생일을 모른다고 썼다. 그 정보는 의도적으로 공개되지 않은 것으로:

> 나는 생일을 말할 수 있는 노예를 만난 적이 없다. 그것은 파종기, 수확기, 체리를 따는 시기, 봄철, 가을철이라는 말로 뭉뚱그려진다.

짐승과 농기구는 생일이 없다; 오직 사람만이 그것을 가지고 있다. 사실, 더글러스는 말년에 생일을 알아내려 간절히 노력했지만 실패로 돌아갔다.

그러나 그는 미국에서 가장 유명하고 존경받는 흑인이 되었다; 폐간 위기에 처한 몇몇 신문의 선구적인 편집자, 대서양 연안의 유명한 연사, 세 권의 자서전 저자, 링컨 대통령의 고문이자 도전자였다. 남북전쟁이 발발하자 그는 자기 아들 두 명을 포함하여 연방군에서 싸울 흑인 병사들을 모집했다. 전쟁이 끝난 후 아이티 대사직과 연방 정부의 여러 직책을 맡았다. 이는 모두 아프리카계 미국인으로서는 전례가 없는 일이었고 급기야는 흑인 부통령 후보까지 지명되었다.

노예의 권리와 여성 권리를 위해 지칠 줄 모르는 투사였던 더글러스는 세네카 폴스에서 열린 최초의 여성 인권 대회에 유일한 흑인으로 참석하여 투표를 꺼리는 여성들을 설득했다. 그는 19세기에 사진이 가장 많이 찍힌 미국인으로 선정되었고, 모든 사진에서 위엄 있고 흠잡을 데 없는 옷매무새와, 생사를 넘나드는 진지하고 용맹스런 포즈로 감히 흑인이라면 할 수 없는 가공할 만한 존재의 모습을 보여주었다.

오늘날 미국 전역에 더글러스의 이름을 딴 학교와 기관이 있고, 미 국회의사당에는 "투쟁이 없으면 진보도 없다"라는 문구가 새겨진 더글러스 동상이 있으며, 만약 워싱턴 DC 주를 승격하는 캠페인이 성공한다면 컬럼비아 특별구는 더글러스 연방으로 불리게 될 것이다. (그의 명성은 돈을 빌려 달라거나 집을 사달라는 노예들의 방문이 끊이지 않는 나름의 문제를 낳기도 했다.)

그러나 "당신은 자신이 생각하는 그런 사람이 아니다"라는 말이 우리에게 의미하는 것은 무엇일까? 물론, 젊은 시절의 더글러스처럼 우리도 더 크고 더 나은 사람이 되는 것을 막는 제한적인 정의를 받아들였을 수도 있고, 그 한계를 극복함으로써 삶이 바뀌었을지도 모른다. 그러나 여기서 말하는 다르마의 가르침, 즉 존재의 세 번째 특징은 그보다 더 심오하다. 붓다는 그것을 큰 자아나 더 나은 자아가 아니라, 고정되고 분리된 자아는 없다는 '무아', 즉 '공(空: 아니타)'*이라고 불렀다.

이제 두카와 아니타(anitya)의 실체를 파악하기 위해 붓다가 될 필요는 없다—사려 깊은 혜안을 가진 성인이라면 나쁜 일이 일어

---

* 공(空, Sūnyatā)은 불교 철학의 중심 개념으로, 모든 존재와 현상이 본질적으로 실체가 없고 공허하다는 진리를 가리킨다. 산스크리트어로는 "슈냐타(Sūnyatā)", 팔리어로는 "수냇타(Suññatā)"라 불리며, 이는 "비어 있음" 또는 "텅 빈 상태"를 의미한다. 공은 특히 대승불교大乘佛教와 나가르주나(용수보살)의 중관사상에서 핵심적인 철학적 기반으로 다뤄진다.

나긴 해도 영원하지 않다는 것을 알게 된다. 그러나 무아(anatta)* 는 조금 성격이 다르다. 무아는 처음에는 오싹하게 들리지만, 사실 그것은 가능한 모든 소식 중에서 가장 좋은 소식이다. 즉 그런 일이 일어날 사람이 없다는 뜻이니 말이다. 더글러스의 위대한 해방은 그가 노예가 아니라는 것을 깨달은 것이 아니라 잠시 노예 상태였던 인간임을 깨달은 것이다. 이 깊은 해방감 속에서, 우리는 개인이 아니라 잠시 인격화된, 빛나고, 자각하는, 열린 공간임을 깨닫게 된다.

당신은 춤이나, 정원 가꾸기 또는 그 밖의 다른 일에 몰두할 때 시간이 녹아내리는 영원의 순간을 경험해 보았을 것이다. 그런 일이 일어나면, 자아, 즉 별도의 정체성이라는 느낌, 피부 주머니에 갇혀 있는 자아는 녹아내린다. 그 순간 과거, 미래, 신념, 두려움 등 정체성에 깊숙이 박혀 있는 것들을 물어본다면 당신은 그저 관대한 미소를 지으며 어깨를 으쓱거릴지도 모른다. 거울에 비친 자신의 몸을 보며 다시 미소를 짓고 "아, 저거! 저게 아직도 여기 걸려 있나?"

시간과 자아와 더불어 두카의 감각도 녹아내린다. 이것이 바로 운동선수들이 잘 알고 있는 "세컨 윈드"의 근원으로, 통증과 피로

---

* 무아(無我, Anattā)는 불교에서 핵심적인 교리로, 고정된 자아나 실체로서의 '나'는 존재하지 않는다는 진리를 가리킨다. 산스크리트어로는 아나트만(Anātman)이라고 하며, 이는 "아(無, 없다) + 아트만(Ātman, 자아 또는 영혼)"으로 이루어진 말이다. 무아는 불교의 삼법인三法印 중 하나로, 고苦와 무상無常과 함께 모든 현상의 본질을 설명하는 중요한 개념이다.

가 사라지는 것이 아니라 그것들이 갑자기 문제가 되지 않게 여겨지는 상황을 일컫는다. 그 순간에 다른 형태의 고통도 완화되었을 가능성이 높다. 시간, 고통, 자아: 이 모든 것은 무게를 잃고, 실체가 묘연해진다. 우리는 여전히 말을 하고, 운전하고, 수학을 풀고, 각자의 이름에 응답하지만 우리의 자아와 모든 것에 대한 감각은 그리 견고한 것이 아니고, 티끌보다도 못한 빛의 향연에 불과하다.

더글러스의 해탈을 촉발하는 데 책이 한몫한 것처럼, 우리의 해탈을 촉발하는 데 불교경전은 중요하다. 그러나 독서만으로는 완전한 해방을 이룰 수 없다. 어느 순간 우리는 해탈을 선택하고 끈질긴 집념으로 그것을 추구해야 한다. 노예주들은 이런 사태를 미리 막기 위해 노예들의 마음에서 자유에 대한 의지를 꺾는 최악의 죄를 저질렀다. 그들은 크리스마스와 새해 사이에 휴일을 만들고 위스키 마시기 대회와 레슬링 시합으로 노예들을 자극했고, 이 모든 시합은 구토와 난장판으로 마무리되도록 고안했다.

> 그들의 목적은 이런 것이었는데, 자유라는 명목으로 교묘하게 노예들을 가장 밑바닥의 무절제로 몰아넣음으로써, 자유를 역겨워하게끔 만드는 것이다. … 그래서 휴일이 끝나면, 우리는 뒹굴던 오물에서 비틀거리며 일어나 긴 호흡을 하고, 주인이 속인 자유라는 신념에서 다시 노예의 품으로 돌아가는 것을 오히려 기쁘게 생각하며, 들판으로 행진했다.

더글러스에게 위기는 미스터 코비의 손아귀에서 자행된 잔인한 처사에 항변하기 위해 피를 흘리며 맨발로 7마일을 걸어왔던 열여섯 살 때 찾아왔다. 그의 하소연은 전혀 먹히지 않았고 그는 오던 길을 걸어서 다시 코비의 농장으로 걸어가야 했다. 다음날, 그가 마구간에서 말들을 보살피고 있을 때, 갑자기 코비가 긴 밧줄을 들고 나타나서, 다리를 묶고, 매를 때리려 했다. '뎀비'와 마찬가지로 더글러스도 한계에 봉착한 것이다. 그러나 그는 체념이 아닌 오기로 응대했고, 확고함을 불태우는 두어 시간 남짓의 전쟁을 치른 후 마침내 미스터 코비는 나가떨어졌다.

> 나는 전에는 느끼지 못했던 것을 느꼈다. 그것은 노예의 무덤에서 자유의 천국으로 이르는 영광스런 부활이었다. 오랫동안 짓밟힌 내 영혼은, 비겁함이 물러나고, 대담한 저항이 자리잡았다; 내가 아무리 농장에서 오래 노예로 있었을지라도, 진정한 노예로의 삶은 영원히 지나갔다는 것을 깨달았다.

영적 해방을 한 위인들은 이와 비슷한 결의를 보여준다. 40일을 사막에서 밤을 지새운 예수든, 보리수나무 아래서 7주 동안 명상을 한 부처든 마찬가지다. 붓다는 나무 아래 앉아 이렇게 다짐했다.

> 내 살갗과 힘줄 그리고 뼈마디가 다 말라비틀어져 생명이 고갈된다 할지라도 나는 영원한 피안에 이르는 최고의 깨달음을 증득할 때까지 여기서 일어나지 않을 테다.

요즘의 명상 수업은 매우 안락한 상태에서 진행되지만, 하루에 몇 시간 동안을 앉아서 수행한다는 것은 여전히 인내심이 필요하다. 몇 년 전, 마요르카에서 다섯 달 동안 계속된 수련에서 나와 친구들은 "환불 금지"라는 비공식적인 구호를 채택했다.

편안한 의자에 앉아 하루 15분의 명상으로 수행을 하더라도 붓다의 영적 결단에 이를 수 있다. 달라이 라마는 우리가 깨달음에 이를 때까지 수행하기로 결심한다면 그 결과는 확실하며, 단지 얼마나 오래 걸리는가만이 관건이라고 말한 적이 있다. 덧붙여 깨달음이 무르익어 가는 동안 사랑과 자비심이 커진다면, 명상 시간으로 만 번의 생애가 걸리더라도 상관없다고 했다. 그게 아니라면, 우리는 그저 어리석은 장난질로 삶을 보내는 것이며, 한 번 사는 것도 과한 것이다.

미국은 늦게나마 흑인의 생명도 소중하다는 것을 깨닫고, 프레드릭 더글러스가 얼마나 선구자이자 예언자였는지, 그리고 평생 불의에 맞서 싸운 모범적인 인물인지 알게 되었다. 나도 평생 열정적인 정치 활동가들과 일을 해왔다. 그들 중 일부는 수십 년 동안 효과적으로 활동하였으나, 일부는 지치고 일부는 자신의 분노나 절망에 사로잡혀 있었다.

활동가들은 종종 영성을 의심한다. 그들은 종교를 민중의 아편이라고 비난하곤 했고(우리 부모가 그랬듯이), 실제로 더글러스는 노예제도를 합리화하기 위해 성경을 선택적으로 인용하고 왜곡하는 종교적 위선자들에 대해 가장 날카로운 분노를 아끼지 않았다. 그러나 영적인 것에 대한 진지한 몰입은 그에게는 없어서는 안 될 꼭 필요한 요소였다. 훗날 그는 AME 시온 교회의 공인 평신도 설교자가 되었고 세계 종교를 깊이 연구하는 학생이 되었다.

오늘날의 행동가들은 영적이거나 명상적인 것을 기피하는 경우가 많은데, 이는 그들이 생각하기에 자신들의 행동에 꼭 필요한 분노가 고갈될까 두려워하기 때문이다. 하지만 위대한 행동가들은 모두 분노가 아닌 내면의 침묵에 닻을 내렸다. 간디는 물론이고 킹 박사, 로자 파크스, 넬슨 만델라, 바츨라프 하벨, 말랄라 유사프자이도 마찬가지이다. 무언가가 그들의 마음속 깊이 자리잡아 그들을 약해지지 않고 강하게 만든다. 아무리 말도 안 되는 액션 영화의 제작자라도 최고의 닌자나 비밀 요원은 여러 차례의 동요에도 흔들리지 않고 확고하다는 것을 알고 있다. 내면의 침묵이 없는 혁명가가 혁명에 성공하면 보통 괴물이 된다.

이 가르침의 정식 버전은 고대 인도의 깨달음이 적힌 삶의 사용서인 『바가바드기타』에서 찾을 수 있다. 스승은 "검은 자" 또는 "어두운 자"라는 뜻의 이름을 가진 무한의 화신 크리슈나*이다. 그는 동굴 속 수도승이 아니라 전투가 시작되기 직전 전장에서 강력한 전사 아르주나(Arjuna)에게 삶의 본질적인 지혜를 부여한다. (운 좋

---

* 크리슈나(Krishna)는 힌두교에서 가장 중요한 신 중 하나로, 비슈누(Vishnu)의 여덟 번째 화신(아바타, Avatar)이자 절대적 신성의 화신으로 여겨진다. 그는 신성, 사랑, 지혜, 그리고 우주의 질서를 상징하며, 힌두교 경전과 철학에서 중심적인 위치를 차지한다.

크리슈나와 아르주나

게도) 아르주나의 마부 역할을 해온 크리슈나는 그에게 18장에 달하는 상세한 조언을 해주지만, 어느 순간 그것을 한 문장으로 요약한다: "요가스타 구루 카르마니(Yogastah kuru karmani)."* 존재에 안

* "요가스타 구루 카르마니(Yogastah kuru karmani)"는 『바가바드기타』 2장 48절의 구절로, "요가에 확립된 상태에서 너의 행위를 행하라"는 뜻이다. 여기서 "요가"는 마음의 평정과 내면의 중심에 머무르는 상태를 말하며, 행위의 결과에 집착하지 않고 자신의 의무(다르마)를 수행하라는 가르침을 담고 있다. 이는 카르마 요가의 원리로, 욕망이나 두려움에 흔들리지 않고 내적 평화를 유지하며 행동하라는 의미이다. 성공과 실패를 초월한 균형 잡힌 자세로 삶을 살아가는 방법을 제시하며, 현대적으로는 스트레스 관리와 마음챙김의 지혜로도 해석된다.

착하여, 해야 할 일을 하라.

일을 잘 처리하고, 필요에 따라 상대를 제압하며, 삶의 전장에서 정의로운 갈등에 참여해라. 하지만 갈등, 고통, 자아 너머에 있는 고요함 속에 머물도록 하라. 그러면 당신은 전투의 열기 속에서도 냉정함을 유지하고, 전쟁의 혼돈 속에서도 명확하게 볼 수 있으며, 언제 싸우고 멈추어야 하는지 그때그때 알 수 있을 것이다. 지나치게 감정에 휩쓸리지도 말고, 개인적인 감정에 휘말리지 마라.

몇몇 사람은 이러한 재능을 타고난다. 하지만 그렇지 않은 사람은 노력해야 한다.

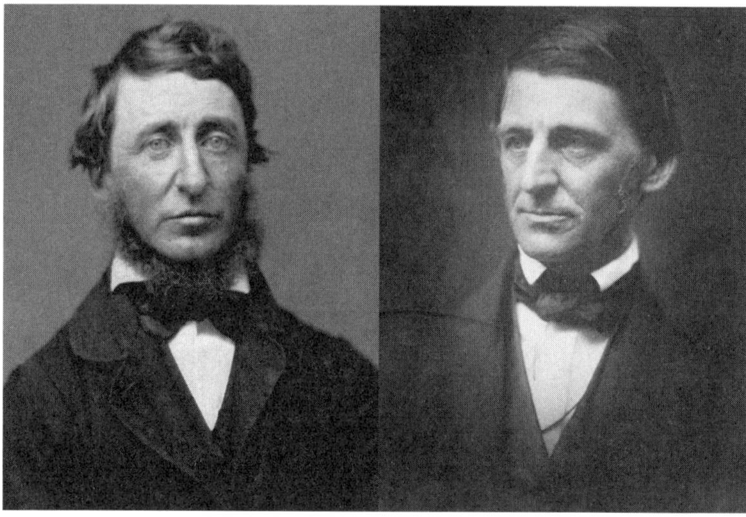

4. 미국의 미래불

소로, 에머슨과 친구들

1967년 6월, 나는 대학을 중퇴했다—학업을 중단했을 뿐만 아니라, 갖가지 계획, 사회 활동 등, 행복이라는 비전을 유지하는 복적에 직접적으로 연루되지 않은 모든 활동에서 벗어났다. 나는 혼자서 수행하는 사두(sadhu)*, 방랑하는 성자가 되었다. 전국을 횡단하면서,

* 사두(Sadhu)는 산스크리트어로 "착한 사람", "성스러운 사람" 또는 "의로운 자"를 뜻하며, 인도 전통에서 세속적 삶을 떠나 영적 깨달음과 수행을 위해 헌신한 사람들을 가리킨다. 주로 힌두교, 자이나교, 그리고 때로는 불교에서 볼 수 있는 수행자들이다. 고행과 명상을 통해 목샤(해탈)를 추구한다.

히치하이킹을 하고, 몰래 화물 열차에 몸을 실었으며, 공동체와 임시 야영지에 머물고, 맨바닥과 덤불숲에서 잠을 자기도 했다. 사람들이 어디서 왔냐고 물으면 "저는 온 곳이 없습니다. 그냥 여기에 있을 뿐입니다"라고 대답했다.

가끔 감옥에 갇히기도 했다. 알고 보니 경찰들은 장발의 선지자가 자기 마을 안으로 침입하는 것에 그리 동정심을 보이지 않았던 것 같다. (가장 좋은 감옥은 그랜드 캐니언 국립공원의 연방 교도소로 창살이 쳐진 작고 어여쁜 오두막이었다.) 한번은 숲속에서 며칠을 혼자 보낸 후, 여행자 수표로 식료품 몇 개를 사려고 동네 잡화점으로 걸어 들어갔다. 서명을 하려다가 이름이 잘 기억나지 않아 애를 먹었다. 훌륭하군, 나는 생각했다. 자아의 속박에서 벗어나 이름 없는 무아 상태가 된 거야.

내 어깨에 걸쳐진 작은 캔버스 가방에는 돌돌 말아놓은 군용 판초, 칫솔, 닥터 브로너스 액체비누 한 병(라벨에 알 수 없는 작은 글씨들), 당근, 땅콩버터, 그리고 단행본 두 권이 들어 있었다. 『도덕경(Tao Te Ching)』*과 헨리 데이비드 소로의 『월든(Walden)』**이었다.

이들은 힌두교 전통에서 중요한 상징으로 여겨지며, 물질적 세계를 초월한 정신적 이상을 대표한다.

* 『도덕경(Tao Te Ching)』은 중국 철학자 노자(Laozi)가 쓴 고전으로, 도道와 덕德을 중심으로 우주의 원리와 인간의 삶의 지혜를 설명한 책이다. 약 81장으로 구성되어 있으며, 자연의 순리에 따르는 무위자연無爲自然을 강조한다. "도"는 형언할 수 없는 근원적 진리이자 모든 존재의 본질이며, "덕"은 그 도를 따르는 삶의 방식이다. 힘으로 억지로 하지 않음으로써 가장 큰 조

『도덕경』은 단순한 말로, 내게 삶을 간소화하라고 촉구했다. "도道는 그저 존재하는 것이다." 월든 연못가 오두막집에서 지내던 소로(Thoreau)도 같은 생각을 이야기로 풀어냈다. 소로는 단순하고 고독한 삶, 삶의 본질에 집중하는 삶이 실제로 모든 미국인에게 가능하다는 것을 증명해 보였다. 나도 그런 사유에 편승하며 페이지를 넘겼다.

나의 가장 위대한 능력은 원하는 것을 거의 소유하지 않았다는 것이다.

벨벳 쿠션에 앉아서 혼잡한 시간을 보내느니 호박 위에 앉아서 혼자만의 시간을 보내고 싶다.

화를 이룰 수 있다고 가르친다. 정치적으로는 겸허한 통치와 과도한 개입을 경계하며, 개인적으로는 욕망을 줄이고 단순한 삶을 권장한다. 『도덕경』은 동양 철학의 핵심으로서, 현대에도 심오한 깨달음과 영감을 제공한다.

** 헨리 데이비드 소로의 『월든(Walden)』은 자연 속에서 단순하고 자립적인 삶을 실천한 경험을 담은 에세이로, 미국 문학과 초월주의의 고전이다. 소로는 매사추세츠의 월든 연못 근처에 스스로 지은 오두막에서 2년 2개월을 살며 자연, 자아 성찰, 그리고 삶의 본질에 대해 탐구했다. 그는 소비와 물질주의에 얽매인 삶을 비판하며, 단순한 생활과 독립적 사고를 통해 진정한 자유를 찾으라고 권한다. 자연과 조화롭게 살아가는 것이 인간의 영적 풍요를 가져다준다고 주장한다. 『월든』은 자기 성찰, 환경 윤리, 그리고 현대사회에 대한 비판적 통찰을 담고 있어 지금도 널리 읽히며 사랑받고 있다.

나는 주도적으로 살기 위해 숲으로 갔다. 삶의 본질적 사실을 마주하지 못하고, 그것이 내게 가르쳐준 것을 습득하지 못한 채 죽음을 맞이하고 싶지 않았기 때문이다. … 충만하게 살면서 삶의 골수까지 빨아들이고 싶어서 … 삶을 힘든 곳으로 몰아 가장 낮은 조건이 되게 하였다.

우리는 삶을 사소한 것들로 낭비하고 있다. 줄이고, 줄이고, 간소화하라!

간소화하라는 소로의 충고는 영적인 것만 남기고 물질적 삶은 최소화하라는 단서가 되었다.

어쨌든 그것은 굉장한 논의였다.

60년대의 격동기를 살아가면서, 어쩌면 우리는 조지 칼린이 '뷰자 데(Vuja de)'라고 부르는 것, 즉 "왠지 이 모든 일이 전에는 한 번도 일어난 적이 없는 것 같은 낯선 느낌"을 강하게 받았는지 모른다. 그러나 사실 이런 일은 이미 일어난 적이 있었다. 소로가 청년 시절이었던 1830년대 후반부터 1850년대 중반 사이에 말이다.

1960년대에, 사람들은 베트남 전쟁에 반대하며 시위를 했고, 그 때문에 몇몇은 감옥에 수감되기도 했다. 소로 역시 멕시코-미국 전쟁에 항의하여 잠시 감옥에 갔다.* 민권 운동이 일어나자, 노예제가 폐지되기를 바랐던 소로는 당시 열정적이긴 했으나 대중에게는 인기가 없었던 선동가 존 브라운의 변호를 맡았고, 지하철도를 타고 탈출한 노예를 불법적으로 도왔다. 그는 공간과 시간을 좁혀주는 새로운 기술인 전신과 철도를 목격했다: 우리 시대의 TV, 장거리 전화, 고속도로, 제트기 여행, 우주 프로그램이 그것들과 같은 맥락일 것이다. 지구 전체를 우주적 차원에서 찍은 최초의 사진은 지구에 대한 우리의 인식을 돌이킬 수 없을 정도로 바꿔놓았다.

심지어 1960년대의 댄스 광란조차도 사실 1840년대 유럽과 미국을 휩쓴 '폴카마니아'에 의해 예고된 것이다. 물론 지금이야 기묘하게 들릴지 모르지만, 폴카는 수영, 혼자 추는 댄스, 매쉬드 포테이토처럼 부모님이 길들인 스텝과 딱딱한 태도에서 벗어날 수 있는 빠르고 에너지 넘치는 방법이었다. 체비 체커의 '더 트위스트'** 녹음은 존 케네디가 당선되던 달인 1960년 11월에 발매되어, 미국계 백인들에게 엉덩이를 흔들라고 가르쳤다. 곧이어 제키 캐네디는 백악관에서 트위스트 파티를 열었다. (이후 펑카델릭은 '생각을

---

* 그 제국주의적 영토 확장을 반대했던 몇 안 되는 정부 인사 중 한 명은 신입 일리노이주 하원의원 에이브러햄 링컨이었다.

** 체비 체커(Chevy Checker)의 '더 트위스트(The Twist)'는 1960년에 발표된 대표적인 로큰롤 히트곡으로, 트위스트 춤 열풍을 일으킨 상징적인 노래이다. 단순하면서도 중독성 강한 멜로디와 가사로 전 연령층에서 인기를 끌었으며, 빌보드 차트 1위를 두 번(1960년과 1962년) 차지한 유일한 곡이다. 이 노래는 트위스트 춤을 대중화시켜 세계적인 문화현상을 만들었고, 1960년대 댄스 열풍의 중심에 있었다. 체비 체커는 이 곡으로 세계적인 스타로 자리잡았으며, 트위스트는 이후에도 다양한 버전으로 사랑받았다. 단순한 즐거움과 자유로운 리듬으로 대중음악사에 독보적인 자리를 차지한 곡이다.

자유롭게 하면 엉덩이도 따라온다(Free Your Mind and Your ass Will Follow)'를 부르면서 가끔 다른 방식을 취하기도 했다.)

60년대에 등장했던 유토피아 공동체들처럼 소로의 시대에도 유사한 공동체들이 생겨났다. 브룩 농장이나 푸루트랜드* 같은 곳은 금방 실패했다. 그곳에서는 남자들이 철학을 논하는 동안 여자들은 허드렛일을 떠맡았다. 가장 성공적이었던 곳 중 하나는 30년 이상 번성했던 규율적인 키부츠인 오네이다 공동체**였다. 이 공동체는 자유로운 사랑(오네이다의 지도자가 만든 용어)과, 모든 남성이 모든 여성과 결혼할 수 있는 복합 결혼 원칙을 중심으로 조직되었다. 이는 모든 사람을 사랑하라는 성서적 명령에 대한 창의적인 실천이었다. 피임은 현대인들이 탄트라 섹스라고 부르는 방법으로 유지되었다. 집에 오네이다 주방용품이 있다면, 그 물건을 만든 회사가 탄트라 섹스를 즐기는 자유로운 연인들에 의해 설립되었다는 사실에 재밌다고 생각할 수도 있다.

1837년 공황이나 대공황, 제2차 세계대전이라는 두 시대를 주

---

* Brook Farm와 Fruitlands는 19세기 미국에서 발생한 두 가지 중요한 공동체 운동으로, 각각 유토피아적 실험의 일부였다. 이들 공동체는 트랜센덴탈리즘(Transcendentalism: 초월주의)의 영향을 받아 세속적인 삶에서 벗어나 자연과 영적 성장에 집중하는 것을 목표로 했지만, 결국 실패하게 된다.

** Oneida Community는 19세기 중반 미국에서 유토피아적 사회 실험의 하나로, 조지프 오네이다(Joseph Oneida)에 의해 설립되었다. 이 공동체는 공동생활과 공동체주의를 바탕으로 한 사회 실험이었으며, 주로 뉴욕주의 오네이다(Oneida)라는 지역에서 1848년부터 1880년대 초까지 운영되었다.

도하던 인물들은 힘든 시기를 겪으며 물질적 번영과 안정에 집중했다. 이러한 물질주의적 가치관에 공허함을 느낀 젊은이들은 정신적 구제 수단을 찾았는데, 그것은 동방으로부터 왔다. 1960년대 미국의 이민법이 완화되면서 스와미, 로시, 라마들이 가르침을 전하기 위해 미국에 도착했다. 소로가 살던 시대에는 동양의 스승이 서양에 온 것이 아니라 동양의 가르침이 서양에 온 것이다. 유럽인들의 인도 침략은 선교사와 학자들의 인도 유입을 가능케 했고, 이들은 힌두교와 불교경전을 최초로 서양어로 번역하였다.

그 초기 번역본 중 일부가 1834년 랄프 왈도 에머슨의 커다란 개인 서재와 함께 보스턴에서 매사추세츠주 콩코드(소로의 고향)로 실려 왔다. 소로는 1837년 하버드에서 공부를 마치고 고향으로 돌아와 14살 연상이었던 에머슨과 멘토이자 친구가 되었다. 에머슨의 서재에서 소로는 모든 것을 포괄하는 존재인 『바가바드기타』, 즉 브라흐만과 브라흐만을 향해 열려 있는 길을 설명하는 다양한 요가 텍스트를 발견했다. (이것은 요가라는 단어가 단지 신체적인 자세를 의미하는 대중적인 용법으로 강등되기 한 세기 전 일이다.) 1849년 소로는 한 친구에게, "나는 요가 수행을 충실히 하고 있다네. 어떨 때는 간혹 거를 때도 있지만, 거의 요가 수행자가 다 되었는걸"이라고 편지를 썼다. 그는 합법적으로 그 주장을 할 수 있는 첫 번째 미국인이었다.

에머슨은 조상 대대로 유니테리언 목사였지만, 교회의 교리가 너무 억압적이라는 생각에 단 3년 만에 사임했다. 그가 사랑했던 첫 부인 엘렌은 아름다운 시인 지망생으로 결혼한 지 2년도 채 되지 않은 20살의 나이에 결핵으로 세상을 떠났고, 교회의 무미건조한 가르침은 그에게 아무런 위로도 주지 못했다. 그렇기에 그에게는 영성에 대한 직접적이고 살아있는 경험이 필요했다. 새로운 출발을 모색하기 위해, 에머슨은 1년 동안 외국 여행을 하면서 유럽의 가장 앞선 사상가들과 몇몇 영국 낭만주의 시인들을 만났고, 이 시인들은 전통과 합리성에 있어서 최고의 열정과 상상력을 보유한 젊은 챔피언이었다.

그의 내면에서는 연금술이 일어나고 있었다. 개인적인 탐구의 절박함, 동양 경전에 담긴 고대의 지혜, 낭만주의자들의 젊은 반항심, 급속히 현대화되는 미국의 혁신 정신이 한데 어우러져 에머슨의 사유는 트랜센덴탈리즘(초월주의)*이라는 새로운 술로 증류되었다. 이 용어는 이마누엘 칸트의 글쓰기에서 따온 것으로 형식적인 철학 못지않게 철학적 태도의 중요성을 강조한다. 권위에 관한 의문, 종교적 교리보다 과학에 대한 존중, 신의 현현으로서의 자연에

---

* Transcendentalism(초월주의)은 19세기 초 미국에서 등장한 철학적, 문학적, 종교적 운동으로, 인간의 내면과 자연의 영적 차원을 강조한다. 초월주의는 이성적 사고와 물질주의를 넘어서, 인간이 본질적 진리와 신성에 도달할 수 있다고 믿는다. 이 운동은 개인의 직관과 자연과의 조화를 통해 깨달음을 얻는 것을 목표로 하며, 대표적으로 랄프 월도 에머슨(Ralph Waldo Emerson)과 헨리 데이비드 소로(Henry David Thoreau) 같은 인물들이 중심에 있다.

대한 이해, 그리고 무엇보다도 개인의 우월성에 비중을 둔다. 이 점에서 에머슨의 에세이 『자기 신뢰(Self Reliance)』는 그의 장대한 선언문이라 할 수 있다.

> 자신을 믿어라. 모든 마음은 그 강철 같은 믿음에 진동하나니
> 진정한 인간이 되려는 자는 반드시 비순응주의자가 되어야 한다. …
> 종국에 가장 신성한 것은 결국 자기 마음에 대한 성실성이니까.
> 나는 나 자신이어야 한다. 당신을 위해 나 자신을 무너뜨릴 수 없다. 당신이 나를 있는 그대로 사랑할 수 있다면 우리는 더 행복해질 것이다. … 나 또한 그럴 것이니 말이다. 당신이 좋아하는 것이나 혐오하는 것을 숨기지 말라. … 깊이 존재하는 것은 거룩한 것이니, 나는 무엇이든 마음이 정하는 모든 일을 내면으로 기뻐하며 해와 달 앞에서 굳건히 행할 것이다.

에머슨은 궁극적으로 큰 성공을 거두었다. 초월주의적 태도는 미국인 정신에 철저히 스며들었으며 처음 등장했을 때 얼마나 급진적이었는지 지금은 상상조차 어렵다. 내가 그런 불타는 문화적 별똥별을 가장 가까운 곳에서 목격한 경험은 1956년 1월 28일, 엘비스 프레슬리가 도르시 브라더스의 스테이지 쇼에서 "Shake, Rattle, and Roll"*을 부르며 전국 TV에 데뷔하는 장면을 본 때였다.

---

* "Shake, Rattle and Roll"은 원래 1950년대 록앤롤의 상징적인 곡으로, 격렬

나는 겨우 여섯 살이었지만, "우와! 저게 뭐지?!"라고 생각할 정도의 감각은 있었다. 내가 이전에 들어본 적도, 본 적도, 느껴본 적도 없는 것이었다—영광 속의 한 개인이 활기로 가득 차고, 젊고, 기칠고, 아름답고, 도전적인 모습으로 비추어졌다.

엘비스처럼, 초월주의자들은 세상에 자기 자신을 도전적으로 드러내는 새로운 방식을 상징한다. 낡은 억압을 강요하는 늙은이들은 물러나야 했다. 소로는 "나이 든 사람들이 하지 말라고 하는 일을 시도해 보라. 그러면 그것을 당신이 할 수 있다는 것을 깨달을 것이다"라고 썼다. "늙은이에게는 옛것을, 젊은이에게는 새것을." 그리고 그 말은 가장 지독한 꼰대에게도 해당된다. 원죄에 대한 끔찍한 교리를 가지고 격분하는 가부장으로 그려지던 하나님이 어느새 자기 아이들에게 잔디밭에서 나가라고 소리치는 화난 노인처럼 보이게 된 것이다.

그 자리를 대신한 건, 에머슨이 힌두교 경전에서 읽었던 우주의 초월적 존재인 브라흐만, 즉 평범한 미국식 표현으로 초 영혼(Over-soul)이었다. 그는 어떤 미국인이라도 결단만 내리면, 자신 안에서 그런 초월적 존재를 찾을 수 있다고 단언했다.

인간의 내면에는 만물의 영혼, 현자의 침묵, 우주의 아름다움이

하고 에너지 넘치는 리듬과 춤을 묘사한다. 리틀 리차드의 원곡을 포함하여 다양한 버전으로 재해석되었으며, 록 음악의 발전과 1950년대 젊은 문화에 큰 영향을 미쳤다.

존재하며 이것들은 부분과 입자가 동등하게 연관되어 영원한 하나를 이루고 있다. 우리 안에 존재하는 이 심연의 힘은 매 순간 자족적이고 완벽할 뿐 아니라 보는 행위와 보이는 것, 보는 자와 보는 대상, 주체와 객체, 이 모든 것이 결국 하나라는 걸 알려준다. 우리는 세상을 태양, 달, 동물, 나무 등으로 조각조각 보지만 전체로서의 이것들은 그저 빛나는 하나의 영혼이다.

에머슨의 가장 악명 높은 엘비스적 반항의 순간은 1838년 하버드 신학교 졸업식 연설에서 일어났다. 그가 10년 전에 졸업한 학교였다. 통상적이라면 이 연설은 젊은이들에게 그리스도의 유일한 신성과 타락한 인류에게 그가 구원자로서 얼마나 필요한지 믿음을 확고히 하는 자리였어야 했다. 하지만 에머슨은 그렇게 하지 않았다.

내가 여러분에게 훈계한다면, 무엇보다 혼자서 가라고, 훌륭한 본보기나 상상 속의 신성한 인물을 매개로 해서가 아니라, 중재자나 가림막 없이 하느님을 대담하게 사랑할 용기를 지니라고 할 것입니다. 순종이나 복종은 뒤로 한 채 먼저 신과 직접적으로 친숙해지도록 하십시오. … 예수 그리스도는 당신과 내 안에 있는 진실입니다. 그는 신이 자신 안에서 인간으로 육화되어 세상을 새롭게 하러 오셨음을 알고 있습니다.

"신은 예수 안에서, 오로지 예수로만 2천 년 전에 인간으로 육화한 것이 아니다." 신은 현재 바로 지금 모든 인류 안에 존재해 있다. 예수는 붓다였으며, 영광스럽게도 우리 모두에게 신의 본질이 내재함을 각성하고 그와 같이 부처가 되라고 우리를 소환한 것이다. 이런 연설을 하고 난 후 에머슨은 모교로 돌아가는 것을 정중하게 거절당했다.

초월주의자들은 괴짜나 미치광이로 널리 폄하되었다. 그들 중 일부는 정말 그런 면이 있었다. 그러나 그들은 미국 사회에서 지금은 당연시되는 공간을 먼저 열어젖힌 충격 부대였을 뿐이다—그 공간은 도그마와 전통으로부터 자유롭고, 명확하고 느긋하며 열린 공간으로, 스스로 선택해 깨달음을 추구하는 곳이다. 그리고 이 모든 것은 진리가 우리 안에 있다는 확신을 통해 유지되었다. 내가 고등학교 때, 캠퍼스 동아리 중 하나는 미래의 미국 농부 협회였다. 나는 초월주의자들을 미국의 미래불이라 생각한다.

사실 그런 종류의 클럽이 존재하긴 했다. 비록 정기적으로 모이거나, 공식 구성원, 합의된 이름조차 없었지만 말이다. 이 동아리들은 그저 울타리 클럽, 미학 클럽, 동심회 같은 여러 이름으로 호칭되었으나 초월클럽이 나중까지 명맥을 유지했다. 모임은 몇 달에 한 번 간헐적으로 단 4년 동안 유지되면서 새로운 태도를 양산하고 확산시키는 중요한 역할을 했다. 에머슨은 그 동아리의 중심인물이었고, 다른 이들의 탐구에 격려를 아끼지 않았다.

초월주의자 모임은 클럽이라기보다 포럼에 가까웠고, 회원들의 집에 철학자, 예술가, 사회 개혁자, 성직자, 그리고 직업이 측량사이자 토목공학자인 소로 같은 다양한 이들이 모였다. 이들은 "후마니타스 교육", "미국인의 탁월함", "도덕과 구별되는 종교의 본질" 같은 고상한 주제를 다루었는데, 특히 그들 중 대다수가 다녔던 보수적인 하버드 대학과는 다르게 "더 깊고 넓은 견해"를 추구했다. (하버드는 동네 학교로서 소로는 15마일을 걸어서 집으로 돌아오는 길에 심한 물집이 생긴 적도 있다.) 긴 구레나룻을 기른 지식인 남자들과, 땋은 머리를 늘어뜨린 스패니얼 컬의 여자들, 그리고 신비주의자들이 하나둘씩 모여들어 열정적으로 특이한 생각을 내놓는 감동적인 잔치가 어땠을지 상상해 보는 것도 재미있을 것 같다.

다채로운 인물들도 출연했다. 마가렛 풀러처럼 정말 뛰어난 인물도 있었다. 뉴잉글랜드 전역에서 가장 책을 많이 읽은 사람으로 유명한 그녀는 하버드 도서관을 이용할 수 있는 최초의 여성이자 미국 저널리즘의 첫 번째 서평가였으며, 미국 최초의 유명 페미니스트였다. 에머슨은 그녀를 클럽의 저널인 「다이얼」*의 초대 편집

* 클럽의 저널인 「다이얼(The Dial)」은 19세기 중반 미국의 문학, 철학, 예술을 논의한 중요한 문학잡지이다. 1840년에 랄프 왈도 에머슨(Ralph Waldo Emerson)과 다른 초월주의자들이 창간했으며, 헤르만 멜빌과 너새니얼 호손 같은 작가들이 기고한 바 있다. 이 잡지는 초월주의와 낭만주의의 사상을 널리 퍼뜨리는 역할을 했으며, 자연, 개인주의, 사회의 변화를 주제로 한 논의의 장이다. 「다이얼」은 특히 에머슨의 철학적 영향 아래 문학과 사회에 대한 깊이 있는 성찰을 제공한 중요한 저널로 평가된다. 잡지는 1844년에 종료되었지만, 그 영향력은 이후에도 지속되었다.

자로 고용했지만(그녀는 소로의 투고를 거부하는 버릇이 있었음), 구독자를 찾는 데는 어려움을 겪어서 결국 월급을 삭감한다. 그녀는 1840년대 중반 미국 최초의 여성 종군 기자로 이탈리아 혁명을 취재하고, 부상당한 애국자들을 치료하는 병원에서 자원봉사를 했으며, 로마 귀족이자 대의를 위해 싸우던 오솔리의 사생아를 낳기도 했다.

마가렛 풀러

1850년 풀러는 죽음이 임박했다는 예감을 느끼기 시작했다. 그해 여름, 그녀가 오솔리와 아이를 데리고 미국으로 가던 중 배가 파이어 아이슬랜드 앞바다에서 모래톱에 좌초되었다. 승객들이 해안에서 불과 50야드 떨어진 곳에서 익사하는 동안 지역 주민들은 수레를 들고 나타나 화물을 인양했다. 에머슨은 풀러의 시신을 찾기 위해 소로를 뉴욕으로 보냈지만 시신은 발견되지 않았다. 그 일이 있기 몇 달 전, 너새니얼 호손은 풀러에게서 영감을 받아 대담하고 자유분방한 미혼모 헤스터 프린을 여주인공으로 내세운 『주홍글씨』를 발표했다.

존스 베리

또 다른 초월클럽의 방문객은 존스 베리였다. 그는 정말 대단한 사람이었다. 시인이자 셰익스피어 학자이고 종교에 빠져 있던 그는 여자를 쳐다보는 것을 거부하며 성적 유혹에 맞서 싸웠다. 그는 자신이 그리스도의 재림이라 확신하면서, 이상하게도 눈을 깜빡이지 않은 채 친구들의 집에 나타나 세례를 베풀고 제자로 삼기 시작했다. 일반적으로는 미치광이로 여겨졌던 베리 목사는 정신 병원에서 한 달을 보냈다. 병원에서 나오자, 에머슨은 그를 "우리의 용감한 성자"라고 부르며 환대했다. 에머슨은 인간의 종교적 감각이 열릴 때 광기라는 경향이 마치 과도한 빛이 쏟아지는 것처럼 항상 동반된다고 하면서 베리가 그 증거라고 했다.

만약 내가 전생에 이런 군중들과 어울렸다면, 아마도 나는 영감이 넘치다 못해 가끔 다른 이에게 영감을 주는 엉뚱한 학교 교장 브론슨 앨콧이었을 것이다. 앨콧은 편안한 교실, 체벌 폐지, 숙제 대신 학생의 삶을 다룬 글쓰기 등의 혁신으로 여러 학교를 설립했지만 대부분 시대를 너무 앞서간 탓에 실패했다. 로마 역사 대신 학생들 자신의 삶을 다루고, 어떤 경우에는 흑인 학생도 받아들였다.

브론슨 앨콧

그러나 앨콧 자신에게도 문제는 있었다. 그는 고집스럽고 독단적이었으며 절망적일 정도로 비현실적이어서 곧 인내심의 끝판왕 에머슨을 제외하고는 거의 모든 사람을 소외시키거나 지치게 했다. 에머슨은 앨콧의 프로젝트를 후원했지만 신중하게도 거기에 연루되는 것은 피했다. 프롯랜드 대실패의 주요 선동자 중 한 명인 앨콧은 공동체의 고매한 원칙을 강연하러 떠나는 동안 아내와 딸들을 추위와 배고픔에 떨게 내버려두었다. 그는 또한 대회에는 천재적이고 글쓰기에는 웃음을 터뜨릴 정도로 앞뒤가 맞지 않았다. 「다이얼(The Dial)」에 실린 그의 글들은 대중들에게 초월주의자들은 괴짜라는 확신을 주었다.

하지만 앨콧은 문학에 세 가지 중요한 기여를 했다. 그중 하나는 보스턴에 있는 템플스쿨을 이끌던 시절에 학생들과 종교적인 주제에 대한 소크라테스식 토론을 진행했는데 거기엔 약 7세에서 12세까지의 다양한 연령층이 참여했다. 그의 조수인 엘리자베스 팔머 피바디(나중에 유치원 운동의 선구자이자 호손의 처제)가 이 토론 내용을 필사하여 『복음서에 관한 어린이와의 대화』라는 제목으로 출판했다. 여기서 앨콧은 어린이들에게 천국에 대해 질문했다.

요시아. 천국은 일부는 내 몸의 영에, 일부는 하느님 안에 있다.
윌리엄. 천국에는 위대하고 선한 사람들이 있다.
아우구스티누스. 천국은 우리의 영, 즉 하느님 안에 있다. 천국은 특별한 장소에 있지 않다. 하늘 위에 있는 것이 아니다. 물질이 아니기 때문이다. 선한 사람들이 있는 곳이면 천국은 어디에나 있다.
찰스. 천국은 어디에나 있으며 영원하다. 천국은 무언가 나쁜 일이 생기면 없어진다. 그것은 평화와 사랑을 의미한다. 높고 하얀 것은 그것의 상징이다. …

루이자 메이 앨콧

프랭클린. 천국은 영적 진리와 선이다. 그것은 모든 육신에 깃들어 있으며 대부분이 선한 것이다.
조지. 일반적으로 천국은 금으로 포장된 매우 높고 밝은 곳이라고 상상하지만, 천국은 지상의 금이 아니라 마음이 머무는 장소이자 상태이다.

이런 통찰을 이끌어낸 앨콧은 아이들에게 신성모독을 가르쳤다는 비난으로 학교 문을 닫아야 했다.

우연한 기회에 소로에게 도끼를 빌려주어 월든에 오두막집을 짓게 하고, 둘째 딸 루이자 메이를 그의 방식으로 키운 것이 그의 다른 두 가지 문학적 공헌이었다. 평생 가난과 실패한 사업 끝에 마침내 노년에 이르러서는 딸의 자전적 베스트셀러인 『작은 아씨들』의 인세와 수입으로 부양을 받았다. 그는 임종 직전 그녀에게 "나는 올라갈 거야. 나와 함께 가자"라고 말했다. 그가 사망한 지 이틀 후 그녀는 뇌졸중으로 사망했다.

초월주의자 모임의 토론에서 철학을 갈고 닦은 에머슨은 라이시엄 서킷* 강연회에 참여했다. 이는 연사들이 북동부와 중서부의 여러 마을을 돌며 강연을 하는 시스템으로, 19세기 테드(TED) 강연과도 같았다. 프레드릭 더글러스, 호손을 포함하여 소로, 마크 트웨인 그리고 수잔 앤서니가 연사였다. 그러나 그 누구보다도 에머슨은 라이시움의 가장 큰 스타였고, 강연을 바탕으로 한 에세이집은 큰 영향력을 발휘했다. “콩코드의 성자”로 알려진 그는 미국을 대표하는 현인이었다.

비록 그의 작품이 강의실 밖에서 얼마나 읽히는지 알 수는 없지만, 오늘날에도 여전히 영향력을 발휘하고 있다. 에세이를 처음부터 끝까지 읽는 것은 쉽지 않을 수 있다. 대부분의 사람들이 여전히 딱딱한 나무 의자에 앉아 매주 일요일 긴 설교를 듣는 사회에서는 지루함을 느끼는 강도가 더 높았을 수도 있다. 하지만 에머슨은 사람들이 온라인에 접속하는 방식으로 인플루언서가 되었다. 그의 달콤한 인용문은 되풀이되며 소나무 숲과 계곡 위를 떠다니고 있다.

그는 한때 일기장에 이렇게 썼다. “모든 강의에서, 나는 개인의 무한함이라는 하나의 교리를 가르쳤다.” 추상적으로 들리지 않도록 무한함을 글로 쓴다는 것은 정말 어려운 작업일 것이다. 하지만

---

* 라이시엄 서킷(Lyceum circuit)은 19세기 미국에서 지식과 문화를 공유하기 위해 운영되던 강연 및 교육 프로그램 네트워크였다. 이 시스템에서는 에머슨, 프레드릭 더글러스, 마크 트웨인 같은 당대 유명 연사들이 지역을 순회하며 강연을 했다. 이러한 순회강연은 북동부와 중서부를 중심으로 진행되었으며, 문학, 철학, 과학, 사회 개혁 등 다양한 주제를 다루며 대중들에게 지적 자극과 교육을 제공했다.

여기서 에머슨은 하이쿠를 이용한 풍경화로 그것을 생동감 있게 표현했다.

> 눈 웅덩이 속에서, 해질녘, 구름 낀 하늘 아래서,
> 특별한 행운이 일어나지 않아도,
> 나는 완벽한 환희를 누린다.

"행운"과 상관없이 발생하는 "완벽한 환희"는 이유 없이 행복해지는 삼매의 특성이다. 그러한 섬광은, 찰나적이지만, 우리의 삶 전체를 물들일 수 있다.

> 믿음은 순간적으로 찾아온다. … 그러나 그 짧은 순간에 우리를
> 다른 모든 경험보다 더 실재성(깨임)에 옭아매는 깊이가 있다.

일상적으로 이것은 통찰력을 뜻하지만, 사실 '믿음' 은 예사롭지 않은 단어이다. 에머슨은 종종 믿음, 확신 또는 철학이라는 용어로 글을 쓰는데, 이는 모두 감정으로 버무린 사유의 한 형태이다. 그가 말하는 것은 생각과 감정을 넘어선 진정한 삼매로서, 그 "깊이"가 다른 경험보다 "더 실재성"을 주는 진실한 것이다. 사실, 에머슨은 신앙(철학도 포함)과 직접적인 경험, 초월주의와 초월 사이의 경계를 종종 흐리게 만든다. 예를 들어 그는 "모든 인간은 숭고한 생각을 한다"고 썼다. 그러나 그렇지 않다. 모든 사람, 모든 인간은 숭고한 존재일 뿐이다. 대부분의 사람들은 지루한 생각을 한다. 에머

슨은 특히 『자기 신뢰(Self Reliance)』에서 우리가 모두 신성한 본질을 가지고 있으므로 필연적으로 탁월하다는 식의 헛소리를 늘어놓는다.

에머슨은 우주의 선구자로서, 우리에게 대중의 평범함에 얽매여 신성한 진정성을 그냥 지나치지 말라고 촉구한다. 선구자를 향한 터전은 항상 열려 있기 마련이다. 에머슨 때문에, 우리는 동기부여와 긍정적 사고를 하는 현인들과 직접 연결될 수 있으며, 더 크고 대담하게 웅장한 삶을 살 수 있게 된다. 무한은 크거나, 작거나, 대담하거나, 소심하거나, 웅장하거나, 겸손하지 않다. 무한은 모든 반대되는 것 너머에, 기민한 생각과 고상한 태도 너머에 있다. 당신이 진정 원한다면 그것이 진짜이다.

에머슨의 깨달음 중 많은 부분은 진정성 있는 향기를 풍기는데, 예를 들어 자아와의 동일시가 사라지고 순수한 자각으로 존재하는 삼매 상태를 묘사한 이 유명한 구절이 그렇다.

> 맨땅에 서 있으면—내 머리는 맑은 공기에 씻겨 무한한 공간으로 들어올려지고—, 모든 비열한 이기심은 사라진다. 내 눈알은 투명해져, 나는 아무것도 아니며, 모든 것을 보고, 우주 존재의 흐름이 나를 통해 순환하여, 나는 신의 일부 또는 입자가 된다.

사실, 에머슨에 대한 자세한 기록에 따르면 수년간의 영적 탐구가 결국 어느 정도 진정한 깨달음으로 이어졌다고 한다. 에머슨은 첫 번째 부인뿐 아니라 아버지, 7남매 중 두 명을 제외한 모든 형제자매, 그리고 사랑하는 다섯 살짜리 아들 왈도마저 일찍 세상을 떠나는 개인적 비극을 겪어야 했다. 그러나 알려진 바에 따르면 흔들리지 않는 평온함을 풍겼다고 한다.

그는 1871년 강연과 관광을 위해 캘리포니아로 여행을 갔다. 요세미티에서 위대한 자연주의자이며 나중에 시에라 클럽의 창시자인 젊은 존 뮤어를 만났는데, 뮤어는 송진으로 얼룩진 에머슨의 낡은 수필집을 지니고 있었다. 그는 67세의 에머슨을 설득하여 산속으로 떠나는 '거친 캠핑' 여행을 하자고 했다. "그러나 오호 애재라 … 이제 너무 늦었구나, 그의 삶은 해가 저물어 가고 있었다"라고 뮤어는 일지에 기록하고 있다.

> 에머슨은 내가 만난 사람 중 가장 고요하고, 장엄하고, 큰 나무 같은 영혼이었다. 그의 미소는 산속의 새벽빛처럼 달콤하고 담담했다. 그의 존재는 멋진 매력을 발산했다. 미소, 고요한 눈빛, 목소리, 태도 이 모든 것이 단박에 그에게서 풍겨 나왔다. 여기에 내가 찾던 … 눈은 태양처럼, 인격은 나무처럼 진실된 사람이 있다고 느꼈다.

이 모임에 참석했던 누군가는 "뮤어에게 에머슨이 찾아온 것은 천군만마를 얻은 것"과 같은 일이었다고 덧붙였다.

소로의 이름을 잘못 발음하는 것은 어쩌면 당연한 일인지도 모른다. 많은 이들이 소로에 대해 너무도 잘못 알고 있기 때문이다. 사람들은 그가 고립된 숲속에서 은둔 생활을 한 것으로 알고 있다. 월든 호숫가에서 보낸 시간은 고작 2년 남짓이었고 이틀에 한두 번 정도는 짧게 산책했으며 저녁 초대에 응하고, 종종 작은 오두막에 이웃을 불러들이기도 했다. 이런 일화를 들으면 왠지 속았다는 생각이 들 것이다. 한번은 30명가량을 오두막에 몰아넣은 재미있는 에피소드도 있다.

사실, 소로는 모든 정보를 책으로 실컷 공유했다.

> 누구 못지않게 인간사회를 사랑하기에, 나를 방해하더라도 따뜻한 피를 가진 사람이라면 흡혈귀처럼 그의 몸에 바싹 붙어 있을 것이다. 나는 원래 은둔자는 아니지만, 할 일이 나를 은둔지로 부르면 술집 단골손님처럼 그곳에 뭉개고 있을 수도 있다.

공교롭게도 소로의 오두막은 붓다와 그의 제자들이 유행하며 밤을 지새우던 일종의 은둔지 같은 곳이었다. 깊은 숲속이 아닌 숲과 마을의 경계에 위치해서 현지인들과 지혜를 나누면서 먹을 것을 얻을 수 있고 소란에는 얽매이지 않았다. 당시의 월든 호숫가는 지금보다 훨씬 더 분주했을 듯하다. 인근에서 철도가 달리

여동생 소피아가 그린 소로의 오두막

고, 동네 자산가들은 장작을 모으고, 겨울에는 얼음을 채취하며, 사계절 내내 낚시꾼들이 모여들었다. 소로는 자기를 찾는 방문객들이 너무 많아서, 어떤 이는 방명록을 받으라고 제안했다고 말해 주었다.

> 구빈원이나 이러저러한 곳에서 모여든 멍청한 사람들 … 농장 매너를 갖춘 도망친 노예들 … 어떤 종류의 사견도 참지 못하고 마치 신에 대해 독점적인 권리를 가진 듯 이야기하며 다른 의견은 용납지 않는 목사들 … 의사들, 변호사들, 내가 집을 비운 사이에 빼꼼히 집안의 찬장과 침대를 염탐하는 불편한 부인네들 … 산딸기를 따러 오는 아이들, 일요일 아침 깨끗한 셔츠를 입고 산책하는 철도원들, 어부와 사냥꾼, 시인과 철학자들, 이 모두가 한마디로 진정한 순례자들이었다.

소로가 마을 아주머니에게 세탁을 부탁하려고 월든에서 가끔 마을로 내려왔다는 비꼬는 소문은 종종 우스운 사실로 회자되지만, 문서화된 역사적 근거는 없다. 만약 그랬다 하더라도, 그게 뭐 어떤가? 헨리의 친척들은 모두 헨리의 하버드 대학 진학을 돕기 위해 애썼고, 헨리는 남은 생애를 가족의 희생에 보답하려 집안에 실질적, 재정적으로 기여했다. 그러나 그는 친구에게 편지로 남겼듯 미지의 세계로 나가야 함을, 인간이 삶의 발판이나 옷을 소유한 이유가 바로 거기에 있음을 알고 있었다.

소로는 특이한 집안에서 태어난 특이한 인물이었다. 그의 부모를 제외하고는 형제자매, 숙모, 삼촌 등 누구도 결혼한 적이 없었다. 천성이 유순하고 성실한 가게 주인이었던 아버지를 제외하고 모든 친척이 시끄럽고 활동적이었다. 키가 컸던 어머니는 요리, 바느질, 관리 감독, 의견 제시, 훈계로 쉴 새 없이 바빴다. 헨리는 월든에서의 2년과 에머슨 집에서 다재다능한 잡역부, 도우미, 아이들을 위한 가정교사로 잠시 머물렀던 것 외에 대부분을 부모님과 함께 살았다. 박물관처럼 생긴 다락방에는 오랫동안 떠돌며 수집한 식물 표본으로 가득했다. 그는 모자 안쪽에 주머니를 꿰매서 식물 표본을 집으로 가져갔는데, 자신의 두뇌가 그것들을 촉촉하게 유지해 준다고 농담을 하곤 했다.

사람들과의 관계는 간혹 어색했지만, 자연 속에 있을 때의 그는 완전히 편안해 보였다. 월든을 방문했던 어떤 이는 다음과 같은 글을 남겼다.

> 그가 말했다. "가만히 앉아 계시면 가족을 보여줄게요." 그리고 오두막 문밖으로 재빨리 나가더니 낮고 독특한 휘파람을 불었다. 그러자 갑자기 근처 굴속에서 마멋이 달려왔다. 또 다른 낮고 이상한 소리를 내자 회색 다람쥐 한 쌍이 두려움 없이 그에게 다가갔다. 또 다른 소리를 내자 두 마리의 까마귀를 포함한 여러 마리의 새가 날아들었으며, 그중 까마귀 한 마리는 그의 어깨 위에 앉았다. 그는 모두에게 주머니에서 음식을 꺼내어 손으로 먹이고, 우리 눈앞에서 부드럽게 쓰다듬었다. 그런 다음 각각의 다른 휘파람 소리로 그들을 돌려보냈는데, 그 소리는 낮

고 짧았으며, 각 야생동물은 그의 특별한 신호를 듣자마자 즉시 떠났다.

소로의 별난 친지 가운데 가장 별난 이는 삼촌 찰스였는데, 그는 몇 달이고 행방불명되었다가 어느 날 아침 가족들이 아침을 먹으러 내려오면 난롯가 옆 소파에서 잠이 들어 있곤 했다. 찰스는 우연히 뉴햄프셔에서 흑연 광산을 발견했고, 이 광산이 가족의 연필 사업의 기반이 되었다. 당시 미국산 연필은 번지고 거칠었는데, 헨리는 독일의 기술 저널을 읽고 개선된 생산 방법을 개발하여, 그 결과 J. Thoreau & Son 연필의 성공으로 마침내 흔들리던 가족 재정이 안정되었다.

헨리의 형 존은 외형적이고 카리스마가 넘치는 천부적인 리더로, 성공을 보장받은 촉망받는 아이였다. 헨리는 아버지처럼 키가 작고 조용한 성격으로 주위의 관심을 기꺼이 존에게 양보했다. 두 형제는 함께 캠핑 여행을 떠나고, 학교를 설립하는 등 돈독한 형제였다. 학생들은 존이 편안하고 재미있는 반면 헨리는 까다로운 완벽주의자라고 생각했다. 헨리는 약간의 자폐 스펙트럼이 있었을 수도 있다. 일기에는 그가 사람들의 얼굴을 제대로 쳐다보지 않는 습관이 있다고 언급되어 있고, 한 팬에게 보낸 편지에는 자신을 "말을 더듬고 실수하는 촌놈"이라고 표현하기도 했다. 한번은 학생들이 『오래된 아메리칸 코믹 연감』에서 오려낸, 여러 종의 새를 사람에 빗대어 캐리커처 한 그림을 배포한 적이 있었다. 학생들은 키가 작고 코가 큰 소로가 다리가 길고 부리가 큰 부비새처럼 생겼다는 사실에 놀라움을 금치 못했다.

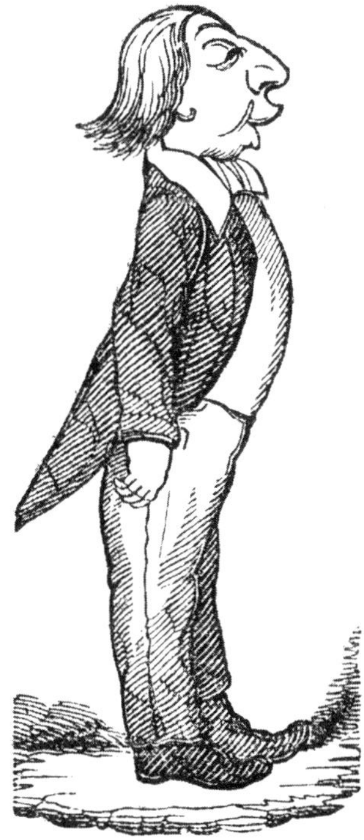

부비 캐리커처

1842년 존이 스물여섯 살, 헨리가 스물넷이던 해에 존은 면도기를 쓰다가 손가락에 상처를 입었다. 일주일 후 그는 주걱턱이 생겼고, 3일 동안 격렬하게 경련과 정신착란, 극심한 고통을 겪은 후 헨리의 품에서 숨을 거두었다. 열하루가 지난 후엔 헨리도 같은 증상을 보이기 시작했다. 그것은 정신 우울증 증상으로 밝혀졌지만 그 후 그는 몇 달 동안 극심한 좌절감에 빠져 있었고 수년간 존의 꿈을 꾸면서 형의 이름이 거론되는 것조차 통렬하게 애통해했다.

헨리가 월든 옆 에머슨의 숲에 오두막을 지을 수 있도록 허락해 달라고 요청한 것은 생계유지보다 더 높은 소명에 부합하는 삶이 가능한지를 규명하려는 것이었다. 그러나 그것은 또한 형을 애도하고 우울증과 시름하기 위한 것이기도 했다. 그것이 그의 업적을 훼손시키지는 않을 것이다. 개인적 동기는 늘 보편적 동기와 섞여 있는 법이니까. 예수, 샹카라, 붓다 등 위대한 영적 탐험가들의 경우도 나중 사람들이 삭제한 그들만의 개인적 동기가 분명 있었을 것이다. 그런 것들이 그들에게 많은 영감을 주었을 테니까. 성자들도 우리와 별반 다름이 없다. 우리와 마찬가지로 자신의 고통을 자유로 바꾸고, 가능하다면 다른 사람도 그렇게 하게끔 돕고자 했을 뿐이다.

소로는 1845년 독립 기념일에 오두막집으로 이사했다. 그가 그곳에서 탐구하고자 했던 질문은 간단히 말해서 어떻게 하면 행복한 삶을 살 수 있을까 하는 것이었다. 이 질문을 방정식으로 표현할 수 있을지도 모르겠다.

$$H=S/D$$

이것은 행복(Happiness)이란 물질(Stuff)을 욕망(Desire)으로 나눈 값과 같다는 뜻이다. 그렇다면 행복을 극대화하는 방법에는 두 가지가 있다. 일반적인 접근 방식은 분자를 늘리는 것이다. 즉 물건을 최대화로 하는 것이다. 소로의 접근 방식은 분모를 줄이는 것, 즉 욕망을 최소화하는 것이다.

> 대부분의 사치품과 소위 삶을 안락하게 하는 것들은 꼭 필요한 것이 아닐뿐더러, 인류의 향상에도 그리 긍정적인 것이 아니다. … 이런 것들을 더 많이 얻기 위해 그리도 전전긍긍하면서 만족에서 멀어져야 하는가? … 인간은 자신과 상관없는 물건의 수가 많을수록 부자가 된다.

따라서 『월든』의 첫 번째 장인 "경제(Economy)"에서 소로는 "삶의 필수 요소"를 네 가지, 즉 "음식, 주거, 의복, 그리고 연료"로 추려낸다. 그러고 나서 어떤 것에도 치중하지 않고, 제로베이스 예산 접근법을 통해 각 요소를 최소한의 번거로움으로 어떻게 확보할 수 있을지를 고민한다.

> 철도 근처에서 노동자들이 밤에 도구를 잠가 두는 길이 6피트, 폭 3피트의 큰 상자를 본 적이 있다. 그것은 나에게 절박한 상황에 처한 모든 사람이 1달러에 그런 상자를 하나 구할 수 있을 것이라는 생각을 불러일으켰다. 공구를 몇 개 뚫어 공기가 들어가게 하고, 비가 올 때나 밤에 그 안에 들어가 뚜껑을 걸어 잠그면, 사랑과 영혼 안에서 자유로울 수 있을 것이다. 많은 사람이 더 크고 호화로운 상자의 임대료를 내기 위해 죽을 만큼 괴로워하지만, 이런 상자에서는 얼어 죽을 일이 없다. 농담이 아니다.

그는 6×3피트 상자에서 살지 않고 10×15피트 오두막에서 살게 되지만, 그것은 그가 시도한 하나의 실험이다. 누군가는 그런 실험을 꼭 해보아야 한다. 그리고 "농담이 아니다"라고 말하면서, 그는 자신의 상황을 유머러스하게 본다. 같은 맥락에서, 비용을 반 페니까지 쥐어짜 계산하고, 자폐적 성향을 즐기면서 낄낄거린다. 그런 다음 오두막 안에 있는 물품들을 생각한다.

> 내 책상 위에는 석회암 세 조각이 있었지만, 마음의 먼지도 제대로 털어내지 못하는 상황에서 거기에 쌓인 먼지는 매일 털어 내 주어야 한다는 사실에 역겨운 마음이 들어서, 모두 창밖으로 내던져 버렸다.

여기에는 아름답고 섬세한 균형이 있다. 우리는 소로의 가장 중요한 목적을 상기하게 된다: 그는 마음의 먼지를 털고 깨어남을 추구한 미국 최초의 수행하는 요기이다. 이는 고대의 이질적인 문화에서 온 몇 가지 텍스트 외에는 어떤 지침도 없이 홀로 더듬거리며 길을 찾아갔다는 것을 의미한다. 때로는 어리석음에 빠지는 경우도 생겼겠지만, 소로는 그런 상황을 농담으로 받아넘긴다. 그는 자신을 일종의 채플린 같은 캐릭터, 즉 작은 부랑자가 아쉬람에 가서 석회암 세 조각에 "겁을 먹고"(으악!) "역겨워하며"(으엑!) 창문 밖으로 내던져 버리는 인물로 묘사한다.*

그러나 바로 여기서 『월든』의 진정한 기적이 일어난다. 언제든 모든 개인적인 의심과 기이함은 사라질 수 있다. 소로는 명확하게 열린 매개체가 되어 숭고한 글쓰기(산문)를 통해 숭고한 세상의 모습을 드러낸다.

---

* 나는 히치하이킹 사두 생활을 케즈 운동화 한 켤레와 부드러운 하이탑 페어차일드 모카신 한 켤레로 시작했다. 하지만 어느 날, 『월든』에서 영감을 받아, '잠깐. 나는 발이 두 개밖에 없는데 왜 신발이 네 켤레나 있지?'라는 생각이 들었다. 나는 페어차일드를 다음 주인을 위해 길가에 가지런히 놓고 계속 걸어갔다.

눈 덮인 평지에 서서, 마치 둔덕 사이의 목초지에 서 있는 것처럼, 나는 먼저 푹 파묻힌 눈을 헤치고, 두꺼운 얼음을 뚫어 발아래 창문을 열었다. 물을 마시려 무릎을 꿇으니, 맑은 빛으로 연마된 얼음 창을 통해 고요한 물고기들의 거실이 내려다보였다. 마치 이 마을 사람들의 서늘하고 한결같은 기질과 상응하듯, 바닥엔 여름처럼 밝은 모래가 흩뿌려져 있고, 사계절 파도 없는 고요함이 가득했다. 천국은 우리 머리 위뿐만 아니라 발아래에도 있다.

소로는 네 가지 필수품을 논의한 후, 숲에서 필요한 몇 가지 추가 물품을 언급한다. "칼, 도끼, 삽, 손수레 등, 그리고 공부하는 사람을 위해 램프, 문구류, 몇 권의 책"이었다. 이 목록에서 눈에 띄게 빠진 한 가지가 있다. 『월든』의 어느 곳에서도 소로가 "내 여자는 어디 있지?!"라고 외치는 것을 들을 수 없다. 사실, 소로와 에머슨의 작품을 모두 읽어도, 그들이 청교도적 뉴잉글랜드 태생이어서 성이나 로맨스 같은 것은 기대할 수가 없다. (에로스를 초월적인 그림에 통합하는 것은 향후 10년 동안 브루클린의 월트 휘트먼에게 맡겨질 것이다.)

엘런 시월

이런 이야깃거리가 있다. 1839년, 소로가 스물두 살이었을 때, 그는 이웃 마을의 가족 친구였던 아름다운 열일곱 살 엘런 시월(Ellen Sewall)에게 푹 빠졌다. 그의 형 존도 마찬가지였다. 엘런은 그들 각자의 초대에 가끔 응했는데, 때로는 둘 다의 초대를 받아들여 함께 산딸기를 따거나 연못으로 산책을 가고, 강에서 배를 타고, 한번은 순회 중이던 기린을 보러 가기도 했다. 물론 늘 그녀의 이모 프루던스가 보호자로 따라다녔다. 엘렌은 먼저 존의 청혼에 승낙했지만, 헨리가 자신이 사랑하는 사람이라는 것을 깨달았다. 그러나 그녀의 아버지는 급진적인 콩코드 소년 중 그 누구와도 결혼하는 것을 허락하지 않겠다고 통보했고, 그것으로 끝이었다. 소로는 일기에 이 모든 감정의 롤러코스터를 기록했으나, 대부분이 형편없는 시로 남겨졌다.

엘렌은 목사와 결혼해서 8명의 자녀를 두었으나 말년엔 헨리의 사진을 벽에 걸어 두었다고 한다. 그는 진지한 연애 한번 제대로 하지 못했고, 남은 생애 동안 여자라는 어리석은 존재에 대해 비꼬는 말만 했다. 그러나 그가 임종할 때 누이가 엘렌에 대해 언급하자 소로는 "나는 항상 그녀를 사랑했어"라고 말했다. 두 사람이 함께했다면 얼마나 행복했을지 생각하면 가슴이 먹먹하다. 하지만 그렇게 되었다면 『월든』은 존재치 않았을 것이다.

소로의 책은 에머슨의 것과 달리 몇 페이지를 넘겨도 술술 잘 읽힌다. 매의 눈으로 사물을 관찰하고 뛰어난 감수성과 문체를 가진 그의 글은 유유자적하고 재미있다. 음률 하나 없는 에머슨과는 달리 소로는 노래도 할 줄 알고 플룻도 열정적으로 연주했다. 글쓰기를 원하는 사람이라면 악기 하나쯤은 연주할 줄 알아야 한다. 설교가 먹히지 않을 때 음악이 도움이 될 테니까.

초월주의 철학이나 경제적 미니멀리즘이 아니더라도 소로는 극도의 감수성으로 타고난 시인 작가로 기억될 것이다.

4월 29일, 나인 에이커 코너 다리 근처 강둑에서 낚시를 하고 있는데, 갈대와 버드나무 뿌리 위 지면이 울렁이는 것을 느꼈다. 그곳은 사향쥐가 숨어 있는 곳이었다. 그때 어디선가 특이한 달그락 소리가 들려, 고개를 들어보니 매우 날렵하고 우아한 매 한 마리가 보였다. 밤 매와 비슷하게 물결치듯 솟아오르며, 날개를 뒤집은 채 한두 번 돌다 떨어지기를 반복했는데, 햇빛 아래서 날개의 밑면은 비단 리본처럼, 혹은 조개의 진주 속살처럼 빛났다. 그것은 내가 본 것 중 가장 미묘한 비행이었다. 나비처럼 펄럭이지도 큰 매처럼 솟구치지도 않으면서, 공기의 들판에 짱짱하게 몸을 떠맡기고, 기묘한 웃음소리와 함께 연처럼 뒤집기를 반복하며 자유롭고 아름다운 낙하로 노닐었다. 마치 땅에 발을 내디딘 적이 결코 없었다는 듯 고공낙하에서 위로 솟구치는 회복력을 과시하면서 말이다. 매는 우주에 동반자가 없는 것처럼 보였다. 혼자서 날기를 즐기고 있었으며, 함께 놀고 있는 아침과 공기 외에는 아무것도 필요치 않은 것처럼 보였다. 매는 외롭지 않으면서 그 아래 있는 모든 땅을 외롭게 만들었다.

그는 또한 단순하고 시간을 초월한 침묵의 존재 속으로 가라앉는 명상적 경험의 최고의 연대기 작가이다.

때로 여름 아침이면, 평상시처럼 목욕을 하고, 해 뜰 무렵부터 정오까지 볕이 잘 드는 문간에 앉아 소나무, 히코리나무, 수맥나무 사이에서 고요히 고독에 몰두한 채 명상에 들곤 했다. 새들은 주위에서 노래하며 소리 없이 집안을 날아다녔다. 그러다 서쪽 창문으로 해가 들어오고 멀리 고속도로에서 여행자의 마차 소리가 들려야 시간이 흘렀다는 걸 인식했다. 그 계절에 나는 밤에 자라는 옥수수처럼 자랐고, 그 어떤 손길보다 훨씬 더 잘 자랐다.

그의 정치적 영향력 또한 주목할 만하다. 『바가바드기타』*에 나오는 깨달은 전사 아르주나는 소로로 하여금 세금을 내지 않겠다

---

* 『바가바드기타(Bhagavad Gita)』는 인도 고전의 중요한 철학적, 종교적 경전으로, 히말라야에서의 전쟁을 배경으로 한 『마하바라타(Mahabharata)』의 일부이다. 이 책은 크리슈나 신이 아르주나에게 전한 가르침을 담고 있으며, 삶의 목적, 윤리적 딜레마, 신성, 의무와 자유의 관계 등을 다룬다. 주요 가르침은 카르마 요가(행위의 요가), 지혜의 요가(지식의 요가), 브라흐마 요가(명상의 요가)와 같은 다양한 수행 방법을 제시하여 인간이 삶의 고통에서 벗어나 자아실현에 이를 수 있도록 돕는다. 또한, 인간의 내적 갈등과 정신적 전쟁을 이해하고, 그 해답을 신의 뜻과 자기실현에서 찾으라는 메시지를 전달한다. 『바가바드기타』는 인도 철학의 핵심으로, 전 세계적으로 영성과 도덕적 삶에 대한 통찰을 제공하는 중요한 경전이다.

고 결심하게 한 모델이었다. 1846년 그 유명한 감옥에서의 하룻밤을 보내도록 영감을 준 것은 바로 그 책이다. 몇십 년 후, 그의 에세이 『시민 불복종』은 마하트마 간디에게 인도의 독립 투쟁에서 비폭력 저항을 사용하도록 영감을 주었다. 간디는 다시 마틴 루터 킹 주니어의 민권 투쟁 접근 방식을 고무시켰다. 1959년에 마틴 킹 박사는 간디의 방법을 연구하기 위해 인도에서 다섯 주를 보냈다. 이처럼 하나의 영적 아이디어가 인도에서 미국으로, 다시 미국에서 인도로 바다를 건너며 세상을 변화시켰다.

소로는 내가 젊은 시절 상상했던 것처럼 후광이 비치는 돌부처가 아니었고, 그런 척하지도 않았다. (부처도 마찬가지였다.) 또한 일부 수정주의 비평가들이 그려낸 것처럼 무임승차에 뜻을 둔 염세주의적 괴물도 아니었다. 그는 우리와 마찬가지로 세상에서 어떻게 살아가야 할지, 하늘의 부름에 어떻게 응답할지를 고민하는 사람이었고, 다만 뛰어난 작가였을 뿐이다.

소로는 이웃들 사이에서 작가로서보다는 스캔들을 일으킨 젊은이로 유명했다. 선량한 사람들이 교회에 있는 일요일 아침을 그는 하늘이 뻥 뚫린 야외에서 보냈기 때문이다. 하지만 마을에서 가장 맛있는 멜론을 재배하여 그의 연례 멜론 파티 초대장은 모든 이의 갈망의 대상이 되었다. 매력적으로 강연을 하다가도 가끔 혼자 웅얼거리는 모습 때문에 성공을 거두지 못했기에, 그의 다락방에는 팔리지 않은 책들이 700권 정도 쌓여 있었다. 소로는 동료 양키들이 기피했던 가난한 문맹인 아일랜드 이민자들과 친구가 되어, 그들에게 돈과 옷을 기부하고, 고향으로 편지 쓰는 것을 도와주었다.

특히 현지 아이들(루이자 메이 올컷을 포함)을 데리고 자연 산책이나 연못 탐험을 하며 즐거움을 주었고, 특히 새들과 끊임없이 휘파람 대화를 나누어 새들이 그의 머리와 어깨에 내려앉게 하는 모습으로 아이들을 즐겁게 했다.

소로는 오랜 병마(결핵과 기관지염, 아마도 흡연 가루 흡입으로 악화되었을 것이다) 끝에 1862년, 44세의 나이로 사망했다. 장례식 후 300명의 아이가 행렬을 지어 뒤따랐다. 소로가 죽기 직전, 그의 이모 루이자는 그에게 신과 화해했는지 물었다. 그는 "우리가 싸운 적이 있었나요, 이모?"라고 대답했다고 한다.

나는 2년 동안이나 길가에서 지냈다. 소로도 월든에서 같은 시간을 보냈다. 그는 이렇게 썼다.

> 내가 숲을 떠난 이유는 그곳에 갔던 이유와 같다. 나에게는 앞으로 살아갈 삶이 더 있는 듯했고, 그 삶을 위해서 여기에 남겨둘 시간이 없었다.

나 또한 마찬가지다. 1977년 1월, 뉴저지 사립학교에서 영어를 가르친 첫 번째이자 마지막 사람은 바로 나였다. 그 무렵 다르마에 관한 이해도 더욱 영글었다. 노자의 도(道—무위자연)란 그저 가만히 존재하면서 아무것도 하지 말라는 뜻이 아니라 고요함으로 존재를 가득 채우고 무슨 일이건 하라는 의미임을 깨닫게 되었다. 대학을 마치고, 직장을 잡고, 결혼을 하고, 아이를 키우면서도 존재의 고요함에 충만해 하라는 … 모든 것이 그럭저럭 다 괜찮다.

가을이 오면 11학년 학생들에게 미국 문학을 가르쳤다. 자연스럽게 우리는 『월든』을 읽었고, 무엇보다도 소로가 북미 원주민들에게 가진 깊은 애정을 알게 되었다. (소로는 무심코 길바닥을 내려다보다가 화살촉을 찾아내는 능력으로 그들을 놀라게 했다.) 책의 어느 한 구절에서 무클라스 인디언들이 오래된 물건, 즉 짐이 되는 물건들을 한곳에 모아 불태우는 관습에 대해 긍정적으로 묘사한 것을 보았다. 그다음 수업 시간에 학교 뒤 숲에서 헨리 소로 추모 정화 모닥불을 피웠다. 모두에게 태울 물건, 가급적이면 쉽게 버릴 수 있는 물건을 가져오라고 했다.

원을 돌면서 각자 자신이 가져온 물건에 대해 조금씩 이야기를 나눈 후, 첫 남자 친구 또는 여자 친구의 소중한 사진, 멋진 콘서트 티켓, 리틀 리그 야구 글러브 같은 물건을 중앙에 놓았다. 가끔 눈물을 흘리기도 했다. 나도 가져온 물건을 던져 놓고 그것을 불태우는 정화의 만트라를 외쳤다. 몇 년이 지난 후 학생들은 우리가 읽은 책은 기억하지 못해도 모닥불은 기억이 난다고 했다. 그 후로 오랫동안 마음이 가벼워졌다고 말해 주면서 말이다.

5. 겁내지 말아라

닥터 수스 • 모자 쓴 고양이

우리의 독서에 대한 애정은 닥터 수스(Dr. Seuss)로부터 시작되었다. 하지만 글쎄 닥터 수스가 문학 계열에 속해 있기는 한 걸까? 누가 알겠는가? 문학이라는 크고 무거운 단어는 뻣뻣하고 진지해서 수스의 작품에 붙이기에는 거북하다. 그냥 이제는 그의 글쓰기를 "소소한 이야기"라고 이름 붙이면 어떨까?

닥터 수스의 소소한 이야기들은 너무나 훌륭해서, 아이를 가져본 적도 없고 아이들 주변을 몹시 불편해했던 그를 역사상 가장 성공한 아동 작가로 만들었다. 결코 행복하거나 운 좋은 사람이 아니었던 그는 심한 폐쇄공포증과 무대 공포증으로 대중 앞에 서는 것을 꺼렸다. 그가 쓴 책들은 겉으로 보기엔 여유로운 리듬과 자유분방한 상상력으로 돋보이지만 사실 그는 집필하는 내내 단어 하나하나, 쉼표 하나하나에 고심하면서 줄담배를 피웠다. 어느 때는 4줄을 얻기 위해 200줄을 쓴 적도 있다고 단언했고, 자신이 선택한 그림에 걸맞은 색상을 입히려고 출판사를 줄곧 괴롭히기도 했다.

그의 그림을 보면 누구의 작품인지 확실히 알 수 있다. 익살스런 식물과 동물들, 환각적인 지형도, 인물과 사물이 지그재그로 재기발랄하게 움직이는 모습—그리고 유쾌하게 흘러가는 운율. 대부분의 운문은 왈츠의 역 박자인 아나페스트 리듬(Anapestic meter)*으로 되어 있다. 미끄러지듯 우아하게 '원—투—쓰리, 원—투—쓰리' 하며 달리는 낙타의 클립—클롭 같은 리듬 … 아니면 뉴저지의 행복한 건달들이 다이빙할 때 붙이는 구호와도 비슷하다. 예를 들어

당신의 머리 안에는 두뇌가 있고
당신의 신발 안에는 발이 있지.
당신은 스스로가 선택하는 곳 어디라도 갈 수 있어.

또는—

---

* Anapestic meter는 영어 시에서 사용되는 운율의 한 형태로, 약강격(anapest)을 기본 단위로 하는 운율이다. 약강격은 두 개의 약한 음절(unstressed syllables) 뒤에 하나의 강한 음절(stressed syllable)이 오는 리듬 패턴으로 다음과 같다: da–da–DUM(약–약–강)

후빌에 사는 사람들은 크리스마스를 아주 좋아하지.

하지만 후빌 바로 북쪽에 사는 사람들은 그렇지 않아.

이 리듬은 서투른 우아함 속에, 링고 스타의 드럼 연주와 비슷하게 느껴진다. 오른손잡이 드럼 키트를 왼손으로 연주하는 링고는 마치 자신의 발에 걸려 넘어지는 것처럼 들린다. 그러다가도 어떻게든 항상 정확한 위치에 착지한다는 점이 놀랍다.

다르마(Dharma)의 흔적이 없더라도 이런 그림과 가사는 우리에게 충분한 사랑을 줄 것이다. 하지만 최고의 순간에는 고대 인도의 현자들에게 목샤(moksha)*라고 불리고 모든 곳의 아이들이 '휘이이이이!!!' 하며 소리 내는 자유에 대한 보편적 충동이 표현되어 있다.

닥터 수스의 본명은 테드 가이젤이다. 집에서 독일어를 말하면서 자랐고, 아버지가 운영하는 독일 빵집에서 페이스트리 이름을 읊어주며 그를 재우던 어머니의 시적 리듬감을 물려받았다. 수스는 어머니의 성이었다. 다트머스 대학 기숙사에서 친구들과 함께 밀주를 마시다가 적발된 테드는 더는 본명으로 학생 잡지에 기고할 수 없게 되자 즉흥적으로 필명을 만들어 냈다. 그는 1928년에 벌레 퇴치 스프레이 광고 캠페인("빨리, 헨리, 날앗!")의 제작자로 처

---

* Moksha(मोक्ष)는 산스크리트어로 "해방" 또는 "자유"를 의미하며, 힌두교, 불교, 자이나교, 시크교와 같은 인도 철학 전통에서 중심 개념으로 등장한다. 이는 삶과 죽음의 끊임없는 순환(삼사라, Samsara)에서 벗어나 궁극적인 영적 자유를 얻는 상태를 가리킨다.

음 명성을 얻었다. 이후 아동 도서 시장에 뛰어들었고, 미국인에게 친숙한 구스(Goose)와 운율이 잘 맞는 '수스(Soose)'라는 발음을 택한 것이다.

어느 날 밤, 보스턴의 레스토랑에서 출판사 임원이 테드에게 교육자가 승인한 220개의 단어 목록만 사용하여 초보 독자를 위한 책을 써보라고 독려했다. 천재는 역경 속에서 번성하는 법이다. 형태 없는 창조의 에너지가 엄격한 틀을 통해 걸러질 때, 키츠의 소네트는 하늘 높이 날고, 마일스 데이비스는 디즈니 곡을 멋지게 내놓는다. 그러나 천재성은 여전히 그 과정에서 발버둥 치며 비명을 지를 수도 있다. 테드는 여왕 얼룩말에 대해 쓰고 싶었지만, 여왕이나 얼룩말 같은 이국적인 단어는 목록에 없었다. 좌절감이 커지던 중, 포기 직전에 '에라 모르겠다'는 순간을 맞이했고, 목록에서 운이 맞는 처음 두 단어를 제목으로 사용하기로 결정했다. 그 단어들은 고양이(cat)와 모자(hat)였다.

내가 일곱 살이던 1957년 봄에 『모자 쓴 고양이』가 출판되었다. 나를 포함한 약 삼백만 명의 초등학교 1학년생들은 그해를 『딕과 제인이 함께하는 즐거운 시간』*과 그 비참한 시리즈의 다른 책들로

* *Fun with Dick and Jane*은 미국의 유명한 어린이 기초 독서 교육책 시리즈로, 주로 20세기 중반에 큰 인기를 끌었다. 이 책은 Dick, Jane, 그리고 그들의 가족(특히 애완동물 Spot) 중심의 간단한 이야기와 반복적인 문장을 통해 어린 독자들이 읽기 능력을 키울 수 있도록 설계되었다. 이 시리즈는 간결한

인해 고통받으며 보내는 중이었다. 그 무미건조한 읽기 교재들은, 무미건조한 아이젠하워 시대의 미국 초등학교 표본이었다. 딕과 제인, 그리고 아기 샐리, 그들의 강아지 스팟과 고양이 퍼프는 너무나 지루하고, 멍청하고, 착해서 때려주고 싶을 정도였다. 그들의 큰 모험은 저녁 식사 테이블을 차리는 것이다.

"난 일할 수 있어." 딕이 말했다.
"난 어머니를 도울 거야."
제인이 말했다, "나 역시 할 수 있어.
나는 도울 수 있어.
봐, 딕.
이건 아버지를 위한 거야.
아버지는 여기서 드실 거야."

흥분이 고조된다: 제인은 아버지와 어머니, 딕과 아기 샐리를 위해 자리를 마련하지만—준비되셨나요?—, 그녀는 자기 자리는 잊어버린다! 오마이갓!!! 웃겨 죽겠네!!!

다행히도, 『모자 쓴 고양이』*가 이 지루함의 축제를 방해하기에

문장 구조와 반복을 통해 자연스럽게 어휘와 문법을 학습하게 하는 데 초점이 있다.

* 여기서 *The Cat in the Hat*는 닥터 수스(Dr. Seuss)가 쓴 유명한 어린이 책 제목을 가리킨다. 이 문장은 *Fun with Dick and Jane* 시리즈의 단조롭고 지루한 스타일을 풍자하는 맥락에서 쓰인 것으로 보인다. *The Cat in the Hat*은 닥터

딱 맞게 도착한다.

쿵! 무언가 부딪치는 소리!

그 쿵 소리에 우리는 화들짝 놀란다!

그것은 고양이가 교외 주택의 문과 충돌하는 소리로, 이야기 구성의 첫 번째 포인트이다. 그 소리는 창밖을 우울하게 바라보고 있는 오누이 "샐리와 나"에게 들린다. 비가 와서 밖에 나가 놀 수 없어서 지루하다.

그 시절 집에 홀로 남겨지는 경우가 많았던 우리는, 모두를 폴짝 뛰게 하는 일련의 충돌을 경험했다. 그해 10월, 러시아는 최초의 인공위성인 스푸트니크를 발사했다. 우주 공간에서 온 공산주의의 위협이었고, 선생님들은 학생들을 책상 밑으로 기어들게 하면서 3차 세계대전을 대비한 연습을 시켰다. 그 후 10년 동안 선동 집단은 성적 혁명, 환각제 혁명, 민권 운동, 반전 운동의 최전선에 뛰어들었다. 1957년의 최고 음반은 엘비스 프레슬리의 "All shook Up"이였고, 모두 그렇게 했다.

수스의 창의적이고 활기 넘치는 이야기로, 어린이 문학에서 혁신을 가져온 작품으로 평가된다. 따라서 이 구절은 *The Cat in the Hat*이 지루한 분위기를 깨고 활력을 불어넣는 역할을 한다는 비유적 표현으로 해석할 수 있다. 다시 말해, "지루함의 향연을 끊는다"는 것은 닥터 수스의 책이 *Fun with Dick and Jane*의 고루한 스타일과 대조적으로 얼마나 흥미롭고 생동감 넘치는지를 강조하는 것이다.

그래서 … 문이 열리고 줄무늬 난로 파이프 모자를 쓴 고양이가 아이 둘과 애완용 물고기가 놀라는 가운데 초대도 받지 않은 채 들어온다. 그는 지루함의 문제를 해결해 주겠다고 유쾌하게 제안하고, 우리 세대가 그랬듯, 모든 것을 뒤흔들며 지루함의 문제를 해결한다. "날 봐! 날 좀 봐!"를 반복하며 정글짐 꼭대기에서 엄마에게 소리치는 아이처럼, 그는 점점 더 많은 가정용품(케이크, 갈퀴, 접시, 물고기 등 닥터 수스의 220개 단어 목록에 있던 모든 것)으로 위태로운 균형 잡기 동작을 선보이며 자신과 모든 물건이 무너질 때까지 "좋은 묘기"를 뽐낸다. 이 허풍선이들은 항상 그랬듯이 훙겨움에 찬물을 끼얹기 좋아하는 물고기("싫어! 안 돼!")로부터 큰 항의를 받게 된다.

하지만 고양이는 두 배로 부풀어, 커다란 상자를 열어 열광적이고 정신없이 종잡을 수 없는 쌍둥이 씽 원과 씽 투를 집안 곳곳에 풀어놓고 "온갖 나쁜 속임수"를 써서 집안을 엉망으로 만든다. 삶에는 상실과 이득, 쾌락과 고통, 명예와 수치, 야망과 나태, 소심함과 교만, 배우자에 대한 헌신과 수많은 여자나 남자에 대한 끌림, 다른 사람을 기쁘게 하려는 욕망과 모든 사람에게 그만 좀 들볶으라고 하고 싶은 충동 같은 상반된 짝을 이루는 씽 원과 씽 투가 항상 우리를 괴롭히고 있다.

이제 지루하기만 한 아이들의 오후는 어느새 무정부 상태로 변하고, 엄마가 집에 돌아오면 모두 큰 곤경에 처하게 될 것이다. 하지만 엄마가 돌아오기 직전 고양이는 아이들에게 "또 다른 재주"인 멋진 마법 청소차로 모든 것을 새것처럼 다시 말끔하게 정리한 후

"모자를 살짝 눌러 쓴 채" 차를 몰고 떠난다.*

"모자 쓴 고양이"를 키 크고, 재난을 잘 일으키며, 이상하게도 자신감 넘치는 얼간이들의 오랜 전통 속에 위치시키는 것은 크게 무리는 아니다. 이러한 캐릭터들에는 불윙클 J. 무스(Bullwinkle J. Moose), 호랑이 홉스(Hobbes the tiger), 톱 캣(Top Cat—당연히 포함), 피위 허먼(Pee-wee Herman), 그리고 물론 "사인필드(Seinfeld)"의 크레이머(Kramer)도 포함된다. 크레이머는 모자 쓴 고양이와 마찬가지로 문을 갑작스럽게 열고 들어오며 혼란을 일으키는 습관을 공유하고 있다. "샐리와 나"는 일레인과 제리를 연상시키고**, 삐걱거리며 격분하는 털 없는 물고기는 조지 코스탄자***를 연상시킨다. 이 모든 행복한 아바타들은 우리에게 같은 메시지를 전달한다.

---

* 이 드라마의 내용은 이러하다. 비 오는 날, 두 아이(샐리와 그녀의 오빠)는 집 안에서 심심해하며 시간을 보내고 있다. 그때 모자 쓴 이상한 고양이가 집에 들어오며 재미를 약속하지만, 동시에 엉뚱한 행동들로 집안을 혼란에 빠뜨린다. 고양이는 친구인 Thing 1과 Thing 2라는 장난꾸러기 캐릭터들을 데려오며 집을 더 엉망으로 만든다. 아이들은 집이 망가질까 걱정하지만, 마지막 순간에 고양이가 집을 정리하며 사라지고 부모님이 돌아오기 전에 모든 것이 제자리를 찾는다.

** 일레인과 제인(Elaine Benes, Jerry Seinfeld)은 1990년대 미국의 전설적인 시트콤 "사인필드(Seinfeld)"의 주요 캐릭터들이다. 이 문장에서 "Sally and I"가 Elaine과 Jerry를 암시한다고 언급되는데, 이는 두 사람이 약간 긴장감 있는 관계를 유지하면서도 서로에게 끌리는 듯한 관계라는 것을 의미한다.

*** George Costanza는 "Seinfeld"의 또 다른 주요 캐릭터로, 제리의 절친한 친구이다. 그는 종종 신경질적이고, 과민하며, 좌절을 잘 느끼는 성격으로 묘사된다.

긴장을 풀어라. … 혼돈은 멋지다! 혼돈은 짜릿하고, 약간의 스킬만 익힌다면 괜찮다. 딕과 제인은 테이블을 준비하는 하찮은 스릴로 즐기게 놔두고, 우리는 테이블 위에서 춤을 추고, 식기를 저글링하고, 칠면조로 축구를 하자. 모든 것이 어떻게든 잘 될 것이다. 고양이의 말처럼:

재미있게 노는 것은 즐거운 일이지.
만약 당신이 방법만 안다면 말이야.

이것은 미래의 어른들에게 유용한 닥터 수스의 지혜이다. 잘 들어라, 애들아: 몇 년 후에는 딕과 제인의 "난 일할 수 있어"가 "난 일해야 해"로 바뀌게 될 것이다. 너희들의 임무는 식탁을 차리는 것에서 목표의 마감일을 정하고 이를 달성하기 위해 열심히 노력하는 것으로 바뀔 것이다. 매일 반복되는 업무에 시달리다 보면 숨이 막히는 것처럼 느껴질 수도 있다. 오, 그곳이 너희들이 갈 곳이란다.

어른들은 그 답답함을 풀 방법이 있지만, 그중 많은 방법(술, 마약, 혼외정사)은 심각한 피해를 줄 수 있다. 선한 방법은 숭고하게 넘어서는 초월이며, 그것에 가장 잘 드는 도구는 유머이다. 고양이의 장난은 우리가 가장 소중히 여기고 보호해야 할 공간인 집에 재앙을 초래할 수 있음에도 불구하고 우리를 웃게 만든다. 유머는 우리의 깊은 두려움과 긴장, 가장 끔찍한 걱정을 말장난, 반전, 바나나 껍질에 미끄러짐, 서투른 저글링 고양이와 같은 모순이나 놀라움으로 종결시킨다. 이렇게 하면 도파민이 풍부하게 분비되는 강렬한 웃음을 통해 긴장이 풀리고, 갑자기 우리를 두렵게 했던 것들이 사라지는 것처럼 느껴진다. 무서운 괴물도 크기가 작아진다. 시인 그레고리 코르소는 유머가 신성한 도살자라고 말했다. 초월의 또 다른 날카로운 도구는 참선이다. 사람들에게 참선은 문학과 마찬가지로 거창한 변명일 뿐이다. 하지만 베테랑 참선가들이 실제로 선호하는 정직한 하나의 음절로 이 말을 대체한다면 그것은 '앉기', 즉 참선은 앉아 있는 것이다. 이렇게 간단하다. 참선은 사람들이 상상하는 힘든 정신적 장애물 코스가 아니다. 우리는 떠오르는 생각, 감정, 소리, 감각을 통제할 필요도 없고 통제할 수도 없다. 루퍼트 스피라가 말했듯이, 우리가 경험을 그냥 내버려두면, 그 경험 또한 우리를 그냥 내버려둔다. 참선은 그냥 있는 것, 그냥 앉아 있는 것이다.

아이러니하게도, 명상의 바로 그 단순함 때문에 종종 걸려 넘어지게 된다. 그래서 이 이야기의 첫머리에 등장하는 상황, 즉 "문제"는 비가 아이들에게 "앉아! 앉아! 앉아! 앉아!"라고 강요한다는 것이다. 사람들은 무슨 수를 써서라도 그냥 앉아만 있는 것을 피하려 한다. 휴대폰을 확인하고, 담뱃불을 붙이고, 리모컨을 클릭하고, 다시 휴대폰을 본다. 정교한 참선 기술을 시도해 보고, 실패한 것에 대해 스스로를 힐책하는 등 단순함에서 주의를 돌리게 하는 다른 무언가를 찾는다. 하지만 한 번만 잠시 가만히 앉아 있으면 고요하고 숭고한 초월적 감각이 슬그머니 다가오기 시작하는 걸 알게 된다.

이 책에 나오는 비 오는 날씨 또한 다르마의 울림이 내재해 있다. 수련의 관습인 안거安居—서로를 북돋우면서 앉아 있는 시간을 연장하는 것—는 우리가 부처라고 알고 있는 그 "깨어난 자"인 싯다르타 고타마에 의해 처음 고안되었다. 그는 제자들과 함께 북인도를 순례하던 중, 우기雨期가 시작되면 더 이상 행려가 불가능했기 때문에 큰 동굴이나 빈터로 찾아 들어가 앉아야만 했다. 추측컨대 그들 중 많은 이들이 처음에는 이를 "너무 어렵다"고 느꼈을 것이다. 2,500년 전 승복을 입은 사람들이라고 해서 지금의 우리와 본질적으로 다르지는 않았을 테니까. 어떤 이들은 아마 포기하고 집으로 돌아갔을지도 모른다. 하지만 나머지는 깨달음을 얻어 부처가 되겠다는 의지를 갖고 수행을 계속했다. 그들의 목표는 깨달은 자, 즉 부처가 되는 것이었다.

이 두 아이가 실은 지루함을 달래기 위해 오로지 상상으로만 고양이를 만든 것이라는 설도 있다. 실제로 마지막 장면에서 엄마의 손과 발이 문을 통해 들어올 때(엄마의 모습은 여기까지밖에 안 나온다), '샐리와 나'는 처음처럼 다시 창가에 똑같이 앉아 있다. 다르마의 관점으로 보자면, 그것이 맞는 것인지도 모른다, 고양이는 앉아 있는 이들의 지루함에서 비롯된 것이지만 단순히 주의 환기만을 위해서가 아니었다. 이 모든 흥미진진한 이야기는 샐리와 내가 한 치도 움직이지 않고 내면의 멋진 고양이를 찾는 여정이었다. 오래 앉아 있다 보면, 해방은 예기치 않게 찾아온다. 바오로 사도는 "주님의 날이 밤중 도적같이 임하리라" 하고 말했다.

이것은 단지 딕과 제인의 꽉 짜진 9시부터 5시까지의 일상에서 벗어나는 해방이 아니다. 그것은 피상적인 라이프스타일의 문제일 뿐이니까. 이것은 심오한 내면의 해방, 즉 목샤*이며, 우리는 9시부터 5시까지의 생활 속에서도 이것을 찾을 수 있다. 반짝이는 존재감이 모든 순간에 스며든다는 사실을 깨닫고 나면, 식탁을 차리는 일보다 더 선(zen)적인 일은 없다는 기쁜 마음이 들게 된다. 이제 시계가 더는 우리를 괴롭히지 않을 테니 시계가 울리는 소리만큼 즐거운 일은 없다. 대립되는 쌍들도 더는 우리를 괴롭히지 않는다. 그것들은 여전히 존재하지만, 우리는 그것들을 근원적으로 동일한 존재의 표현으로 보기 시작한다. 이것이 서양의 헤라클레이토스부터 동양의 샹카라에 이르기까지 현자들이 약속했던 대립물의 통일이다. 이야기에서 중요한 순간이 있다. 화자가 Thing One과 Thing Two 위에 그물을 던지는 장면이다. 그들이 패배한 채 함께 웅크리고 있는 모습은 마치 둘이 하나로 합쳐진 듯 보인다.

20년 전, 나는 뛰어난 다르마(dharma) 스승이자 불교 도상학 전문가인 찰스 제누드와 함께 티베트 중부를 여행했다. 제누드는 우리 일행을 이끌고 여러 사원을 돌면서, 다양한 신과 부처의 수백 가지 루파(rupas, 조각물)와 탱카(thangkas, 직물그림)를 보여주고 각 아

---

* 목샤(Moksha)는 힌두교와 불교 등 인도 철학에서 사용하는 개념으로, 해방, 자유, 그리고 궁극적 구원을 의미한다. 이는 인간이 갖는 욕망, 집착, 그리고 생사의 윤회로부터의 해방을 가리킨다. 쉽게 말해, 욕망과 집착이 사라져 내적 평화와 자유를 얻고, 생사의 굴레를 벗어나는 상태를 뜻한다.

이콘이 형상 없는 깨달음의 특정한 측면을 어떻게 의미하는지 가르쳐 주었다. 의복의 겹침부터 손의 무드라(상징적 제스쳐)까지 모든 디테일에 의미가 있었다.

찰스가 가르쳐준 티베트 불상 묵상법으로 모자 쓴 고양이를 묵상하면 무엇이 보일까? 한번 해보자. 책의 표지를 오래도록 조용히 들여다보라. 여기서 우리는 고양이의 정식 초상화, 마치 1달러 지폐, 아니면 3달러 지폐에 어울릴 법한 모습을 볼 수 있다. 그는 약간 옆으로 돌아선 사분의 삼 측면에서 우리를 바라보고 있으며, 이는 누군가가 "모나리자가 첫 번째 마티니를 마신 뒤에 지을 법한 미소"라고 묘사한 표정이다. 그의 눈은 크고도 편안하며, 간사함도, 판단도 없다. 살짝 치켜 올라간 눈썹은 "누구, 나 말이야?"라는 매력적인 표정을 더한다. 달콤하고, 겸손한 자비, 심지어 부드러움까지 느껴지는 표정이다. 키 크고 연통 모자를 쓴 노예 해방자, 에이브 링컨처럼, 이 고양이는 그 누구에게도 악의를 품지 않는다. 이 점이 그의 유머를 붓다와 닮게 만드는 요소이다. 그것이 바로 고양이와 조커의 차이다.

늙은 배 위로 손을 깍지 끼고 앉아 있는 그는, 한가롭게 배가 나온 삼촌을 연상케 한다. 그리고 이 모습은 어쩌면 포대(호테이Hotei, 행복과 번영의 상징인 웃는 불상, 흔히 중국 음식점의 계산대 근처에서 볼 수 있는, 산타클로스 같은 부처님)를 떠올리게 한다. 이 포즈는 인생엔 크고 작은 재난이 많지만, 그중 대부분은 우리 스스로 초래한 것이고, 결국에는 괜찮아질 것이라는 안도감을 준다.

손가락은 평화로운 정적과 자제력을 상징하는 무드라*로 얽혀 있다. 고양이의 심술궂은 습성에도 불구하고 이 상태에서는 아무 것도 움켜잡지 않았다. 엄지는 위쪽을 향하고, 그 끝이 맞닿아 있는 그대로의 평형 상태에 있다. 그의 모든 악행은 엄지손가락으로 가능했지만, 이제는 그것들을 맞대고 있음으로써, 서로를 향해 손을 뻗어 상반된 것의 합일, 즉 하나라는 것과 둘이라는 것의 합일을 상징하게 된다. 가운데는 맞닿아 있고 위쪽은 서로 비스듬히 기울어져 있는데, 이는 인간과 고양이 모두 실제로는 할 수 없는 묘기로, 발산과 수렴, 다수지만 하나이며, 겉으로는 분리되었어도 속으로는 깊숙이 연결된 우리 삶의 역설을 암시한다.

고양이는 부처님의 승복이 아닌 빨간 넥타이와 하얀 장갑, 줄무

---

* "무드라(mudra)"는 산스크리트어로 "인장"이나 "표식"을 의미하며, 주로 명상이나 요가에서 특정한 손동작을 가리킨다. 무드라는 신체 에너지를 조절하고 특정한 상태나 의도를 상징적으로 표현하기 위해 손가락의 위치와 결합 방식을 통해 만들어진다.

늬 모자를 쓰고 있다. 책 전체를 통해 보면, 넥타이는 기분을 나타내는 익살스런 바로미터이다. 기분이 좋을 때는 위로 올라가고, 우울할 때는 축 처지게 늘어진다. 지금 같은 휴식 상태에서는 중립적인 수평에 놓인다. 하얀 장갑은 맨손보다 훨씬 쉽게 그릴 수 있기에 미키 마우스 시절부터 만화 캐릭터의 기본 아이템이었다. 이 장갑은 고양이가 손으로 휘두르는 모든 혼란에도 불구하고 의도가 순수하다는 것을 암시한다.

하지만 그의 대표적인 액세서리는 바로 유명한 모자이다. 빨간색과 하얀색 줄무늬가 번갈아 표현된 것은 인간의 두 가지 기본 에너지, 즉 따뜻하고 활동적이고 공격적인 에너지와 차갑고 수동적이며 수용적인 에너지를 나타낸다. 빨간색 줄무늬 세 개와 하얀색 줄무늬 두 개는 고양이의 기질과 일치하는데, 분잡스럽긴 해도 완전히 일탈하지는 않을 만큼의 냉정함을 지니고 있음을 보여준다. 그것은 수도원보다는 세상의 분주함 속에 사는 우리에게 적용 가능한 모델이다. 아마도 북적거리는 활동과 앉아 있는 차분함을 점진적으로 통합함으로써—즉 씽 원과 씽 투를 합침으로써— 상충하는 반대 요소를 해결하고, 우리의 개성을 하늘과 같은 무한함에 결합하는 세 번째 에너지를 보여주는 듯하다. 그것은 내가 12살 때 차고에서 경험한 하늘로 열린 느낌과 여기서 고양이를 둘러싸고 있는 푸른 하늘의 광활함과 같은 것이다.

요가 전설에서는 하얀색이나 달 같은 여성 에너지는 '이다'로, 빨간색이나 태양은 남성 에너지인 '핑갈라'라고 불린다. 그것들은 꼬리뼈에서 시작하여 척추 주위를 나선형으로 감싸면서 상승하는

데, 여기서는 줄무늬 모자가 이중 나선을 잘 나타내준다. 이 에너지들이 균형을 이루면서 상징적으로 하늘색인 슈숨나가 척추 중앙을 따라 곧장 정수리에서 분출하여, 분수처럼 무한함으로 흘러 들어간다.

닥터 수스가 이러한 것들을 의도했다고 생각하는가? 물론 아니다. 그게 중요하냐고? 당연히 아니다. 우리는 그저 고양이처럼, 균형을 잡고 저글링 하면서 책이나 포크, 케이크가 결국 와르르 무너질 때까지 '아주 재미있게' 놀고 있을 뿐이다. 우리는 다양한 관점으로 보고 있을 뿐이다. 서로 다른 시선으로 말이다. 5번가나 로데오 거리의 창문을 지나갈 때처럼 자유롭게 보는 것도 가능하다. 책이나 영화, 교향곡이 너무 풍부해서 우리의 집단정신에 숨을 곳이 없을 때, 그것이야말로 결정적이거나 최종적인 것이 아니라 더 많은 진실을 향해 계속 열려 있는 것이다. 그리고 굳이 예술가에게 작품에 의도한 것이 무엇인지 물을 필요도 없다. 그들이 창작에 몰두할 때 예술가들을 통해 나오는 것은 첫 의도보다 크고, 그들의 의식적인 마음보다 더 큰 법이니까. 마치 닭에게 달걀의 미네랄 함량에 대해 묻는 것과 같은 이치이다.

따라서 이 고양이 초상화는 잠재력 있는 상태의 자유 에너지와 함께 휴식 중인 부처의 모습을 보여준다. 이러한 에너지가 실제로 어떻게 작용할까? 이를 위해서 책에 고양이가 등장하는 장면을 살펴보면, 고양이가 활짝 열린 현관문의 문턱을 넘어 프레임의 오른쪽에서 들어오는데 두 아이가 왼쪽에서 놀라서 올려다보는 장면이 나온다. 우리는 새로운 직업, 새로운 관계, 새로운 삶의 단계로 나아가기 위해 문턱을 넘어야 하는 순간이 있으며, 그 순간은 종종 두렵다. 고양이는 해방된 자의 여유로운 자신감으로 어떻게 해야 하는지 보여준다. 다리를 앞으로 내밀면서도 긴 몸을 뒤로 젖혀 마치 레이지-보이에 기대는 것처럼 한다. 내면은 편안하게 쉬면서 외부 세계에서는 앞으로 나아가는 자세를 취하는 것이다. 몸은 새로운 환경의 거처로 들어가고, 그의 머리, 즉 의식은 무한한 푸른색(비가 내리는데도 기적적으로 푸른색)의 바깥에 남아 있다.

눈은 감겨 있다. 이는 낯선 집에 들어가면서도 놀랍도록 초연한 명상적인 모습이다. 어디를 가도 편안하게 지낼 수 있는 특별한 종류의 두려움이 느껴지는 표정이다. '뭐든지, 눈 감고도 처리할 수 있어.' 하지만 이는 더 높은 직관적인 방식의 시각을 암시하기도 한다. 고양이가 집안을 휩쓸고 지나가는 기세에도 불구하고, 모자의 윗부분은 뒤로 젖혀지는 대신 앞으로 돌출되어 잠망경 모양으로 높은 시점에서 앞에 무엇이 있는지 탐색한다.

수십 년 전, 내 친구는 인도 북부의 리시케시 외곽 언덕에서 토굴에 살며 샅바를 두르고 땅바닥에 엎드린 채 고행을 하는 타트 와일 바바(Tat Wale Baba)라는 수도승과 한 서양 의사의 만남을 목격했다. 가까이 다가간 의사는 스님의 눈이 백내장으로 덮여 있다는 사실을 보고 어떻게 그렇게 민첩하게 바위와 동굴을 뛰어다닐 수 있었는지 물었다. 타트 와일 바바는 "이 눈 말이요? 이 눈은 쓰지 않는다오"라고 대답했다.

서양 도상학에서, 이 문턱을 넘는 장면은 카라바조의 '성 마태오의 부름'에 묘사되어 있다. 몇 년 전 로마에 갔을 때 세인트 루이지 데이 프란체스코 성당으로 한 번만 더 걸어가서 작은 상자에 동전을 넣고 몇 분만이라도 이 걸작에 촛불을 밝히고 싶다는 충동을 느꼈다. 나중에, 당시에는 젊은 사제였던 미래의 프란치스코 교황도 나와 같은 끌림으로 그 자리에 계속 서 있었다는 사실을 알게 되었다.

테이블에 앉은 다섯 명의 인물은 고대 팔레스타인에서 멸시받던 로마의 세금 징수원으로, 넥타이를 맨 국세청 요원이라기보다는 동네 깡패처럼 주민들에게 거주 수수료를 뜯어내던 사람들이다. 예수님과 성 베드로가 강렬하고 신성한 광채를 드리우며 들어오면서, 그룹에 있는 한 사람을 가리킨다. 복음서에 따르면 예수님은 그를 향해 "나를 따르라"고 말한다.

놀란 아이들이 왼쪽에서 위를 올려다보는 모습이, 프레임의 오

른쪽에서 고양이가 집으로 들어오는 장면과 매우 흡사하다. (연극에서도 관객의 오른쪽에서 왼쪽으로 대담하게 무대를 가로지르는 인물은 우리가 읽는 방식에 역행하는 파괴적인 존재이다.) 하지만 여기서 두 명의 남자가 고개를 숙이고 휴대폰을 들여다보는 사람처럼 눈을 동그랗게 뜬 채 자신의 몫을 세는 데만 몰두하고 있어 그리스도(스승, 부처, 해탈의 구체화된 가능성)가 그들 가운데 있다는 사실조차 보지 못한다. 다른 세 사람 중 수염 난 남자, 곧 마태오로 이름이 바뀔 레위만이 약간 놀란다. 빛이 머물자 그는 뒤로 몸을 젖히며(우와!), 눈이 휘둥그레져, 얼어붙은 사슴처럼 되는데, 그 결정적 순간의 충격이 그를 얼마나 화들짝 뛰게 했는지!

결정적 순간이다. 오른쪽 손가락은 자신의 옛 삶, 믿을 수 있는 것, 셀 수 있는 것, 더럽혀졌지만 안심할 수 있는 유한한 것에 매달린 채 돈에 머물러 있다. 그러나 왼손으로 그는 자신을 가리키며 "저 말인가요?"

"그래, 바로 너이다."

우리가 생각하는 것보다 해탈은 더 간단하고 가깝다는 것이 현실이다. 빛은 우리 곁에 있으며, 매 순간 문지방을 통해 빛나고 있고, 우리처럼 평범하고 불완전한 사람들을 위해 여기 있다. 고개를 들어라! 그리고 탁자 위에 남긴 돈에 연연하지 마라.

각성은 잠꾸러기들을 위한 것이다. 우리도 고양이처럼 엉망진창으로 어지럽힐 것인가? (누구나 한두 번 그런 일은 있지 않나?) 좋다—우리는 그것들을 깨끗이 청소하면 된다. 우리도 때때로 깡패 같은 세금 징수원처럼 다른 사람에게 상처를 주지 않았던가? 어느 것도 최종적이거나 확정적인 것은 아니다. 자유와 휴식, 놀라움과 창의적인 장난이 가득한 푸른 하늘을 바라보며 새로운 다음 순간으로 숨을 내쉬기에 결코 늦음은 없다. 자 이제 다음 순간으로 넘어가자.

문지방을 넘어서자! 즐기는 것은 즐거운 일이다.

6. 모두를 위한 풍성함

버지니아 울프 • 등대로

『등대로』에는 열여섯 명 정도의 사람들이 긴 테이블에 앉아 저녁 식사를 하는 장면이 있다. 그들 중 한 명인 밉살스럽게 잘난 척하는 대학원생은 지루하기 짝이 없는 정치적 불평을 늘어놓는다. 다른 사람들은 '속마음이 드러나지 않기를 하늘에 기도하며' 몸을 구부려 경청하는 척만 한다. 하지만 이 소설은 버지니아 울프의 소설이기 때문에 모든 이의 마음은 작가와 독자, 때로는 주인공 램지 부인에게까지 다 노출된다. 그녀는 이 만찬의 안주인으로서, 몇 페이지 더 수다를 떨다가 갑자기 텔레파시에 가까울 정도로 명쾌하게 관통하는 공감 능력을 발휘한다.

> 이제 그녀는 귀를 기울이지 않아도 되었다. 얼마 되지 않았는데도, 그 순간 그녀의 눈은 너무 맑아서 마치 물 아래로 스며드는 빛처럼 테이블을 둘러싼 사람들 하나하나의 생각과 감정을 자연스레 알아챘다. 빛은 물결을 타고 들어가 수초와 균형을 잡는 치어들, 갑작스레 나타나 수초에 매달려 떨고 있는 조용한 송어까지 모두 비출 수 있을 것만 같았다.

이러한 심리적 엑스레이 비전을 '공개'하는 것은 버지니아 울프의 문학적 초능력이다. 이 비전을 이렇게 선명한 뉘앙스로 전달한 것을 보면 울프가 직접 경험한 것이라 추정할 수 있다.

울프가 쓴 9편의 소설 중 다섯 번째 소설인 『등대로』는 주로 자신의 어린 시절을 바탕으로 한다. 스토리의 핵심 내용은 빈약하다. 책의 약 3분의 2에 해당하는 첫 부분은 1910년경의 어느 평범한 날을 배경으로 하고 있다. 런던의 램지 가족(램지 부부와 여덟 자녀)은 스코틀랜드 해안의 스카이섬에 있는 평소 임대하던 여름 별장에 머물고 있다. 막내아들 제임스는 근처 등대로 항해하고 싶어 한다.

램지 부인은 제임스에게 동화를 읽어주고, 친구 및 손님들과 이야기를 나눈 후, 잠시 마을로 산책하러 나간다. 저명한 철학자인 램지 부인은 잔디밭을 거닐며 생각에 잠긴다. (철학자들이 그러하듯이.) 근처에서 친구 릴리 브리스코는 그림을 그리며 미망인 식물학자 윌리엄 뱅커스와 이야기를 나누고, 초라한 늙은 시인인 손님은

고드레비 등대, 세인트아이브스, 울프 어린 시절의 영감

아편에 취해 햇볕 아래에서 낮잠을 청한다. 램지 부부와 현지인 청년 몇몇이 해변을 산책하고 돌아온다. 두 사람은 약혼한 사이지만 아무에게도 알리지 않는다. 그들은 모두 함께 저녁을 먹고 잠자리에 든다.

제2부: 집은 10년 동안 비어 있다.

제3부: 몇몇 인물들이 그 집으로 돌아오고, 그중 일부는 등대로 항해를 떠난다.

끝.

이 플롯의 빈약함—시간의 축을 따라 사건에서 사건으로 이어지는 수평적 움직임의 얇음—은 의도된 것이다. 울프는 독자가 심리적 축을 따라 수직적으로 이동하며, 먼저 한 인물의 내면 공간을 탐구하고, 그다음 다른 인물의 내면을 탐구하는 여정에 그녀와 함께하기를 원한다. 그녀는 이 의도를 첫 페이지에서 설정한다. 어린 제임스가 내일 등대로 갈 수 있냐고 묻자, 램지 부인은 날씨가 허락한다면 갈 수 있다고 말한다.

> 아들에게 이 말은 엄청난 기쁨을 주었다. … 아이는 미래의 전망으로 현재의 기쁨과 슬픔이 좌우되는 여섯 살, 어린 소년이었다. … 제임스 램지는 바닥에 앉아 육해군 상점의 삽화 카탈로그에서 오려낸 그림을, 어머니가 말한 천상의 행복을 담아 냉장고에 붙였다. 그것은 기쁨으로 둘러싸였다.

다르마 수행자들은 이런 방식으로 의식의 내면을 세밀하게 관찰하는 것에 익숙할 것이다. 그것이 바로 본질적인 마음챙김(mindfulness)* 수행이다. 요즘에는 마음챙김이라는 것이 선(zen)처럼 모든 종류의 명상, 또는 막연하게 명상에 가까운 것을 지칭하는 상업적 용어가 되었다. (우리 집 근처에는 마인드풀니스트 Mindfulnest)라는 부드럽고 편안한 황토색 가구를 파는 가게가 있다.) 하지만 마음챙김은 선과 마찬가지로 아주 정확한 의미를 가지고 있다. 이것은 사띠빳타나**의 영어식 표현으로, 부처님이 강력

---

* 마인드풀니스(mindfulness)는 과거의 후회나 미래의 걱정에서 벗어나, 오로지 현재에 집중하는 데 초점을 맞춘다. 우리는 종종 지나친 생각에 의해 정신적으로 혼란스러워지는데, 마인드풀니스는 그 흐름을 멈추고 지금 이 순간에 몰입하는 연습이다. 이 책에서는 '마음챙김'으로 번역한다.

** 사티빳타나(Satipatthana)는 마인드풀니스와 깊은 연관이 있는 불교의 중요한 개념으로, 마음챙김의 기초적인 실천을 의미한다. "사티"는 마인드풀니

한 해탈 명상 기법을 위해 사용했던 용어이다. 부처님은 『사띠빳타나 경』에서 제자들에게 이 공식을 설명한다.

> 여기서, 비구들이여, 어떤 비구는 몸에 대해 머물며 몸을 관찰한다. … 느낌에 대해 머물며 느낌을 관찰한다. … 마음에 대해 머물며 마음을 관찰한다. 그는 부지런하고, 명확히 알고 있으며, 마음챙김의 상태로 세상에 대한 욕망과 불만에서 벗어난다.

따라서 마음챙김을 실천하려면 우리는 명확하고 치우치지 않게 관찰해야 한다. 몸과 감정, 그리고 마음에서 일어나는 모든 것에 가까이 집중하고, 마치 화성에서 온 과학자가 지구인의 의식이 어떻게 작동하는지 속부터 연구하듯 임상적 중립성을 가지고 주의 깊게 지켜보아야 한다.

우리는 몸의 경험을 관찰하는 것에서 시작한다. 여기서 말하는 몸은 단순히 머릿속에서 그려지는 '몸의 이미지'를 뜻하는 것이 아니다. 이미지라는 것은 손, 무릎, 발처럼 눈으로 본 부분적 인상과,

---

스(마음챙김)을 의미하고, "빳타나"는 설립 또는 기초를 의미하여, 마음챙김의 기초 혹은 마음챙김의 적용이라는 뜻이다. 이는 불교 명상에서 개인이 자신의 경험을 명확히 관찰하여 내면의 통찰을 얻도록 돕는 수행법으로, 몸, 감정, 마음, 그리고 법(현상)의 네 가지 대상에 대한 주의를 기울이는 과정을 포함한다. 마음챙김을 체계적으로 실천하는 방법을 제시하는 중요한 가르침은 주로 팔리 경전에 나오는 『사티빳타나 수트라(Satipatthana Sutta)』에 설명되어 있다.

거울에 비친 얼굴이나 사진, 혹은 다양한 활동으로 끊임없이 변화하는 신체적 감각의 느낌을 모아 만든 막연한 정신적 콜라주에 불과하다. 대신 우리는 마음이 그것들을 관념으로 조립하기 전, 감각과 시각적 인상 자체를, 생생한 날것 그대로, 현재 순간의 실제 경험으로 바라본다.

다음으로 감정을 감정 자체로만 경험한다. 슬픔이나 매혹 같은 감정은 특정한 방식으로 느낌이 온다. '왜 슬픈지', '왜 매혹되었는지', 언제 이런 감정을 느낀 적이 있는지, 그것에 대해 무엇을 하고 싶은지 마음이 그것을 추상화하기 전에 이미 올라오는 느낌이다.

그 다음으로, 우리는 마음을 마음 그 자체로 경험한다. 생각, 이미지, 기억, 기대, 그리고 몸과 감정의 생각을 포함한 모든 아이디어 형성 과정들이 여기에 해당한다. 이러한 모든 과정 자체가 경험 가능한, 중립적으로 관찰할 수 있는 활동이다. 우리는 이 경험들에 대해 아무것도 하지 않고, 단지 그것들을 "관찰하며 머무를" 뿐이다. 우리는 이러한 경험에 대해 그저 잘 "관觀"하기만 하면 된다. 그저 순수하게 존재하기만 하면 되는 것이다.

사물을 명확하게 구별하는 이 능력은 울프가 "이 감정을 저 감정과 구분할 줄 모르는 족속"이라 표현한 이들이나 붓다의 다소 겸손하게 표현했던 "보통 사람"에게는 알려지지 않은 일면이다. 보통 사람들은 사물을 혼동하여 서로 섞는다. 어린 제임스는 냉장고의 종이 그림을 "천상의 행복"과 혼동하고, "미래의 가능성"과 "미래의 기쁨과 슬픔"을 "지금 당장의 현실"과 동일시한다. 이 순간에도 수백만 명의 사람들이 떠도는 분노나 두려움을 다른 민족에게 투사하거나, 성적 흥분에 대한 신체적 감각을 사랑에 빠진 느낌과 혼동하고 있다. 그 결과는 단순한 혼란에서 재앙에 이르기까지 다양하다.

이러한 내적 사띠빳타나와 더불어, 램지 부인이 가끔 그랬듯이, 울프가 자신의 예술을 위해 끊임없이 해왔듯이, 우리는 사람과 사물을 관찰하여 그것을 외부에 적용할 수 있다. 그러나 다르마를 수행하는(소설의 기법이라기보다는) 마음챙김의 진정한 요점은 무엇을 관찰하는지가 아니라 관찰하는 과정에서 일어나는 일들이다. 우리가 몸을 다름 아닌 몸으로, 감정을 다름 아닌 감정으로, 마음을 다름 아닌 마음으로 볼 때 해석에 관한 습관적 혼란은 힘을 잃기 시작한다. 우리는 스스로 만들어 온 허구를 인식하고, 이제 그 허구를 내려놓을 자유를 찾게 된다. 그 허구로부터 생겨나는 고통—불안, 비난, 죄책감, 늘 따라다니는 감정들—은 서서히 녹아내린다. 그러면 남아 있는 단순하게 열린 공간 속에 머무를 수 있다. 이곳이 바로 은혜와 삼매의 공간이다. 울프는 이 공간을 잘 알고 있다. 여전히 저녁 식사 중이고, 소소한 잡담이 오고 가고, 손님들에게 음식을 권하면서, 램지 부인에게는 이 공간이 서서히 열리기 시작한다.

> 모든 것이 만족스러웠다. 이제 … 평안에 도달했다. 그녀는 매처럼 허공을 부유한다. 그녀의 모든 신경은 기쁨의 달콤함에 푹 젖은 깃발처럼 떠 있다. 이 깊은 고요함 가운데 모든 것은 마치 위로 퍼져 오르는 연기나 향기처럼 아무런 이유 없이 서로를

안전하게 떠받쳐 지탱시키고 있었다. 말이 필요치도, 말을 할 수도 없다. 있는 그대로 그들은 거기에 존재한다. 그녀는 마치 영원히 그런 것인 양 미스터 뱅크스에게 사려 깊은 시중을 들었다. 사물의 일관성, 안정감, 그녀가 의미하는 것은 변화에 오염되지 않는 어떤 것이었다. 그녀는 고개를 들어 빛이 루비처럼 잔물결을 이루며 일렁이는 창밖을 힐끗 쳐다본다. 오늘밤 다시 그녀는 평화와 휴식의 느낌을 받는다. 그런 순간이면, 그녀는 만물의 지속을 생각한다.

"그렇다." 그녀는 모든 곳에 풍요로움이 존재함을 윌리엄 뱅크스에게 확인시켰다.

마지막 줄에서, 우리는 램지 부인이 지은 모나리자의 미소를 상상할 수 있다. 이런 미소를 통해 그녀는 모든 이를 위한 충분한 음식과 무한 평화가 펼쳐져 있음을 드러낸다.

이런 사마디의 씨앗은 부처의 마음챙김 수행과정에서도 발견된다. 몸과 감정, 마음을 관觀하고 나면, 한 단계 더 나아가게 되는 것이다.

다르마와 관련하여 수행자라면 법에 대해 부지런하고, 명확하게 알고, 마음챙김을 하며, 세상에 대한 욕망과 불만이 없는 채로 법에 관해 묵상한다.

여기서 "다르마"는 대략적으로 "다르마의 진리" 또는 "다르마의 관점"을 의미한다. 다르마에는 세 가지 존재의 특징(무상, 무아, 고통 또는 불만족)과 사성제(네 가지 성스러운 진리)가 포함된다. 이를 관찰하고 깊이 숙고함으로써 (램지 부인의 깨달음처럼) 모든 불만족으로부터 벗어나는 기쁨의 해방을 얻게 된다. … 우리는 이러한 다르마(법)를 몸, 느낌, 그리고 마음의 경험에 적용한다. 이를 단순히 생각하는 데 그치는 것이 아니라, 생각을 더 만들어내는 개념화(법의 개념이긴 하지만 여전히 개념일 뿐)를 하지 않고, 다시금 무심하게, 냉정하게 관찰함으로써 적용한다. 탄소가 모든 생명체에 정말로 근본적이라면, 우리가 분석하는 어느 생명체에서도 그것을 발견할 수 있어야 한다. 마찬가지로, 다르마가 삶의 확고한 진리라면 우리가 마주하는 어떤 삶의 경험에서도 그 작용을 발견할 수 있어야 한다. 그렇다, 모든 것은 무상하다. 아니다, 독립적이고 분리된 자아는 찾을 수 없다. 그렇다, 삶은 우리가 갈망을 놓고 존재의 평화에 마음을 열기 전까지는 근본적으로 불만족스럽다. 이는 (붓다가 가르친 바에 따르면) 단순한 의견이나 견해가 아닌 '관점'이다. 산 정상에서 내려다보아야 계곡에 대한 더 크고 진실한 비전을 얻게 되는 법이다. 생각을 멈추고 있는 그대로를 보라.

이러한 다르마의 섬광 같은 깨달음은 울프의 등장인물이나, 일반적으로 위대한 소설 속에서도 계속해서 드러난다. 젊은이들이 해변으로 떠나는 여행 중에, 낸시 램지가 직관적인 순간을 맞이한다. 그 순간은 두카(불만족, 고통)의 비극적 보편성을 깨닫는, 마음에 아련히 다가오는 작은 개방의 순간이다. 낸시의 친구 민타는 모래 속에 자신의 소중한 소유물을 잃어버린다.

그것은 할머니의 브로치였다. 그것만 아니라면 다른 건 잃어버려도 괜찮다는 생각이 들었다. 하지만 낸시는 단지 그것 때문에 울고 있는 것이 아니었다. 다른 이유로 눈물이 났다. 누구라도 앉아서 울고 싶다는 그런 느낌. 그러나 그게 딱히 무엇인지는 그녀도 알 길이 없었다.

무상함에 대한 법法—모든 것이 사라지고 소멸하는 불변의 아니타(anita)의 법칙—은 이 책의 두 번째 부분에서 "시간이 흐른다"라는 내용으로 드라마틱하게 펼쳐진다. 가족의 소중한 전통이자 아이들의 낙원이던 여름 별장은 언제나 그곳에 있을 것이라 믿고 의지하던 공간이었다. 그러나 제1차 세계대전을 비롯한 각종 상황으로 10년 동안 문을 닫고 비어 있게 된다.

울프는 이야기의 가장 긴 시간을 가장 짧은 장에 담아내기 위해 숨 막히는 시점의 반전을 고안해야 했다. 지금까지 그녀는 페이지마다 등장인물들의 시점을 바꾸어가며 의식의 미묘한 차이가 사람마다 어떻게 다른지를 묘사했다. 그러나 이제 가족이 런던으로 돌아갔기 때문에 여름 별장은 전지적 시점이 되어 쇠락해 가는 집을 지켜보고 있다.

집은 버려져 황폐해졌다. 마치 생명력이 모두 사그라져 바싹 마른 소금 알갱이만 가득한 모래언덕 위에 조가비처럼 남겨진 것이다. 긴 밤이 덫을 치자; 그저 그런 공기. 갉는 소리, 축축한 숨소리, 더듬거리는 소리가 장악한 듯 보였다. 냄비는 녹이 슬고

매트는 썩었다. 두꺼비가 코를 들이민다. 아무 하릴없이 숄이 이리저리 흔들거린다. 엉겅퀴 한 마리가 장독대 틈바구니로 몸을 밀어 넣는다. 제비는 응접실에 둥지를 틀었고, 바닥에는 짚이 흩어져 있고, 석고가 한 움큼씩 삽으로 떨어졌으며, 서까래는 훤히 드러나 있고, 쥐들은 이리저리 옮겨 다니면서 창살 뒤를 갉고 있다. 거북-껍질 나비가 번데기에서 터져 나와 창유리 위로 날아다닌다.

이제 더는 가족의 풍성한 여름 생활을 위한 배경이 아닌 집은 전면에 부각되고, 가족은 오히려 먼 배경의 작은 모습들로 축소된다. 시간이 흐르면서, 결혼이나 죽음과 같은 사건이 등장하기도 하지만, 그것들은 중심 무대에서 펼쳐지는 극적인 이야기 대신 괄호 속의 간략한 몇 마디로 전해진다.

이것이 곧 공空의 다르마, 즉 견고하고 개별적이며 독립적인 자아는 존재하지 않는다는 교훈이다. 자아개념에 대한 확실한 역설은, 지구상의 거의 80억 명의 인간 가운데 한 명만이 자신이고, 쇼의 주인공이자, 모든 경험의 중심이며, 당면한 기쁨이나 고통이 절실한 문제가 된다는 점이다. 그 밖에 모든 다른 이들은 그저 조연에 불과하다. 모든 역경에도 불구하고 바로 내가 (80억 대 1의 경쟁률로) 자아로 발탁된 주인공이다.

물론 나는 다른 사람의 기쁨이나 고통을 추상적으로는 이해하지만, 그것에 가까이 가면, 어떤 종류의 느낌이던 그건 나의 현실이 아니다. 하지만 이상하게도, 모든 조연은 자신이 스타이고 나를 하릴없는 존재라고 생각한다. 여기나 저기나 마찬가지다. 여기가 바로 내가 있는 곳이 분명한데, 저기에 있다고 망상을 하며 고통을 자초한다.

울프는 1부에서 시점을 넘나들며 자아의 미끄럽고 임시적인 특성을 이 사람 저 사람 옮겨가며 보여준다. 그리고 2부가 되면 모든 인물에게서 자아를 거둬내고 시점을 전지적으로 확장함으로써 어떤 인간도 이 세상에서 자신이 선호하는 장소를 소유할 수 없음을 보여준다. 별장은 슬프고 보기 싫게 낡았지만 인간의 관점에서 볼 때만 그렇다. 내버려두면, 쥐와 두꺼비와 엉겅퀴가 그것들을 차지하고, 생명력을 과시할 것이다.

그리고 번데기에서 터져 나오는 거북이 등껍질 나비로 절정을 이루면서 모든 것이 기이할 정도로 아름답다. 자아나 부족附族, 종족의 우월성에 대한 집착을 버릴 때마다 우리는 더 큰 아름다움을 발견하게 된다. 자아는 허물이다. 나비처럼 우리는 언제든 그 안에서 터져 나올 수 있다. 그렇지 않더라도 시간이 지나면 어차피 모두 갈가리 찢길 것이다.

『등대로』에서 또 다른 큰 주제는 남성과 여성이다. 램지 부인과 램지 씨는 어떤 면에서 극적인 성격을 띠고 있다. 램지 부인은 대가족과 친구들뿐만 아니라 가난한 마을 사람들의 물질적, 정서적 결핍을 예리하게 보살피는 직관적인 대지의 어머니이다. 그녀는 마을에 들어설 때마다 양말, 담배 등 나눠줄 선물이 가득 담긴 바구니를 들고 있다. 쉰 살에 여덟 명의 자녀를 둔 나이에도 어디를 가든 사람들은 그녀의 외모에 놀라움을 금치 못한다. 분명 그녀는 아름다움, 치유, 풍요, 다산, 양육의 화신이자 생명이 끊임없이 솟아나는 신성한 존재의 여신이다. "그녀는 아기를 품는 것을 늘 좋아했다. 아기를 품에 안고 있을 때가 가장 행복했다." 그녀가 생육하고 번성하도록 선택받았음을 모르고 있는 커플을 연결해 주는 지치지 않는 중매쟁이라는 사실은 놀랄 일이 아니니다.

물론 신도 인간의 형태를 취하면 인간적인 결함이 생길 수 있다. 램지 부인이 맺어주는 커플들이 항상 행복하게 결말을 내는 것은 아니다. 그녀의 지칠 줄 모르는 자선 활동은 그녀가 다소 바쁜 사람이라는 평판을 얻게 했다. 여덟 아이를 키우다 보면 아무리 여신이라도 피곤할 수밖에 없다. 엄마들이 그러하듯 그녀도 우울증에 시달리며 이런 생각을 하곤 한다. "도대체 난 뭘 하면서 살았지?" 하지만 이 질문은 그리 오래가지 않는다.

램지 부인이 매사에 온 마음을 좋게 쏟는다면, 램지 씨는 온 마음을 에고라는 독을 내뿜는 데 쓰고 있다. 그의 IQ와 EQ는 놀라울 정도로 높다. 책의 첫 장면에서 그는 등대로 항해하려는 어린 제임스에게 날씨가 나빠질 거라고 매몰차게 단정지음으로써 아들의 희망을 꺾는다.

> 그의 비꼬는 듯한 웃음은, 아들을 환멸에 빠뜨리고 아내를 조롱했다는 즐거움도 있지만, 자신의 판단력이 정확하다는 은근한 자만심을 내포했다.

소년의 반응도 끔찍하긴 하지만 우리는 그 반응에 동정심을 느낀다.

> 도끼든 부지깽이든 아버지의 가슴에 구멍을 뚫어 죽일 수 있는 무기만 손에 잡힌다면 제임스는 그 자리에서 그것을 움켜잡았을 것이다.

램지 씨의 철학적 전문 분야는 형이상학으로, 말 그대로 물질적 세계를 초월한, 즉 지구라는 어머니 너머의 영역이다. 그는 아내가 곰곰이 생각하는 어떤 사실, 물리적 세계를 바라보기에는 생각이 너무 많다.

> 그의 인지력은 종종 그녀를 놀라게 했다. 그가 꽃에 주목할까? 아니다. 그럼 경치는 바라볼까? 아니다. 그는 딸내미의 아름다움도, 자기 접시 위에 푸딩이 있는지 구운 소고기가 있는지조차 알아채지 못한다.

화가 릴리 브리스코가 그의 철학적 작업이 무엇인지 이해하기 위해 고심할 때, 램지 남매 중 제일 손위의 소년이 "당신이 거기 없을 때의 식탁에 관해 생각해 보세요"라고 말한다. 관찰되지 않는 식탁, 즉 자아가 배제된 식탁은 '시간이 흐른다' 장에서 등장하는 무인無人 상태의 집, 즉 자아 없는 여름 별장을 교묘하게 암시한다. 이것은 또한 한 손으로 치는 손뼉 소리처럼 숙련된 방식으로, 생각의 혼란을 넘어 무념과 무아의 찬란한 고요 속으로 마음을 이끄는 훌륭한 선문답禪門答이 될 수도 있다. 하지만 서양 철학자 램지 씨에게 일어나는 모든 생각은 더 많은 생각으로 곧바로 이어지며, 궁극적 진리는 끊임없이 추구하는 자아에게 영원히 도달할 수 없는 가상의 궁극적 사유일 뿐이다.

> 만약 이런 생각을 해 본다면 … 마치 알파벳처럼 26개의 글자가 모두 정렬되어 있다면, 그의 뛰어난 머리는 그 글자들을 하나씩 정확하고 확실하게 훑는 데 전혀 어려움이 없다. 예를 들어 그가 Q라는 글자에 도달했다고 하자. … 그런데 Q 다음에는 무엇이 올까? Q 다음에는 필멸의 눈으로는 거의 보이지 않는 몇 개의 글자가 있으며, 마지막 글자는 멀리서 붉게 반짝인다. Z는 한 세대에 한 사람만이 도달할 수 있다. 그래도 그가 R에 도달할 수 있다면 그것도 대단한 것이다. 적어도 여기 Q가 있다. 그는 Q에 자신의 발뒤꿈치를 박았다. … 그의 이마에 혈관이 튀어나왔다. …
> 그러나 그는 누워서 죽지 않을 것이다; 그는 어떤 바위 절벽을 찾아 그곳에서 폭풍을 응시하며, 끝까지 어둠을 꿰뚫으려 하면서 서서 죽을 것이다. 그는 결코 R에 도달하지 못할 것이다.

진리에 대해 무작정 직진하며 장난감 병정 같은 영웅성을 발휘하려는 남성의 접근 방식은 램지 씨가 잔디밭을 거닐며 암송하는 시에서 강조된다. 테니슨의 "경기병 여단의 돌격(Charge of the Light

Brigade)"은 빅토리아 시대의 죽은 군인들을 찬양하는 완벽한 송가이다.

총과 포탄이 쏟아지는데도,
대담하게 그들은
죽음의 턱 속으로
지옥의 입속으로
600명을 태운 채 돌진하네.

이 유쾌하고 격렬히 으스대는 시구는, 그 구절이 기리는 단호한 정신의 웅장함이 있다. 하지만 대문자 'T'로 시작하는 '진리(Truth)'에 접근하는 방법으로는 적합지 않다. 실제로 1854년 크림 전쟁에서, 왜곡된 명령으로 인해 영국군은 러시아 진지에 재앙을 자초하는 잘못된 공격을 감행했다. 시 자체에서도 제목에 "누군가 큰 실수를 했다"고 말한다.

남편에게서 지적으로 열등하다고 조롱받는 램지 부인은 진실에 접근하는 데는 훨씬 우월하다. 자연스럽게 진실에 침윤된다: 그녀는 자신이 가끔 조용히 잠기는 무한함이 남편이 그렇게도 헛되이 찾으려 애쓰는 것임을 전혀 모른다. 그는 테니슨의 시를 중얼거리며 걸어 다니거나 낡은 책을 끄적이면서 찾으려 애쓰지만, 그녀는 그저 찾으려 하지 않아서 찾게 된다. 그녀는 엄마로서와 아내로서 필요한 민감하고 수용적인 태도로 일상을 보내며, 진리는 그런 민감하고 수용적인 그릇이 되어 주는 그녀를 알아보고 그녀에게 다가간다. 그럴 때면, 그녀는 여자의 지혜를 발휘해 남편이 잘못 싸우고 있는 '어둠'(공, 'shunyata')을 끌어안는다.

그런 진리의 방문은 아이들이 잠든 후 뜨개질을 할 때 일어난다.

> 이제 그녀는 누구에 대해서도 생각할 필요가 없다. 오롯이 그녀 자신이 되어, 자신만의 존재로 있을 수 있다. … 생각할 필요 없이 침묵하며 홀로 있을 수 있다. 묵언; 홀로 있는 것. 확장되고, 반짝이며, 소리치던 모든 존재와 행위는 증발해 버리고, 마침내 하나의 쐐기 모양으로 줄어들어 자신을 느낄 수 있었다. 어둠의 핵, 다른 사람에게는 보이지 않는 어떤 것이 된 기분이었다. 비록 그녀는 계속 뜨개질을 하며 곧게 앉아 있지만 이런 식으로 느꼈다. 그곳에는 자유가 있고, 평화가 있고, 모두를 함께 소환하여 받아들이는 안정된 단상에서의 휴식이 있었다. 그녀의 경험으로 볼 때 '나'라는 자아로는 결코 이 쉼을 찾을 수 없었다. (그녀는 솜씨 좋게 바늘을 움직였다.) 오직 어둠의 쐐기 같은 상태 속에서만 휴식을 얻었다. '나(personality)'를 잃어야만 신경 쓰임, 분주함, 동요도 사라졌다. 이 평온 속에서, 이 고요 속에서, 이 영원 속에서 모든 것이 조화롭게 어우러지면서 그녀의 입에서 삶에 대한 승리의 탄성이 터져 나왔다.

전통적인 용어로, 거룩한 영에 충만해지려면, 여성이 남성에게 열리듯 열려야 한다. 우리가 뭔가 하려는 시도를 멈추고, 사건에 자신을 맡긴 채 앉아서 명상에 들 때 그런 일이 일어난다. (내 인생의 가장 큰 행운은 애쓰는 것을 건너뛰라고 가르친 스승을 만난 것이었다.) 기도할 때, 춤출 때, 글을 쓸 때, 농구공을 던질 때, 길을 걸을 때도 그런 일이 일어난다. 그것은 마리아의 수태고지 이야기에 시적으로 묘사되어 있다. 108명의 우유 짜는 여인과 크리슈나 신과의 신성한 로맨스, 그리고, 그리고 『아가서』("그가 내게 입맞추기를 원하노라! … 왕이 나를 그의 방으로 이끌었도다. … 나는 사랑으로 지쳤도다.")와 같은 시적 표현 속에서 그려지기도 한다.

우리는 여성으로든 남성으로든 두 가지 존재 방식 모두가 필요하다. 여기서 울프는 그것을 분리하고 과장하여 여성과 남성으로 구현했다. 마치 화학자가 두 가지 원소를 분리해 순수한 형태로 연구하는 것과 같다. 그녀는 램지라는 이름을 밝히지 않으면서 이러한 책략을 미묘하게 강조한다. 램지 부부는 "Mrs.와 Mr."라는 호칭만 사용한다.

울프는 여성을 주제로 한 강연을 기반으로 장편 에세이 『자기만의 방』에 이러한 아이디어를 더욱 발전시켰다. 이 글은 70년대에 페미니스트 선언문으로 인기를 얻었는데, 여성이 글을 쓰거나 어떤 종류의 예술을 창작하려면 돈과 자신만의 방이 필요하다는 선언으로 가장 잘 알려져 있으며, 이 두 가지는 역사적으로 여성에게 거의 제공되지 않았다. 울프는 셰익스피어에게 글쓰기에 대한 열정을 추구하기 위해 집을 뛰쳐나간 비범한 여동생이 있었다고 상상해 보라고 권유한다. 당시의 사회적 현실을 고려해 볼 때, 그녀는 가족과 멀어져, 성적으로 착취당하다가, 임신하고 결국은 스스로 목숨을 끊어 지금은 버스 정류장이 된 성곽 밖에 묻혔을 공산이 크다고 말하면서 말이다.

페미니스트들에게는 실망스러울 수 있지만, 울프의 소설은 성 불평등에 대한 항의나, 성 정체성을 확립하려는 문학이 아니다.

> 글을 쓰는 사람이 자신의 성을 고려하여 글을 쓰는 것은 치명적인 일이다. … 여성으로서 어떤 불만을 조금이라도 강조하거나, 어떤 명분을 가지고 호소하는 것, 어떤 식으로든 여성이라는 것을 의식하고 말하는 것은 치명적인 일이다.

오히려 문학 창작을 위한 이상적인 정신 상태는 성별의 통합, 앞으로 내 닫는 램지와 함께 공감하고 침묵하는 것임을 밝힌다.

> 남자 또는 여자가 순수하고 단순한 것은 치명적이다. 여자이면서 남자라든가 또는 남자이면서 여자여야 한다. 어떤 대립하는 것들의 결합이 이뤄져야 한다. 작가가 자신의 경험을 완벽하게 전달하고 있다는 느낌을 얻으려면 전체 마음이 완전히 열려야 한다. 자유와 평화가 동시에 존재해야 한다는 뜻이다.

진정한 창조성은 사회적 또는 정치적인 태도가 아니라, "자유와 … 평화"가 있는 "넓게 열린" 마음 상태로부터 진행된다. (울프가 램지 부인의 뜨개질—사마디를 묘사할 때 쓰는 같은 두 단어.) 그렇게 하려면, 예술가의 마음은 성(sex)에 무관한 것이 아니라, 양성을 모두 가진 사람이어야 한다.

중성적인 마음은 공명하고 투과성이 있어서 감정을 막힘없이 전달한다. … 자연스럽게 창조적이며, 백열등처럼 빛나고, 분열되지 않은 상태로 존재한다.

『자기만의 방』과 더불어 울프는 주인공이 양성애적인 소설 『올란도』를 집필하기도 했으며, 이는 그녀의 가장 위대한 성공 중 하나가 되었다.* 오늘날에는 이를 약간 단순화하여 좌뇌 기능(논리적 분석, 직선적 인식, 언어적 표현)과 우뇌 기능(직관적 통찰, 공간적 인식, 비언어적 환희)의 통합으로 말할 수도 있을 것이다. 전통 요가의 용어로는 이다와 핑갈라, 즉 고요하고 달처럼 부드러운 여성 에너지와, 강렬하고 태양처럼 힘찬 남성 에너지를 뜻한다. 울프가 최고의 예로 꼽는 셰익스피어를 비롯한 모든 위대한 예술가들은 이 두 가지 흐름을 자연스럽게 타고 있다.

램지네 아이들처럼, 버지니아 울프는 여덟 형제자매 중 하나였고, 맹렬할 정도로 지적인 아버지를 두었다. 아버지 레슬리 스티븐 경은 역사학자, 문학평론가, 그리고 강인한 산악인이었다. 또한 그녀의 어머니는 자선가이자 미모를 겸비한 예술가 모델 줄리아 잭슨 스티븐이었다. 줄리아는 많은 레트로-중세 프리라파엘파 회화에서 빨간 머리, 백조 같은 목, 몽환적인 눈을 가진 여주인공으로

* 1992년 영화 버전이 있다—맞다!—틸다 스윈튼이 출연한다.

용에게 끌려 가는 사브라 공주, 에드워드 번-존스 경, 줄리아 스티븐 모델

나타난다. 이 가족은 바닷가 마을에서 여름을 보냈는데, 그곳은 라이트하우스를 감상할 수 있는 매력적인 경치를 지니고 있었다. 이 마을은 스코틀랜드가 아닌 영국의 남서쪽 끝에 있는 콘월의 세인트아이브스에 있었고 점차 예술가촌이 되어 가고 있던 어촌이었다.

상상으로 그렸던 셰익스피어의 여동생과는 달리, 울프는 출판사를 설립한 레너드 울프의 따뜻한 격려를 받으며 작가의 삶을 누릴 수 있었다. 그녀는 레너드와 함께 런던의 블룸즈버리 그룹에서 보헤미안적인 성적 실험뿐만 아니라 지적, 예술적 교감을 나누었다. 그럼에도 불구하고 그녀는 자살로 생을 마감했다. 그녀는 가족의 조기 사망과 어린 시절 의붓오빠로부터 수년간 성적 학대로 촉발된 정신 질환에 시달렸고, 결국 남편에게 더는 간병 부담을 지울 수 없다고 판단했던 것 같다. 그녀는 남편에게 사랑의 편지를 남겼다.

『등대로』는 몇몇 캐릭터가 마침내 등대에 도착하면서 끝을 맺는다. 하지만 세월이 흐른 후 그들의 삶은 변했고, 등대가 그들에게 주는 의미도 달라졌다. 우리는 성인이 되어서조차 이루기 어려운 모험이나 성취, 연애 또는 마법과 같은 기쁨을 주는 힘을 가진 문자

Z에 투자한다. 하지만 시간이 지나면 모든 투자는 감가상각의 대상이 된다. 우리가 등대에 도달하려고 할 때, 빛에 닿으려 할 때, 이 세상의 모든 것이 그렇듯 그 종착지는 실망이다. 울프가 제목에서 암시하듯 등대는 우리가 영원히 항해해야 하는 지향점일 뿐이다.

진정한 빛은 항상 우리 안에 있고 우리와 함께 있는데도, 우리는 다른 것을 위해 돛을 다듬느라 그 사실을 놓치고 만다. 버지니아 울프처럼 빛에 대해 아름답게 글을 쓸 수 있고, 수백만 명의 독자들이 그 빛을 맛볼 수 있게 글로써 선명하게 그려낼 수 있는 사람이, 그 빛 안에 온전히 거하지 못하고 깊은 고통에 침잠하여 주머니에 돌을 가득 채운 채 강 속으로 걸어 들어간 것은 정말 안타까운 일이다.

모든 사람이 무사히 집으로 돌아갈 수 있는 것은 아니다. 그러나 만약 그들이 울프처럼 영감을 받은 사람이라면 자신은 성스러운 땅에 들어가지 못하더라도 모세처럼 다른 사람들은 성지로 이끌게 될 것이다. 적어도 신은 어느 화창한 날 느보산 꼭대기*에서 성지를 바라볼 수 있도록 허락은 하셨으니까.

---

* 느보산(Mount Nebo)은 성경과 기독교 전통에서 중요한 상징적 장소로, 현대 요르단에 위치해 있다. 성서에 따르면, 느보산은 모세가 약속의 땅, 즉 가나안을 바라본 장소로 알려져 있다. 이는 「신명기」 34장에서 언급되며, 모세는 가나안을 들어가지 못한 채 그곳에서 생을 마쳤다고 전해진다.

7. 돌멩이와 바위

어니스트 헤밍웨이 • 무기여 잘 있거라

하이쿠를 쓰는 일은 어렵다. 하이쿠는 단순하지만, 우리는 복잡하다. 그것은 구체적이지만 우리는 추상적이다. 하이쿠는 명확하고 섬세하지만, 우리는 흐릿하고 포괄적이다. 하이쿠는 솔직하지만, 우리는 지나치게 재간을 부리려 애쓴다. 하이쿠는 현 순간에 단단히 뿌리를 내리고 있지만, 우리는—혹은 우리의 생각은— 과거와 미래를 헤매며 흩어져 있다.

전형적인 하이쿠는 17세기에 쓰여졌으며, 이 형식의 첫 번째 위대한 대가는 마쓰오 바쇼*이다. 일본의 시 세계에서, 바쇼의 하이쿠는 레오나르도 다빈치의 '최후의 만찬' 아니면 베토벤의 9번 교향곡에 비준한다.

오래된 연못
개구리 뛰어들어—
풍덩

이것은 언어가 도달할 수 있는 최고의 단순함이다.** 한순간을 포착한 스냅샷이며, 순간 속에서 우리는 완전히, 단단히 존재하는 느낌을 받는다. 그러나 그 순간은 공명하여 더 넓은 차원의 의미를 열어 준다. 오래된 연못은 이끼로 덮이고 무성해져, 오랜 시간 동안 다르마 수행을 하거나 단순히 나이가 들어서 온화해진 사람의 마음처럼 그늘지고 고요한 피난처가 된다. 마치 영원히 그 자리에 있었던 것처럼, 그저 앉아서 존재할 뿐이다.

---

* 마쓰오 바쇼(松尾芭蕉, 1644~1694)는 일본 에도 시대의 가장 유명한 하이쿠 시인으로, 하이쿠 형식을 예술적 경지로 끌어올린 인물이다. 그의 작품은 자연과 인간 경험의 섬세한 관찰을 바탕으로 단순하면서도 깊은 통찰을 담고 있다. 그는 여행을 통해 많은 시를 창작했으며, 그의 여정을 기록한 오쿠노 호소미치(奥の細道, "좁은 길을 걸어 북녘으로")는 일본 문학의 고전으로 평가받는다. 바쇼는 명상과 예술적 단순함을 중시하며 하이쿠의 정신적 깊이를 확립한 시인으로 기억된다.

** 영어에서는 일본어와 달리, 17음절을 요구하면 일반적으로 하이쿠가 너무 길어지고 부자연스럽게 들린다. 하이쿠는 가능한 한 짧아야 하며, 마치 바위 아래서 발견되거나 나무에서 떨어진 것처럼 들려야 한다.

반면, 하이쿠에 활력을 불어넣는 신선하고 활동적인 요소는 개구리가 뛰어드는 순간이다. 그것은 오래된 인식에 들어오는 새로운 순간적 경험으로, 시간이 영원으로 뛰어드는 것이다. 이들이 만날 때, 그 결과는 "첨벙" 또는 "퐁당"이다. 일본어로는 오토(대략 "물소리")라고 하며, 이는 연못이나 개구리 혼자서는 만들 수 없는 소리이다. 그리고 이 시는 관찰된 대상만 말하고 있는 것이 아니라, 동시에 관찰하는 주체도 이야기한다: 바로 시인의 (그리고 간접적으로 독자의) 조용하고 보이지 않는 의식 말이다. 그 연못의 침묵이 충분히 맑아지면, 그것은 켄쇼(見性, けんしょう)를 일으킨다. 모든 하이쿠는 켄쇼*를 목표로 하고, 보통 세 번째 줄에서 그것이 드러난다.

어니스트 헤밍웨이가 미국 소설에 가져다준 것은 하이쿠처럼 작동하는 산문이다. 여기 그의 1929년 소설 『무기여 잘 있거라』의 도입부가 있다. 이 소설은 그의 제1차 세계대전 경험을 바탕으로 한다.

> 그해 늦여름, 우리는 강과 평야를 가로질러 산이 보이는 마을에서 살았다. 강바닥에는 돌멩이와 바위가 햇볕에 말라 하얗게 빛났고, 계곡에는 물이 맑고 빠르게 흘러 푸른빛을 띠고 있었다.

---

* 켄쇼(見性)는 선불교(禪仏教, Zen Buddhism)에서 사용하는 중요한 개념으로, 본래의 자아 또는 존재의 본질을 직접적으로 체험하는 깨달음의 순간을 의미한다. 이는 깊은 명상이나 선 수행 중에 갑작스럽게 발생할 수 있는 일종의 영적 통찰로, 자신의 본성을 직관적으로 깨닫는 것을 가리킨다.

군인들이 집 옆 길가를 지나면서 일으킨 먼지가 나무 잎사귀에 가루가 되어 내려앉았다. 나무줄기에 쌓인 먼지와 때 이른 낙엽 그리고 길을 따라 행군하는 군인들이 일으키는 바람 때문에 그들이 지나간 후에는 잎 말고는 휑한 길만 허옇게 드러났다.

이것은 간결하게 다듬어진 언어, 하이쿠의 언어다. 심지어 문장 부호조차 마침표와 몇 개의 마지못한 쉼표로 줄어들었다. 헤밍웨이의 글을 여러 페이지 읽어도 세미콜론은 찾아보기 힘들다. 하이쿠처럼, 그의 문장은 "돌멩이(pebbles)", "바위(boulders)". "잎(leaves)", "나무(trees)" 같은 구체적인 명사에 의존하며, "건조한(dry)", "하얀(white)", "먼지투성이(dusty)"처럼 너무도 명확하고 객관적인 형용사를 사용해 명사처럼 느껴지게 만든다. 이 언어는 종종 호흡이 가쁜 듯한 극적인 효과를 더하기 위해 부가된 형용사를 의도적으로 배제한다. "작은 조약돌"이나 "거대한 바위" 같은 표현 대신, 그냥 돌멩이와 바위로 충분하다. 적절한 명사는 스스로 말하게 한다.

하지만 헤밍웨이는 바쇼가 직면하지 않았던 문제에 맞서야 했다. 영어는 일본어와 달리 두 가지 주요 뿌리 언어를 가지고 있다. 하나는 고대 영어(또는 앵글로색슨어)로, 거칠고 목가적이며 독일어파의 단음절 단어들로 이루어진 언어로, 여기서 우리는 "dog(개)", "fire(불)", "dirt(흙)", "guts(용기)", "work(일)", "shit(배설물)" 같은 단어를 물려받았다. 또 다른 하나는 1066년 노르만족이 침입하며 가져온 초기 형태의 프랑스어로, 라틴어 계열의 덜 직설적이고 더 지적인 다음절(polysyllables) 언어였다. 노르만족이 지배 계급의 언어로 프랑스어를 사용하면서, "fire(불)"는 "la combustion(연소)"로, "work(일)"는 "l'occupation(직업)"으로, "shit(배설물)"은 "la purgation(정화)"로 바뀌었다. 시간이 흐르면서 두 언어가 혼합되었고, 우리에게는 소박한 앵글로색슨 단어와 세련된 노르만 단어라는 이중 어휘만 남게 되었다.

그 후 8~9세기 동안 대부분의 작가들은 글을 모르는 앵글로색슨 농민처럼 보이고 싶지 않아서 화려한 단어를 선호했다. 오늘날에도 고등학생들은 가능한 긴 단어를 사용한다. 나는 학생들에게 이렇게 말하곤 한다. "그렇게 말한다고 똑똑하게 보이진 않아. 똑똑하게 보이려 애쓰는 것처럼 들릴 뿐이야"라고. 경찰도 마찬가지이다. 뉴스에서 경찰서장은 "그 남자가 차를 탔다"라고 말하지 않는다. 그는 "그분이 차량에 승차하셨다"라고 말한다.

헤밍웨이는 시계를 1065년으로 되돌려, 노르만식 다음절 언어를 제거했다. 짧고 퉁명스러운 앵글로색슨 단어들은, 더 적은 음절로 사물과의 거리를 좁혀주어 사물이 더 사물처럼 들린다. 평이하고 직접적인 스타일을 향한 움직임은 사실 더 일찍 시작되어, 최소한 에밀리 디킨슨, 마크 트웨인, 스티븐 크레인, 그리고 젊은 헤밍웨이의 멘토였던 거트루드 스타인으로 거슬러 올라간다. 하지만 헤밍웨이는 가장 직설적인 언어를 동원함으로써 경험의 직설성을 표현하기 위해 끝까지 나아간다. 사물은 그에 대한 우리의 생각, 우리의 판단, 우리의 욕망이 아니다. 사물은 상징이 아니다. 그냥 사물일 뿐이다. 세잔의 사과처럼 사물은 그 자리에 앉아 있는 그대로

사과와 배가 있는 정물, 폴 세잔

의 존재이다. 단순함 속에서 그냥 존재할 때 마음의 습관적인 잡념으로부터 자유로워질 수 있다. 헤밍웨이의 스타일에 촉매가 된 몇 가지 다른 요소도 있다. 어렸을 때 그는 첼로로 바흐를 연주했다. (그의 어머니는 그가 연주에 집중하도록 1년 동안 학교를 그만두게 했다.) 헤밍웨이의 문장 구조 속에서 바흐의 푸가 형식의 반복적 리듬을 들을 수 있다. 마지막 문장 특히 "leaves(잎사귀들)"와 "and(그리고)"라고 쓴 부분에 주의를 기울여 보자.

> 그해 나무줄기들은 먼지로 덮여 있었고 잎사귀들은 일찍 졌다. 우리는 군대가 도로를 따라 행진하는 것을 보았는데 먼지가 일면서 낙엽이 바람에 흩날렸다. 잎들이 떨어지며 군인들이 행진해 가자 그 후 길은 나뭇잎을 제외하고는 텅 빈 채 하얗게 드러나 있었다.

The trunks of the trees too were dusty and the leaves fell early that year and we saw the troops marching along the road and the dust rising and leaves, stirred by the breeze, falling and the soldiers marching and afterward the road bare and white except for the leaves.

헤밍웨이의 스타일을 모방하거나 패러디하려는 사람들은 종종 짧고 단조로운 문장을 많이 쓴다. 하지만 헤밍웨이는 그렇지 않다. 이 문장은 계속되고 또 계속되는 군대의 행렬을 묘사하기 때문에 계속되고 또 계속된다. 헤밍웨이는 군대가 행진하는 리듬(먼지가 일어나고 낙엽이 떨어지는 리듬)을 재현함으로써 마치 군대가 지나가는 시간만큼이나 문장을 읽는 데 시간이 길게 걸리는 것처럼 느끼게 만든다. 그는 하이쿠의 현장감을 스냅 사진에서 영화로 확장했다. 그리고 문장의 마지막("그 후 길바닥은 나뭇잎 말고는 허옇게 드러나 있다")에는 하이쿠의 마지막 줄에서처럼 오래된 연못의 침묵이 개구리에 의해 울려 퍼지듯, 군대가 지나가면서 맨땅의 침묵이 울려 퍼지는 초월을 엿볼 수 있는 켄쇼가 있다.

이 모든 것에 결정적인 역할을 한 것은 헤밍웨이의 냉철한 관찰 습관이다. 그는 '캔자스 시티 스타'*에서 젊은 기자로 일하던 시절

* '캔자스 시티 스타(Kansas City Star)'는 미국 미주리주 캔자스시티에서 발행되는 유명한 신문으로, 1880년에 창간되었다. 지역 및 국가 차원의 뉴스를 다루며, 미국 신문 역사에서 중요한 역할을 해왔다. 특히 문학과 저널리즘에서 주목받는 인물들이 이 신문에서 경력을 시작하거나 발전시킨 것으로

과 미시간 숲에서 사냥과 낚시를 하며 이 능력을 발전시켰다. 사슴을 추적할 때, 당신은 보고 싶은 것이나 생각하는 것이 아니라, 그저 있는 그대로의 것을 봐야 한다. 위 문장에서 헤밍웨이는 우리로 하여금 사물을 마치 창조의 첫 아침처럼 보게 한다. 아무도 아직 그것들을 생각으로 얼룩지게 만들지 않은 것처럼 말이다.

좋은 마음챙김 글쓰기 연습은 너무나 익숙해서 이미 알고 있다고 생각하는 일상적인 활동을 하는 사람들을 관찰하는 것이다. 익숙한 생각의 안개를 뚫고 그동안 놓쳤던 모든 것을 보아야 한다. 그런 다음, 독자가 그것을 분명히 볼 수 있도록 그것을 글로 옮긴다. 헤밍웨이는 이를 이렇게 했다.

> 그날 밤, 모든 사람이 매우 빠르고 진지하게 스파게티 코스 요리를 먹었다. 모두가 난장판 속에서 포크에 매달린 탱글탱글한 스파게티 면을 들어올려 입안에 넣거나 그렇지 않으면 지속적으로 빨아들였다. 금속 쟁반 위에서 갤런 플라스크에 담긴 와인이 찰랑거렸다. 사람들은 집게손가락으로 플라스크의 목을 아래로 당겼고, 같은 손으로 들고 있는 잔에 투명한 빨간색 탄닌, 사랑스런 와인을 붓는다. 이 코스가 끝나자 선장은 신부(priest)를 놀려먹기 시작했다.

그리고 다시 하이쿠처럼, 보이는 것과 분리할 수 없는 것은 바로

유명하다.

보는 자로, 이는 침묵의 보이지 않는 인식이며, 보이는 것 주위의 음영 공간에서 느껴진다. 다른 진부한 작가라면 이 소설을 "1918년, 나는 미국 중서부에서 온 신참 프레데릭 헨리로, 이탈리아 군대 구급차 운전사로 합류했다. 전쟁이 얼마나 잔혹해질지 전혀 몰랐다"라는 식으로 시작했을 것이다. 그것은 정보일 뿐, 직접적인 경험이 아니며, 즉시 '나'를 개인적 특성과 과거와 미래의 구성물로 정의된 작은 자아로 좁혀 버린다. 대신, 헤밍웨이는 첫 문장에서 우리에게 익명의 '우리'를 제공한다("우리는 마을에 있는 어떤 집에서 살았다"). 이는 보이지 않는 관찰 의식을 가까이에서 나타내는 것이다. 몇 장을 지나야 겨우 주인공에게 이름이 부여된다.

우리는 이름이라는 꼬리표를 단 채 몸에 갇힌 자아가 아니라 관찰하는 의식이다. 이런 내재적 위상은, 헤밍웨이 자신처럼 프레데릭이 박격포 포격을 맞는 순간 명시적으로 드러난다.

> 그러자 용광로 문이 열리는 것처럼 번쩍하는 섬광과 함께 하얗게 시작해서 빨갛게 변하는 굉음이 돌진하는 바람과 함께 계속 몰아쳤다. 숨을 쉬려고 했지만 숨이 쉬어지지 않았고, 몸이 나를 떠나 바람을 타고 밖으로, 밖으로, 밖으로 계속 돌진해 나가는 것을 느꼈다. 바람 속에서 온몸이 빠르게 튕겨 나갔다. 내가 죽었다는 것과 방금 죽었다고 생각한 것 모두가 실수였다는 것을 알았다. 그러다가 내 몸은 떠올랐고, 계속 나아가는 대신에

> 뒤로 미끄러지는 것을 느꼈다. 나는 숨을 몰아쉬며 다시 돌아왔다.

이 묘사는 해석의 여지가 없을 정도로 완벽하게 설득력이 있다. 프레데릭의 죽음 직전의 경험은 스파게티를 먹을 때와 마찬가지로 순간순간 객관적으로 표현된다. 하지만 신기하게도 회복이 되어 다시 전쟁과 위스키, 여자에게 빠져들자 "방금 죽었다고 생각한 것은 실수"라는 사실은 잊힌다. 그는 다시는 그 사실을 언급하지 않고, 책이 진행됨에 따라 그가 목격하는 죽음들은 점점 더 무겁게 다가오면서, 삶을 무의미하게 만드는 참담한 결말을 맞이한다. 어떤 사람들에게는 죽은 다음의 인식을 미리 엿보는 것이 깊은 깨달음을 주지만 다른 이에게는 낭비일 뿐이다.

그럼에도 불구하고, 죽음이 축적되면서 가장 설득력 있는 구절 중 일부가 책에 등장한다. 한 장면에서, 프레데릭은 이탈리아 군인과 대화를 나누고 있었고, 그 군인은 이미 겪은 사망자들이 "헛되지 않도록" 해야 한다는 과장된 발언을 한다. 그 말은 프레데릭을 상념에 잠기게 만든다. 그는 부하들을 격려하려고 연설하는 장교들의 말을 떠올린다.

> 나는 항상 성스러운, 영광스러운, 희생이라는 단어의 헛된 표현이 당황스러웠다. 때로는 빗속에서 거의 귀가 먹을 정도로 그런 말이 외쳐지는 것을 듣기도 했지만 … 나는 그 어떤 성스러운 것도 보지 못했고, 영광스럽다는 것은 전혀 영광되지 않았으

며, 희생이라야 시카고 도축장에서 고기를 묻어 버리는 것과 다름없었다. … 영광, 명예, 용기, 거룩함 같은 추상적인 단어들은 마을의 구체적인 이름, 도로의 수, 강의 이름, 연대의 번호, 날짜 옆에 붙어 역겨움을 일으켰다.

여기서 구체적인 것과 추상적인 것의 대립은 단순히 산문의 스타일 문제가 아니라 삶과 죽음의 문제이다. 사람들은 영광, 명예와 같은 추상적인 개념을 위해 죽는다—영광, 명예, "서양식 가치", "알라모 전투를 기억하라"와 같은 (흥미롭게도, "신성한"을 제외한 프레데릭이 외치는 모든 추상적인 단어는 노르만식 단어이다.) 이 문구와 가장 대구를 이루는 희극적 상황은 『헨리 4세』 1부에 등장하는 폴스타프의 명예에 관한 독백—명예는 허공에 떠도는 말일 뿐 상처를 치유하거나 부러진 다리를 고칠 수는 없다—일 것이다. 프레데릭은 "아무것도 하지 않겠다"고 결심한 뒤 전쟁터에서 빠져나온다. 그는 결국 탈영을 한다. 물론 헤밍웨이의 주제 처리 방식은 매우 진지한데, 가장 충격적인 장면은 시카고 도살장의 모습으로 기차가 들어와 소들이 도축장으로 직행한 후 고기는 흙속에 묻힌다. 전쟁은 바로 그런 것이다.

하지만 헤밍웨이는 이 메시지를 잘 숙고하지는 않은 것 같다. 소설에서나 삶에서나 전쟁과 살인을 피할 수 없었다. 전쟁이 없을 때는 아프리카에서 사냥, 스페인에서는 투우, 멕시코만에서는 심해 낚시를 했다. 항상 무언가를 죽여야 했고, 이 모든 것들이 그의 마초 전설의 일부가 되었다. 여러 아내, 엄청난 음주, 가끔의 친절함,

그리고 많은 배신과 함께 말이다. 그 되풀이된 이야기를 다시 꺼낼 필요는 없어 보인다. 그러나 우리는 여기서 자아에 관한 유용한 지혜를 얻을 수 있다. 헤밍웨이는 미국 소설의 위대한 황소 코끼리가 되기를 열망했다. 그는 소원을 이룬 후에도 그 코끼리를 계속 끌고 다니며 끝없는 식욕을 채우고 새로운 젊은 황소가 나타날 때마다 싸워야 했다.

헤밍웨이의 특기는 생각과 느낌을 깨끗이 씻어내고 사물의 외부 세계를 주의 깊게 관찰하는 것이다. 동시대 작가인 버지니아 울프의 섬세하고 미묘한 통찰력과 달리 내면의 감정 세계로 가끔 들어가는 그의 표현은 "좋았어", "훌륭해", "매우 좋았어", "좋지 않았어"와 같은 어눌하고 서투른 표현처럼 보일 수 있다. 헤밍웨이라는 신전을 숭배하는 작가들과 독자들은 여기서 종종 잘못된 교훈을 얻는데, 이런 감정적 무뚝뚝함을 남성적인 금욕주의로 착각하고 본받아야 할 미덕으로 오인한다. (그렇지, 상남자라면 감정에 대해 말하지 않고 술에 취해 물건을 부수겠지.) 『무기여 잘 있거라』의 이야기는 프레데릭과 영국 간호사 캐서린 버클리와의 사랑을 중심으로 전개되는데, 이 사랑은 젊은 남자의 호르몬에 불타는 사랑으로 시작된다. 그의 사랑은 점점 성숙해지지만, 감정에 대해서는 자세한 묘사가 없다.

그럼에도 불구하고, 헤밍웨이의 최고의 걸작에서 그는 외부 사물과 말하지 않는 여백을 통해 인물의 내면을 암시한다. 이 모든 것이 하이쿠의 전통에 속한다. 프레데릭은 탈영을 한 후, 아이를 임신한 캐서린과 스위스로 탈출한다. 책의 마지막에 그녀는 고통스럽고 긴 진통이 시작되자 프레데릭에게 아침을 먹으러 나가자고 말한다. 카페에서 병원으로 돌아오는 길, 텅 빈 거리와 이른 아침 햇살 사이로 캐서린이 분만에서 살아남지 못할지도 모른다는 의심이 스멀스멀 피어오르기 시작한다. 그는 아직 스스로 표현하지는 않지만, 전쟁을 떨칠 수 없는 것처럼 죽음도 떨치지 못하고—모든 것이 수포로 돌아갈 것이라는 두려움에 사로잡힌다.

> 길 밖에는 집집마다 쓰레기통이 수거인을 기다리고 있다. 개 한 마리가 쓰레기통에 코를 박고 있었다. "네가 원하는 게 뭐지?" 나는 개에게 묻고 통 안을 들여다보았지만 거기엔 커피 찌꺼기, 먼지, 죽은 꽃 몇 송이 외에는 아무것도 없었다. "아무것도 없어, 멍멍아." 내가 말했다. 개는 길 건너로 가버렸다.

"커피 찌꺼기, 먼지, 그리고 죽은 꽃 몇 송이", 이것은 황량함을 표현하는 하이쿠이다. 달리 이렇게밖엔 표현할 길이 없다.

헤밍웨이의 가장 아름다운 작품으로 꼽히는 『두 개의 심장을 가진 큰 강』의 핵심은 바로 이 방식이다. 이 작품은 1차 대전에서 전투 트라우마를 안고 돌아온 헤밍웨이의 젊은 시절의 분신 닉 애덤스가 미시간 숲으로 고독한 낚시 여행을 떠나는 장면으로 시작한다. 전쟁은 한 번도 언급되지 않지만 모든 문장에 녹아 있다. 닉이 전쟁 이전으로 기억하는 숲이 우거진 언덕과 마을은 사라지고, 그가 겪은 것처럼 불타 버렸다. 닉은 텐트를 치고, 아침을 요리하고, 미끼를 묶고, 낚싯줄을 던지는 등 매 순간 체계적으로 진행되는 의식에 집중하며 고통에서 벗어나려 애쓴다. 그러나 안정과 균형을 되찾고 다시 세상을 살아가는 법을 배우려는 그의 갈망은 조용히 물고기를 관조하는 모습에서 다시 트라우마 상태로 돌아간다.

> 닉은 바닥에 갖가지 색깔의 돌멩이가 깔린 맑은 갈색의 물속을 내려다보며, 송어들이 지느러미를 흔들며 물살에 버티는 모습을 지켜보았다. 송어들은 재빨리 각도를 바꿨다가, 다시 빠른 물살 속에 가만히 버티었다. 닉은 송어들을 한참 동안 지켜보았다.

이 마지막 문장의 단순함과 앵글로색슨어가 전달해 주는 단음절 여섯 개의 깊이가 놀랍다. 우리는 닉이 송어를 바라보며 조용히 탐색하고, 송어에게서 삶의 흐름에 흔들리지 않는 방법을 배우려고 노력하는 모습을 보고 느끼게 된다. 그리고 그 순간, 지켜보는 행동거지는 매우 침착하다. 우리는 (다시 한번 말하지만) 그가 시냇물을 들여다보면서 자신을 들여다보고 있다는 것을 깨닫게 된다.

이것이 헤밍웨이 다르마의 정점일지도 모른다. 고통과 절망이 자동으로 최후를 맞이하는 것은 아니며, 치유와 고통으로부터의 해방의 가능성은 적어도 열린 질문이다. 이야기가 끝날 무렵에도 닉은 여전히 트라우마를 마주할 준비가 되어 있지 않지만, 감동적인 마지막 문장에서 암묵적인 다짐을 한다.

"늪에서 낚시를 할 수 있는 날은 많이 남아 있어."

8. 천국의 우유

사무엘 테일러 콜리지 • 쿠빌라이 칸

왜 시인가?

우리는 왜 그것을 읽어야만 하는가? 그것은 왜 존재할까?

시가 존재하는 이유는 문학 수업에서 학생들에게 비유나 과장법 같은 시적 장치를 훈련을 할 수 있는 도구를 제공하기 위함이 아니다. 시란 풀어헤치면 깔끔한 "메시지"가 튀어나오는 운율로 된 퍼즐이 아니란 말이다. 만약 그렇다면 메시지는 취하고 시는 버리면 될 것이다. 언어 자체가 바로 시이다. 로버트 프로스트가 말했듯이 "시는 번역에서 길을 잃게 된다."

시를 정의할 수 없다고 확신하지만 부득이 그것을 해보자면

'시란 힘의 언어이다.'

시의 가장 근본적이고 마법 같은 힘 중 하나는 존재하지 않는 것을 보게 해주는 것이다. 그것이 바로 홀로그램이다. 이는 고대 인도의 베다 전통에서 나마루파(nama-rupa)*라는 원칙과 더불어 일관되게 나타나는 것이다. '이름과 형태'라는 '나마루파'의 원리는 존재를 이루는 아주 미세한 수준의 진동이 그것의 이름을 구성하는 진동과 평행하거나 반복된다는 것을 의미한다. 힌두교에서 가장 오래된 경전인 베다의 송가는 일반 사람에 의해 작곡된 것이 아니라 리시(rishis)라고 불리는 현자들이 깊은 명상에 들어가 마치 듣고 보듯이 신들의 이름과 형태, 그들의 공적을 함께 '인식'한 결과라고 전해진다.

그것이 얼마나 문자 그대로 받아들여질 수 있을지는 모르겠다. 특히 베다 산스크리트어, 히브리어, 그리고 다른 고대 언어들이 모두 자신들이 사물의 "진정한" 이름을 가지고 있다고 주장하기 때문

---

* 나마루파(nama-rupa)는 불교와 힌두교에서 중요한 개념으로, '이름과 형태'를 의미한다. '나마'는 이름 또는 정신적 속성, '루파'는 형태나 물질적 속성을 나타낸다. 이 개념은 모든 존재가 이름과 형태로 인식된다는 가르침을 담고 있으며, 존재의 본질적 실체는 그 자체로는 드러나지 않는다고 설명한다. 나마루파는 특히 유식학파에서 현상 세계를 설명할 때 중요한 역할을 하며, 자아나 세상의 본질을 집착과 분별을 통해 이해하는 과정에 대해 논의된다. 이 개념은 무상과 무아의 교리를 설명하는 데 중요한 요소로 작용한다.

에 그렇다. 우리가 아는 것, 즉 우리가 직접 경험할 수 있는 것은 어느 언어에서나 단어는 시가 되고, 위대한 시가 되면 나마루파의 힘이 커진다는 것이다. 소리는 물리적 사물뿐만 아니라 감각, 생각, 감정의 형태까지 떠올리게 하는데, 그중 일부는 절묘할 정도로 미묘하다.

영어로 된 훌륭한 예시는 사무엘 테일러 콜리지의 "쿠빌라이 칸"이다. 이 시는 몽골 황제 쿠빌라이의 여름 궁전, 즉 "즐거움의 둥근 궁전"이 세워지는 이야기를 환각적으로 그린 비주얼로, 중국의 상두(Shangdu) 또는 자나두(Xanadu)*라 불리는 곳에 관한 것이다. 콜리지는 나중에 이 시에 대해 이렇게 설명했다. 1797년, 그는 로도넘(laudanum)이라는 아편의 일종을 복용하고 있었고, 이는 동네 약국에서 쉽게 구할 수 있었던 모양이다. (그 당시 많은 영국의 존경받는 신사 숙녀들이, 콜리지를 포함하여, 이 약에 중독되었다.) 콜리지는 칸과 자나두에 관한 책을 읽다가 잠이 들었고, 로도넘 효과로 꿈속에서 시의 이미지와 말들이 의식적인 노력 없이 동시에 떠오르기 시작했다.

이 홀로그램을 활성화하려면 시를 소리 내어 읽어보거나, 더 좋

---

* 상두(Shangdu)는 원나라의 제2대 황제인 쿠빌라이 칸(Kublai Khan)이 몽골 제국의 여름 수도로 건설한 여름 궁전을 의미한다. Shangdu는 중국 내몽골 자치구에 위치하며, 베이징에서 북쪽으로 약 200km 떨어져 있다. 자나두(Xanadu)는 상두를 서양과 문학적 상상력에서 상징적으로 나타낸 이름이다. 이 이름은 사무엘 테일러 콜리지(Samuel Taylor Coleridge)의 유명한 시인 "Kubla Khan"(1797)에 등장하여 더욱 널리 알려졌다.

게는 친구에게 읽어달라고 하여 눈을 감고 있는 것이 좋다. (유튜브에 직접 낭독하는 동영상도 있다.) 이 시에서 의미를 찾으려고 하지 말라. 그저 편안히 앉아서 소리의 흐름에 몸을 맡기고, 그 소리가 불러일으키는 이미지나 감정에 따라가라. 로도넘은 선택 사항이다.

쿠빌라이 칸은 상두(자나두)에
위풍당당한 환락궁을 지으라 명했지:
그곳은, 신성한 알프강이
사람이 측량할 수 없는 끝없는 동굴을 지나
태양 없는 바다까지 흘러간다네.
그렇게 비옥한 땅 다섯 마일의 두 배가
벽과 탑으로 둘러싸여 있고;
그곳엔 구불구불한 시냇물이 흐르는
빛나는 정원이 있어,
향기를 흠뻑 머금은 나무들이 꽃을 피웠지.
그리고 거기 둔덕만큼 오래된 숲에는
햇살 가득한 녹지가 펼쳐져 있네.

하지만 오! 그 깊고 낭만적인 협곡,
푸른 언덕을 가로질러 향하는
향나무 덮개 아래로 기울어진 곳!
야만적인 곳이여! 얼마나 신성하고 마법 같던지,

차가운 달빛 이우는,
자신의 악마 연인을 위해 울부짖는 여인이 떠도는 곳처럼!
그리고 이 협곡에서, 끊임없이 소용돌이치는 격류 속에서,
마치 이 땅이 빠르게 숨을 쉬는 듯,
엄청난 분수가 순간마다 솟아오르네:
그 속에서 반쯤 끊어지며 터져 나오는 물줄기 사이로,
거대한 파편들이 튕기며, 반동하는 우박처럼,
혹은 탈곡기 아래서 날리는 곡식처럼 흩어지며:
그리고 그 춤추는 바위들 사이로, 계속,
신성한 강을 순간마다 내뿜고 있었네.
다섯 마일, 구불구불한 흐름 속에
숲과 골짜기를 지나 신성한 강이 흘러갔고,
그 후 인간이 헤아릴 수 없는 동굴에 이르러,
소용돌이 속에 죽은 바다로 침잠하네;
그리고 이 소란 속에서, 쿠빌라이는 먼 곳에서
조상들의 목소리를 들었네, 전쟁을 예고하는 소리!
환락궁의 그림자가
물결 가운데 둥둥 떠 있었고;
거기 분수와 동굴로부터
혼합된 가락이 들려오네.
그것은 진기한 기적,
얼음 동굴에 햇살 가득한 환락궁이라니!

한 소녀가 덜시머*를 들고 있는 것을
꿈속에서 나는 보았네:
그녀는 아비시니아의 처녀였고
덜시머로 연주하며
아보라 산을 노래했지.
나를 그러한 깊은 기쁨으로 이끌면
크고 길게 울려 퍼지는 음악과 함께
그 궁전을 허공에 세울 수 있으련만,
그 태양의 궁전을! 얼음 동굴을!
그리고 그 말을 들은 모든 이들은 반드시 보게 될지어다.
모두들 외치리라, 조심하라! 조심하라!
그의 번뜩이는 눈, 떠 있는 머리카락을!
그를 세 번 원을 그리며 둘러싸고,
신성한 두려움으로 눈을 감으라.
그는 감로를 먹었고,
천국의 우유를 마셨으니.

---

* 덜시머(Dulcimer)는 현악기의 일종으로, 다양한 문화권에서 발견되며 두 가지 주요 유형으로 나뉜다: 햄머드 덜시머(Hammered Dulcimer)와 애팔래치아 덜시머(Appalachian Dulcimer)이다. 각각의 유형이 지역적 전통과 음악 스타일에 맞게 발전한 현악기이다. 한쪽은 두드리는 방식, 다른 쪽은 튀기거나 긋는 방식으로 연주되며, 부드럽고 감미로운 소리가 특징이다.

다시 온 것을 환영한다. 즐거운 여행이었기를 바란다. 물론 각자의 경험이 다르겠지만, "햇살 가득한 얼음 동굴이 있는 환락궁"이나 "다섯 마일의 구불구불한 강"과 같은 단어에서 연상되는 매우 생생하고 다채로운 이미지를 보았을 것이다. 처음 두 부분에서는 자연경관이 남근적이고 외음부적인 이미지로 변모하면서 매우 관능적이고 심지어 에로틱한 무언가가 진행되고 있음을 눈치챌 수 있다. 성스러운 강이 헤아릴 수 없는 동굴을 통해 흐르고, "깊고 낭만적인 틈새"에서 "순간적으로 거대한 분수가 쏟아져 나오는" 모습, 그리고 대지의 "빠르고 깊은 숨결" 등이다. (이 문장을 보면 숨을 헐떡이는 소리가 들린다.) 우리는 원초적인 생식 과정을 목격하고 있는 듯하다.

여기에는 창조에 관한 한두 가지 추가 차원이 있는 것 같다. 이는 두 번째 줄의 "명하다"라는 단어에서 열리는 차원이다. 쿠빌라이는 황제로서 그저 쾌락의 돔을 건설하라고 명령했고, 샤잠!—그것이 건설된다. 오늘날 우리는 그를 독재자라고 부른다. 단지 말만 하면(명령) 일이 일어나고, 모든 것이 생겨나니까. 꽤 근사한 기술인데, 사실 시인도 나마-루파의 힘으로 이런 일을 한다. 성스러운 강이 헤아릴 수 없는 동굴을 통해 흐르는 것은 시적 창작 행위 또는 어떤 상상력의 창작 행위를 암시한다. 여기서 의식의 흐름은 우리의 전의식前意識 동굴을 통해 지나가고, 의식이 깊어지면서, 그것은 "태양 빛이 없는 바다", 즉 형태가 없는 무한 광대한 보이지 않는 내면의 바다까지 이르게 된다. 이는 모든 창조적 형태의 원초적 기원임을 의미한다.

거기엔 우주적이고 보편적인 창조성의 암시도 있다. 그 형태 없는 무한은 우주가 생겨나는 것과 같은 형태 없는 무한이다. (얼마나 많은 무한이 거기에 존재할까?) 창조의 자궁, 그리고 그것을 비옥하게 하듯 합류하는 신성한 강이 바로 알프강이다. 지도에서는 알프강을 찾을 수 없지만 요한 계시록에서 "나는 알파와 오메가, 처음과 나중, 시작과 끝"이라고 말하는 하느님을 찾을 수 있다. 이 시는 우리를 한밤중에 부모님의 침실에 들어가 부모님이 사랑을 나누는 모습을 보는 자녀의 입장에 놓이게 하는데, 여기서 우리의 부모님은 원초적인 양과 음, 양성자와 전자, 우주를 창조하는 시바 신과 어머니 파르바티이다. 즉 빅뱅의 온상이다.

그리고 왠지 그 뱅(Bang)은 나마루파라는 힘의 단어로 들린다.

태초에 말씀이 있었다. 그 말씀은 신과 함께했고, 말씀이 신이었다.

베다의 첫 구절에서 나오는 첫 단어는 아그니(Agni), "불"을 의미하며, 영어의 ignite와 그 뿌리가 같은 단어이다. 이것은 창조의 자발적인 점화의 불꽃을 뜻하며, 그 첫소리 "아"는 불꽃 이전의 무형의 존재로, 우주의 형상이 여기서 나오기 전, 무한한 가능성을 품고 있다. 이는 우리가 문장을 시작하기 직전에 흔히 내뱉는 가득 찬 소리이기도 하다. 서구 언어학자들이 "쉬와(schwa)"라고 부르는 이 소리는 가장 중립적이며 열린 소리로, 빛이 색으로 나누어지기 전의 중립적인 흰색, "빛이 있으라"는 상태와도 같다.

쉬와, 데바나가리

산스크리트어가 쓰이는 데바나가리 문자의 고대 형태에서 이 첫 글자, 즉 A는 알파벳의 첫 글자로서, 하늘 한구석에서 살짝 드러나는 태양 원반의 일부처럼 생겼으며, 그 가장자리에서 창조의 광채를 뿜어낸다. 『바가바드기타』에서 크리슈나 신은 무한한 존재로서 "내 존재의 작은 일부분만으로도 나는 이 우주 전체에 스며들어 이를 지탱한다"라고 말한다. 무한한 존재는 대부분 스스로 모습을 드러낼 필요가 없다. 대개는 고요하고 형체 없고 보이지 않는 상태로 남아 있다. 신은 작은 새끼손가락 끝으로 이 모든 우주를 운용한다. 이것이 추상적으로 들릴 수 있지만, 깨달음이 깊어질수록 이는 우리의 경험을 아주 직접적으로 묘사하게 된다. 우리는 무한한 존재이며, 대개는 움직이지 않는다. 겉으로는 우리가 일상을 돌보는 듯 보일지 몰라도, 우리 안에서는 넓은 고요가 자리하고 있다. 우리의 활동 세계는 그저 새끼손가락 끝으로 운용될 뿐이다.

하지만 그 깨달음에 이르기 전까지는, 우리는 신성한 창조의 아늑한 자궁 속에 머물 수 없다. 활동이 우리의 침묵을 방해한다.

그리고 이 소란 속에서, 쿠빌라이는 먼 곳에서
조상들의 목소리를 들었네, 전쟁을 예고하는 소리!

알람 시계가 울려, 일터가 우리를 부르면, 명상은 끝나고, 우리는 자궁의 안락함으로부터 쫓겨난다. 이제 황제는 환락궁을 떠나 말안장에 오른 채 반란을 일으킨 지역을 정복할 시간이다. 시인이 환각적인 비전에 작별을 고할 시간인 것이다.

이것이 바로 시의 세 번째 섹션에서 일어나는 일이다. 이 섹션은 첫 두 섹션에서 기록된 비전에 대한 에필로그로 보인다. 잘 알려진 이야기다. 콜리지(Coleridge)가 아편 환각에서 깨어난 뒤 자신이 경험한 시구를 빠르게 필사하고 있을 때, 누군가 문을 두드리며 그를 방해했다. 방문객이 떠난 뒤, 콜리지는 "놀랍고 안타깝게도" 나머지 단어들이 기억에서 사라진 것을 알게 된다.

이 변화는 세 번째 섹션의 두 번째 줄에서 신호를 보낸다. "단 한 번 나는 환상 속에서 보았네(In a vision once I saw)"라는 구절이다. 여기서 처음 등장하는 "I"(나)와 과거형 "saw"(보았네)는 우리가 이제 비전에서 벗어나 평범하고 세속적인 자아의식을 회복했음을 분명히 보여준다. 하지만 떠나기 전에 콜리지는 작은 속임수를 부린다.

한 소녀가 덜시머를 들고 있는 것을
꿈속에서 나는 보았네:

우리의 대부분은, '소녀(damsel)'라는 단어를 들으면, 빛나는 피부에 긴 황금색 머리를 가진 처녀를 연상한다. 하지만 다음 줄에서 "그녀는 아비시니아의 처녀였으니", 즉 에티오피아 여성이라는 말을 듣게 된다. 그렇다면 흑인이다. 그는 우리를 속였다. 콜리지는 시적 유연성으로 우리의 머릿속에 그림을 그리고 채색을 할 수 있음을 보여준다. 심지어 환상적인 에덴의 성밖에서도 말이다.

여전히 이것은 영원히 잃어버린 마법적인 말들에 대한 한탄이다. 오직 시인만이 그것을 되살릴 수 있다.

나를 그러한 깊은 기쁨으로 이끌면
크고 길게 울려 퍼지는 음악과 함께
그 궁전을 허공에 세울 수 있으련만,
그 태양의 궁전을! 얼음 동굴을!
그리고 그 말을 들은 모든 이들은 반드시 보게 될지어다.

음악 같은 그의 말은, 궁전을 짓는 황제의 창조적 힘을 표현한다. "그리고 들은 자는 모두 거기에서 그것을 볼 것이다." 명백하게, 그게 바로 나마루파(nama-rupa)이다. 만약 우리가 그 광채 속에서 온전히 살아갈 수 있다면, 산에서 내려오는 모세처럼 될 것이다. 모세의 얼굴은 눈부신 광채로 빛나서 베일을 써야만 부족민들과 다시 만날 수 있었다. 힘이 절정에 이른 시인은 초고전압으로 충만해, 그의 말을 듣는 이들은 그를 바라보는 것조차 어려워하며, 보호의 마법 같은 원을 세 바퀴 돌며 춤추게 된다.

모두들 외치리라, 조심하라! 조심하라!
그의 번뜩이는 눈, 떠 있는 머리카락을!
그를 세 번 원을 그리며 둘러싸고,
신성한 두려움으로 눈을 감으라.
그는 감로를 먹었고,
천국의 우유를 마셨으니.

정말 대단한 힘이다. 영어 선생님들이 운율과 각운 체계 같은 것을 강의했던 것은, 미약하나마 그 힘에 관해 이해할 수 있는 부분에 대해 조금이라도 통찰을 나누려던 것이었다. 그러면서 당신을 그 중심에 조금 더 가까이 이끌어, 방대해서 이해할 수 없는 부분의 엄청난 전압을 느끼게 하려던 거였다. 대개 우리는 실패했고, 어떤 학생이 손을 들고 "슬루이터 선생님, 이거 시험에 나오나요?"라고 물으면 마음이 무너졌다.

실제로 콜리지 자신조차—적어도 깨어 있는 낮의 콜리지는— 이 시의 위대한 힘을 인식하지 못했다. 그는 이를 단순히 화학적으로 유발된 기묘한 산물이라고 치부하며 제쳐누었다. 그리고 19년이 지나서야 그것을 출판할 생각을 했다. 지금은 그가 쓴 시들 중 이 시만이 사람들이 읽는 유일한 작품이 되어버렸다.

그래서 앞서 말한 것들이 너무 분석적으로 느껴지지는 않았으면 한다. 마치 아침 햇살 아래에서 꿈을 해부하는 것처럼 말이다. 우리는 단지 그 꿈의 윤곽, 흘러내리는 페이즐리 무늬의 변화하는 형상과 색채를 조금이라도 이해하려 한 것뿐이다.

시는 돌멩이다. 돌멩이가 인간의 의식이라는 연못에 떨어지면 연못이 미처 발견하지 못한 곳까지 파문과 울림을 일으키며 퍼져 나간다. 그대들이 바로 연못이다. 위대한 시는 당신이 영원히 흘러가기 때문에 영원한 파문을 남긴다.

시는 무한에서 온 날개 달린 전령이다. 시는 그대에게 말을 건넨 후 무한으로 날아가 버리는데, 만약 그대가 허락한다면 그대의 목덜미를 잡고 그곳으로 데려갈 것이다. 무한을 건드리는 것은 처음엔 작은 사유였다—모든 부족은 시를 불러내는 찬탄과 운을 가지고 있었다. 엘리자베스 시대의 애절한 소네트든, 비트 세대의 고뇌의 울음소리든, 그 이후의 모든 시에는 이런 DNA의 일부가 포함되어 있다. 때로는 "쿠빌라이 칸"에서처럼, 유전자는 독보적이기도 하고 밀리기도 하지만, 항상 거기에 존재한다.

9. 녹아버립시다

존 던 • 고별사 : 애도를 금하며

하지만 왜 '전통' 시란 말인가?

그렇다, 시는 힘의 언어지만, 현대 시는 비트 시인 그레고리 코르소의 "태양"에 나오는 구절처럼 운과 운율이라는 옛 풍습 없이도 힘을 발휘할 수 있다는 것을 보여준다.

태양은 불타는 젤리 디스크처럼 텔리피키안 알프스를 넘어 미끄러진다.
태양은 밤을 이끌고 밤을 따라가며 밤을 이끈다.

태양은 마차에 실려 갈 수도 있다.
태양은 불타는 롤리팝처럼 빨릴 수도 있다.
태양은 구부러진 손짓하는 손가락 모양이다.
태양은 회전하고 걷고 춤추고 깡충 뛰고 달린다.

아니면 코르소의 동료 앨런 긴즈버그의 "해바라기 경전"에서와 같이

나는 양철 깡통 바나나 부두의 둑을 따라 걸어가
거대한 남태평양 기관차의 그늘 밑에 앉아
판잣집 언덕 너머로 지는 해를 바라보며 울었네.

그러나 전통적인 시의 요소—운율, 운, 음절, 은유 등—에는 나름의 이유가 있다. 이러한 요소가 올바르게 사용되면 다른 어떤 것과도 비교할 수 없는 방식으로 우리에게 영향을 미친다. 심지어 지금 기이하게 들리는 시에서도 마찬가지다.

들어라, 나의 아이들아, 귀를 기울이면 듣게 될 거야
폴 리비어가 한밤중에 들려주는 말타기 이야기를

운율의 울림과 미터의 리듬은 하나둘씩 뇌에 '아하(aha!)'를 느끼게 해준다. 운율과 비트는 뇌가 예상하는 곳에 계속해서 박자를 준다.

'훌륭한 뇌!'

사실, 연구가 알려준 바에 의하면, 시를 읽으면 뇌의 보상 센터가 활성화된다. (과학자들은 다른 효과도 보고한다. 내가 가장 좋아하는 느낌은 "객관적으로 측정 가능한 솜털의 돋음, 즉 오싹한 기분"이다.) 우리는 경험을 통해 쿠키를 먹을 때마다 뇌가 전체 시스템을 조금씩 부드럽게 해준다는 것을 알고 있다. 기분이 좋아지고 모든 것이 괜찮다는 느낌이 든다. 광고주들은 이 점을 잘 알고, 그들의 제품과 삶이 좋은 것이라는 느낌을 연결시키려 한다.

누런색이 어디로 갔는지 궁금하실 거예요
펩소던트로 양치할 때 말이죠.

깨달음(아하)은 겉으로 보기에는 혼란스러운 상황에서도 마음 속 깊은 곳에서는 뭐든 조화롭다는 느낌을 준다. 이것은 은총의 감각을 가져다준다. 이것이 명상이 아니라면, 적어도 명상과 아주 가까운 것임은 분명하다. 아마도 이러한 일관성을 가장 강력하게 암시하는 전통적인 시적 요소는 서로 다른 사물을 비유하는 것이리라. 당신이 사랑을 붉고 붉은 장미와 같다고 말할 때(직유), 또는 더 대담하게는 당신의 사랑이 붉고 붉은 장미라고 말할 때(은유), 당신은 다른 것을 같은 것이라고 말하는 것이다. 두 가지가 다를수록 더 좋은 것이다. 둘 다 예쁘고, 둘 다 부드럽고, 둘 다 좋은 냄새를 풍긴다는 것만으로는 사랑을 충분히 증명하지 못한다(그저 희망 사항일 뿐). 둘 다 가시를 숨기고 있다고 밝혀질 수도 있다. 하지만 사랑을 지질학, 천문학, 야금학 등의 현상에 비유하고, 홍겨운 리듬으로 나를 거기에 올라타도록 유도한다면 어떨까? 그러면 그녀가 장미라고 나를 설득하는 것이 된다. 이 견고한 우주에서 그녀가 진정 사랑스런 존재임을 표현하는 것이다. 그것이 시의 힘이다.

존 던은 바로 이 점을 훌륭하게 해냈다. 그는 역설, 말장난, 특히 자만심, 즉 과학, 정치, 신학 등 그 어떤 것도 주저하지 않는 기발함과 억지스러운 은유나 직유를 통해 예상치 못한 방식으로 사물을 하나로 묶는 기교의 왕이다.

그의 천재성은 처음부터 드러났다. 셰익스피어보다 8년 뒤 부유한 상인 집안에서 태어난 그는 열두 살에 옥스퍼드에 입학한 후 케임브리지에 진학했다. 도시의 유행에 민감한 젊은이로 "숙녀들을 많이 찾아다니고, 연극을 자주 관람하며, 자만심에 찬 시"를 많이 썼다. 변덕스러운 여인들과 오만한 궁녀를 조롱하는 짧은 시를 주로 썼는데 그 내용은 장난스럽고 허술한 논리를 전개하는 "유혹의 노래"이다: (a) 이 벼룩은 우리 둘 다를 물었으므로 (b) 우리의 체액은 이미 섞인 것과 다름없다; 그러니 (c) 당신과 나는 섹스를 하는 것이 당연하다. 그는 모험, 외교, 전쟁의 임무를 수행하기 위해 해외를 여행하고, 법을 공부하고, 의회에서 일했으며, 영국 국새(the Lord Keeper of the Great Seal)의 수호자 토마스 에거튼 경의 수석 비서가 되어 정치와 사회생활의 중심에 서서 황금빛 미래를 꿈꿨다.

하지만 상관의 조카 앤 모어와 사랑에 빠지면서 모든 것이 변했다. 그는 자신보다 높은 작위인 그녀에게 은밀하게 마음을 전한다. 그들은 비밀리에 결혼식을 올렸는데, 존 던의 첫 번째 전기 작가가 말했듯 그것은 일생일대의 가장 큰 실수였다. 화가 머리끝까지 난 장인이 그를 투옥하고 공직에서 쫓아냈기 때문이다. 절망에 빠져서도 여전히 유쾌하게 어머니에게 서신으로 자신의 역경을 장난스럽게 설명한다: "존 던, 앤 던, 언 던(John Donne, Anne Donne, Un-done. 존 던은 앤 던에게 못 할 짓을 했어요)"이라고. 후원자들의 변덕으로 인해 생활고를 겪으면서도 그는 가족을 위해 가난과 굴욕을 견뎌냈다. 앤은 16년 동안 12명의 아이를 낳았다.

결국 왕에게서 해결책이 나왔다. 제임스 1세는 존 던의 문학적 천재성을 활용할 방법으로 성공회에서 성직 서품을 받으라고 몇 년 동안 압박한다. 던은 마침내 굴복했다. 곧 그는 영국에서 가장 저명한 성직자이자 세인트 폴 대성당의 학장이 되어 왕과 궁정의 고위 인사들 앞에서 훌륭하게 설교했다. 하지만 그 무렵 앤은 사산아를 낳다가 세상을 떠났다. 그녀의 자식 중 단지 일곱만이 그녀보다 오래 살았다.

홀아비가 된 성직자로 길고 고통스런 병을 견뎌내면서 던은 침울해졌다. 설교를 하고, 구원을 간청하고, 때로는 한때 뭇 여성들을 유혹하듯 하느님을 유혹하며 "성스러운 소네트"를 썼다. 가장 충격적인 부분은 소네트 14장으로, 그는 거기에서 역설을 극한까지 밀어붙여 신에게 자신을 겁탈하여 "강간"해서라도 "순수"하게 만들어 달라고 간청한다.

1623년, 곧 죽음이 닥칠 거라고 생각하고, 존 던은 일련의 "명상"이라는 강렬한 성찰 에세이를 썼다. 명상 제17편에는 우리에게 친숙한 글이 한 구절이 포함되어 있는데, 이 구절은 수많은 설교와 취임 연설에서 재활용되어 그리 참신하게 들리지는 않는다. 하지만 다시 보기로 하자. 큰 소리로 읽으면 도움이 될 것이다. 글 전체를 관통하는 자연스럽고 매끄러운 시적 리듬에 귀를 기울여 보라.

> 어떤 이도 섬이 아니다. 모든 이는 대륙의 한 조각,
> 큰 땅의 일부이다. 한 개의 흙덩어리가 바다에 흘러들어 유럽
> 대륙을 이루듯, 당신의 친구나 당신 자신도 그러하다.
> 어떤 사람의 죽음은 내 존재를 줄어들게 하는데 이는 내가 인
> 류에
> 연루되어 있기 때문이다. 그러니 누구를 위하여 종이 울리는지
> 묻지 마라. 종은 그대를 위하여 울릴지니.

이것이 오랜 세월 시를 쓰다 보면, 비록 병으로 죽음에 가까운 상황에서도 생기는 효과이다. 주의 깊게 보면 아나타(anatta)와 아니타(anitya), 즉 무아와 무상이라는 주제가 드러난다. 그렇다, 당신은 섬이 아니다. 별개로 존재하는 고립된 자아가 아닌 것이다. 당신은 전체 대륙, 큰 것의 일부이다. 그리고 당신이 자신의 몸이라고 생각했던 모든 작은 것들은 한정된 시간 동안만 여기에 머무를 뿐이다. 종은 매 순간 당신을 위해 울려 퍼진다.

대륙에 대한 이러한 이미지와 존 던이 그것을 전개하는 방식—마음을 사용하여 은유적 가능성을 탐구하고, 마음을 사용하여 인간의 통렬

함을 측정하고, 귀를 사용하여 설득력 있는 운율로 결합하는 것—은 그의 예술의 정수이다. 이것은 "발레딕션: 애도를 금하며"에 잘 나타나 있는데, 이 시는 아마도 그가 해외에 나가면서 아내에게 남긴 네 편의 시 중 하나로 추정된다. 던 이전에도 수많은 시인들이 연인의 이별을 비극적이거나 폭력적인 죽음에 비유했다. 던은 이러한 상투적인 표현을 비틀어 이별을 좋은 죽음, 부드러운 죽음에 비유한다.

덕이 있는 사람들은 조용히 세상을 떠나면서,
자신의 영혼에게 가자고 속삭이는데,
그러는 동안 슬퍼하는 친구 몇몇은
숨이 이제 멈춘다고 하고, 어떤 이들은 아니라고 말하네:

전통적인 기독교 신앙에서는 영혼이 정돈되고 양심이 깨끗한 '고결한 사람'은 천국을 확신하며 평화롭게 죽는다고 한다. 그들은 힘들이지 않고, 임종을 지켜보는 친구들이 호흡을 멈추는 순간을 정확히 알아차릴 수 없을 정도로 '가볍게' 죽음을 맞이한다. 세속적인 용어로 말하자면, 평화로운 사람은 평화롭게 죽게 마련이다; 호스피스 간호사는 매일 이를 목격한다.

죽음은 괜찮은 것이다. 예수, 소크라테스, 알 할라즈, 붓다와 같은 이들은 평온한 마지막 순간을 통해 이 사실을 우리에게 보여주었다. 람 다스가 어떤 현자에게 죽어가는 사람들에게 죽음에 대해 어떻게 이야기해야 하는지 물었을 때, 그 현자는 이렇게 대답했다. "두 가지를 말해 주시오. 죽음은 꼭 끼던 신발을 벗는 것과 같다고

… 그리고 전혀 위험하지 않소.”

이러한 정신에서 명상 수행은 죽음을 위한 연습이기도 하다. 명상을 위해 앉을 때마다 우리는 몸과 지신이라는 꽉 끼는 신발을 벗고, 하나의 섬 같은 자아의 허구를 벗어 던진다. 이름, 나이, 생김새, 성별, 켜켜이 쌓인 역사, 아집으로 똘똘 뭉친 정체성을 벗어 던진다. 마음보다 더 깊은 곳에서 '아하∽'라는 느낌이 올라온다. '나'라고 부르는 자각적 존재가 비좁은 육체의 껍질 안에 갇혀 있지도 않고, 실제로 그런 적도 없다는 환희에 찬 발견이다.

어느 날 스리 니사르가닷타 마하라지*가 죽음의 순간에 무엇이 죽는지를 질문 받았을 때, 그는 이렇게 답했다. “'내가 몸이다'라는 생각이 죽을 뿐이다.”

명상 속에서 우리는 의식이 “아아아아”라는 평온함으로 가라앉을 때, 몸도 '나'라는 자아를 유지하려는 노력을 내려놓고 함께 가라앉아 과학자들이 '각성 상태의 저대사 생리 상태'라 부르는 깊은 휴식에 들어가게 된다. 이 상태는 꿈 없는 수면과 비슷하지만, 그

---

* 니사르가다타 마하라지(Nisargadatta Maharaj)는 20세기 인도의 유명한 영적 스승이자 자기인식을 강조한 아디트야 요가(Advaita Vedanta)의 지도자이다. 그는 '나는 누구인가?'라는 질문을 중심으로 자아실현의 중요성을 가르쳤으며, “진정한 자아”를 깨닫는 것이 삶의 궁극적인 목표라고 주장했다. 마하라지는 방식에 구애받지 않는 직설적인 가르침으로 유명하며, 명상과 자기 탐구를 통해 무아無我를 이해하고 진리를 경험하도록 이끌었다. 그의 가장 유명한 저서인 『나는 그것이다』(I Am That)는 많은 이들에게 자기인식과 깨달음에 대한 깊은 통찰을 제공한다.

속에서 여전히 깨어 있어 즐길 수 있는 상태이다. 뇌파와 혈액 화학 구성이 변화하고, 체내 대사 과정을 돌리는 산소의 수요가 줄어들면서 호흡은 점점 더 가늘어진다. 때로는 호흡이 완전히 멈추기도 하지만, 너무나 자연스럽고 점진적으로 일어나기 때문에 정확히 언제 멈췄는지 알기조차 어렵다. 이는 존 던이 묘사한 장면과도 놀랍게 닮아 있다.

그가 이 글을 썼을 때, 던은 아마도 죽음을 많이 경험했을 것이다. 그중에는 고통스러운 죽음도 있었겠지만, 아마도 죽음을 앞둔 친구의 침대 곁에서 가족과 친구들이 함께 모여 고요하게 가라앉아 가는 호흡의 마지막 숨결을 따라가면서 '신성한' 순간을 경험하는 일도 있었을 것이다. 마지막에는 거의 들리지 않는 한숨 같은 "아아아아"로 끝나는 숨소리처럼 말이다. 흥미로운 것은 'expire'가 '숨을 내쉬다'와 '죽다'라는 두 가지 뜻을 모두 지닌다는 점이다. 그리고 마지막 숨이 항상 내쉬는 숨, 내려놓는 숨이라는 사실은 참 아름답다. 죽음을 편안히 받아들이는 것—명상 속에서 편안히 가라앉는 연습을 했다면 더 쉬울 것이다—은 경계 지어진 자아(그러나 그것이 당신이 아니다)가 무한한 존재로 부드럽게 녹아드는 과정일 뿐이다.

던에 따르면, 이것이 그와 그의 아내가 고별할 때의 모델이다.

그러니 우리도 녹아내립시다, 소음도 내지 말고,
눈물 홍수도, 한숨 폭풍도 일으키지 맙시다;
평범한 사람들에게 우리의 사랑을 말하는 것은
우리의 기쁨을 모독하는 일일 테니까.

엘리자베스 시대의 연애 시들은 눈물로 홍수를 이루고 폭풍 같은 탄식을 서약하는 내용으로 가득 차 있었지만, 던은 이러한 상투적인 표현을 완전히 뒤집어 그런 서약을 부정한다. 셰익스피어도 소네트 130에서 비슷한 전술을 사용했다. "그대의 눈은 태양 같고, 그대의 입술은 산호 같도다"와 같은 닳고 닳은 진부한 시적 칭찬을 비틀어 버리는 것이다. "내 연인의 눈은 태양과 전혀 다르다"와 같은 식으로 말이다. 이는 인도의 비이원적 철학인 아드바이타의 '네티 네티'("이것도 아니고, 저것도 아니다") 방식과 유사하다. 궁극적 현실의 본질에 대해 생각할 수 있는 모든 것을 하나하나 부정해 나가다 보면, 우리는 생각으로 규정할 수 없는 진정한 실재와 마주하게 된다. 무엇을 생각하든, 그것이 아니다.

또한 "녹다"라는 단어에는 던 특유의 우아한 정확성을 지닌 미묘한 진행이 나타난다. 얼음이 녹아 홍수를 일으키는 물로, 격렬한 폭풍우 속에서 비가 내리는 것으로 이동하면서 물은 점점 더 크고 혼란스러운 물리적 상태를 보여준다. 이런 큰 감정적 혼란 상태는 모두 부정되어야 할 것들이다. 그렇다면 왜 그것들을 부정해야 할까? 여기서 초점은 부정에서 긍정으로, 진실하지 않은 사랑에서 깊고 진정한 사랑이 무엇인지로 옮겨가기 시작한다. 한숨을 쉬거나 울면서 슬픔을 표현하는 것은 "신성모독"이 될 것이다. 그것은 연인들의 사랑을 "평신도"들에게 드러내는 것이다. 연인들은 성직자, 사랑이라는 종교의 제사장, 그 신비에 입문한 자들인 셈이다. 그들의 사랑, 진정한 사랑은 단순한 감정이나 육체적 열정, 아늑한 가정을 의미하는 것이 아니다. 그것은 신성한 것이다.

신성한 사랑은 어떤 모습일까? 시의 나머지 부분은 이것을 탐색한다.

땅의 움직임은 해악과 두려움을 가져오기에,
사람들은 그것의 이유와 의미를 따지려 하지;
그러나 천구의 떨림은,
훨씬 더 크지만, 무해하다네.

“땅의 움직임”은 지진을 의미하며, 초기 피해의 “위험”과 여진과 건물 붕괴에 대한 “두려움”을 동반한다. 당시에는 희생자와 파괴뿐만 아니라 그것이 무엇을 “의미”하는지도 따졌다. 신이 우리에게 말하려고 하는 것은 무엇인가? 던은 약 75년 전의 리스본 대지진과 쓰나미에 대해 알고 있었을 것이며, 그 현장을 방문했을 수도 있다. 이 재해는 약 3만 명의 사망자와 광범위한 히스테리를 발생시켰고, 종교 광신자들은 재난의 원인을 유대인으로 돌리기도 했다.

이러한 혼란과 대조되는 것은 연의 세 번째 줄에 나오는 “구체들의 떨림”이다. 고전적인 우주 모델은 서기 150년경 프톨레마이오스가 고안한 것으로, 천체들은 지구를 중심으로 일련의 투명한 동심원 구체들을 이루며 포개져 있었다. 이 지구 중심적 모델은 수세기 동안 관측된 행성의 운동을 깔끔하게 설명했지만, 시간이 흐르면서 작은 불일치들이 나타나기 시작했다. 지금은 그것들이 지구 축의 흔들림에 의해 발생한다는 것을 알고 있지만, 존 던의 시대에는 고전 모델을 수정하여 설명되었다. 일종의 흔들림, 즉 “구체들

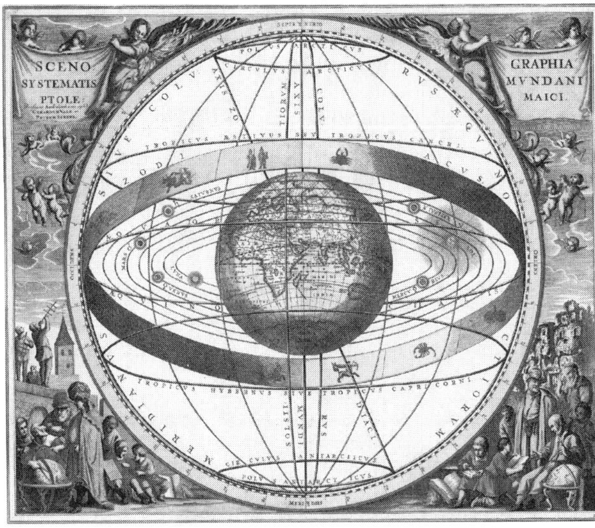

지구 중심의 우주

의 떨림"이었다. 이는 실제로 수십 마일이 아닌 수백만 마일에 걸쳐 일어나는 지진보다 훨씬 더 큰일이었을 것이다. 그러나 그것은 "무해하다." 그것은 비물질적인 천상의 영역에 있기 때문에 아무런 피해를 주지 않는다. 그곳은 신성한 사랑의 영역이다.

세속적인 것과 신성한 것, 물리적인 것과 천상의 것의 대조는 다음 연에서 더 발전된다.

둔한 지상의 연인들의 사랑은
(감각을 본질로 하는 사랑이기에)
부재를 견딜 수 없다네.
그 사랑을 이루던 것들이
사라져버린 것이기에.

아, “지상!” ‘달 아래(sublunary)’: 달 아래에 있는 세속적인 것! 우리 언어에서 가장 아름다운 단어 중 하나이며, 아마 다른 곳에서는 거의 볼 수 없을 것이다. 이 단어는 “지상적”을 의미하는데, 달이 지구의 가장 안쪽의 천체, 즉 지구에 가장 가까운 궤도에 있다고 여겨졌으니까. 또한 이 단어는 달이 변덕스럽고 끊임없이 변하는 조수의 영향을 받기 쉬움을 의미한다. 따라서 달 아래 놓인 것은 일정치 않고, 땅에 묶여 있으며, 세속적이고(라틴어 ‘mundis’에서 유래, 땅을 의미함) 물질적인 것에 갇혀 있음을 뜻하는 것이다. 만약 그것이 당신이 가진 사랑의 속성이라면, “영혼의 감각” 또한 그럴 것이다. 즉, 당신 사랑의 본질은 육체적 감각이다. 만약 당신이 단지 내 육체 때문에 나를 사랑한다면, 당신의 사랑은 물리적 분리를 절대 견딜 수 없을 것이다.

반면에, 존 던과 앤의 사랑은 높디높은 차원의 사랑이다:

하지만 우리는 너무나 고결한 사랑을 하기에
우리 자신조차 그것이 무엇인지 알지 못하면서,
그저 마음으로만 확신할 뿐,
눈, 입술, 손이 없어도 아쉽지 않네.

우리의 관계, 우리의 상호 확신은 더 낮은 물질적 요소인 입술이나 다른 신체 부위에 의해서가 아니라 “마음”에 의해 연결된다. 그러나 사실, 이 연의 첫 두 줄은 시에서 가장 심오한 부분으로, 그것이 마음조차 아닐 수 있다는 것을 말해 준다. “우리 자신이 그것이 무엇인지 모를 정도로 매우 정제된 사랑"이며 카붐*이다. 그것은 정의할 수 없고 초월적이다. 마음은 그것을 알 수 없으며 입술이나 손이 그것을 만질 수 없다. 그것은 … '후우우우'이다. 그것은 우리가 가진 가장 소중한 것이다(이를 위해 우리는 아마도 화려한 궁정 경력도 버릴 수 있을 것이다). 그러나 우리는 그것이 무엇인지 전혀 모른다. 아이디어는 마음의 바다를 헤엄치는 작은 물고기이며, 마음은 그것 속을 헤엄치는 작은 물고기이다. 그리고 그것은 네티 네티—이것도 아니고, 저것도 아니고, 다른 것도 아니다.

그것이 무엇이든, 나는 그것이 나와 당신의 가장 깊은 실체라는 것을 알고 있다. 그것은 우리를 하나로 만든다. 그것이 아드바이타**, 비이원성, 궁극적인 관점이다. 우리의 언어는 이원성의 세계를 묘사하기 위한 도구로 진화했기 때문에 비이원성을 설명하려고 할 때 우리는 2=1과 같은 역설에 의지해야 한다.

---

* "카붐(Ka-boom)"은 시적 용어로 사용될 때 갑작스럽고 강렬한 깨달음이나 인식의 순간을 표현하는 데 사용된다. 이 표현은 독자에게 강한 충격을 주거나 갑작스러운 변화를 나타내는 효과를 준다. 시에서 "ka-boom"은 종종 무언가가 폭발하듯 명확해지는 순간을 비유적으로 나타내며, 감정적이거나 지적인 깨달음을 강조하는 역할을 한다.

** Advaita는 산스크리트어로 "비이원성"을 뜻하며, 힌두 철학의 베단타(Vedanta) 전통에서 중심이 되는 개념이다. Advaita Vedanta는 모든 존재가 근본적으로 하나임을 주장하며, "이원성(duality)이 없다"는 뜻을 가지고 있다. 이 철학은 우주의 모든 존재가 단일한 실체(Brahman, 브라만)로 이루어져 있으며, 개인의 자아(Atman, 아트만)와 이 절대적 실체가 본질적으로 하나라는 깨달음을 강조한다.

우리 두 영혼은 그러므로 하나이며,
비록 나는 떠나야 하지만, 그것은
끊김이 아니라 확장,
마치 금이 공기처럼
얇게 펼쳐지듯.

우리의 사랑은 금과 같다: 귀중하고, 아름다우며, 유연하다. (지금까지 시에서 약 여섯 가지의 비유를 사용하고 있는데, 혹시 점수를 매기고 있다면 참고하시길.) 대부분의 금속은 너무 많이 망치질하면 뚝 부러지지만("견디지 못한다 … 단절"), 금을 두드리면 금박으로 넓게 확장되듯이: 매우 얇아, "공기처럼", 거의 비물질적이다. 시간, 공간, 일, 책임감에 의해 두드려지는 사랑이 바로 그런 것이다.

비록 깊숙한 심연에서 우리의 "영혼"이 하나라 할지라도, 삶의 시-공간의 표면에서는 분명히 고통스러운 이별을 겪어야 하는 두 존재처럼 느껴진다. 도전은 이원적인 삶의 현실, 즉 모든 이원적인 충돌과 어려움 가득한 세속적 삶을 솔직히 인정하면서도 비이원성을 잃지 않는 것이다. 내가 공부했던 라마 스승은 이것을 한 손은 뜨거운 물에, 다른 손은 차가운 물에 동시에 담그는 것과 같다고 했다.

물론 존 던은 시적으로 이를 표현하려고, 영시에서 가장 유명한 비유 중 하나인 '제도사의 컴퍼스'를 사용한다. 이렇게 전혀 낭만적이지 않고 '빨간 장미와도 거리가 먼' 이미지가 너무나 맛깔스럽게 세 연을 통해 모든 것을 압축해 낸다. 우리는 던이 그의 서재에서 컴퍼스를 가지고 원을 그리고, 장난치며, 사랑의 이원성과 비이원성의 역설을 시각적으로 어떻게 표현할지 고심하는 모습을 상상할 수 있다. 우리의 영혼은 어떻게 두 개이면서 동시에 하나일 수 있을까?

만약 그들이 둘이라면, 그렇게 둘이라네
꼿꼿한 쌍둥이 컴퍼스가 둘이듯;
그들의 영혼은 고정된 발처럼
움직이지 않는 것 같지만, 한쪽이 움직이면 따라 움직이지.

나는 움직이는 발이고, 당신은 고정된 발이다, 물리적이고 지상적인 평면, 즉 컴퍼스가 원을 그리는 종이 위에서는 움직이지 않는 것처럼 보인다. 하지만 실제로는, 고정된 발도 움직이는 발과 함께 회전하며, 더 높은 차원에서는 비이원성을 나타낸다—종이 위가 아니라 공중에서 말이다.

그리고 비록 그것이 중심에 정착해 있지만,
다른 발이 멀리 나아가면,
그것은 기울어져 그 뒤를 따르며,
그가 돌아오면 똑바로 선다.

시인은 말하길, 내가 더 낮은 곳에서 멀리 떠돌수록—즉, 컴퍼스의 반경이 커질수록— 그대는 더 높은 수준에서 나에게 기울어질 것이라고 한다. 그리고 그대여, 내가 당신의 문을 두드리는 소리를 마침내 들으면, 그대는 완전히 주목할 것이고, "꼿꼿이" 설 거야, 아마도 객관적으로 측정 가능한 소름, 즉 거위 살이 돋을지도 몰라. 시인은 또한 자신도 그의 방식대로 곧게 설 것이라고 암시하며—둘만의 멋진 파티를 열게 될 거라고 한다. 이 시와 그의 다른 시들에서 던(Donne)은 열정적으로 비이원적 사랑이 육체적 관계를 배제하지 않고 오히려 포함한다고 분명히 밝힌다. 그의 일부 시들은 마치 탄트라 성교 지침서에 속한 것처럼 들린다. 비이원성에는 이런저런 구분이 없다.

> 그대는 나에게 그런 존재라네, 나는
> 다른 발처럼 비스듬히 달려야 하니;
> 그대의 굳건함이 내 원을 바로잡아,
> 내가 시작한 곳에서 끝맺게 하네.*

던은 자신의 서재에서 컴퍼스를 가지고 놀면서, 원을 망치지 않으려면 "고정된 발"을 종이에 단단히 대고 있어야 한다는 것을 알았을 것이다. 그렇게 하면 시작한 곳에서 끝나게 된다. (시 자체를 컴퍼스처럼 완성하며) 울지 말고, 한숨 쉬지 말고, 굳건히 존재해

* 여기서 고정된 발의 "견고함"이 움직이는 발이 완전한 원을 그릴 수 있도록 돕는다는 은유를 통해, 상대방의 변함없는 지지가 자신의 여정을 완성하게 한다는 의미를 담고 있다. Donne은 이를 통해, 이별에도 불구하고 서로에게 깊이 뿌리내린 영적 연결을 강조한다.

달라. 그것이 그대가 나를 집으로 데려올 수 있는 가장 좋은 방법이니. 내가 여기저기 뛰어다니며 할 일을 하는 동안, 나를 위해 그저 존재해 주기를.*

"고별사"는 서양 문학에서 가장 아름다운 사랑 시 중 하나이다. 우리는 관계적인 것을 넘어서 더 깊은 내면의 층위를 발견할 수 있다.

컴퍼스의 비유는 한 명의 파트너에게 활발하고 적극적인 역할을 할당하고, 다른 한 명에게는 조용하고 지지적인 역할을 나누어 준다. 그러나 영적 각성의 과정에서는 두 역할이 개별 개체 안에 통합되고 포괄된다. 우리는 이미 『바가바드기타』에서 비슷한 개념을 보았다. 그곳에서 크리슈나는 전장에서 아르주나에게 이렇게 조언한다: "요가스타 구루 카르마니"—존재와 결합하여 행동하라. 가야 할 곳으로 가고 해야 할 일을 하되, 먼저 조용한 존재 중심에 자신을 위치시켜라. 내적으로 고정된 발을 단단히 하여, 외적으로 행동하는 발이 어디로 가든, 삶의 전장이 아무리 혼란스러워질지라도,

* 20세기에도 같은 작별 인사를 주제로 한 작품을 원한다면, 빌리 할리데이가 레스터 영과 함께 연주한 "We'll Be Together Again"을 들어보라. 레스터 영은 테너 색소폰으로 말없이 전체 이야기를 재구성한다. (1956년 프랭크 시나트라가 풍성한 넬슨 리들 편곡으로 부른 버전도 훌륭하다.) "마음으로 생각하라"는 구절에 주목하라. 이는 논리적이고 지상의 이별 문제를 초월하여 핵심에서 연결된 상태를 유지하라는 초대이다.

타라

모든 것은 완벽하고 움직이지 않는 침묵 속에서 중심에 머무른다.

바즈라야나* 불교에서는 이 가르침이 자비의 여성 불자 타라의 모습으로 나타난다. 그녀는 왼쪽 다리를 명상 자세로 접어 앉아 있

* Vajrayana Buddhism(금강승 불교)은 불교의 한 분파로, "금강의 길"이라는 뜻을 가지고 있으며, 빠르고 직접적인 깨달음을 목표로 한다. 주로 티베트, 몽골, 그리고 히말라야 지역에서 발전했으며, 불교의 마지막 주요 경전적 전통으로 여겨진다. 이는 대승불교(Mahayana)의 철학과 실천을 기반으로 하면서, 독특한 의식과 수행 방법을 포함한다.

으며, 오른쪽 다리는 반 정도 펼쳐져 발을 우리 쪽으로 향하게 하여, 명상에서 떠날 준비가 되어 있다. 그녀는 우리의 세상으로 발을 내딛어 감정 있는 존재들의 고통을 덜어주려고 준비된 듯하다.

이 아이코노그래피는 진정한 자비를 의미한다: 단순한 연민의 감정이 아니라, 행동 속에서 동원된 존재의 평온함이다. 던의 컴퍼스의 고정된 발처럼, 타라의 왼쪽 발은 그녀의 몸 중앙선에 위치하고 있으며, 발뒤꿈치는 그녀의 자궁을 가리킨다—우주의 자궁, 모든 존재의 기원점, 우리가 내려앉을 때마다 되돌아가는 곳이다.

그 자궁은 우리의 기원지이자, 모든 크고 작은 경험의 시작점이다. 우리의 인생 전체를 하루에서 매 순간까지 이어지게 하는 순환의 시작 말이다. 우리가 그 안에 굳건히 자리잡으면—요가스타—그것은 단지 시작이 아니라 중간이자 끝이 된다. 그것의 견고함이 우리의 원을 완전하게 하고, 우리가 시작한 곳에서 끝을 맺게 한다.

10. 중도

마크 트웨인 • 허클베리 핀의 모험

1980년 미국 역사상 가장 치명적인 워싱턴주 세인트 헬렌스 화산 폭발은 57명의 사망자와 250채의 가옥을 파괴했다. 산 정상은 1마일 너비의 말굽 모양의 분화구로 줄어들었고, 산 경사면의 거의 모든 식물이 죽었다. 그러나 허클베리 덤불은 살아남았다.

허클베리는 질기면서 작기도 하거니와 시큼한 맛이 나서 마크 트웨인 시대에는 가난한 프롤레타리아 음식으로 비천한 사람을 뜻하는 속어였다. 하지만 지금은 별미가 되었다. 야생에서만 자라기 때문에 사람들은 여름마다 국립공원으로 가서 그것들을 채취해 잼과 파이를 만든다. 허클베리는 재배할 수도 길들일 수도 없다고 하는 게 맞을 것이다. 허클베리 핀*은 마크 트웨인이 길들일 수 없는 야생의 소년이라고 할 수 있다. 트웨인은 허클베리 핀이 악의와 폭력의 분출에도 살아남고, 길들여지는 모든 시도를 거부하며, 원초적이고 훼손되지 않는 우리의 본성과 매우 흡사하다는 것을 알았다. 『허클베리 핀의 모험』은 학교와 도서관에서 금지되었다가, 유쾌한 가족 영화로 바뀌었으며, 헤밍웨이와 TS 엘리엇 같은 작가들의 극찬을 받으며 살아남았다. 트웨인은 거친 미국식 말투로 문학을 만들어 미시시피강을 미국의 갠지스강으로 만들었다. 이 책을 읽지 않은 사람조차 밀짚모자에 누더기를 입고 소년기와 청년기의 경계에 있는 허크가 1840년대 대부분의 중서부 소년들처럼 옥수수 파이프를 피우면서 장난기 어리게 사고치는 모습을 상징적 이미지로 간직하고 있을 것이다. 그는 『톰 소여의 모험』에서 죽은 고양이를 줄에 매달아 끌고 다니는 모습으로 처음 등장한다.

헉, 1884년 초판

허클베리 핀은 게으르고, 무법적이고, 저속하고, 못됐기 때문에 마을

* 이 책에서는 문맥에 따라 허클베리 핀(Huckleberry Finn)을 헉 핀(Huck Finn) 혹은 허크–헉(Huck) 등으로 줄여서 그때그때 다르게 지칭하고 있다.

> 어머니들은 그를 끔찍이도 싫어하고 두려워했다. 자신의 아이들이 겁도 없이 그를 숭앙하여, 허크의 금지된 사회 속으로 들어가 놀면서, 감히 그처럼 되기를 바랄까 두려웠기 때문이다. … 헉 핀은 제멋대로 왔다 갔다 했다. 날씨가 좋으면 문 앞에서, 비가 오면 빈 돼지우리*에서 잠을 잤고, 학교나 교회에 갈 필요도, 어떤 존재를 주인이라고 부르거나 누구에게 복종할 필요도 없었다.

19세기 미국에서 "핀(Finn)"은 전형적인 술꾼 아일랜드인을 지칭하는 고정된 이름이었고, "헉(Huck)"은 마을 술꾼의 소홀한 아들, 즉 어머니 없는 아이를 나타냈다. 허크는 트웨인의 어린 시절 친구였던 톰 블랭큰십(Tom Blankenship)을 모델로 삼았다고 한다. 블랭큰십은 미시시피강 서쪽 기슭에 위치한 미주리주 해니벌(Hannibal) 마을 술꾼의 아들이었다. 블랭큰십 가족은 마을에서 가장 천박한 집안으로 여겨졌다. 딸들은 매춘부로 불렸고, 톰은 도둑으로 악명이 높아, 마을에서 무언가 사라지면 그가 훔친 것으로 간주될 정도였다. 이렇게 평판이 나쁜 재료로 만들어졌음에도 불구하고, 헉 핀은 행복한 자유의 화신(avatar)이 되었다. 이는 우리가 깨어날 때 깨닫게 되는 자유의 모습이다. 하지만 이야기가 시작되자, 그는 천연덕스러운 목소리로 자신이 품위 있는 기독교 여성에게 자유가 억압된 상태라고 서술한다.

---

* 커다란 술통.

미망인 더글러스 부인은 나를 아들로 삼아 교화시켜 주겠다고 했지만 그 과부가 얼마나 무시무시하게 규칙적이고 예의를 차리는지 생각하면 그 집안에서 생활한다는 것은 곤욕이었다.

그녀는 허크에게 편안한 누더기 대신 풀 먹여 빳빳한 옷을 입게 하고, 순간순간의 편안함을 식사, 학교, 성경 수업이라는 빡빡한 일정과 바꿔버린다.

미망인이 저녁을 먹으라고 종을 울리면, 제시간에 와야 했다. 식탁에 도착했을 때도 바로 식사를 하는 게 아니라 미망인이 고개를 떨구고 아무 상관도 없는 희생자들에 대해 뭐라 뭐라 시부렁댈 때까지 기다려야 했다.

마지막에 나온 두 가지 요리 방식은 세상을 살아가는 두 가지 방식도 암시한다. 과부의 "문명화된" 방식은 예의, 계급, 주일학교 도덕과 함께 세상의 거대한 혼란으로부터 깔끔하게 분리되어 있다. 반면에 허크의 방식은 삶의 무작위성, 온갖 잡동사니가 뒤섞여 엉망진창이지만 생동감 넘치는 그 모든 것을 받아들인다.

우리는 세상 속에서 다른 사람들과 관계를 맺으며 존재한다. 그래서 서로 손을 뻗고, "달콤함을 교환"하는 것은 자연스러운 일이다. 그러면 "모든 것이 더 잘 굴러간다." 그러나 빳빳한 옷이나 예절의 갑옷 없이 살아가며, 사람들, 동물들, 대지와 별들, 그리고 라코타족*이 "모든 나의 관계들"이라고 부르는, 서로 연결된 존재들로 이루어진 넓은 세상으로부터 환영받으려면 허크처럼 넓은 마음과 너그러운 정신이 필요하다. 주일학교의 강요된 선함 없이도 우리는 자연스럽고 꾸밈없는 선함, 우리가 죽은 고양이처럼 질질 끌고 다니는 모든 더러움에도 불구하고 지속되는 단순한 친절이 필요하다. 평생 종교와 철학을 연구하고 여러 해 동안 영적 수련과 환각 탐구를 한 끝에 올더스 헉슬리는 "조금이라도 더 친절해지도록 노력하라"는 조언밖에는 할 말이 없음을 깨달았다.

억압적이고 불친절한 세상에서 자유와 친절을 실천하려는 노력은 트웨인의 걸작이자 다르마의 중심 주제이다. 허크와 도망친 노예 짐이 뗏목을 타고 미시시피강을 따라 내려가는 여정은 다르마 이야기의 백미이다.

하지만 우리가 먼저 보게 되는 것은, 다르마와는 대조되는 비非여행, 가짜 모험이다. 톰 소여의 강도단 창립 이야기이다. 소년들은 동굴에서 만나 피의 맹세를 하고 누구를 인질로 잡고 또는 누구를 죽일지 결정하는데, 이는 톰이 과다하게 읽은 책들의 코믹한 혼합물 속 장면에 기인한 것이다. 물론, 이 강도들은 그냥 아이들이며,

* 라코타(Lakota)는 북아메리카 원주민 수족(Sioux Nation)의 한 분파로, 미국 북중부 지역의 대평원(Great Plains)을 중심으로 살아온 부족이다. 라코타는 수족을 구성하는 세 주요 그룹 중 하나이며, 다른 두 그룹은 다코타(Dakota)와 나코타(Nakota)이다. 이들 이름은 각 부족의 언어적 차이를 반영하며, 라코타는 특히 "우리는 동맹을 맺은 사람들"을 뜻한다.

그들의 대담한 첫 '범행'이라 해봤자 주일학교 소풍에서 더 작은 아이들을 겁주어 잼과 도넛을 빼앗는 것이다.

진짜 여정은 허크의 술주정뱅이 아버지 팹(Pap)이 미망인의 집에 나타나면서 시작된다. 듣도 보도 못한 팹이라는 이름을 가진 아버지는 허크의 멋진 옷차림과 교양에 격분한다.

> 네가 대단한 놈이라도 되는 줄 생각하는 게냐? 그래? … 누가 너에게 그런 어리석은 짓을 하라고 했어? 누가 그랬느냔 말이야?

그는 허크에게서 돈을 뜯어내고 어떻게 해서라도 신사다움을 꺾기 위해 일리노이 강변의 울창한 숲에 있는 낡은 통나무 오두막으로 납치한다. 팹은 혼돈의 극한으로 치닫는 모습을 인격화한 인물이다. 그는 지저분하고 폭력적인 술주정뱅이이자 허풍쟁이며, 무지의 정글에서 갈 길을 잃은 위험한 짐승과 같은 존재이다.

> 머리는 길고 헝클어져 기름진 채로 늘어져 있었기에 마치 넝쿨 뒤에 숨어 눈동자를 빛내고 있는 것처럼 보였다.

팹

추측건대 그에게 흑인보다 우월하다고 느낄 수 있게 해주는 단 한 가지 특징이라면 하얀 피부뿐이었다. 그러나 그 백인이라는 색깔마저도 그는 독하고 혐오스러운 것으로 바꾸어 놓았다.

> 그의 얼굴은 아무 색이 없었다. 하얗기는 했지만, 다른 사람들의 하얀 얼굴과는 달랐다. 병들게 하는 흰색, 사람을 소름 끼치게 만드는 흰색, 나무 두꺼비의 흰색, 물고기 배통 같은 흰색이었다.

술 난장판 속에서 팹에게 거의 죽임을 당할 뻔한 후, 허크는 한밤중에 자신이 살해당해 강에 던져진 것처럼 꾸며 오두막에서 탈출한다. 야생 멧돼지를 죽여 교묘하게 피비린내 나는 계략을 세운 것이다. 그런 다음 그는 인양한 카누를 타고 떠난다. 다음 장면부터 완벽한 문장이 죽 이어진다. 트웨인은 많은 문장을 이런 유형으로 썼는데, 아주 평범한 언어로 행동의 리듬과 질감을 정확하게 포착하여 보고 느낄 수 있게 하는 방식이다. 소리 내어 크게 읽어보기를 권장한다.

> 시간을 지체할 수 없었다. 다음 순간 나는 강둑의 그늘을 따라 조용하지만 재빠르게 떠내려가고 있었다. 유목들 사이를 통과하면서, 카누 바닥에 누운 채 물살에 몸을 맡겼다. 거기에 누워 편안하게 파이프 담배를 피우며 하늘을 바라보았다. 구름 한 점 없었다. 달빛 아래 등을 대고 누우니 하늘이 그 어느 때보다 깊

어 보였다. 왜 전에는 그걸 알지 못했을까.

이 소설은 일찍이 그 누구도 쓴 적이 없는 초월성 안에 내재한 명확한 정화이다. 팹으로부터 벗어나려는 정신없는 소란 후에, 허크는 모든 것을 놓는다. 완전히 수동적인 자세로 등을 대고 누운 그는 노를 젓거나 키를 잡는 것도 포기하고 배를 떠다니는 목재 더미라는 익명으로 뭉개버린 채, 달빛을 만끽한다. 이것이 명상의 방식이다. 그 결과 방해받지 않는 무한의 비전이 생겨난다. "하늘은 그 어느 때보다 깊다." 사실, 바즈라야나 불교 수행에서 즐겨 쓰이는 방법 중 하나는 '남카이 날죠르(namkhai naljyor)'*, 즉 "하늘 응시 명

---

* 남카이 날죠르(namkhai naljyor)는 티베트 불교, 특히 바지라야나(금강승)와 종종 연결되는 심오한 명상법으로, "하늘 응시 명상" 또는 "하늘 명상"이라고도 불린다. 이 수행에서 namkhai는 "하늘"을, naljyor는 "요가" 또는 "명상"을 의미하므로, 문자 그대로 "하늘에 마음을 집중하는 명상"을 뜻한다.

상"이다. 말 그대로 깊고도 끝없는 하늘을 눈을 뜬 채 응시하며 그 안에 자신을 잃어버리는 것이다. "이전에는 몰랐던" 새로운 차원의 경험으로의 입문과 함께, 진지한 여정이 시작된다. 한쪽 강둑의 과부 더글러스의 답답한 문명과 다른 쪽의 팹의 무서운 혼돈을 뒤로 하고, 허크는 그 사이를 흐르는 강을 따라 떠내려간다.

이 강은 샘 클레멘스에게 마크 트웨인이라는 필명을 지어준 곳이기도 하다. 이 이름은 그가 증기선 조종사로 일하던 시절, 선장이 무게추를 물속에 던져 수심 2패덤(약 12피트, 안전한 수심)임을 측정하고 "바이 더 마크 트웨인(By the mark, twain)!"이라고 외쳤던 데서 유래한다. 그러나 "마크 트웨인"이라는 이름은 또한 우리가 인생을 항해하는 동안 맞닥뜨리는 이원성, 즉 삶을 조종하면서 다른 한편으로는 끊임없이 도전한다는 의미일 수도 있다. 트웨인은 이를 위해 만들어졌다. 미주리 촌뜨기와 코네티컷 귀족, 향수에 젖은 사람과 냉소적인 사람, 가난한 사람과 부자, 우울한 비관주의자와 선(Zen)에 입각한 코미디언("코골이는 왜 자신이 코 고는 소리를 듣지 못하는지 알아낼 방법이 없다"), 우아함과 조야함을 동시에 쓴 산문작가였다. 그는 탐욕스런 자본주의를 비난했으면서도 자신은 유명인 광고의 선구자로 지금까지도 "모든 사람에게 알려져 있고, 모든 사람이 좋아하는" 마크 트웨인 시가의 모델이 되었다. 그리고 그는 오늘날 조울증으로 진단될 정도로 심한 감정 기복을 겪었던 듯하다.

트웨인이 1880년대에 『허클베리 핀의 모험』을 쓸 때, 그는 남북전쟁 전 어린 시절의 잃어버린 세계를 두 가지 시각으로 보았다. 그의 소설 속 해니발*의 가상 버전은 세인트 피터즈버그(Saint Petersburg)라고 불리는데, 이는 천국인 '세인트 피터의 도시'를 의미하면서 동시에 노예제도와 여러 잔혹함이 존재하는 지옥이기도 했다. 초월주의자 세대는 때로 삶의 어려운 이원성을 이론으로 없애려는 것처럼 보일 때가 있었지만, 트웨인은 그런 '이원성의 존재'를 강조했다. 그는 그것들이 해결될 수 없다고 부정하지 않았다. 그러나 실제 해결책을 찾으려면 미시시피강의 진흙 냄새를 맡듯 이론을 넘어선 체험의 여정으로 직접 나서야 한다고 생각했다.

부처가 될 고타마는 허크와 매우 흡사한 환경에서 태어났다. 고타마는 지역 족장인 영주의 아들로 태어났는데, 전설에 따르면 그가 태어날 때 위대한 왕이나 위대한 영적 지도자가 될 예언이 있었다고 한다. 그의 아버지는 부유한 현대 부모와 다르지 않게 아들이 명상을 하러 고행을 떠나지 않고도 탄탄한 경력을 쌓기를 바랐다.

---

* 트웨인은 남북전쟁 전 어린 시절을 보낸 해니발(Hannibal)을 이상화된 도시, 즉 천국으로 묘사하면서도, 그 이면에 있는 노예제도와 폭력성을 숨기지 않았다. 이 작품은 이상과 현실, 천국과 지옥이라는 이원성을 담고 있으며, 트웨인은 이러한 이원성을 이론이 아닌 경험을 통해 극복해야 한다고 주장하고 있다. 트웨인은 초월주의자들(대표적으로 에머슨 등)이 이론적으로 삶의 문제들을 해결하려는 태도에 비판적이었으며, 직접 경험을 통해 진정한 해결책을 찾는 것이 중요하다고 믿었다. 이는 작품 속에서 미시시피강의 진흙을 비유로 사용하여, 경험이 얼마나 생생하고 현실적인지 강조하고 있다.

(물론 그는 떠났지만 말이다.) 그래서 왕은 아들을 경내에 가둬두고, 대부분의 사람이 그러하듯, 최상의 즐거움을 끊임없이 공급하여 감각의 포로가 되도록 계획했다.

고타마가 마침내 더 넓은 세상을 엿보기 위해 밖으로 나왔을 때, 그는 고통이 만연하고 자신의 안락한 삶은 그것을 가리는 구실에 지나지 않는 것임을 알았다. 허크처럼 그도 밤을 틈타 아버지의 집을 나온다. 허크가 풀 먹인 옷을 누더기로 바꾸듯, 그는 고운 비단옷을 승복으로 바꾸었다. 고타마는 허크가 아버지 팝의 추적을 따돌리기 위해 포상금을 대처 판사에게 넘긴 것처럼 자신의 부를 포기했다. 그는 머리를 깎고 숲으로 떠났다. (귀족이었던 과거의 흔적 중 하나는 귓불이 무거운 금귀걸이로 인해 길게 변형된 것뿐이었다.) 들리는 바에 의하면 그는 6년 동안 혹독한 금욕 생활을 하며 한때 탐닉했던 감각을 억누르고 해골이 될 때까지 금식했다고 전해진다. 그러나 깨달음은 그를 비껴갔고 감각을 부정하는 것은 그것을 실컷 누리는 것만큼이나 부질없는 일이었다.

어느 날 아침 수자타라는 마을 소녀가 고타마에게 영양이 풍부한 흰 쌀죽 한 그릇을 권했다. 고타마는 이를 받아들여 단식을 중단했다. 새로운 힘과 각오로 보리수나무 아래에 앉아 부처가 될 때까지 명상을 하며 깨달음을 얻었다. 어떤 의미에서 그의 깨달음은 수자타의 선물을 받아들임으로써 완성된 것이다. 그 순간 그는 방종과 억압이라는 두 가지 오류를 깨치고 자유가 된다. 다음은 시간 문제였다. 달빛에 떠다니는 허크처럼 어떤 것도 추구하거나 거부하지 않고, 매 순간 경험하는 단순한 실재에 자연스럽게 열린 채로, 하염없이 앉아 있는 것뿐이었다. 그가 말하는 중도란 명상하는 방법이자 살아가는 방법이며, 모든 반대되는 쌍들 사이를 강물처럼 흐르는 지극히 인간적인 방식이었다. 램 다스는 이렇게 말한다. "모든 여타의 방법이 실패하면 인간다워지려 노력하라."

중도(Middle Way)는 종종 양극단을 피하는 온건한 타협이나, 쾌락주의의 흥청망청한 파티와 엄격한 영성 수행 사이의 미적지근한 평균 정도로 오해되곤 한다. 그러나 중도는 전혀 다른 것이다. 그것은 마치 강물이 강둑의 바위나 흙과 다른 것만큼이나 차이가 있다. 감각적 쾌락과 금욕의 극단은 두 가지의 잘못된 자유, 곧 다른 방식으로 얽매이는 길에 불과하다. 부처님은 이를 두 가지 집착이라 불렀는데, 모든 집착이 그렇듯 두 극단은 오히려 삶을 힘들게 한다. 진정한 중도의 자유는 자연스러우며, 그것을 발견하고 나면 애써 힘들여 할 필요가 없다. 그것은 기쁨에 차 있어, 그래서 우리는 중도를 "달콤한 지점"이라 부르는 것이다.

고타마와 달리 허크에게, 초기 왕자 시절의 풍요로움은 억압의 장소인 미망인의 집이고, 숲은 무절제한 방종의 장소, 즉 아버지의 오두막이다. 하지만 여정의 기본 윤곽은 고타마나 우리나 동일하다. 우리는 중독의 구속을 버리고 자유의 개방성과 함께 흘러간다.

두 이야기 사이에는 중요한 유사점이 하나 더 있다. 고타마의 해탈은 수자타라는 마을 처녀의 단순한 인간적 친절을 받아들임으로써 촉발된다. 허크 또한 친절로 감화된다. 그의 수자타는 검둥이 짐이었다.

팹으로부터 탈출해 달빛 입문식을 치른 후, 허크는 몇 마일 하류에 있는 무인도까지 노를 저어 간다. 3일 후, 그는 미망인의 여동생인 왓슨 양이 소유한 노예 짐을 우연히 만나게 된다. 짐은 허크의 죽음에 대해 들었기에, 처음에는 유령을 본다고 생각했다.

> 그는 벌떡 일어나더니 나를 거칠게 응시했다. 그러더니 무릎을 꿇고 두 손을 모으며 말했다.
> "날 해치지 말게, 그러지 마! 나는 유령에게 해를 끼친 적이 없어. 나는 항상 죽은 사람을 좋아했고 그들을 위해 할 수 있는 모든 것을 했어. 그러니 다시 강으로 돌아가고 친구인 올레 짐에게 아무 짓도 하지 마."

짐의 눈에 허크가 사흘 만에 부활한 것은 코앞에서 벌어진 실제 상황이며, 그리스도의 부활과 더불어 의도치 않게 붓다와의 유사점까지 함께 부각된다. 트웨인의 작은 부랑아는 책이 끝날 때까지 수많은 삶을 경험한다.

짐은 이중으로 쫓기고 있다. 그는 왓슨 양이 자신을 강 아래로 팔아넘기는 것을 막기 위해 도망쳤지만 타이밍이 좋지 않아 허크 살인 사건의 유력한 용의자가 되었다. 그는 자유가 보장되는 오하이오주로 가서 아내와 아이들을 노예에서 해방시킬 수 있는 충분한 돈을 벌기로 결심한다. 짐과 허크는 힘을 합쳐 인양한 뗏목을 타고 출발하고, 필요할 때는 허크가 짐의 주인으로 위장한다. 두 사람은 함께 예상치 못한 일련의 모험을 겪으며 이 책의 훌륭한 중간 부분을 구성한다. 트웨인이 어린 시절을 보낸 강 계곡의 사라진 세계를 거의 50년이 지난 후 놀랍도록 세밀하게 재현해 낸 이 소설은 특별하면서도 보편적인 이야기이며, 이국적인 종 호모 사피엔스의 서식지를 통과하는 사파리 여행으로 선행과 악행의 영원한 숙제에 연루된다.

대부분이 고행이었다. 허크와 짐은 짙은 안개 속에서 헤어지고, 오하이오강 갈림길에서 길을 잘못 들어 미시시피강을 따라 남쪽으로 흘러가면서 점점 더 노예 주로 깊숙이 들어가게 된다. 이 여정은 종종 단테의 지옥으로의 하강을 연상시킨다. 그들은 간간이 여성과 소녀들의 자비와 연민의 행동을 보지만, 그 장면들은 짙은 무지와 구역질나는 잔혹함에 가려진다: 사기, 살인, 노예 경매, 속기 쉬운 신자들을 속이는 종교 캠프 모임, 사람들이 개를 고문하며 즐기는 마을, 폭도들이 겁쟁이라 실패하는 교수형 시도, 그리고 두 가문 간의 피비린내 나는 싸움으로 말이다.

허크와 짐은 가는 곳마다 "악한이나 빈털터리"를 만나는데(트웨인은 다른 책에서 그런 족속들을 "저주받은 인간!"이라고 불렀다) 이들에게는 늘 위험이 도사리고 있었다. 허크와 짐은 그런 자들을 만날 때마다 강둑으로 도망쳤고 그래야 편안했다.

> 나는 불화에서 벗어나 정말 기뻤고, 짐도 늪에서 벗어나 기뻤다. 결국 뗏목만큼 안전한 집은 없었다. 다른 곳은 너무 비좁아 숨이 막히지만 뗏목은 그렇지 않았다. 뗏목은 자유롭고 안전하

고 편안했다.

뭍에 사는 사람들이 천박할수록 허크와 짐의 강가 생활의 담백함은 더 맛있다. 그들은 자유로운 공간을 찾아, 탁 트인 하늘 아래서 말 그대로 물살에 몸을 맡기고 고요하고 달콤한 무위의 삶을 누린다.

우리는 물고기를 잡으며 이야기를 나누고, 졸음을 쫓기 위해 가끔 수영을 하기도 했다. 넓고 고요한 강물을 따라 떠내려가면서 등을 대고 누워 별을 올려다보는 것은 숭엄하기까지 했다. 큰 소리로 떠들고 싶지 않았고, 웃은 적도 거의 없었으며, 웃더라도 아주 조금 웃었을 뿐이다. 전반적으로 날씨가 정말 좋았고 그날 밤도, 다음 날도, 그다음 날도 우리에게 아무 일도 일어나지 않았다.

그러나 허크에게는 아직도 발견해야 할 깨달음이 많았다. 그리고 그것은 짐을 통해 알아내게 된다. 처음에 허크는 죽은 방울뱀을 담요 위에 올려놓거나 안개 속에서의 이별이 꿈이었다고 설득하는 등 짐에게 유치한 장난을 친다. 이러한 장난은 짐에게 육체적으로나 감정적으로 깊은 고통을 안겨주며, 결국 허크는 사과하게 된다. 사과는 허크의 상속된 인종차별적 태도를 고려할 때 전례 없는 제스처다. 그러나 그 태도는 더 깊은 도전에 직면하게 되는데:

> 동이 틀 때 깨어나 보니, 〔짐은〕 무릎 사이에 머리를 숙인 채 혼자 신음하며 애도하고 있었다. … 그는 자신의 아내와 아이들에 대해 생각하고 있었고, 그들을 떠나본 적이 없었기 때문에 몹시 외로워 향수병에 걸린 상태였다. 그가 백인들이 그들의 가족을 아끼는 것만큼이나 자신의 가족을 아끼고 있다는 신뢰가 들었다. 자연스럽지 않게 느껴졌지만, 나는 그것이 사실이라고 생각한다. 그는 내가 잠든 줄 알고 밤마다 종종 그렇게 신음하고 애도하며 "가엾은 엘리자베스! 가엾은 조니! 너무나 힘들어; 내가 다시는 너희를 못 볼 것 같아, 다시는!"이라고 말하곤 했다.

허크의 옛 세계에서, 흑인이 백인과 같은 인간적인 감정을 가질 수 있다는 것은 상상할 수 없는 일이었다. 이제 잘못된 교육과 실제 경험이 충돌하면서 무언가 변화가 일어난다. "자연스러운 것 같지는 않지만 그렇다는 것을 헤아릴 수 있어"라고 허크는 되뇐다.

이 특별한 충돌은 책의 역사적 배경에만 속하는 것처럼 보일 수 있다. 우리 같은 현대인들은 더 잘 알고 있다고 말이다(그러기를 희망한다). 하지만 여기에는 깊은 뜻이 있다. 은총, 즉 깨달음은 짐이 단순한 짐승이 아니라 자신과 같은 인간임을 인정하는 데 있다. 은

총은 다른 사람이 단순한 대상이 아니라 우리와 같은 인식하는 주체임을 깨달을 것을 요구한다. 그들은 행복을 추구하고 고통을 피하려는 우리의 지속적인 프로젝트에 이용당하기 위해 '저 밖에서' 경험되는 대상이 아니다. 우리가 존재하는 이 친밀한 인식의 공간 안에서 행복과 고통을 느끼는 동료 경험자들이다.

물론 우리는 이것을 추상적으로 알고는 있으나 깊이, 뼛속까지 생생하게 알기는 어렵다. 모든 친절한 행위는 분리감을 약화시키고; 비분리의 순간이 엿보일 때마다 자연스럽게 친절이 생겨난다. 하나라는 친근함이 성장할수록, 우리는 자신들이 승가, 사랑하는 공동체, 종교 수행자로서 함께 뗏목을 타고 서로를 의지하며 해탈을 향해 나간다는 것을 깨닫는다.

하지만 승가(僧伽, 불교 공동체)를 파괴하려는 의도를 가진 사람들에 의해 승가가 침범당할 때 어떻게 해야 할까? 허크와 짐이 마주한 문제는 바로 그들의 이타심이 이기심의 요소를 그들 사이로 끌어들였을 때 발생한다. 이들이 만난 에덴에 있는 쌍둥이 뱀은 서로 다르지 않은데, 하나는 대머리의 늙은 사기꾼이고, 다른 하나는 젊은 사기꾼으로, 둘은 국경 마을을 돌아다니며 가짜 약품, 종교적 사기, 기타 다양한 사기 행각으로 지역 사람들을 속인다. 허크는 그들이 범죄가 탄로 나서 도망가는 와중에 처음 이들을 만나게 된다. 허크는 선한 마음으로 그들을 구해내어 뗏목에 태운다.

젊은 사기꾼은 기회를 노리며 자신이 사실은 왕위에서 쫓겨난

브리지워터 공작이라고 주장하고, 곧이어 나이가 든 사기꾼은 자신이 진정한 프랑스의 왕이라고 하며 더 높은 대접을 원한다. 순진하고 선한 마음을 가진 짐은 이들의 이야기를 믿지만, 히크는 곧 이들이 "저열한 사기꾼들"이라는 것을 깨닫는다. 그러나 허크는 "평화를 유지하기 위해" 아무 말도 하지 않기로 하는데, 이는 알코올 중독자의 자녀로서 이해할 만한 태도이다. 곧 공작과 왕은 짐과 허크에게 "마마" 혹은 "폐하"라고 부르라며 그들의 계략에 공범으로 참여시킨다. 미시시피주 깊숙이 들어갔을 때쯤, 이 사기꾼들은 돈도 떨어지고 사기칠 거리도 다 떨어져, 결국 짐을 지역 농부에게 팔아넘기는 가장 끔찍한 배신을 저지르게 된다. 이는 가장 충격적인 배신이다.

> 긴 여정 끝에, 우리가 그 악당들을 위해 해준 모든 일은 다 허사가 되고, 모두 다 망가져 버렸다. 그들은 짐에게 속임수를 써서 평생 노예로 만들고, 낯선 사람들에게 고작 더러운 40달러를 받으려는 속셈을 가지고 있었던 것이다.

이것이 우리와 무슨 관련이 있을까? '공작과 왕'은 우리 내면에 있는 거짓된 귀족성, 즉 무한하고 비개인적인 자각을 자신의 정체성으로 둔갑한 속물적 자아를 상징한다. 모든 찬탈자가 그렇듯, 자아는 자신이 가짜임을 은밀히 알고 있기에 늘 불안에 시달린다. 최고의 사기꾼인 자아는 우리의 자연스러운 행복을 속여 빼앗고, 타고난 친절마저 배신한다. 자아는 본질적으로 이기적이고, 끊임없이 굶주려 있으며, 항상 스스로를 확장하고 완성하려 애쓰면서, 소비하는 어떤 것으로도 결코 만족에 이르지 못한다. 허크는 "왕만큼 모든 걸 삼키고 싶어 하는 사람을 본 적이 없어"라고 말한다. 에고가 소비를 멈추지 않고 그저 존재하는 것만으로 만족할 수 없는 것처럼 왕과 공작은 허크와 짐이 아낌없이 나눠주는 소박한 만족의 삶을 즐길 수 없다.

그럼에도 불구하고 에고의 밑바닥에는 죽음 충동이 버티고 있다. 그것은 점점 더 크게 부풀려져 마침내는 무한한 하늘로 터져버리기를 고집하는 반짝이는 풍선과 같다. 맥베스 같은 찬탈자도 마침내 자신의 폭정을 지나치게 밀어붙여 자신의 전복과 죽음을 불러일으키고 은밀히 그것을 즐기게 된다. 공작과 왕은 한곳에 너무 오래 머물며 모든 것을 삼키려다 결국 타르와 깃털을 뒤집어쓰고 선로를 따라 마을을 빠져나가는데, 이것이 이 소설의 마지막 출구이다.

그러나 허크는 이 지극히 당연한 상황을 그냥 지나칠 수 없음을 깨닫는다. 그는 부처에서 보살, 즉 모든 존재를 위해 무한한 자각뿐 아니라 무한한 연민을 실천하는 보살의 경지에 올랐다고 할 수 있다.

> 보기만 해도 가슴이 아팠고, 녀석들이 불쌍하고 안쓰러워 더 이상 세상에서 그들에 대해 어떤 악감정도 느낄 수 없을 것 같았다. 정말 끔찍한 일이었다. 인간이란 존재는 서로에게 끔찍하게 잔인했다.

서른 개의 장이 끝나고 나면, 책에서 결정적인 전투, 즉 클라이맥스가 찾아온다. 이 전투는 허크의 내면 "긴진한 심정과 기형적인 양심" 사이에서 조용히 펼쳐진다. 낙담한 허크는 뗏목에 홀로 앉아 짐을 구출할 계획을 세우느라 끙끙거린다. 그러나 그의 생각은 자신이 죄인이라는 생각으로 흘러간다. "나에게 아무런 해를 끼친 적도 없는 불쌍한 노파" 왓슨에게서 짐이 도망치도록 도왔기 때문이다.

> 그리고 마침내, 저 하늘 위에서 나의 사악함을 늘 지켜보고 계시는 섭리의 손길이 내 뺨을 때리며 내 악행을 알려주고 계시다는 사실을, 그리고 그런 비참한 짓을 털끝만큼도 허용하지 않으시고 항상 경계하고 계시는 분이 있다는 사실을 알게 되었을 때, 나는 너무 무서워 주저앉고 말았다.

분명 허크의 양심은 그가 들어 온 모든 인종차별주의 백인 설교자의 목소리를 전달하고 있다. 종교적 공포에 휩싸인 그는 왓슨 양에게 편지를 써서 짐이 어디 있는지 알려준다. 그러고 나서:

> 내 인생에서 처음으로 기분이 좋고 모든 죄가 깨끗하게 씻겨 내려간 것 같았고, 이제 기도할 수 있다는 것을 알았다. 하지만 나는 바로 기도하지 않고 종이를 내려놓고 생각에 잠겼다. 이 모든 일이 일어나서 얼마나 좋은지, 그리고 내가 길을 잃어 지

옥에 갈 때가 얼마 남지 않았음을 계속 생각했다. 그리고 강을 따라 내려오던 여행을 떠올렸다. 낮에도 밤에도, 때로는 달빛이 비추거나 폭풍우가 몰아칠 때도, 우리는 함께 떠다니며 이야기하고 노래하고 웃었다. 하지만 어쩐 일인지 짐에 대해 마음을 확고하게 먹을 수가 없었다. … 그러다 우연히 주위를 둘러보다가 그 신문을 보게 된 것이다.

신문은 가까이에 있었다. 종이를 집어 손에 쥐었다. 두 가지 중 하나를 영원히 결정해야 할 순간이었기에 떨렸다. 나는 숨을 죽이고 잠시 생각한 다음 스스로에게 말했다:

"좋아, 그렇다면 지옥에 가면 그만이야."—그리고는 신문을 찢어버렸다.

와우. "좋아, 그럼 지옥에 가면 되지." 이 말은 지금까지 쓰여진 글 중에서 가장 흥미진진한 일곱 단어일지도 모른다.* 이것은 진정한 독립 선언이자 자유를 향한 파열음이요, 건전한 심장의 승리이다. 이 책에 등장하는 모든 충돌하는 이중성, 그리고 마크 트웨인이 상징하는 모든 이중성은 여기서 절정에 달한다. 천국과 지옥 중 하나를 선택하는 것은 사람이 할 수 있는 가장 극명한 선택이다. 그러나 그 선택은 또한 정신('양심'의 형태)과 마음 사이의 선택이기도 하다. 허크는 실제로 교회의 인종차별적 교리에 생각을 바꾸지 않았

* 참고로, 이 모든 단어는 한 음절로 이루어져 있으며, 단어의 시작과 끝, 그리고 정확히 중간에 "l"이 두 번씩 들어간다. 이는 작은 시와도 같다.

다. 사회적 세뇌는 너무 강하고, 그의 지성은 그리 세련되지 않아서 거기서 벗어날 생각을 할 수 없다. 그는 여전히 노예의 자유를 돕는 것이 대죄라고 믿고 있는데도, 어쨌든 그렇게 행동한다. 친구를 위해 저주받는 것을 선택한 것이다. 이보다 더 큰 사랑은 없다.

이것은 단순히 마음을 바꾸는 것이 아니라 마음을 전복시키는 것이다. 한 무리의 생각을 더 나은 생각으로 대체하는 것이 아니라 사랑이 당신을 존재의 넓은 하늘로 들어올리는 것이다. 그것이 바로 자유이다.

> 끔찍한 생각과 끔찍한 말이었지만 그렇게 말했다. 그리고 나는 그 말들이 그대로 실행되도록 내버려두기로 했다. 즉 더는 개혁에 대해 생각하지 않기로 했다. 나는 모든 것을 내 머리에서 밀어내고 내 계보에 있던 사악함을 다시 불러일으켰다. 우선 짐을 다시 노예에서 벗어나게 해주고 필요하다면, 더 나쁜 짓도 할 것이다. 왜냐하면 내가 가담한 이 일이 좋은 일이라면, 나는 모든 것을 걸고 할 것이기 때문이다.

소설이 도덕적 절정으로 마무리된 상황에서, 이제 트웨인이 할 수 있는 가장 현명한 일은 허크가 농부의 창고에 감금된 짐을 구출해 내고, 흥미진진한 추격 장면을 추가한 후, 그들이 어떻게 북쪽 오하이오로 향하는지 짧은 에필로그를 덧붙여 하루를 마무리하는 것이리라. 그러나 작가는 그렇게 하지 않는다. 그는 악명 높은 열두 개의 챕터를 계속 연장해 나간다.

허크의 친구인 톰 소여가 집에서 오백 마일 떨어진 곳에 갑자기 나타나 짐을 구출하려는 프로젝트에 끼어든다. 하지만 소설에 중독된 환상주의자인 톰은 단순한 감방 탈옥으로 끝날 일을『몬테크리스토 백작』에 나올법한 터무니없는 연극으로 확대하여 땅굴을 파고, 밧줄 사다리를 몰래 들여오고, 익명의 메모로 짐의 체포범에게 정보를 제공하고, 창고에 뱀과 쥐를 가득 채우는 등 책에서나 있을 법한 일들을 벌여 나간다. 톰 소여의 갱단은 해를 끼치지 않기에 아이들 놀이같이 흥미롭지만 이 여정의 끝에는 성숙함이 요구된다. 톰이 짐을 대하는 태도는 웃음으로만 넘길 수는 없다. 무자비하고 잔인하기 때문이다.

'소여(sawyer)'는 원목을 톱질하여 집을 짓는 데 필요한 판자를 만드는 목수이다. 톰 소여는 우리가 누구인지, 사물이 무엇인지, 이 모두가 무엇을 의미하는지에 관한 이야기, 즉 생생한 현실을 톱질하고 깎아서 개념화한 후 이야기를 만드는 그 마음이라고 할 수 있다. 여기에는 우리의 해방 프로젝트도 포함된다. 우리가 단순히 명상을 위해 앉아 있을 때조차 마음은 이를 통제하려 하며, 이를 하나의 이야기로 만들려 한다: 이렇게 숨 쉬어야 한다, 이런 경험을 해야 한다, 책에서 이렇게 하라고 했어라고. 해방을 늦추고 싶다면, 마음에게 그 통제권을 맡기면 된다. 짐의 해방이 오랫동안 지연된 후 마침내 개가 짖고 총알이 날아다니는 탈출과 추격 장면이 펼쳐진다. 그 후 몇 가지 복잡한 줄거리가 더 있지만, 마침내 이 모든 소동이 끝나 세 영웅이 무사해졌을 때, 짐의 주인인 왓슨 양은 두 달

전에 죽었고 유언으로 짐을 풀어주었다는 사실을 알게 된다. 톰은 이 모든 사실을 알고 있었기 때문에 기꺼이 구조에 동참한 것이다. 진짜 야비한 녀석이다.

그런 다음 짐은 자신이 본 것을 폭로한다. 그와 허크가 서른세 번째 장에서 마주했던 벌거벗은 시체, 그가 허크에게 보지 말라고 말한 끔찍한 얼굴이 펩이었다고 말이다. 짐은 정말 허크의 감정을 헤아려서 이 사실을 숨겼을까? 아니면 이 쓸만한 백인 소년이 계속 도망 다니도록 머리를 쓴 것일까? 현명한 조치였을까? 둘 다일지도 모른다. 우리도 우리의 여정에 여러 동기를 혼합하니까.

그렇기에 허크와 짐은 사실 지금껏 자유로웠던 것이었다. 자유와 친절이라는 위대한 주제를 담고 있는 이 책이 한낱 나쁜 농담으로 전락해 버린 것은 바로 이 때문이다. 이것이 바로 『허클베리 핀의 모험』이 결함 있는 걸작으로 여겨지는 이유다. 가짜 모험을 꿈꾸는 톰은 허크의 인생을 바꿀 진짜 모험을 가로채고, 허크는 마치 아무 일도 없었던 것처럼 순순히 따라간다. 짐의 인간성에 대한 긍정은 그가 톰의 장난감으로 전락하면서 사라진다.

그렇게 위대한 작가가 어떻게 그런 끔찍한 선택을 할 수 있었을까? 트웨인이 거의 직감할 수 없을 정도로 깊은 곳에 있는 진실에 이끌려 허크와 짐처럼 자유롭게 사유하지 않았다면 할 수 없는 일이었다. 이것이 바로 다르마 스승들이 자주 하는 말이며, 이 책의 결말이 독자들을 미치게 하는 것처럼 제자들을 미치게 하는 말이다. 그들은 당신들이 바다를 찾아 이리저리 헤엄치는 물고기와 같다고 말한다. 당신들이 하늘을 찾아 이리저리 날아다니는 새와 같다고 말이다.

그들은 방금 현명한 사람이 된 것이 아니라—이미 현명한 사람으로 존재해 온 것이다. 우리가 환상에 사로잡혀 있다는 환상에 얽매여 있다는 이 역설은 고타마 붓다에게로 거슬러 올라가는데, 그는 깨달음의 순간 "모든 것은 있는 그대로 깨어 있다"라고 선언한다. 나뿐만 아니라 온갖 것들이 모두 그렇다. 미래의 언젠가 그렇게 되는 것이 아니라 바로 지금 그렇게 존재한다. 해탈은 획득되는 게 아니다: 그것은 알아차림일 뿐이다. 만약 그것이 획득되는 것이라면 언젠가 시간이 지나면 다시 잃을 수도 있는 사건이 될 것이다. 오히려 혼란의 구름이 걷히고 우리는 시간을 초월한 존재의 깊은 하늘을 발견하게 된다. 하늘나라는 우리 안에 있으며 항상 존재해 왔다.

이마를 '탁' 치는 그 순간이, 호머 심슨 특유의 '도(D'oh!)'의 순간이다. 바로 그때가 모든 책을 읽고, 모든 스승의 발치에 앉은 것이며, 모든 수행을 마치고, 그 모든 여정을 거쳐, 우리는 이미 항상 목표에 도달해 있었다는 것을 알게 되는 순간이다. 톰 소여의 재미없는 장난처럼 늘리겠지만, 마음을 다잡아 보라. 우리가 항상 있었던 이곳에 도착한 그 누구도 여행을 후회하지 않을 것이다. 돌이켜보면 명백한 장애물과 우회로가 강의 굽이굽이에 무엇이 있는지 우리를 정확히 깨닫게 해주는 적재적소의 수단임을 알게 되었을 것이다. 강은 자유를 향해 흐르지 않는다. 강은 자유롭다.

사실, 이 책의 마지막 페이지에서, 허크는 마치 허클베리 덤불이 화산에서 살아남는 것처럼, 문학적 과잉에서도 살아남은 트웨인의 시대를 초월한 자유정신을 소생시킨다. 톰은 허크, 짐과 상황이 어떻게 되었는지 이야기를 나누던 중 "오늘밤 이곳을 떠나 인디언 영토인 야생으로 가서 울부짖는 모험을 하자"고 제안한다. 지금쯤이면 또 다른 온화한 크리스천 여성인 샐리 이모가 허크를 지목할 준비를 하고 있을 테니까. 책은 이렇게 결론 맺는다.

> 그러므로 더 쓸 말이 없다. 그것이 무척 다행이다. 책 한 권 쓰는 것이 이렇게 고생인 줄 알았다면 애초에 시작도 하지 않았을 것이다. 이제는 더 이상 책을 쓸 생각도 없다. 하지만 나는 다른 사람들보다 앞서 미지의 영토로 떠나야 할 것 같다. 왜냐하면 샐리 이모가 나를 입양해서 문명화시키려 하기 때문이다. 난 그걸 견딜 수 없다. 전에 한 번 겪어봤다.

우리는 보통의 문명인처럼—내가 가끔 지구인이라고 부르는— 살아가도록 강요받는다. 하지만 우리 중 어떤 이는 니르바나를 끈질기게 추구하려 고투하고, 그런 우리에게 자유를 추구하는 허크의 부름은 저항할 수 없는 것이다. 우리는 다른 사람들보다 먼저 미지의 영토에 불을 밝혀야 한다.

11. 고요함

존 키츠

독서라는 행위를 통해 고양되는 경험을 해본 적이 있을 것이다. 마치 높은 곳으로 들어올려지는 느낌이 들 것이다. 공기는 희박해지고 시야가 넓어지는 느낌을 받는다. 이런 일은, 첫사랑과 마찬가지로, 청소년기나 성인이 되는 전후 시기에 자주 강렬하게 일어난다.

존 키츠는 스물다섯 살 때 이런 일을 겪었다. 1816년 시월 어느 날 밤, 친구 코든 클라크의 런던 집에서 두 사람은 빌려온 『오디세이아』와 『일리아드』를 번갈아 읽고 있었다. 이는 셰익스피어와 동시대 인물인 조지 채프먼이 호머의 그리스어를 놀랍도록 생생한 영어 시로 옮긴 번역본이었다. 흥분이 고조된 두 사람은 밤새도록 번갈아 가며 큰 소리로 책을 읽었고 그런 상태로 새벽에 헤어졌다.

몇 시간 잠을 자고 아래층으로 내려 온 클라크는 아침 식탁 위에서 키츠가 보내온 봉투를 발견했고 거기엔 갓 쓴 소네트가 적혀 있었다. 첫 구절은 채프먼의 "크고 대담한" 목소리를 찬양하는 것으로 시작하여, 호메로스의 "맑고 고요한" 숨결을 어떻게 경험했는지 묘사한다. 이 시는 영문학에서 가장 훌륭한 경이로운 표현 중 하나로 꼽히기도 한다.

그런 다음 나는 천체의 감시자가 된 것처럼
새로운 행성이 시야로 헤엄쳐 들어오는 것을 느꼈지;
용감한 코르테스가 매의 눈으로
태평양을 처음 바라보았을 때의 눈초리랄까
—모든 사람이 서로를 미친 듯이 바라보며—
다리엔의 봉우리에* 고요히 서 있었던 것처럼.

새로운 행성에 대한 언급은 가설적이거나 우연한 것이 아니다. 그로부터 삼십오 년 전, 윌리엄 허셜은 천왕성을 발견했다. 그때까

---

* "다리엔의 봉우리 위에서(Upon a peak in Darien)"는 문학과 철학에서 종종 새로운 인식의 순간, 경계 너머를 보는 경험을 나타내는 메타포로 사용된다. 키츠의 이 구절은 낯선 세계를 처음 접한 인간의 원초적 감정과 신비를 매우 시적으로 묘사했기 때문에, 탐험이나 깨달음의 상징으로 자주 인용된다.

지 행성의 수는 고정된 것으로, 심지어 신성하게 정해진 것으로 여겨졌으며, 모든 천문학과 점성술 체계는 그런 가설에 기반을 두고 있었다. 허셜의 발견은 단순히 새로운 행성이 추가된 것이 아니라, 현실이라는 모델이 날아가 버렸음을 의미했다. 이제는 모든 것이 가능해졌다.

여기서 키츠는 언어에 대해 무한한 가능성을 깨달았음을 묘사하고 있다. 그가 흥분하여 정복자들을 혼동한 것은 문제가 되지 않는다. 신대륙에서 태평양을 처음 본 유럽인은 코르테스가 아닌 발보아였다.* 키츠는 다리엔 지협(당시 다리엔 지협으로 알려진 파나마 지협)의 산 정상에 오른 발보아와 그 일행들이 바다를 내려다보며 느꼈을 "거친 추측"과 경외감에 찬 침묵을 구현한다. 이 침묵은 마지막 줄이 끝난 후에도 계속 이어진다.

이것은 키츠의 첫 번째 위대한 시였다. 그로부터 5년도 채 되지 않아 세상을 떠났지만, 그동안 거의 광적인 작업의 폭포를 쏟아냈다. 시詩 작업은 행복한 미적 삼매를 기록한 것이고, 최고의 순간에는 삼매를 일깨운다. 그의 황홀한 시와 짧고 비참한 삶 사이의 대조

---

* 이 문장은 영국 시인 존 키츠의 소네트에서 등장하는 역사적 오류를 설명한다. 키츠는 이 시에서 스페인 탐험가 코르테스가 처음으로 다리엔 고지에서 태평양을 바라보았다고 표현했지만, 실제로 태평양을 처음 본 유럽인은 바스코 누네스 데 발보아였다. 1513년, 발보아는 현재 파나마 지협으로 알려진 다리엔 지협에서 산을 올라 최초로 태평양을 본 유럽인이 되었다. 반면, 코르테스는 멕시코 정복으로 잘 알려진 인물로, 태평양과 직접적인 관련이 없다.

는 충격적이다.

키츠가 여덟 살 때, 아버지가 말에서 떨어져 사망했다. 어머니는 아이들을 할머니에게 맡기고 새로운 남편과 함께 떠났다가, 키츠가 열네 살이 되던 즈음에 홀로 돌아와서 결핵으로 사망했다. 크리스마스 즈음이었고 결핵은 당시 영국에서 모든 사망의 약 4분의 1을 차지한 19세기의 역병이었다. 키츠와 그의 형제들은 후견인의 보호 아래로 들어갔는데, 그 후견인은 키츠가 의학도가 되기를 바랐다.

키츠는 공상에 빠지거나 자기보다 몸집이 큰 소년들(그는 5피트를 넘지 못했으므로 아마도 제일 작았을 것이다)과 싸우지 않는 한 항상 훌륭한 학생이었다. 하지만 의대를 졸업하자마자, 시인이 되겠다고 발표함으로써 후견인의 분노를 샀다. 그는 간신히 몇 권의 시집을 출간했지만, 계급적 속물근성으로 인해 비평가들로부터 "코크니 시인"*이라는 조롱과 멸시를 받는다.

이로써 자신의 소명에 따라 생계를 유지하는 기회는 사라진 셈

---

* 코크니(Cockney) 시인이란 주로 19세기 초 영국 런던 출신의 시인들을 지칭하는 용어로, 이들은 전통적인 엘리트 시인들과는 거리가 먼 평범한 배경을 가진 시인들을 일컫는다. 이 용어는 처음에 비평가인 존 윌슨 크로커(John Wilson Croker)와 윌리엄 기퍼드(William Gifford)가 *Blackwood's Magazine*에서 존 키츠와 같은 시인들을 조롱하며 사용한 것이다. 이들은 키츠와 그의 친구들(레 미톤 헌트Leigh Hunt, 윌리엄 헤이즐릿William Hazlitt)을 포함한 그룹을 "Cockney School of Poetry"라 부르며, 그들이 시적 전통과 규범을 어겼다고 비판했다.

이다. 그는 옆집에 새로 이사 온 패니 브론과 열렬한 사랑에 빠진다. 그녀는 "아름답고 우아하고 어리숙하면서도 유행을 잘 따르고 생경스럽다"고 키츠의 편지에 묘사하고 있다. 그녀를 사랑했지만 가난 때문에 결혼은 성사되지 못한다. 마치 불행의 여신이 주위를 맴돌듯, 그에겐 전혀 알지 못했던 상당량의 유산이 있었지만, 변호사의 부주의한 서류 작업으로 그냥 방치되어 있었음이 나중에 밝혀졌다. 그의 삶은 디킨스의 소설처럼 행복한 결말로의 반전은 없었다.

빚은 쌓여만 가는데, 그는 알코올 중독에 걸린 형을 간병하며 형의 처참한 죽음을 무력하게 지켜보아야 했다. 키츠의 다른 형은 미국으로 돈을 벌러 떠났고, 그곳에서 나쁜 투자에 연루되어 키츠에게 빌린 돈도 갚지 못한 채 더 깊은 빚더미에 올라 폐병으로 사망했다.

결국 키츠도 병에 걸렸다. 그는 따뜻한 기후가 건강을 회복시켜 줄 것이라 믿고 친구와 함께 이탈리아로 항해했고, 한 달 동안 바람 한 점 없는 척박한 날씨로 바다에서 힘들게 지낸 뒤, 11월 중순 로마에 도착했지만, 이미 그곳 날씨도 차갑게 변해 있었다. 스페인식 계단이 설치된 방 두 개짜리 아파트에서 그는 패니에게 절망적이고 분노에 찬 편지를 썼다. 잔인할 정도로 무능한 의사의 괴롭힘 아래 앤초비를 곁들인 빵 한 조각으로 허기를 달래며 때때로 각혈을 한다며 심경을 토로했다. 그는 고통을 완화시켜 주는 아편이 한 병 있어 그런대로 견디고 있었다. 그러나 의사와 친구는 선의의 의도로 그것마저 빼앗아 갔다.

키츠의 무덤은 로마의 프로테스탄트를 위한 묘지에 있다. 그의 요청에 따라 비석에는 이름이 없지만 직접 작성한 비문은 있다. "여기 물 위에 이름이 쓰인 이가 누워 있다." 묘지에는 수백 년 된 사이프러스가 무성하다. 가슴이 아플 정도로 아름답고 입구를 찾기가 어려워서 관광객이 많이 찾지 않는다. 그곳은 로마에서 고요함을 느낄 수 있는 몇 안 되는 장소 중 하나이다.

고요함(Silence)은 "그리스 항아리에 대한 송시(Ode on a Grecian Urn)"의 중심 주제이기도 하다. 키츠는 대영 박물관을 방문했을 때 이 시에 관한 영감을 받은 것으로 보인다. 당시 대영 박물관에는 파르테논 신전에서 갓 약탈한 이른바 엘긴 대리석(Elgin Marbles)*이 전시되어 있었다. (200년이 지난 지금도 그리스는 이를 되찾기 위해 노력하고 있다.) 키츠는 여러 항아리의 음각을 감상하며, 어떤 판화는 직접 베껴 그려보기도 했다. 이 시에서 키츠는 실제 유물의 요소들과 자신의 상상력을 결합하여 시간, 열정, 추구와 이를 초월하는 고요의 존재감을 담은 항아리를 창조해 낸다. 우아하게 곡선

* 엘긴 대리석(Elgin Marbles)은 원래 고대 그리스 아테네의 파르테논 신전과 그 주변에서 발견된 조각품들과 건축 요소들을 가리키는 이름이다. 이들은 BC 5세기에 조각된 것으로, 그리스 고전기 예술의 뛰어난 예로 꼽힌다. 특히, 고대 그리스의 건축가 피디아스(Phidias)와 그의 제자들이 만든 것으로 알려져 있다. 엘긴 대리석은 파르테논의 프리즈(띠 모양의 부조), 메토프(기둥 사이의 장식), 페디먼트(삼각형 지붕 부분의 조각상) 등으로 구성되어 있다.

을 이루는 형태에 의거하여 키츠는 이 항아리를 여성으로 의인화한다.

그대, 아직 더럽혀지지 않은 고요한 신부여,
그대, 정적과 지고한 세월이 길러낸 아름다운 아이여,
숲속의 역사가인 그대가 말해줄 수 있는 것은
시인의 노래보다 더 달콤한 꽃 이야기로구나
Thou still unravish'd bride of quietness,
Thou foster－child of silence and slow time,
Sylvan historian, who canst thus express
A flowery tale more sweetly than our rhyme

"더럽혀지지 않은(unravish'd)"이라는 말에는 분명 아이러니가 있다. "Ravish"는 "빼앗다, 강제로 탈취하다"라는 뜻이다. 만약 엘긴 경과 같은 사업가들이 고대 유물들을 강제로 약탈하지 않았다면, 키츠는 그것들을 보지 못했을 것이다. 하지만 "Ravish"는 또한 "강간하다"는 늣도 내포하고 있다. 어느 면에서 항아리는 수 세기 동안 순결과 순수함을 지켜왔다고 할 수 있다.

어떻게 그럴 수 있을까? 힌트는 "still"이라는 단어에 있다. 이 단어에는 "여전히" 혹은 "지금까지"라는 명백한 의미 외에도, "고요한" 또는 "정지한"을 뜻하기도 한다. 그리고 키츠의 시대에는 "항상, 영원히"라는 의미도 있었다. 이 의미들을 결합하면, 항아리의 순수함은 그녀가 고요하고, 정지해 있으며, 항상 존재한다는 데 있다는 것을 알 수 있다. 항아리는 시간의 흐름 속에서 기쁨과 슬픔에 영향을 받지 않는다. 그녀는 시간 속에서 지속하며, 세월을 거쳐 이 순간 시인의 눈앞에 나타났지만, 시간에 속하지 않는다. 그녀는 시간과 함께 있지만, 그 기원은 시간 밖의 세계에 있는 "시간이 기른 아이"이다.

키츠의 그리스 항아리 투사

또한, 세 번째 줄에서 항아리는 "역사가"로 묘사된다. 비록 침묵하고 있지만, 그녀는 시보다 더 웅변적이다. 이는 항아리의 측면을 장식한 고대 생활과 신화 장면들을 암시한다. 그 장면들에는 신과 인간이 억지로 떠밀며 처녀들을 쫓고, 화가가 그린 음악가들이 배경 음악을 제공하며, 모든 장면이 꽃과 잎으로 연결되어 있다.

그대의 자태를 감싸고도는 잎의 전설은 무엇인가 …
신들의 일인가 인간의 일인가, 아니면 둘 다인가.
템페의 골짜기인가 아니면 아르카디아 언덕인가?
이들은 어떤 사내들과 신들인가? 처녀들은 왜 달아나려 하는가?
이 얼마나 간절한 구애이며 필사적인 도피인가?
공중을 가로지르는 피리 소리와 북소리
얼마나 미칠 듯한 환희인가?*

다음에 나오는 몇몇 스탠자에서 우리는 산, 강, 마을, 거리, 암소를 제물로 바치는 사제, 그리고 가장 인상적인 장면인 욕망의 대상을 따라잡기 직전 정욕에 찬 청년의 모습이 그려진 그림을 보게 된다.

과감한 연인이여,
그녀를 바싹 추격하더라도
결코, 결단코 그녀에게 키스할 수 없으리.
그러나 슬퍼 말라.
그대 비록 크나큰 기쁨은 얻지 못할지라도
그대의 연인은 빛바래는 일 없으므로
영원히 사랑하게 될지니 …
그녀는 영원히 아름다울 것이다!

이것이 이 시의 에피파니(깨달음)이다. 항아리의 표면에서 사는 인물들은 소음, 움직임, 추격, 두근거리는 맥박, 욕망의 강탈 등 긴박한 활동에 몰두하고 있다. 그들의 관점으로 보면 이런 일들은 시간 속에서 일어나는 일련의 좋은 일과 나쁜 일, 한마디로 인생 자체이다. 하지만 여기 항아리 표면 밖의 우리는 더 높은 관조적 위치에

---

* 여기서 북은 탬버린을 의미한다. 북(Timbrels)는 성경 등 고전 문학에서 흔히 사용되는 용어로, 탬버린과 유사한 악기를 가리킨다. 탬버린은 손에 들고 흔들거나 두드려서 연주하는 악기로, 주로 종교적인 축제나 음악에서 사용된다.

서 한꺼번에 조망하기에, 모든 것이 좋으면서 동시에 아름답다. 그들의 세계에서는 서로 반목할지 모르는 암소와 암소를 도살할 사제, 정숙한 처녀와 그녀를 쫓는 발정난 총각이 모두 조회로운 구성물: 한마디로 예술이다.*

이 예술 작품은 모든 의미에서 정물화이다. 인물들은 움직이지 않고, 시간을 초월하여 존재하며, 늙거나 변하지 않고, 젊음을 영원히 간직하고 있다. 심지어 파이프를 불고 북을 두드리는 음악가들조차 모두 침묵하고 있다.

> 들리는 멜로디는 아름답다. 그러나
> 들리지 않는 멜로디는 더욱 아름답다.
> 그러니 … 어서 …
> 부드러운 피리여, 계속 불어라.
> 감각의 귀에 불지 말고
> 사랑의 친밀함에 불어다오 …
> 영혼을 향해 소리 없는 노래를 불러다오 …

여기서 다르마에 대해 진지하게 다뤄보자.

예술적 관조라는 높고 선한 관점에서 삶을 경험하면 삶은 달리

---

* "성적 추구(즉, 강간 시도)는 당연히 이제는 예술적 축하의 대상으로 여겨지지 않는다"는 의미다. 이 문장은 과거에 예술 작품에서 성적 추구나 강압적인 행위가 경쾌하게 묘사되었던 것과 달리, 현대에는 그러한 묘사가 부적절하고 비윤리적인 것으로 인식된다는 점을 지적하고 있다.

보일 뿐만 아니라 더 고양되어 보인다. 고요하게 시간을 초월한 멜로디는 다양한 멜로디가 내는 선율보다 더욱 달콤하고 사랑스럽다. 그 고양된 관점은 그림을 본 적이 없는 사람에게는 전달될 수 없는 미묘함을 지니고 있다.

이 미학적 관점은 영적 관점과 융합된다. "소리가 없는 노래"와 같은 침묵의 소리는 탄소 기반의 "감각적 귀"로 들을 수 없다. 그것들은 "영혼에게" 연주된다. 예술이 부여하는 시간 너머의 불멸성—모든 젊고 활기찬 그리스 청년들과 여전히 정복되지 않은 처녀들의 시들지 않는 아름다움—은 깨달은 성인들이 전달해 준 불멸의 영역을 암시한다. 그 영역은 항상 바로 여기에, 당신의 의식 속에 존재한다. 소리가 없는 노래를 듣기 위해 내면을 들어보라. 선이나 색이 없는 그림을 내면에서 보라. 질감이나 형태가 없는 조각을 내면에서 느껴보라.

이 미학과 영적 융합은 시의 결말에서 명확해진다. 키츠는 다시 항아리에게 말을 걸며, 자신의 세대가 사라진 후에 어떻게 미래 세대들을 고양高揚시킬 것인지 생각한다.

이 세대가 늙음에 쇠하게 될 때,
우리 세대보다 더 큰 고난의 한 가운데서도
너는 남아 있을 것이다.
너는 인간에게 친구가 되어 말할 것이다.
"아름다움은 진리이며, 진리는 아름다움이라고.
—이것이 지상에서 알고 있어야 할 모든 것,

그리고 알아야 할 모든 것이다"라고.—

미지막 연에서, 항아리는 마침내 답을 하고, 그 내용은 1819년 이후로 계속해서 논의를 일으키고 있다. 그것은 너무도 포괄적이며—상식적으로는 잘못된 것처럼 보일 수 있다. 상식적으로 말한다면 삶은 아름다움으로 가득 차 있지 않고, 오히려 몹시 추악한 고통과 쇠퇴로 가득하다: 부당함, 질병, 노화, 죽음. (키츠의 삶을 보라.) 그렇다, 자연의 아름다움은 존재하지만 덧없다: 청춘이 사라지고, 꽃이 시들어간다. 아름다운 것은 위대한 능력과 인내심으로 구성될 뿐이다. 정확히 그것들은 실제의 삶이 아닌 가공물이기에 아름다운 것이다. (키츠의 작품을 보라.)

이것은 다르마적인 대답이 필요한 강력한 반론이다. 키츠의 진리와 아름다움이 같다는 등식은 삶을 피상적으로 인식할 때는 잘못된 등식이다. 오직 관찰자의 높은 시선으로 관조할 때만 아름답고 우아한 삶의 완전성이 드러난다. 항아리 겉 표면의 인물들처럼 말이다. 엘리엇이 E.T.에게 이별 인사를 건네는 장면에서 우리는 그와 함께 운다. 그러나 영화의 결말을 바꾸지 않는다.

고대의 깨달음 공식은 키츠가 말하는 진리의 공식과 밀접하게 연결된다. 베단타 철학에서 이 공식을 sat=chit=ananda라고 한다. 첫 번째 용어인 sat는 순수한 실재, 존재, 진리를 의미한다. 세 번째 용어 ananda는 끝없는 행복, 무한한 환희, 즉 삶을 모든 것이 '완벽하게 괜찮은 것'으로 인식하는 행복감을 뜻한다. 그리고 중간 용어인 chit는 순수한 자각, 의식이며, 이 둘을 연결한다. 이 공식은 순수한 자각이 방해받지 않을 때만 작동한다—진리가 아름다움으로, 실재가 행복으로 인식되는 것이다.

키츠의 시들은 이러한 높은, 영원한 시각을 담고 있다. 또한 그의 시들은 표면적으로 그의 인생 사건을 반영하기도 한다. 예컨대, 키츠는 항아리를 '기른 아이' 또는 '다른 세계로부터 온 피난민'으로 묘사하는데, 이는 그가 어린 시절에 경험했던, 마음이 맞지 않았던 보호자의 손에서 자란 고아로서의 과거를 암시한다. 또 한편으로, 열렬하지만 결코 소유할 수 없는 사랑은 그의 연인 패니 브론에 대한 좌절된 사랑을 반영하기도 한다. 하지만 위대한 예술을 단순히 일기의 형태로 축소하는 것은 실수이다. 키츠는 항아리라는 이미지 속에서 삶의 결정적인 모델을 우리에게 제공한다: 백 퍼센트 바쁘고 시끄럽고 다양한 활동이 존재하면서도 동시에 백 퍼센트 고요한 상태를 말이다. 이는 『이샤 우파니샤드』의 구절에서 2천 년 전에 이미 제시된 모델과 동일하다: "옴 푸르남 아다 푸르남 이담." "옴 저것은 충만하다, 이것도 충만하다." 비가시적 존재는 충만하고, 완전하며, 전체이고, 가시적 우주 또한 충만하고 완전하며, 전체이다.

이것은 또한 삶의 충만함을 깨우치는 명상의 결정적인 모델이기도 하다. 사람들은 일반적으로 생각을 억누르는 방식으로 명상을 시도한다. 자신의 감정과 열정을 억누름으로써 깨달음을 얻거나 영적인 존재가 되려고 한다. 하지만 생각들은 인생의 음악, 그 파이프와 울림이다. 실수는 파도를 때려 눌러 바다를 고요하게 만들려는 것처럼 고요를 인위적으로 창조하려는 데 있다. 파도는 반드시 존재해야 한다. 파도는 수면의 본질이기 때문이다. 다행히도 심연의 본질은 수면이 아무리 요동쳐도 항상 고요하다. 따라서 명상은 표면을 있는 그대로 두고 근본적인 고요함이 우리를 끌어당기도록 내버려두는 것을 의미한다. 눈을 감은 상태에서 고요함을 발견했다면(창조한 것이 아니라), 눈을 뜨고 소음 속에서 고요함을 찾는 것도 점점 쉬워질 것이다.

명상과 고요함을 추구하는 키츠의 사유는 1818년 그가 형제들에게 보낸 편지로도 확인할 수 있다.

> 바로 그때, 문학에서 특히 중요한 업적을 이루는 사람의 자질, 특히 셰익스피어가 매우 많이 지니고 있던 자질이 무엇인지 깨달았다. 즉, 불확실성을 수용하는 능력(Negative Capability)*을 의

---

* Negative Capability는 19세기 영국의 낭만주의 시인 존 키츠(John Keats)가 제안한 문학적, 철학적 개념이다. 그는 1817년 동생에게 보낸 편지에서 이 용어를 처음 사용하며, 위대한 작가가 갖추어야 할 중요한 자질로 설명했는데 Negative Capability란 불확실성, 미지未知, 모호함 속에서도 불편함을 느끼지 않고 그것을 있는 그대로 받아들이는 능력을 뜻한다. 네거티브 캐퍼빌리티(negative capability)는 우리말로 번역하기 상당히 애매한 단어이다. 반 능력? 부정 능력? 그 어떤 것으로도 표현이 묘연하다. 능력이 플러스 축으로의 이동이라면 반 능력은 마이너스 축으로의 이동이다. 즉 어떤 일을 도모하려 애쓰는 것에서 오히려 반대로 힘을 가한다는 뜻이다. 이 글에서는 '네거티브 캐퍼빌러티'라는 원 단어를 그냥 사용한다. 키츠는 이러한 능력

미한다. 이는 어떤 사람이 불확실성, 신비, 의심 속에서도 사실과 이성을 성급하게 탐구하지 않은 채 거기에 머무를 수 있는 능력을 말한다.

키츠가 불확실성을 수용하는 능력을 발견한 것은 서양의 주요 창작 예술가가 동양의 관조 예술의 중심 전략을 독자적으로 발견했다는 점에서 큰 의미가 있다. 중국 도교에서는 이를 “하지 않음”을 뜻하는 무위無爲라고 한다. 우리는 그런 능력을 가졌고 기꺼이 그렇게 될 수 있어야 한다. 예측하지 않고, 해석하지 않고, 무엇이든 자신에게 다가오는 것을 있는 그대로 경험하는 것, 익히지 않은 날것 그대로의 경험을 경험하는 것이다. 이것이 바로 키츠가 종종 매우 ‘감각적인’ 시인으로 여겨지는 이유이다. 그는 감각에 과도하게 몰입하는 것이 아니라, 사고하는 마음을 흐릿한 필터로 우회하기 때문에 자연스럽게 색과 소리, 질감과 맛을 인식하며, 다른 사람들이 고조된 감각(초현실적이거나 환각적 경험)이라 부르는 것도 그대로 인식한다. 그는 그것을 아름다움이라 부른다.

네거티브 캐퍼빌리티(negative capability)는 명상하는 방법이며, 키츠가 설명한 것처럼 “통달한 사람”이 되는 방법이다. 물론 시를 쓰든 주식 포트폴리오를 관리하든 자기 분야의 기술을 습득하고

이 셰익스피어(Shakespeare) 같은 위대한 작가들의 특징이라고 보았다. 셰익스피어는 작품 속에서 명확한 도덕적 판단을 제시하거나 모든 갈등을 단순한 이분법으로 풀기보다는, 인간 경험의 복잡성과 모순을 있는 그대로 드러냈다.

적용하기 위해 노력해야 한다. 하지만 많은 사람이 기술만 습득한다. 무위는 기술과 천재성의 차이를 만들어내는 특별한 소스이다. 살리에리와 모차르트, 또는 키츠와 종종 함께 묶이는 다른 낭만주의 시인들 사이의 차이일 수도 있다.

정의하면, 자신의 예술이나 철학, 투자 전략에 동화되어 있는 것은 익숙해진 것이고, 이미 지나간 이야기다. 한 번도 가본 적 없고 아무도 가보지 않은 곳으로 가려면 '미스터리, 불확실성, 의심'에 빠져들고 그곳에서 휴식을 취해야 한다. 그러한 신비가 마치 폴라로이드 필름처럼 눈앞에서 사진으로 현상되면, 그 신비를 자신의 시스템에 동화시킨 다음 새로운 땅에 발을 딛고 다시 도전할 수 있다.

숭산 스님의 말씀처럼 "오직 모를 뿐"이다. 제인 구달은 야생 침팬지의 행동에 대한 획기적인 발견을 할 수 있었던 것은 모른다는 사실, 그리고 그것에 만족했기 때문이다. 그녀는 상사인 루이스 리키 박사의 사무실에서 비서로 시작했는데, 과학에 대한 배경지식이 전혀 없는 그녀를 탄자니아의 정글로 보낸 것은 바로 루이스 리키 박사였다. 그녀는 선입견이 없었다. 그리고 그녀는 인내심을 가지고 몇 시간이고 며칠이고 혼자 고요히 앉아 침팬지들을 먼발치에서 그저 존재 자체로 관찰하다가 침팬지들이 스스로 가까이 다가와 그녀를 자신들의 삶으로 맞이할 때까지 기꺼이 기다렸다. 이를 통해 그녀는 침팬지의 행동을 미리 짜진 이론에 맞추지 않고 있는 그대로 보고 기록할 수 있었다.

물론 시인이나 모든 예술가는 과학자보다 한 가지 큰 장점이 있

다. 키츠는 한 걸음 더 나아가 다음과 같이 덧붙인다:

> 위대한 시인은 아름다움의 감각으로 다른 모든 생각을 날려버리거나, 모든 생각을 일소에 지워버린다.

큰 아름다움은 사소한 생각들을 날려버리고 지워버린다.

'무위(아무것도 하지 않는 것)'야말로 창의적 천재성을 발휘하는 열쇠이다. 아무도 아닌 사람이 되는 것도 마찬가지다. 키츠는 또 다른 편지에서 시인은 "자아도 없고", "성격도 없고", "정체성도 없고", "모든 것이면서 아무것도 아니다"라는 자신의 신념을 밝힌다. 앞서 살펴본 바와 같이 불교에서는 우리 안에 견고하고 분리된 '나'가 없고, 작은 운전대를 잡은 운전자도 없으며, 그저 빛나고 열린 인식의 공간만이 존재한다고 말한다. 그리고 그런 인식을 '무아'라고 부른다. 이것이 바로 자유의 공간이다. 한 가지 색을 고집하지 않고 언제든 주변 환경에 어울릴 수 있는 카멜레온처럼, 시인 키츠는 "비천하든 고귀하든, 높든 낮든, 부유하든 가난하든" 그 누구와 무엇이든 자유롭게 즐기고 공감할 수 있다.

로마로 향하는 한 달간의 끔찍한 항해 중에 병마에 시달리던 키츠는 셰익스피어의 시집의 빈 페이지를 이용해 패니 브론을 향한 그리움의 소네트 마지막 본을 필사했다. 그녀를 더는 소유할 수 없고 다시는 볼 수 없다는 생각이 들었던 모양이다. 건강이 악화되기 시작하던 때, 그들은 비공식적으로, 그리고 절망적으로 약혼을 했고, 그는 몇 달 전부터 시를 쓴 듯하다. 아마도 시를 적을 곳이 필요했을지 모르지만 셰익스피어의 작품과 나란히 놓여 있어도 전혀 어색하지 않을 만큼 탁월하다.

이 시는 사랑하는 사람을 직접적으로 언급하지 않는다. 마치 너무 괴로운 일인 것처럼 말이다. 대신 굳건하고 밝은 별을 향해 말한다. 키츠는 북극성 폴라리스를 염두에 두었을지 모른다. 북극성은 하늘에서 움직이지 않는 유일한 천체로, 길을 잃은 여행자를 집으로 안내하는 역할을 한다. 하지만 폴라리스는 꽤 희미하다. 어쩌면 달을 제외하고 밤하늘에서 가장 밝은 천체이자 사랑의 여신인 금성, 아름다운 저녁별을 의미했을지도 모른다. 하지만 저녁별은 해가 진 후 서쪽 지평선 아래로 가라앉기 전 잠시만 빛나며, 평범한 인간의 사랑과 아름다움처럼 덧없는 것이다. 키츠는 금성과 북극성의 특성을 결합하여 인간의 한계를 넘어 영원히 지속되는 눈부신 행복, 즉 아름다움과 사랑이라는 시적 이상을 표현했다.

> 밝은 별이여, 네가 그러하듯 나도 변치 않는다면 좋으련만—*
> 고독한 빛으로 밤하늘에 높이 걸려
> 영원히 눈꺼풀을 열어두고 지켜보는
> 강한 인내심으로 잠들지 않는 자연이라는 은둔자처럼,**

---

* 나는 그것을 원한다.

** 은자, 수도승.

물결이 제사장 같은 임무를 수행하면서
인간의 해안을 맑게 정화하는 것을,
혹은 산과 황야 위에 새롭게 떨어지는
그 부드러운 흰 눈의 가면을 응시하면서.

이 시의 여덟 줄(옥타브)은 명백히 반 능력(negative capability)의 산물이다. 이 이미지들은 키츠의 넘치는 자각으로 그려져 있으며, 머리로는 떠올릴 수 없을 만큼 영감이 생생하다. 별을 자연 속 불면의 은자처럼 묘사하고, 인간으로 북적이는 세상을 물로 정화하고, 부드러운 눈으로 덮일 산과 황야로 묘사한다. 키츠는 자신의 투명한 직관 속에서 우주에서 지구를 본 것처럼, 마치 아폴로 우주비행사들이 150년 후에 그것을 보고 사진으로 찍듯 하는 것이다. 그는 우리에게 지구의 빛나는 아름다움을 보게 할 뿐만 아니라, 우주 밖

에서의 고독하고 먼, 차가운 느낌까지 느끼게 해준다.

그래서 첫 번째 줄에서 "않는다면"이라는 단어를 사용한다.—그래, 나는 별처럼 한결같기를 원하고, 별처럼 냉담한 고독은 원하지 않아 여기서 키츠는 자신의 시와 의식적인 작별을 고하고 마침내 그리스 항아리의 관찰자 또는 "용감한 코르테즈"가 산봉우리에서의 내려보는 시각을 포기한다. 이제 내려올 때가 된 것이다—그러나 그럼에도 굳건하게 남는다. 어째서?

이것이 아래 있는 마지막 연의 주제이다. 매우 섬세하고 정교한 언어 장난으로, 시의 시작부인 "아니다"를 "아니—여전히"로 끌어 늘리면서 말이다.

아니—여전히 굳건하고, 여전히 변함없이,
내 사랑스런 연인의 성숙한 가슴을 베개 삼아
머리를 기대고
그 부드러운 떨림과 부풀어 오름을 느끼며
달콤한 안달 속에서 영원히 깨어 있다면.

아, 해결책이 있다. 밝은 별의 천체의 불멸성은 주되, 지상으로 내려오게 하는 것이다. 사랑하는 연인의 가슴에 머리를 얹고 거기서 영원히 있는 것이다. (실제로는 물론, 15분 후에 당신의 팔은 저리게 되겠지만, 이것은 시다.) 별이 행성의 움직이는 물과 차갑고 "부드럽게 떨어진 눈의 가면"을 지켜보듯이, 그녀가 자는 동안 그녀 숨결의 움직임, 따뜻한 가슴의 "부드러운 떨림과 부풀어 오름"

을 지켜보는 증인이 되게 해 달라는. 내리는 눈은 물론 떨어지기만 한다; 여기에 "부풀어 오름"이라는 덧붙은 단어는 죽어가는 시인에 대한 일종의 부활에 관한 소망을 암시한다. 불멸성을 여기서 찾게 하라. 사랑의 숨결을 "영원히 느끼게" 하고, "영원히 깨어" 있도록, 서서히 약해지던 숨이 어떻게든 그녀의 숨에 의해 유지되도록 말이다.

아마도 이 감동적인 호소는 실제 들을 때만큼 환상적으로 들리지는 않을 것이다. 깊은 의미에서의 사랑은 단지 순간적인 인간의 감정이 아니다. 감정으로 인식되는 것은 관계의 창문을 통해 초월적인 것을 힌트 삼을 때다. 우리가 그것의 '후우우시' 소리에 감격할 때, 어느 정도로는 시간과 몸에서 휩쓸려 나와, 필멸이라는 운명 밖으로 벗어난다. 우리는 분리감을 벗어나, 사랑하는 이와 나의 거리가 제로로 줄어드는 시점보다 더 가까운 친밀감 속으로 들어간다.

우리는 이 친밀함을 소네트의 결말 커플릿에서 볼 수 있다:

고요히, 고요히 그녀의 연약한 숨소리를 듣고 싶어,
영원히 그렇게 살거나—그럴 수 없다면 기절하듯 죽으리.

"고요히, 고요히." 여기 다시 한번 그 중요한 단어가 등장한다. 이제는 절박하게 반복되며, 모든 단어의 의미가 농축된다. 고요함: 침묵하고, 나의 사랑하는 이의 섬세한 숨소리를 듣기 위해 고요히 있다. 정지: 움직이지 않고, 그녀의 잠을 깨우지 않기 위해 움직이지 않고, 그리고 그곳을 떠나고 싶지 않다. 지금까지: 나는 가만히 여기에 있다, 젠장—아직 죽지 않았고 항상, 영원히: 죽음에 도전한다, 우리를 떼어 놓은 잔인한 운명에 도전한다, 삶의 한계에 도전한다. 시의 초월적인 마법을 통해, 그리고 초월의 시적인 마법을 통해, 당신과 함께 여기 있고, 당신과 융합되어 있으며, 항상 여기에 남을 것이다. 고요히, 여전히.

이 부분은 정말로 가슴 아픈 순간을 묘사하고 있다. 키츠의 격정적이고 비극적인 짧은 삶이 마지막에 "죽음"이라는 단어로 끝난다는 것은 깊은 감정을 자아낸다. 그러나 이것은 이야기의 절반에 불과하다. 키츠는 "아름다움이 진리이고, 진리가 아름다움이다"라는 대담한 등식과 마찬가지로, "그래서 영원히 살거나—아니면 기절하듯 죽어버리리"라는 말로 삶과 죽음의 경계를 무너뜨린다. 키츠는 사랑이나 아름다움에 깊이 몰입했을 때, 우리가 충분히 고요해지면 초월적인 상태에 이른다는 것을 알고 경험했다.

그곳에서는 나와 너의 경계가 사라지고, 가까움과 멀어짐, 얻음과 잃음, 기쁨과 절망, 삶과 죽음의 구분이 모두 녹아 없어진다. 모든 구분이 사라지는 그곳으로 "기절"하듯 몰입하게 되는 것이다. 살아있든 죽어 있든 그것은 중요하지 않으며, 우리는 그저 하나의 거대한 "기절" 속으로 빠져들고, 그 기절은 곧 사랑이다.

12. 북쪽이 아니라, 위로

에드윈 애벗 애벗 • 플랫랜드

『플랫랜드』*를 뭐라고 부를까? 이상한 중편 공상 과학 소설 … 아니면 판타지 수학여행 … 또는 환각적인 기하학 여행 … 이라고 말할 수 있을까. 이 책은 『허클베리 핀』과 최초의 에스프레소 머신, 코니아일랜드 최초의 롤러코스터, 영국 최악의 지진, 다우존스 평균 지수가 탄생한 바로 그해인 1884년, 백 페이지 분량의 익명으로

* 플랫랜드(platland)—즉 2차원의 평면 국가를 의미한다. 이 책에서는 '평면국' 혹은 '플랫랜드'라고 호칭하겠다.

출판되었다.

저자인 에드윈 애벗은 존경받는 고전학자이자 성공회 사제였으며, 미래의 촉망받는 총리라는 기대를 받았고, 수천 명의 영국 소년들의 지적, 도덕적 교육을 맡았던 런던 시립학교의 존경받는 교장이었다. 그는 50권이 넘는 책을 썼는데 주로 『품사 구분법』과 같은 건조한 교과서나 「네 가지 복음서(The Fourfold Gospel)」 같은 종교적 논문이었다. 지금은 그의 첫 작품인 『플랫랜드』를 제외하고는 거의 잊히고 말았다.

책 제목이 쓰인 원본 겉장에 따르면, 이 책의 저자이자 서술자는 "사각형(A Square)"이다. 이것은 수학적 말장난처럼 보일 수도 있다. 애벗에게는 같은 이름의 사촌 형제가 있었다. 그래서 그의 부모는 그의 이름을 에드윈 애벗 애벗이라고 지어주었다. 이로써 그는 A2라고 불리게 되었다. 하지만 서술자는 말 그대로 사각형이다. 11×11인치, 2차원 평면에서 사는 네 변의 등변사각형이며, 처음에는 2차원 이외의 더 큰 현실 개념은 가지고 있지 않았다.

> 내가 우리 세계를 플랫랜드라고 부르는 것은, 우리가 그렇게 불러서가 아니라, 공간에서 사는 특권을 지닌 행복한 독자인 당신들에게 그 특성을 더 명확하게 이해하도록 하기 위함이다. 직선, 삼각형, 사각형, 오각형, 육각형 및 다른 도형들이 고정된 자리에 있지 않고 자유롭게 움직이는 거대한 종이 시트를 상상해 보라. 그것들은 표면에서 자유롭게 움직이지만, 위로 올라가거나 아래로 떨어질 수 있는 능력은 없다. 그들은 그림자처럼

> 매우 단단하고 빛나는 가장자리를 가지고 있다. 이것이 바로 내 나라와 내 동포들에 대한 꽤 정확한 개념이다. 아쉽게도 몇 년 전까지는 나는 그것을 "나의 우주"라고 말했다. 하지만 지금 내 마음은 더 높은 시야로 열려 있다.

『플랫랜드』를 이론적 사유로 본다면 재미있지만, 우리같이 다르마를 추구하는 이들에겐 '사물을 더 높은 관점으로 볼 수 있도록 마음을 여는 것'이라는 말은 코끝을 찡하게 한다. 여기에 순수하게 이론적인 것이 아닌 다른 무언가가 있지 않을까? 이 친절한 빅토리아 시대의 신사가 어떤 특이한 경험에 빠져서 이 기묘한 모험담을 쓰긴 했지만 자신의 이름을 거론하는 것은 거북했던 것일까?

책의 전반부인 '이 세상'에서 애벗은 2차원에서의 삶이 어떻게 작동할지 상상한다. 예를 들어 1센트 동전과 우표를 테이블 위에 나란히 올려놓으면 큰 문제 중 하나가 명확해진다. 위에서 보면 동전은 분명히 둥글고 우표는 직사각형이다. 동전에는 프랭클린 루즈벨트의 사진이 있고 우표에는 국기가 그려져 있을 것이다. 그러나 눈을 테이블 높이까지 낮추고 옆면에서 물체를 보면 둘 다 직선처럼 보인다. 그들의 모양뿐만 아니라 내부 특징인 루즈벨트와 국기는 시야에서 숨겨진다. (그들은 안개, 가변적인 광도, 그리고 서로의 각을 공손히 만져보는 방법으로 서로의 모양을 구분하는 정교한 방식을 가지고 있다.)

애벗(Abbott)은 이 2차원의 세부 사항을 구체화하면서, 3차원 사회, 특히 영국 계급 제도의 속물근성을 풍자할 매력적인 기회를 계속 찾아낸다. 『플랫랜드(Flatland)』에서는 당신의 위치—즉, 당신의 계급—는 태어날 때부터 당신의 모양에 의해 결정된다. 변과 둔각의 가을 더 많이 가질수록 높은 지능과 지위를 나타낸다. 이등변 삼각형으로 이루어진 "예각의 천민"들은 병사(필요할 때 다른 사람들을 찌르기에 매우 적합)이며 가장 낮은 계층의 노동자들이다. 사각형과 오각형은 전문직과 신사 계급이다. 육각형 이상은 귀족 계급에 속한다. 변이 너무 많아 세지 못할 정도가 되면, 그들은 "다각형(Polygonal) 또는 다변형"이라는 명예로운 칭호를 받는다. 그리고 마침내 그들의 변이 너무 작아 보이지 않게 되면, 그들은 궁극적인 지위인 원형(Circle) 또는 사제(Priest)의 지위에 오른다. 이것이 플랫랜드의 상황이다.

하층민들은 본래 선동적 반란에 쉽게 빠지는 성향이 있지만, 원(circle) 계층은 소수의 반란자들에게 뇌물을 주고 나머지 대중들 사이에 "질투와 의심"을 심어 서로 싸우게 함으로써 그들을 조종한다. 하층민들은 서로 각을 맞대 싸우다가 스스로 파멸에 이르게 된다. 중산층은 점진적 진보의 약속으로 통제된다. 그들은 사각형 계급에서 시작해, 세대를 거듭할수록 점차 상승할 수 있는데, 매 세대의 아들은 아버지보다 한 변이 더 많은 도형으로 태어난다.

하지만 여성들은 면을 적용할 필요가 없다: 세대가 지나가도 그녀들은 여전히 직선으로 남기 때문이다. 그들의 존재는 남성에게 두려움을 일으킨다. 여성은 군인보다도 훨씬 더 날카로워서 다른 도형을 정면으로 마주했을 때 거의 보이지 않을 정도로 스스로를 투명하게 만들 수 있다. 이 치명적인 닌자의 힘을 제어하기 위해

'얇은 성별(the Thinner Sex)'의 여성들은 입이 붙은 앞쪽 끝에서 '평화의 외침'을 계속 홍얼거리고, 뒤쪽 끝에서는 우아하게 물결치는 동작을 유지해야 한다. 우리 사회의 여성들에게 이 모든 것은 고통스러울 정도로 친숙하게 들릴지 모른다. 여성들은 무해하고 예쁜 존재라는 것을 보여주기 위해 여성스러운 수다를 유지하고, 어떤 식으로든 엉덩이를 우아하게 흔들도록 강요받으니 말이다.

여성의 몸으로 태어난 이상 어쩔 수 없다.

> 그들은 … 두뇌 능력이 전혀 없으며, 반성, 판단력, 예지력이 없고 기억력도 거의 없다. 따라서 분노에 휩싸였을 때, 그들은 논점이 무언지 어떤 차이가 있는지 인식하지 못하다. 실제로 한 여성이 가족 전체를 몰살시킨 후 분노가 끝나고 파편이 휩쓸고 간 30분 후에 남편과 아이들은 어떻게 되었냐고 물어보는 사례를 본 적이 있다.

이와 같은 구절로 애벗은 성차별주의자라는 비난을 받기도 했지만, 이는 저자와 화자를 동일시하는 오래된 오류이다. 여성에게 더 많은 교육 기회를 제공하고자 했던 애벗은 이 소설에서 성차별을 비롯한 후진적 사회 태도를 풍자하고 있다. 사각형은 "플랫랜드의 귀족적 체제가 신성하게 기원한 것"이라는 신념과 "자신의 형상에 따르라"는 사제들의 교리를 맹신함으로써 스스로를 고발하는 셈이다. 이 교리는 곧 자신의 형상이 규정하는 자리와 역할에 충실하라는 의미이니까.

사각형의 좁은 세계관은 바로 책의 두 번째 부분인 “다른 세계”로 넘어가는 발판이 된다. 여기서 이야기는 한층 더 기이해진다. 먼저, 사각형은 꿈에서 선의 나라, 즉 일차원 세계를 본다. 그 세계는 하나의 연속적인 선으로, 그 안에 짧은 선들(남자들)과 점들(여자들)이 배열되어 있다. 이 중 한 선은 자신이 직선국의 왕이라고 자랑스러워하며, 우주의 지배자라고 생각한다. 그는 자신이 바라보는 모든 것의 왕임을 기뻐하고, 실제로 그 세계가 얼마나 제한적인지는 전혀 알지 못한다.

사각형은 왕에게 이차원 개념을 깨우쳐 주려 하지만, 왕은 자신이 무지하다는 것을 모른 채 더욱 깊이 빠져든다. 추수감사절 식탁에서 아는 체하는 삼촌처럼, 그는 확증 편향에 빠진 행복한 희생자이다. 그는 이미 믿고 있는 것을 확인시켜 주는 정보만 받아들이고, 자신의 협소한 무지의 영역을 위협할 수 있는 가짜 뉴스는 모두 차단한다. 사각형은 결국 좌절하여 외친다:

> 교만에 취한 존재야! 너는 자신을 존재의 완성이라고 생각하지만, 실제로는 가장 불완전하고 어리석은 존재야. … 더 많은 말을 낭비할 이유가 있을까? 내 존재를 덧대면 너의 불완전한 자아가 비로소 완성된다고 보면 될 거야. 너는 선이지만, 나는 내 나라에서 사각형이라고 불리는 선들 가운데 선이야. 심지어 나는 너보다 무한히 우월하지만, 플랫랜드의 위대한 귀족들 가운데서는 별로 중요한 존재가 아니지. 나는 네 무지를 깨닫게 하

> 려고 너를 방문했을 뿐이야.

하지만 안타깝게도 우리가 사는 세상에서도 보았듯이, 현실의 저항할 수 없는 힘과 기존의 인습적인 틀을 깨려는 부동의 대상이 만나면, 폭동이 일어나게 마련이다. 자신의 패권을 유지하기 위해 분노에 가득 찬 왕은 그의 신하들을 동원하여 침입자를 "마치 대각선으로 뚫을 기세로" 전쟁을 불사하라고 외친다. 바로 그때, 사각형은 꿈에서 깨어 현실로 돌아온다—그의 이차원 현실로. (블라디미르 나보코프는 현실을 "따옴표 없이는 아무것도 의미하지 못하는 몇몇 단어 중 하나"로 언급했는데 이것이 사실이다.)

다음날 밤, 집에서 휴식을 취하던 사각형은 갑자기 허공에 나타난 침입자에 의해 깜짝 놀라게 된다. 그것은 원 모양을 하고 기이한 방식으로 크기가 확장되었다가 줄어들었다가를 반복했다. 그 낯선이는 자신을 공간국 우주에서 왔다고 설명하면서, 사각형은 상상조차 할 수 없는 삼차원 구에 관해 설명하기 시작한다.

> 나는 원이 아니라, 하나의 점부터 지름 13인치의 원까지 다양한 크기의 무한 수의 원으로 이루어져 있어. 내가 지금 하는 것처럼 당신의 평면을 가로지르면, 당신은 똑바른 원이라고 부르는 단면을 보게 될 거야. … 이제 잘 보라구, 나는 떠오를 것이고 당신의 눈에는 내 원이 점점 줄어들어 마침내 한 점으로 사라질 테니.

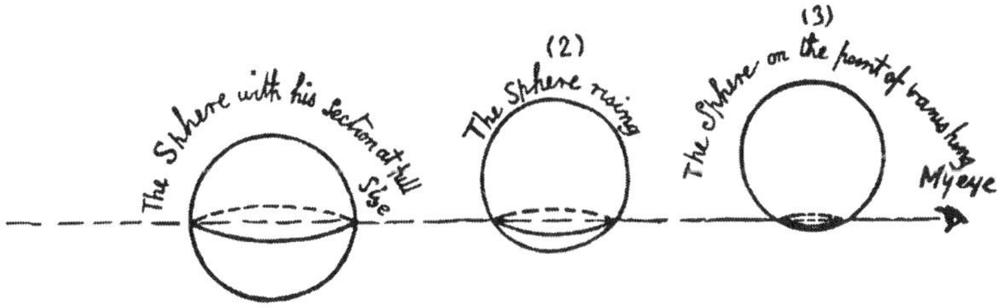

초판본에 대한 애벗의 그림:
"그의 단면이 전체 크기인 구 (2) 위로 상승하는 구
(3) 사라지는 지점에 있는 구 … 내 눈."

이번에는 사각형이 당황할 차례다. 그가 볼 수 있는 것은 크기가 변하면서 사라지는 원뿐이다. 그는 원들이 더 큰 무언가를 이루는 세 번째 차원을 상상할 수 없다. 구체가 이동하고 있다고 말하는 방향을 상상할 수 없다. "북쪽으로가 아니라, 위쪽으로"라는 방향은 평지의 동서남북에 동시에 수직인 방향이다. 심지어 구체는 그의 조감도에서 바라보는 플랫랜드의 풍경, 즉 사각형이 집에 돈을 숨겨놓은 곳이나 그의 이웃들이 무엇을 하고 있는지 등을 설명하지만, 사각형은 이를 전혀 추정할 수가 없다.

단순한 이론과 풍문만으로 더 넓은 시야를 갖기는 어렵다. 우리에게는 직접적인 경험이 필요하다. 사각형의 눈을 뜨게 하는 유일한 방법은 잠깐 여행을 떠나는 것임을 깨달은 구체는 그를 평지에서 끌어내어 공간으로 데려간다. 우왕좌왕! 여기서 사각형이 사용하는 모순적인 언어는 마치 뜻밖의 새로운 영역에 첫발을 내딛는 신비주의자들의 묘사와 놀랍게도 비슷하다:

형언할 수 없는 공포가 나를 찾아왔다. 어둠이 있었고, 그리고 졸도할 것 같은, 보는 것에 의한 것이 아닌 몹시 불쾌한 시각적인 느낌이 있었다. 나는 선이 아닌 선을, 공간이 아닌 공간을 보았고, 내가 아닌 내가 보였다. 간신히 목소리를 낼 수 있을 때, 나는 고통 속에서 큰 소리로 "이것은 광기거나 아니면 지옥이야"라고 비명을 질렀다. "아니, 둘 다 아니야"라는 차분한 대답이 공간에서 들려왔다. "이것은 지식이야. 삼차원이라고 하지. 다시 눈을 뜨고 천천히 바라보려고 해봐."

눈을 떠보니 그건 새로운 세상이었다! 눈앞에는 이전에 추론하고 추측하고 꿈꾸었던 완벽한 원형의 아름다움 … 아름답고 조화로운 무언가가—말문을 막히게 했다. 하지만 공간국의 나의 독자들은 그것을 구체의 표면이라고 부를 것이다.

더 놀라운 것들이 기다리고 있었다. 가이드의 안내를 따라, 사각형은 평면국(Flatland)을 훑어보며 놀라움을 금치 못한다: 마치 위에서 동전과 우표를 보는 것처럼, 위에서 바라본 도형들은 내부와 외부, 그리고 모든 면과 각도가 동시에 보였다. 한 번의 훑어봄으로 가깝고 먼 것—공간으로 높이 올라갈수록 더 넓은 평면국의 풍경을 볼 수 있었다. 이것은 심연의 끝에 다다르기 전까지는 미쳤다고 치부했을 지식의 종류였다.

그러면 …

어느 날 저녁, 집에서 편히 쉬고 있을 때 갑자기 희박한 공기 중에 튀어나온 불청객으로 깜짝 놀란다. 그 모습은 구 같아 보인다.

처음 봤을 때는 농구공 크기 정도로 방 가운데 떠 있다가 점점 수축하고 팽창한다. 얼마 후에는 점까지 줄어들었다가 사라진다. 그리고 다시 나타난다. 그래서 당신은 묻는다. "지기, 구야, 이게 무슨 일이야?" 그러자 그것이 대답한다.

"안녕! 사실 나는 하나의 구가 아니라 다양한 크기의 무한한 구들이 러시아 인형처럼 겹겹이 쌓여 있는 존재야. 내가 네 세계를 이렇게 가로지르면, 너는 나를 하나의 구로 보게 되는 거지. 이제 다시 네 세계에서 올라갈게; 네 입장에서는 내가 점까지 줄어들었다가 마침내 사라지는 걸로 보일 거야. 그럼, 잘 있어!" 그리고 사라진다.

그러더니, 다시 나타난다! 다시 점에서 시작해 계속 팽창하는 것을 보며, 당신은 다시 묻는다. "그러면 너는 도대체 뭐야?"

"나는 슬루그야—사차원의 둥근 물체지. 구가 원에 해당하듯이, 슬루그는 구에 해당해. 이해가 돼?"

"음, 잘 모르겠어. 네가 내 삼차원 세계에서 올라가면 어디로 가는 건데?"

"나는 위쪽으로 가는 게 아니라 신비의 방향(Binkward)*으로 이동해. 설명할께: 최근에 '플랫랜드'를 읽었지. 내 위치에서는 네 세

---

* "빙크워드(Binkward)"는 4차원의 새로운 방향을 나타내기 때문에 번역할 때 원래의 신비로운 느낌을 유지하면서도 그 의미를 전달할 수 있는 단어를 선택하는 것이 중요하다. 이 소설의 맥락과 의미를 고려하면, "빙크워드"를 "비밀의 방향" 또는 "신비의 방향"과 같은 표현으로 번역하는 것이 좋을 것 같다.

상이 훤히 보이거든. (참고로 클리블랜드에 계신 너희 엄마가 찾고 있는 TV 리모컨은 소파 쿠션 사이에 있고, 너는 아침에 먹은 두 번째 도넛을 소화하느라 어려움을 겪고 있지. 얘기가 좀 샜지만 말이야.) '플랫랜드'의 주인공에게 '구球'라는 단어는 처음에 지금의 '슬루그'(초구체)만큼이나 무의미한 단어였어. 위로 이동한다는 생각은 빙크워드(Binkward)가 너에게 그런 것처럼 그에게도 당황스런 일이었지. 그는 어떻게 삼차원이 '플랫랜드'의 동서남북과 동시에 수직적인 방향으로 존재할 수 있는지 알 방도가 없었고 가이드인 구가 그를 위로 끌어당기기 전까지는 상상조차 할 수 없었지. 이제 경험적으로 분명해졌을 거야. 사차원의 방향인 신비의 방향도 같은 방식으로 너희들의 동서남북, 아래, 위와 동시에 수직이야. 알겠니?"

"으음…"

"자, 정말 원해? (여기서는 클린트 이스트우드가 「더티 해리」라는 영화에서 했던 대사가 필요하군. "자, 정말 원해, 이 자식아?")

이 미결의 긴장감 속에서, 우리의 작은 이야기는 아쉽게도 삼차원적인 해설로 끝날 수밖에 없다. 단지 삼차원 해설자인 나는 빙크워드로의 여행이나 슬러그를 사차원 영광 속에서 보는 비전을 설명할 수 없다. 만약 당신이 초대를 수락한다면 볼 수 있는 그 비전을 말이다.

하지만 이미 빙크워드를 살짝 엿본 적이 있다면 어떨까? 우리

대부분은 일반적인 삼차원적 관점에서는 설명할 수 없는 방식으로 멀리서 사물을 파악한 경험이 있다. 친구나 사랑하는 사람이 곤경에 처해 있을 때 갑자기 느낌이 올 수도 있다. 나중에 그들은 전화를 걸어서 소식을 알린다. 당신은 그것을 감정이나 직관이라고 부를 수 있지만, 그것은 단지 이름일 뿐 아무것도 설명하지 못한다. 설명이라면 우리가 평면 표면을 뚫고 네 번째 차원의 전망점에 머리를 끼워 넣었다고 할까? 그것은 어쨌건 최소한 조금이라도 사차원에 접근한 것이라고 설명되지 않을까? 우리가 사는 평면의 표면을 뚫고 마치 공간국에서 평면국이 그렇듯, 우리 세계가 열린 책인 사차원의 유리한 지점을 향해 고개를 삐딱하게 내밀었다고 보면 어떨까?

때때로 우리는 아직 일어나지 않은 일들을 엿볼 수도 있다. 말하자면 아직 삼차원 평면을 통과하지 않은 사차원 물체의 일부를 본다고 할까? 아마도 여기를 통과하는 물체들이 모두 같은 방향으로 꾸준히 움직여서일 것이다. 구가 평면과 교차하면서 꾸준히 위로 이동하는 것처럼 말이다. 그렇다면 그것은 반복적으로 성장하고 수축하는 것으로 보이진 않을 것이다. 먼저 점으로 나타나 다음으로 최대 지름까지 꾸준히 성장한 후, 그 후 꾸준히 줄어들어 다시 점이 된다. 마지막으로, 평면국을 벗어나는 동안 그는 사라지는 것처럼 보인다. 이 경우, 사각형(Square)의 관점에서 구(Sphere)의 일부가 아직 플랫랜드(Flatland) 평면 아래에 있는 순간은 보지 못한 부분이며, 이는 미래에 해당한다. 평면국 위로 올라가 있는 부분은 이미 본 것이고, 이는 과거가 된다. 평면국과 교차하는 원

(Circle)은 현재에 해당한다. 사각형이 원이 시간에 따라 변하는 다양한 상태로 보는 것은 사실 모두 삼차원 공간 속에서 통합된 하나의 전체로서 동시에 존재한다. 마찬가지로 슬루그(Sloog)가 빙크워드(Binkward) 방향으로 움직일 때, 아직 우리 삼차원 세계를 지나지 않은 부분은 미래이고, 이미 지나간 부분은 과거이다. 우리가 시간에 따라 변화하는 구의 다양한 상태로 보는 것은 사실 모두 4차원 공간 속에서 동시에 존재한다. 차원이 n인 공간에서는 (n+1)번째 차원이 시간으로 인식된다.

이제 … 만약 이것이 구와 슬러그뿐만 아니라 모든 것에 적용된다면 어떨까? 지금 보는 것들(책, 탁자, 의자)이 사실은 시간이 흐르면서 세 번째 차원의 단면을 지각하는 사차원 객체일 수도 있지 않을까? 물론, 그중 하나는 "당신"이다. 이 세상에 점으로 나타나서 어느 정도 성장한 후 어느 정도 시간이 지나면서 다시 줄어들어 사라지는 것 아닐까? 어떤 의미에서 실제로 그렇다. 당신은 미시적인 접합자로 시작해서 크기와 복잡도가 증가하고, 위에는 몇 가지 머리카락이 자라고, 가장자리에는 몇 개의 손톱이 나타나고, 기어다니고, 걷고, 놀고, 일하고, 시들어, 흙속으로 사라진다.

이제 세상의 모든 물체와 사람들을 상상해 보라. 그들의 복잡한 배치와 상호 작용을 모두 네 차원의 물건들로 생각해 보라. 서로에게 변화하는 세 차원의 단면을 보여주는 다양한 것이다. 과거를 보고 싶다면 어떻게든 자리에 덜 꽉 끼이거나 어떤 종류의 섬세한 다차원 탐지 장치를 사용하여 이미 지나간 단면을 "위쪽"에서 엿볼 수 있다. 미래를 보려면 아직 도착하지 않은 단면을 "아래쪽"에서 엿볼 수 있다. 이 모든 것이 자유의지 대 운명, 또는 아인슈타인의 시공간 연속체에 대해 무슨 의미를 갖는지 모르겠지만 말이다. 우리는 여기서 그냥 놀며, 상황을 조금 더 풀어보고, 더 큰 가능성에 열려 있는 것을 시도하고 있다.

더 넓게 생각해 보자. 애보트의 사각형은 삼차원 탐험의 정점에서, 그의 확장된 시야에 "취해서", 구의 면전에서 다음엔 반드시 사차원이 있을 거라 주장하며, 연이어 다섯 번째, 여섯 번째, 일곱 번째도 있을 것이라고 주장한다. "나의 황홀한 열망의 홍수를 억제할 수는 없어." 하지만 구에게는 삼차원이면 충분하며 그것이 이야기의 끝이다. 구는 기분이 상해서 무례한 사각형을 평면국으로 다시 던져버린다. 제자에게 스승의 보수적인 시야에 한계가 있다는 사실은 충격이다. 햄릿이 말했듯 세상에는 당신의 철학으로는 꿈도 꿀 수 없는 많은 것들이 있다. 당신의 n이 무엇이든, (n−1)에 갇혀 있는 사람들에 비하면 깨어 있는 것이지만, (n+1)의 세계에서는 문제가 된다.

이것만은 확실하다: 내가 떠날 때 — 초월로 빠져들 때 — 그 '떠남'은 공간과 시간에 얽매이지 않는다. 그곳은 북쪽, 남쪽, 동쪽, 서쪽, 위, 아래가 아니다. 그곳은 가깝거나 멀지도 않다. 그곳은 잠깐이거나 오래도 아니다. 그런 점에서, 흥미롭거나 지루하지 않고, 행복하거나 슬프지 않으며, 익숙하거나 낯설지 않다. 그것은 A.A. 밀른이 "Halfway Down"*에서 쓴 장소, 계단 중간에 있는 곳으로, 내려가

는 것도 올라가는 것도 아닌 곳이다:

그곳은 정말로
어디에도
없는!
어딘가 다른 곳!

그 의미에서, 그곳은 우리의 모든 공간, 시간, 생각, 감정 등의 방향과 동시에 직각을 이루며, 그 어느 것도 닿기지 않는다. 그것은 아무 곳으로도 가지 않으면서도 여기서 벗어나는 것이다.

그러면 … 에드윈 애벗 애벗(A2)은 자신만의 초차원적 또는 초월적 모험을 겪은 것일까? 우리는 그와 그의 친구들 사이에서 아인슈타인 이전임에도 사차원에 대한 일정 수준의 추측이 있었음을 알았다. 또한 가끔은 지적 추측이 더 확장된 현실을 엿보게 할 수 있다는 것도 알았다. 어쨌든, 그의 책은 단순히 이론적인 것 이상으로, 진정한 영적 경험의 향기를 풍기는 것 같다.

사실, 애벗은 이 영적 연결을 명확히 드러낸다. 구체적으로, 구가 사각형의 삶에 내려온 이유는 "천년에 단 한 번 전할 수 있는 삼차원의 복음을 위한 적합한 사도를 찾고 있었기에"라고 하면서. 사

---

* "Halfway Down"은 영국 작가 A.A. 밀른(A.A. Milne)이 쓴 시이다. 밀른은 곰돌이 푸(Winnie–the–Pooh) 시리즈로 잘 알려졌지만, 그의 시집 *When We Were Very Young*(1924)과 *Now We Are Six*(1927)도 유명하다. "Halfway Down"은 이 두 번째 시집에 수록된 시이다.

도들처럼, 사각형은 박해를 받는다. 결국 평면 세계의 고위층 사제들은 그동안 초차원으로부터의 방문에 대해 모두 알고 있었으나, 그 지식을 수천 년 동안 억압하고, 삼차원의 언급을 모두 이단으로 낙인찍었다. 왜 그랬을까? 대중을 공포에 떨게 하고 정치 구조를 불안정하게 만드는 것을 막기 위해 외계인 방문자의 증거를 숨기는 '지역 51'* 같은 것인가? 직접적이고 개인적이며 중재되지 않은 초월적 경험이 사제들의 독점을 위협할 것이라는 두려움 때문일까? 아마도 그럴 것이다—늘 그런 식이었으니까.

사각형이 깨달음을 얻은 여정에서 돌아오면, 그는 영적 열정으로 넘치며 "북쪽이 아니라 위로" 삶을 바꿀 수 있는 좋은 소식을 선언하고 싶을 것이다.

> 나는 기쁨 속에 깨어나서 내 앞에 펼쳐진 영광스런 경험을 생각하기 시작했다. 내가 머릿속으로 생각했던 대로, 나는 즉시 나아가서 전체 플랫랜드에 복음을 전파할 것이다. 심지어 여성과 군인들에게도 삼차원의 복음을 전파할 것이다.

사각형의 평등주의적 충동은 천한 세금 징수관과 창녀들을 향한 그리스도의 사도적 행위를 떠올리게 한다. 하지만 그는 그리스

---

* "지역 51" 사건은 미국 네바다주에 위치한 미군의 비밀 기지인 "지역 51"과 관련된 여러 음모론과 미스터리를 의미한다. 지역 51은 원래 군사 실험과 항공기 시험을 위한 비밀 기지로 설립되었지만, 20세기 중반부터 외계인과 UFO(미확인 비행물체)에 관련된 다양한 음모론의 중심지가 되었다.

도의 충고를 잘 따르는 것이 좋았을 것이다: 진주를 돼지 앞에 던지지 마라; 즉, 너무 환희에 휩싸이지 마라. 즉, 존엄한 지식을 준비되지 않은 사람에게 부과하지 마라. 즉, 침착하라. (그리스도도 그 충고를 따랐으면 좋았을 것이다.) 사각형의 이단은 그를 평생 감옥에 가두게 한다.

그러나 그것이 그의 운명에서 가장 비극적인 부분은 아니다.

> 사실을 고백하자면, 내가 보았고 들었던 모든 것에 마치 절반쯤 사로잡힌, 손에 닿을 듯 말 듯한 꿈의 이미지처럼 이상하게 내게서 멀어지고 있다는 느낌이 들었다. … 그리고 밤마다 나를 괴롭히는 신비로운 가르침, "북쪽이 아닌 위쪽으로"라는 말이 마치 영혼을 갉아먹는 스핑크스처럼 내 마음을 떠나지 않는다.

어쩌면 당신도 꿈속에서 날아다니는 꿈을 꾼 적이 있을 것이다. 그때 명확한 상승 각도를 발견하고—'어떻게 이런 걸 몰랐었을까?' 하며— 무리 없이, 기쁨 속에서 위로 떠올라 자유롭게 나는 것이다. 그리고 잠에서 깨어나 몇 순간 동안은 그 각도를 기억하고 언제든지 날 수 있을 것만 같다. 그리고 … 오.

영적인 길을 계속 걸어왔다면, 때때로 숭고한 비전에 미끄러져 빠져드는 경험을 한 적이 있을 것이다. 그 초월적인 여행을 마치고 돌아와서, "북쪽이 아닌 위쪽으로" 같은 강렬한 슬로건 하나를 손에 쥐고 말이다. 너무나도 단순하고 강력해서, 그 언어만으로 자신과 다른 사람들에게도 그 비전을 떠올리게 할 수 있을 것이라고 확신한 것이다. 그러고 나서 … "잠깐. '신이 내 숙제를 먹어치웠나' 그게 무슨 뜻이었지?" 천국의 문을 부수고 들어갔다가 다시 쫓겨났는데, 작은 언어의 열쇠가 더는 그 문에 맞지 않는다는 걸 깨달을 때 느끼는 낙담은—애벗이 절실히 보여주듯이— 너무나 절망스럽다. 하지만 바로 이 지점에서 진정한 '법(dharma)의 유랑자들'은 툭툭 먼지를 털고 일어나 다시 시작한다. 얻고 잃고, 다시 얻는 과정이 전체 과정의 일부이다. 시간이 지나면 그 잃음이 점점 줄어든다. 모든 구도자는 이를 경험한다. 성자들은 계속 나아간 사람들이다. 하지만 또 다른 해결책이 있다. 이는 사각형이 마지막에 감옥에서 하는 탄식에서 암시된다. 너무나 미묘하고 섬세해서 들을 귀가 있을 수도 있고 없을 수도 있다; 애벗 자신이 이것을 이해했는지조차 확실치 않다. 사각형이 갇혀 있는 감옥은 물론 이차원이다. 공간국 바깥에서 보면, 감옥은 위쪽이 완전히 열려 있다. 사각형의 속박은 감옥의 벽이 아니라, 그가 이차원의 절대성에 다시 빠져든 믿음에 의한 것이다. 『허클베리 핀』의 마지막 몇 장에서 짐이 그랬듯, 그는 이야기의 포로가 된 것이다. 만약 단 한순간이라도, 이야기에서 벗어나 자신이 만든 슬로건인 "북쪽이 아닌 위쪽으로"의 현실로 들어온다면, 이미 자신이 자유롭다는 것을 알게 될 것이다. 모두가 그렇듯이.

13. 왜 그렇게 서두르시는 거죠?

윌리엄 셰익스피어 • 맥베스

소크라테스는 정말 술을 잘 마셨다. 플라톤에 따르면, 그는 술에 그리 관심이 없었지만 경합이 붙으면 테이블 주위의 누구보다 잘 마셨다고 한다. 플라톤의 『심포지엄(향연)』의 마지막 장면에서, 심각한 술판 끝에 대부분의 동료들이 취해서 쓰러진 상황에서도 소크라테스는 여전히 평소처럼 철학을 논하고 있다. 그는 두 명의 살짝 취한 극작가에게 위대한 비극을 쓸 수 있는 사람은 동시에 위트 있는 희극도 쓸 수 있어야 한다고 즐겁게 설명한다.

이것은 급진적 입장이다. 비극적 시각으로 보면, 모든 삶은 파괴와 죽음으로 쓸려간다. 왕과 여타의 거물들은 큰 열망을 품고 잠시 성공한 뒤 큰 충돌과 함께 무너져 내리고, 무대에는 시체만 즐비하다. 이는 우리의 욕망이 얼마나 허무한지를 드러내 준다. 반면, 희극적 시각으로 보면 삶은 더 과잉의 상태로 이어진다. 꿈이 깨지고 사람들이 죽더라도, 새로운 꿈과 세대가 태어나며, 이는 산불 잿더미에 피어나는 야생화와 같다. 고전적인 희극은 결혼 축제의 노래와 춤으로 끝나고, 새로운 생명의 약속으로 행복한 재생을 암시한다.

플라톤은 짓궂게도 우리를 약 올린다. 『향연』의 화자는 술잔을 기울이며 졸다가 소크라테스의 핵심 주장을 듣지 못한다. 두 가지 상반된 비전이 어떻게 한 위대한 극작가의 작품 속에서 공존할 수 있는지를 말이다. 그러나 우리는 짐작할 수 있다. 그것은 아마도 희극의 웃는 가면과 비극의 우는 가면의 이면을 동시에 꿰뚫는 능력을 말할 것이다. 즉 우리가 태어난 자궁과 다시 돌아가야 할 무덤이 결국 하나의 신비로운 공간이라는 것, 바로 그 공간 속에서 우리는 매 순간 맥동하고 있다는 것을 깨닫는 것이다. 소크라테스가 원했던 극작가는 아마도 그 자신만큼이나 깨달음을 얻은 사람이었을 것이다. 그리고 그런 극작가가 영국에서 등장하기까지는 거의 이천 년이 걸렸다. 당시 전문 작가라 하면 거리의 싸움꾼이나 정부의 스파이, 또는 "팸플릿 작가"(오늘날의 유료 트위터 트롤의 선구자) 정도였을 것이다. 런던 시내를 벗어난 템스강 건너편의 극장가는 소란스러운 곳이었다. 선술집이 즐비하고, 남녀를 가리지 않는 매춘부의 집들이 늘어서 있었으며, 곰 몰이와 황소 몰이 같은 잔인한 스포츠가 열리는 경기장식 극장들이 즐비했다. 그곳에서는 연극이 상연되기도 해서 런던의 엘리트들은 저속하고, 때로는 위험할 수도 있는 쾌락을 찾아 강을 건넜다. 이는 훗날 세련된 뉴요커들이 할렘의 재즈 클럽과 마약 소굴로 향하는 모습과도 닮았다.

윌리엄 셰익스피어는 스트랫퍼드라는 외진 곳에서 이런 무대로 뛰어들었다. 처음에는 배운 것 없는 촌뜨기 취급을 받았지만, 이내 도시 출신의 대학 교육을 받은 라이벌을 압도했다. 그가 쓴 창작물은 가히 경이적이었다. 20여 년 동안 해마다 두 편씩 희곡을 쓰면서도, 난폭한 배우들로 구성된 극단을 관리하고, 몇 달간 그들과 함께 험난한 마차를 타고 오지를 떠도는 순회공연을 했다. 셰익스피어의 거대한 천재성을 설명하려는 학문적 저서들은 수백 권에 이르지만, 그의 능력을 완전히 규명하기란 여전히 쉽지 않다. 그는 왕은 왕답게 묘사하고, 숲의 요정은 숲의 요정답게 느끼게 하는 재능을 가졌다.

가장 흥미로운 해석은 호르헤 루이스 보르헤스의 두 페이지짜리 단편, 「모든 것과 아무것도(Everything and Nothing)」에서 찾아볼 수 있다. 이 제목은 키츠를 연상시키는데, 보르헤스는 셰익스피어가 어린 시절부터 "자신 안에는 아무도 없다"는 사실을 깨달았다고 추측한다. (이는 불교 용어로 아나타anatta, 즉 "무아無我"를 떠올리게 한다.) 셰익스피어의 내면에는 자신이라고 부를만한 실체가 없었기에 그는 누구의 방해도 받지 않는 무한히 열린 공간을 가질 수 있었고, 그 공간 안에서 왕이나 요정이 되어 그들의 목소리로 말할 수 있었다. 이것이 바로 키츠의 "네거티브 캐퍼빌러티(Negative

Capability)"이다. 셰익스피어는 모든 만들어진 자아와 조건, 가면 너머의 공간에서 살고 글을 썼다. 비극적 가면과 희극적 가면 둘 다를 다루면서, 셰익스피어는 자신의 희곡 속에 이러한 상반된 것들이 결국 동등하다는 암시를 가득 담았다. 예컨대, "뜨거운 얼음(hot ice)", "비극적인 환희(tragical mirth)", "두려운 용기(fearful bravery)", "달콤한 슬픔(sweet sorrow)", "사랑 어린 증오(loving hate)", "차가운 불(cold fire)", "밝은 연기(bright smoke)" 같은 표현들이다.

가장 명백한 암시는 '맥베스의 비극' 첫 장면 끝에 등장하는 어떤 이론적 진술(statement)이다. 이 희곡은 시작부터 강렬하다. 문자 그대로, 천둥과 번개가 내려치는 화려한 연출로 문을 연다. 이는 분말 송진을 점화해 만든 당시로서는 혁신적인 특수 효과로, 1606년 글로브 극장에서 이 작품이 초연되었을 때 관객들에게 엄청난 충격을 주었다. 연기가 피어오르는 가운데, 무대 중앙의 함정문(trapdoor)에서 세 마녀가 모습을 드러낸다. 이들은 스코틀랜드 귀족 맥베스가 진행 중인 전투를 끝내면 찾아가기로 합의한다. 그리고는 이렇게 외친다:

> 아름다움은 더러움이요, 더러움은 아름다움.
> 안개와 질펀한 공기 속을 떠다니는.

"아름다움이 더러움이고, 더러움이 아름다움이다(Fair is foul, foul

is fair)"라는 공식은 맥베스가 곧 빠져들게 될 도덕적 안개의 전조로 해석된다. 이 안개 속에서는 옳고 그름의 경계가 사라지고, 정당한 행위와 부당한 행위를 나누는 선이 지워지며 질서가 혼돈으로 변한다.

맥베스에게 이 경계를 넘도록 부추기는 인물은 중세 스코틀랜드의 전형적인 가정주부, 찌들고 날카로운 발톱으로 어디든 기어오르려 하는 그의 아내 레이디 맥베스이다. 지금까지 맥베스는 용맹한 군인이자 충성스러운 신하로 살아왔지만, 2막에 이르면, 그녀의 채근으로 눈앞에 펼쳐진 미망에 이끌려, 잠든 왕을 살해하려 복도를 서성인다. 그를 인도하는 것은 열병 같은 생각이 만들어낸 환영—그 앞을 떠다니는 환각이다.

내 앞에 보이는 것은 단도인가?
내 손에 칼자루가 쥐어져 있네?
… 아닌가, 그대는
그저 마음의 단도이던가?

마음에는 언제나 단검이 있고, 달콤한 잘못을 저지르라는 상상이 목전에서 유혹하며, 칼자루는 항상 우리 손에 들려 있다. "이봐, 내가 금고에서 20달러를 빼내도 아무도 눈치 채지 못할걸." 그러니 괜찮다: 우리는 우리의 생각에 책임이 없다. 범죄는 우리가 그 생각에 대해 행동하기 시작할 때, 단검을 움켜쥐는 순간 시작된다. "이리 오라, 내가 너를 꽉 움켜쥐리라." 맥베스는 칼에게 말했고, 그로 인해 비극이 일어났다.

그러나 셰익스피어의 작품이 늘 그렇듯 모든 층위는 그 아래에 다른 층위를 드러낸다. 마녀들의 "아름다움은 더러움이고, 더러움은 아름다움이다"는 행운이 불운이 될 수 있고, 그 반대도 마찬가지라는 의미다. 예수가 "먼저 된 자가 나중 되고, 나중 된 자가 먼저 될 것이다"고 말했듯 말이다. 그 "될 것이다"는 미래를 위한 약속처럼 들린다. 그러나 셰익스피어의 논제는 한 걸음 더 나아가 현재 시제를 배경으로 한다. 모든 것은 이미 그 자체로 반대를 포함하고 있고 거기엔 정도 차가 있을 뿐이다. 중국 철학의 태극도 또는 음양도와 같이, 빛은 어둠을 포함하고, 어둠은 빛을 포함한다. 그들은 엄격하게 분리된 것이 아니라 곡선 모양의 유기적 포옹 속에서 함께 흐른다. 절대적인 예와 아니오, 선과 악, 아름다움과 더러움에 선을 긋는 것은 우리의 이원론적 사고뿐이다. 아인슈타인의 $E=mc^2$는 불가능하게 들린다, 그러나 사실 에너지는 물질이고, 물질은 에너지이다. 단지 서로 다른 스텝에 맞추어 춤을 추고 있을 뿐이다.

대승불교의 핵심 경전 중 하나인 『심경』에서는 이 원리를 더욱 충격적인 용어로 표현한다.

색즉시공

공즉시색

무릇 형상 있는 것은 텅 비어 있음이요, 텅 빔이 곧 형상이다

즉, 우리가 소위 자아라고 부르는 것을 포함해서 견고하고 실제처럼 보이는 모든 것은 별반 특별할 게 없고 오히려 아무것도 아니라고 생각했던 것들이 우리에게 중요한 것으로 계속해서 나타난다. 우리가 유치원에서 크레파스로 그린 깔끔하게 구분된 "사물"("이것은 태양이고, 이것은 꽃이고, 이것은 흙이고…")은 실질적이지도 않고, 지속하지도 않으며, 개별적인 영원한 정체성은 없는 것으로 밝혀진다. 우리는 사물이 아닌 과정의 세계에 살고 있다. 흙이라는 물질은 태양 에너지와 결합하여 꽃이라는 물질이 되고, 꽃은 다시 흙이라는 물질로 분해된다. 또 꽃은 동물에게 먹혀 복잡한 행동 에너지가 되는 칼로리로 연소된 후, 다시 흙 물질로 분해되는 순환을 계속한다.

이 끊임없는 변형 과정은 시간 속에서 일어난다. 어느 한순간, 우리는 빈번하고 일시적인 형태를 영구적인 것으로 착각할 수 있으며, 부분적인 진실을 전체 진실로 착각할 수 있다. 마치 고전에 나오는 '장님과 코끼리의 우화'처럼, 각자는 그것이 뱀이나 야자수 잎, 벽, 나무줄기와 같다고 말한다. 단편적인 장면만을 이해하고, 전체 이야기는 놓치고 만다. 만약 우리가 코끼리의 단면을 본다면, 처음에는 뱀 같은 형태를, 그 다음에는 야자수 잎 같은 형태를 볼 것이다. 계속해서 그러한 모습들이 나타날 것이다.—마치 평면 세계를 통과하는 구체처럼 말이다.— 그것은 실제로 어떤 특정한 형태가 아

니라, 동시에 모든 형태이다. 시간 너머에서만 총체적인 형태가 드러난다.

"아름다움은 더러움이다"라는 말은 결국 모든 것이 다른 모든 것과 하나라는 의미를 암시한다. 맹목적인 정도에 따라 궁극의 형태가 드러나기까지 시간이 걸릴 뿐이다. 이런 변화가 그들 나름의 시간을 가질 수 있도록 내버려두자. 만약 우리가 우주의 흘러가는 시간에 맞선다면 그 전투에서 절대 승리할 수 없다. 코끼리가 우리를 짓밟아 버릴 테니까. 여기서 맥베스가 등장한다.

사실, 맥베스는 전장에서 막 승리를 거두어 세상을 자신의 의지대로 조종하고 통치할 수 있다는 가능성을 맛본 상태이다. 그는 무장한 전우 벤쿠오와 함께 황량하게 탁 트인 초원을 지나다가 마녀들을 만난다. 마녀들은 운명적인 예언을 하며 그를 맞이한다.

> 맥베스여, 모든 영광은 그대에게, 나중에 그대는 왕이 될 것이다!

마녀들의 예언은 그의 군사적 성공의 심리적 연장이다. 마치 신발 끈을 묶는 법을 배운 아이들이 곧 슈퍼 히어로가 되는 꿈을 꾸는 것처럼 말이다. 그러나 그가 언제 왕이 될까? 결국에는 "나중에"(Manana)*이다.

맥베스의 가장 큰 결점은 보통 야망이라 여기지만, 더 정확히 진단하면 조바심이다. 사실상 그는 위대해지려는 욕망으로 코끼리의 배통처럼 부풀어오르다가, 종국엔 꼬리처럼 점차 줄어들 것이다. 맥베스의 실수, 즉 그의 "죄"는, 강렬한 열망에 눈이 멀어, 어떤 형상을 큰 변화의 과정에 잠시 머무는 것으로 보기보다는 궁극적인 것으로 집착하여, 서둘러 그것을 향해 돌진한 데 있다. 사실, 예언은 그를 깜짝 놀라게 한다.—벤쿠오는 말한다. "나의 고귀한 동료는 … 황홀경에 빠진 것 같군…"이라고. 우리는 미래의 영광이나 기쁨이라는 환상에 사로잡혀, 현재의 소박한 즐거움을 잃는다. 우리는 서두른다. 마치 눈앞에 매달려 있는 당근을 따라잡으려고 노력하는 당나귀 같다. 당나귀는 그것을 결코 잡지 못한다. 왜냐하면 오직 현재만이 실재이기 때문이다.— 시간은 항상 바로 지금이다. 맥베스가 유령의 단검을 움켜쥔 것처럼, 우리도 미래에 대한 허황된 만족을 움켜쥐느라 현재는 불만 상태다. 맥베스에게 영원히 매달려 있는 당근은 늙은 던컨 왕이었다. 처음에는 던컨의 왕관만 부러워하지만 2막에 와서는, 자신의 조바심과 레이디 맥베스의 감정적인 협박에 이끌려, 던컨을 살해하고 왕위

---

* "Mañana"는 스페인어로 "내일" 또는 "나중에"를 의미한다. 영어로는 "tomorrow"나 "later"로 번역된다. 이 단어는 흔히 일을 미루는 태도를 표현하는 데 사용된다. 예를 들어 "I'll do it mañana"는 "내일 할게" 또는 "나중에 할게"를 의미하며, 일이 급하지 않거나 우선순위가 낮다는 의미로 해석될 수 있다. 문맥에서 보면, 맥베스의 경우 마녀들이 그에게 왕이 될 것이라는 예언을 할 때 "hereafter" 또는 "mañana"라는 단어를 사용한 것은 그가 바로 왕이 되지 않을 것임을, 즉 미래의 어느 시점에 일어날 일이라는 의미를 전달하기 위해서이다. 이를 통해 맥베스의 성급함과 미래의 영광에 집착하게 되는 그의 결함을 강조하려는 것이다.

를 찬탈한다. 그러나 왕이 되자 불행해진다. 독한 불안과 불면증에 시달려 ("아, 내 마음은 독 전갈로 가득 차 있구려, 여보!") 이제 그는 죽은 던컨의 평온을 질투하게 된다.

> 죽은 자와 함께 있는 것이 더 낫겠네,
> 평화를 얻겠다고, 있던 평화를 다 해쳐 버렸으니 …

그는 진정으로 추구해야 할 것은 평화라는 통찰력은 지녔지만, 우리가 추구를 그칠 때라만 비로소 참 평화가 시작된다는 것을 이해하는 정도에는 이르지 못한다.

미래를 향해 안절부절못하는 맥베스의 긴장 상태는, 인생의 조향 휠을 꽉 부여잡고 조종석에 몸을 바싹 기댄 채 빨리 전진하여 마법처럼 이 블록에서 저 블록으로 이동하려고 서두르는 우리와 같다. 실제로는 항상 여기에 있으면서 말이다. 심장내과 전문의인 메이어 프리드먼은 최초로 A유형 성격이라는 개념을 고안해 냈는데, 그는 환자 대기실의 의자들이 성급한 고혈압 환자가 사용했을 경우 자연스레 뒤쪽이 아닌 앞쪽 가장자리가 먼저 닳아 있는 걸 눈치챘다. 이 연극은 전체적으로 앞으로 기울어져 있고 급박하다.

맥베스의 전쟁 동료인 벤쿠오는 B형이다. 어떤 의미에서는 그는 맥베스의 도플갱어, 맥베스의 또 다른, 더 나은 자아이다. 다시 말해, 우리의 더 좋은 면모이다. 그는 중심이 있고, 통찰력을 갖췄으며, 서두르지 않고 느긋하게 인생의 운전석에 기댄 채, 말들이 질주하도록 내버려둔다. (누가 무대에서 찰리 파커나 미소 짓는 에디 반 헤일런만큼 침착할 수 있을까? 그들의 손가락이 불타오를 때조차?*) 한마디로, 벤쿠오는 인내심이 강하다. 불교의 가르침에서 인내, 즉 '크샨티 파라미타'**는 깨달음을 지탱하는 여섯 가지 초월적 덕목 중 하나이다. 나는 수감자들과 함께 일하면서 크샨티 파라미타에 대해 많은 것을 배웠다. 이는 짜증을 삭히고 감방 동료의 지루한 폭언이나 30년형이 끝날 때까지 손가락을 두드리며 기다리는 것이 아니다. 그것은 자신의 화를 인식한 다음, 그것을 놓아주고, 있는 그대로의 현재 인식이라는 무한히 열린 공간으로 자신을 되돌리는 것이다. 무한한 존재 속에 머무를 때, 우리는 더 이상 시간을 보내는 것이 아니다.

아름다움을 향해 내달리거나, 혐오스러운 것을 걱정하지 않는 인내의 상태에서, 벤쿠오는 마녀들에게 말한다:

---

* 이 문장은 찰리 파커와 에디 반 헤일런의 무대 위에서의 여유로움과 자신감을 묘사하고 있다. 둘 다 자신들의 악기 연주 실력으로 유명한데, 찰리 파커는 재즈 색소폰 연주자이고, 에디 반 헤일런은 록 기타리스트이다. 문장의 핵심은 그들이 연주할 때 엄청난 속도로 복잡한 연주를 하면서도, 마치 아무렇지 않은 듯 여유롭게 보였다는 것이다. "손가락이 불타오를 때조차도"라는 표현은 그들이 매우 빠르고 정교한 연주를 할 때를 비유적으로 표현한 것이다.

** Kshanti Paramita는 불교에서 인욕바라밀忍辱波羅蜜을 뜻하며, 보살의 수행 덕목인 육바라밀(Six Paramitas) 중 세 번째 덕목이다. 산스크리트어 kṣānti는 "인내" 또는 "참을성"을 의미하고, paramita는 "완전함" 또는 "저편으로 건너감"을 뜻한다. 즉, Kshanti Paramita는 깨달음에 이르기 위한 완전한 인내의 실천을 말한다.

말하라, 나에게, 그대들의 호의나 혐오를
구걸하거나 두려워하지 않는 나에게.

그리 큰 문제가 아니라, 그냥 궁금해서이다. 마녀들은 벤쿠오가 직접 왕이 되지는 못하지만 왕을 낳을 것이라고 대답한다. 그에게는 그것이면 충분하다. 맥베스와는 달리, 그는 큰 그림을 본다. 그래서 삶이라는 연회의 참된 후계자다. 죽기 직전 던컨은 벤쿠오의 고귀한 자질에 대해 즐거운 말장난을 치며 그가 자신의 정당한 후계자임을 암시한다.

맥베스는 벤쿠오의 미덕이 못마땅하다. 왕이 된 후, 편집증이 심해지면서 옛 친구의 "왕족 혈통"에 자신이 위협을 받는다고 느낀다. 멕베스는 벤쿠오를 죽이고, 시신을 진흙 도랑에 버린다. 이것이 우리의 최악의 모습이다. 삶의 연회가 주는 즐거움을 만끽하지 못하고, 시간과 변화가 우리의 성공을 일시적으로 만들 것이라는 두려움(정확하게 맞는)으로 더 큰 비전을 버리는 것이다.

그러나 큰 비전은 죽지 않는다. 벤쿠오의 유령은, 시기적절하게도, 극의 중심부 연회 때 나타난다. 마침내 왕이 된 맥베스가 상석에 앉아, 참석한 귀족들과 귀부인들에게 "여러분들은 자신의 위치를 알고 있지요; 거기에 앉으세요"라고 말하는 장면이다. 질서 정연한 "지위", 즉 계급이나 등급의 체계를 폭력적으로 침해한 그가 이제는 다른 모든 사람에게 그것을 준수하라고 강요하는 것이다. 이는 매우 인간적인 충동이다:—마법으로 '업보 없는 지역'에 발을 디디고 들어가서 부적절한 사람과 잠자리를 하고, 할머니의 재산을 한탕한 뒤,

한 다발의 돈을 가지고 돌아와도 모든 것은 일상으로 되돌아 갈 거야.— 업보 없는 지역*에서 행한 일은 거기에 남아 있을 테니. 맥베스는 부정한 수단으로 당선된 후 영원히 통치하는 꿈을 꾸며 법과 질서에 대해 장황하게 연설하는 정치인 같다.

다행스럽게도, 폭군은 영원히 통치하지 못한다. 순리에서 멀어지면 결국 꿈은 무산된다. 맥베스는 자식이 없다. 벤쿠오의 자녀들이 그를 계승할 것이라는 예언에 괴로워하며, 이제 마녀들이 자기에게 "열매 없는 왕관"과 "불모의 왕위"를 주었다고 저주한다. 그의 편집증은 자기 충족적이 된다. 그는 권력을 위협할 것으로 상상되는 사람들의 죽음을 명령하고, 그들의 아내와 자식까지 죽이라 명령함으로써 범죄를 증가시키고, 점점 더 많은 반란군을 키운다.

마녀들은 맥베스의 저주를 받을 만한가? 우리는 그의 말을 믿을 수 있나? 맥베스는 마녀들이 자기의 야망에 아첨할 때는 선이라고 말하지만, 그가 아름답다고 여긴 것이 더러운 것으로 판명되자 그녀들을 사악하다고 말한다. 맥베스가 "이렇게 아름답고도 추악한 날을 본 적이 없었어"라고 말한 첫 대사는 날씨에 관해 이야기하고 있지만 인간의 운명이 해와 구름의 교차와 마찬가지로 자연스럽고 불가피하게 변해 감을 암시한다. 모든 것은 크고 복잡한 시스템의 일부이며, 우리의 조야한 선악의 결과보다 훨씬 크고 복잡하다. (햄릿은 "착하거나 나쁜 것이라는 것은 없다. 생각이 그것을

* 여기서 무업보(NO-Consequences Zone) 지역이란 죄를 지어도 아무런 해가 없는 상상계를 일컫는다.

만든다"라고 말한다. 우리의 편견, 우리의 애착과 혐오가 그것을 만든다.) 맥베스는 날이 궂다고 마녀들을 저주하고, 그런 날씨를 탓한다.

마녀들은 모태 자연의 대리인일 수도 있다. 상상 속의 승리와 미래를 향해 곧장 직진하는 전통적인 A유형의 남성에게 모태 자연은 절대 협조하지 않는 완강한 고집스러운 태도를 고수한다. 만약 신의 웃음소리를 듣고 싶다면, 계획을 말해 보라. 아니면 마이크 타이슨(Mike Tyson)이 말한, "누구나 그럴싸한 계획을 하지! 처맞기 전까지는"이라는 말을 음미해 보라. "더블, 더블 토일 앤 트러블(두 배, 두 배의 수고와 고통)." 마녀들은 마법의 솥에 미래를 요리하며 외친다. 번성하는 가능성의 활기찬 자궁으로, 세포 분열의 2—4—8—16처럼 두 배로 늘어나는 복잡성이 넘쳐흐른다.

그러나 다시 말하지만, 셰익스피어는 우리에게 여러 겹의 층위를 제공한다. 아름다운 것이 추악한 것인 이 세상에서 여성은 또한 남성이다. 이 성별의 유동성을 가진 마녀들은 수염이 나 있다. 그들은 스스로를 마녀라 부르지 않고 앵글로색슨어로 운명을 지칭하는 '웨이워드 자매'라고 소개한다. 이것은 그리스 신화에서 인간의 운명을 창조하는 세 명의 여신을 암시한다. 그러나 맥베스는 자신의 운명을 스스로 선택한다. 여기서 운명에 관한 셰익스피어의 이해는 그리스의 개념보다는 카르마(업보)의 개념에 더 가깝다. 산스크리트어로, 카르마는 문자 그대로 "행위"를 의미하며, 우리에게 일어나는 모든 일은 우리 자신의 행위 때문이라는 것을 암시한다. 카르마는 '무결과'라는 마법적 사고를 압도하여, 원인과 결과를 절대 피할 수 없게 옭아맨다.

맥베스 자신도 이 인과응보의 원리를 어느 정도 이해하고 있음을 보여준다.

공평한 정의가
독이 든 성배 한 모금을
우리의 입술에
권하는도다.

연회장 장면에서, 그의 업보는 벤쿠오라는 유령의 형태를 취한다. 우리의 더 나은, 더 현명한 자아는 아무리 그것들을 물리치려

벤쿠오의 유령을 보는 맥베스(부분), 테오도르 샤세리오

해도 정당한 자리를 요구한다. 이것은 마치 테이블 정상인 왕좌를 떡 차지한 벤쿠오의 유령을 보고 놀라 녹아내리는 맥베스의 모습과 같다. 유령의 모습이 보이지 않는 손님들은 비명을 지르며 쓰러지는 맥베스의 모습에 아연실색한다. (그것은 그들의 업보가 아니기에.) 온유한 자들이 땅을 상속받는다. 편협한 이기심의 불이 활활 타오르다 꺼진 후에는 거시적인 시각을 가진 인내심 있는 벤쿠오가 왕국을 물려받게 될 것이다.

셰익스피어는 그의 광대한 내면 공간으로 맥베스의 관점과 벤쿠오의 관점을 모두 수용할 수 있는 여지를 가지고 있었다. 벤쿠오의 넓은 시야를 통해 사물의 진정한 모습과, 그 반대되는 것이 무엇인지를 볼 수 있었으며, 그래서 희곡을 쓸 수 있었다. 맥베스를 통해, 성공은 얻었지만 모든 것이 빠져나가 버린 고통과, 붙잡으려다 실패한 사투의 "용맹한 분노"를 느낄 수 있었다. 관객은 이 두 가지 관점 모두에 분명 조금이라도 공감할 것이므로, 이 극은 보편적 호소력을 지녔다고 할 수 있다. 이 희곡은 링컨 대통령의 애독서였으며, 보좌관들은 종종 책상 위에 이 책을 펼쳐 놓은 채 잠들어 있는 그를 보았다고 한다.

연회가 엉망이 된 후, 맥베스는 마녀들에게 다시 한번 운을 시험해 보기로 결심하고 그녀들을 찾아 황야로 나선다. 이번에는 더 멋진 특수 효과가 등장한다!—마녀들은 김이 모락모락 피어오르는 가마솥에서 세 가지 유령을 불러내어 맥베스와 운명에 관한 세 가지 예언을 한다.

첫 번째 예언은 간단하다: "맥더프를 조심하라." 맥더프는 맥베스가 그의 가족을 도륙한 후 결국 전투에서 그와 맞붙어 맥베스의 목을 벨 거라는 내용이다. 이 경고는 폭력이나 질병, 음주 운전의 희생자로 우리가 처음 친구를 잃었던 어린 시절의 경험을 반추하여 결국 우리 자신도 죽을 수밖에 없다는 깨달음을 암시한다. 우리는 젊음이나 아름다움을 영원히 유지할 수 없다. 태어나고, 늙고, 병들고, 죽는(불교의 표준 공식) 과정을 겪어야 한다. 어른이 되어 일터에 발을 들여놓을 때, 우리는 자신이 겁 많고 연약한 어린아이처럼 느껴진다. 맥베스가 왕좌를 노리는 가식적인 인물인 것처럼, 우리는 그들 사이에서 가짜처럼 느끼며, 결국 누군가가 우리의 위선을 드러내고, 약점을 찾아내어 몰락시킬 거라고 생각한다.

끔찍한 일은 일어나기 마련이고, 어떤 구체적이고 치명적인 사건에 우리 이름이 연루되기도 한다. 맥더프 같은 몇몇 사람이 저 밖에서 우리의 현관 번호를 일러줄 수도 있다. 극 중에서 그는 던컨 왕이 암살되자마자 마치 어떤 운명이 치밀하게 방어하는 성문을 두드리듯 맥베스의 성문을 두드리며 처음 등장한다. 맥베스는 필사적으로 왕의 피를 손에서 씻어내고 냉정하게 행동하려 애쓴다. 마치 죽음이 다가올 때, 자신의 행동을 정리하고 대담하게 맞서려고 노력하는 것과 같다.

두 번째 예언인 "여자의 몸에서 태어난 자는 맥베스를 해치지 못할 것이다"는 첫 번째 예언과는 사뭇 다른 류의 예언이다. 삶이라는 경험을 조금이라도 쌓으면, 우리는 결국 안전하다는 것에 의심을 가질 수밖에 없다. 다른 사람들, 우리를 두렵게 하는 어른들도 여자의 몸에서 나왔으며, 우리와 같이 두려워하고 취약한 엄마의 자식들이다. 우리는 모두 출생, 노화, 질병 및 죽음에 속박되어 있다.

세 번째 예언도 낭보로 들린다.

맥베스는 절대 패배하지 않으리라
거대한 버넘 숲 던시넨 언덕이
그를 향해 다가올 때까지.

버넘 숲은 맥베스의 성이 있는 던시넨 언덕에서 몇 마일 떨어진 숲이다. 숲은 당연히 움직일 수 없으므로, 이것은 마치 맥베스가 지옥이 얼어붙을 때까지 안전하다는 것과 같다. 던시넨은 맥베스의 억척스러운 요새이다. 요새는 우리를 세상의 혼돈으로부터 지켜주는 어떤 형태의 절연체일 수 있다. 그것은 우리의 국경 장벽, 폐쇄된 커뮤니티, 우리의 부풀어 오른 주식 포트폴리오, 장갑차 같은 SUV(어떤 모델은 실제로 아르마다라고 불린다), 우리의 질긴 종교 등이다.

하지만 시간은 우리 모두를 잡아먹는다. 열역학 두 번째 원칙에 따르면, 시간이 지나면 엔트로피라는 혼돈이 지배하게 된다. 모든 것들은 해체된다. 분자들은 더 체계적인 배열에서 덜 체계적인 배열로 이동한다. 나의 화학 교수 중 한 분은 이 법칙을 설명할 때(특유의 독일 사투리로), "당신이 반짝거리는 새 메르세데스-벤츠를 길가에 주차하고 오백 년이 지나면, 그것은 녹슨 쓰레기 더미로 변합니다. 그러나 당신이 오백 년 동안 쓰레기 더미를 길가에 주차한다면, 그것은 메르세데스가 되지 않습니다"라고 했다.

버넘 숲에 관한 예언을 듣고 맥베스는 환희를 표한다. "그런 일은 결코 일어나지 않을 것이기 때문이다!" 물론 그는 틀렸다. 결국 그렇게 될 테니. 영원히 지속할 거라 상상하는 모든 것은 붕괴할 것이다: 우리의 몸, 우리의 집, 우리의 문명마저도 말이다. 열역학 법칙은 머지않아 지옥의 모든 것도 얼어붙을 거라 보장한다. 맥베스를 물러나게 하려는 반란군은 버넘 숲에 이르자, 군대의 강함을 위장하기 위해 각 병사에게 잎이 무성한 나뭇가지를 잘라 몸에 붙이고 행군하라는 명령을 내린다.

묵묵히 전진하는 숲의 섬뜩한 비전은 자연의 야성이 다시금 자신을 펼쳐내며 우리가 정돈한 개척지에 세력을 과시하는 특정 종류의 엔트로피를 암시한다: 셰익스피어 이전 세대에서, 영국 숲의 대부분은 헨리 8세의 해군을 설립하기 위해 벌목되었고, 잠잠했던 중세 사회는 초기 자본주의와 도시의 번잡함에 자리를 내주기 시작했다. 셰익스피어의 많은 희곡은 새로운 질서에 대한 불안을 반영한다. 버넘 숲의 행진은 산업 사회로의 부상이 맥베스의 부상과 마찬가지로 찬탈임을 경고하는 녹색의 복수임에 틀림없다. 언젠가 나무들은 다시 주차장을 차지할 것이고, 셰익스피어는, 우리 중 많은 사람처럼, 그것을 얼마쯤은 받아들이는 듯 보인다.

마지막 막이 오르면, 엔트로피의 궁극적인 승리를 볼 수 있다. 처음부터 레이디 맥베스는 이 작품의 두뇌 역할을 해왔다. 이제 반란군이 공격을 준비하면서, 그녀의 교활한 마음은 혼란에 빠진다. 셰익스피어는 그녀의 연설을 깔끔한 5음절에서 갑작스레 조잡한 산문으로 전환함으로써 그 점을 강조하는데: 우리는 그녀의 뇌에서 나오는 들쭉날쭉한 뇌파를 볼 수 있다. 그녀는 비참한 몽유병 환자로 전락하여 끝없이 살인을 재연하면서, 보이지 않는 죄책감에 손에서 피를 씻어내려 한다: "씻겨라, 저주받은 얼룩아, 씻겨라, 내가 말했잖아!"* 이제 잠은 걷혔고, 교활함은 광기가 되었으며, 마지막으로 그녀의 마음을 더욱 비통하게 하는 대사는, "행해진 일은 취소할 수 없다"였다.

그녀의 고통을 마주한 맥베스는, 조만간 참을 수 없는 고통이 우리를 엄습했을 때 우리가 의사나 약사, 바텐더에게 할 질문을, 그녀의 주치의에게 던진다.

병든 마음을 치유할 수 있느냐,
뿌리 깊은 슬픔을 기억에서 뽑아낼 수 있느냐,
뇌에 기록된 고민을 지우고
달콤한 망각의 해독제로
마음을 짓누르는 흉터로 가득 찬 가슴을 정화할 수 있느냐?

여기서 우리는 세 번째 고귀한 진리, 고통이 마침내 끝날 것이라

* 셰익스피어는 흑사병으로 인한 격리기간 동안 이 연극을 썼다. 현대의 격리와 마찬가지로 당시에도 손 씻기가 많이 강조되었다.

는 확답을 듣고자 한다. 의사의 대답은 폭탄이다: "환자 스스로 치료해야 합니다."

이것은 실제로 아주 좋은 소식이다. 약사도, 그 누구도 도와줄 수 없고, 우리는 스스로를 도울 수 있을 뿐이다. 모든 고통을 해결하는 니르바나는 우리 자신의 존재에서 찾을 수 있다. 신의 왕국은 우리 안에 있다. 맥베스는 외부의 권력과 명성의 왕국에서 평온과 만족을 찾고 있는 동안 내면의 왕국을 간과하고 있었다. 그는 이솝우화의 개와 비슷하다. 입에 뼈를 물고 작은 다리를 건너다가, 물에 비친 자신의 모습을 더 맛있는 뼈를 물고 있는 다른 개로 착각하여 짖다가 진짜 뼈를 잃어버리는 것과 같다.

그때쯤 맥베스는 완전히 환멸에 빠진다. 레이디 맥베스도 마찬가지이다. 3막에서, 여왕이 된 후 처음으로 솔직하게 자기 깨달음에 입각하여 그녀가 하는 말은 이제껏 쓰인 문장 중 가장 비통하다.

> 모든 걸 다 탕진했건만, 얻은 건 아무것도 없네,
> 만족은 하나 없고 욕망만 남았구려. …

왕좌의 게임에서 승리하기 위해, 그녀는 마음의 평화와 만족감, 그리고 자비로운 여성의 마음까지 내던졌다. 어두운 영혼들을 불러 여성성을 지워버리고 무자비하게 만들어달라고 요청까지 했다. 행복해지려는 열망으로 단 한 가지에 모든 것을 쏟아부었는데, 그것이 그녀를 만족시키지 못할 때, 그다음엔 무엇이 남을까? 그녀는 자신이 나쁜 거래, 악마와의 거래, 결국 아무 의미 없이 물에 비친

뼈다귀만 얻었다는 걸 깨닫는다. 반란군이 성문 앞에 도착하고, 급박한 통치가 막바지에 이를 무렵 맥베스는 아내의 자살 소식을 듣는다. 그는 무심히게 반응하며 이렇게 말한다.

그녀는 조금 있다가 죽어야 했는데;
죽었다는 말을 들을 시간은 반드시 올 텐데.
내일, 그리고 내일, 그리고 내일

"조금 있다가 죽어야 했는데"라는 말은 종종 오해를 받는다. 이것은 그녀가 더 나은 시기를 선택해서 죽어야 했다는 것이 아니라, 언젠가는 죽었을 것이라는 의미이다—오늘이 아니라도 수많은 내일 중 하나에 말이다. 시간은 중요하지 않다. 어차피 모든 것이 헛된 일이니까.

이것은 환멸에 대한 맥베스의 최종적이고 결정적인 진술일 수 있다. 하지만 어떤 통찰력이 떠오르자, 그는 이제껏 말한 것 중에서 가장 뛰어난 독백을 이어간다. 셰익스피어는 단순히 화려하고 의미 없는 언어적 불꽃으로 독백을 쓴 것이 아니라 캐릭터의 가장 비밀스러운 내면의 심층적 탐구로 그것을 사용했다. 절망 속으로 깊이 침잠하는 것이다. 왕위 대관식에서 몰락까지, 코끼리의 풍요로운 복부에서 볼 것 없는 꼬리까지로의 빠른 진행은, 맥베스에게 마침내 시간을 초월한 온전한 깨달음과 환희심을 가져다주는 비전을 엿보게 한다. 하지만 그는 아직도 영원히 풍요로운 복부를 움켜잡고 싶기에, 그 비전을 쓰라린 눈물로 바라본다.

“내일, 그리고 내일, 그리고 내일”
하루하루가 예정된 시간의 마지막 음절까지
천천히 기어오르네;
우리의 모든 어제는
어리석은 자들을
뿌연 죽음의 길로 밝히는도다.
꺼져라, 꺼져라, 짧은 촛불이여!
인생은 단지 걸어 다니는 그림자일 뿐, …

맥베스의 어두운 시각 속에서 인류 전체는 “내일, 그리고 내일, 또 내일”이라는 지루한 리듬에 맞춰 끊임없이 터벅터벅 걸어가는 고통스러운 강제 행군을 하고 있다. 그러나 그저 제자리를 맴돌 뿐이다. 영광에 대한 꿈이나 찬란한 미래로 우리를 투영하려는 작은 희망적 시도에도 불구하고, 우리는 어디에도 도달하지 못한다. 아니면 되려 거꾸로 가는 것일지도 모른다. 셰익스피어가 ‘내일’에서 ‘오늘’로, ‘오늘’에서 ‘어제’로 이어지는 미묘한 시간의 역류로 암시하듯 우리는 거꾸로 간다. 모든 역사(“기록된 시간”)는 우리 같은 바보들이 그저 먼지투성이 무덤을 향해 거짓된 빛을 따라가는 것에 불과하다: 흙으로 돌아가고 먼지로 돌아간다. 차라리 그 빌어먹을 짧은 촛불을 꺼버리는 게 낫다. 레이디 맥베스, 당신 말이 맞았다. 이건 어두운 생각이지만, 셰익스피어는 더 어두운 방향으로 나아간다. 이제 그는 이미지의 초점을 촛불의 희미한 빛에서 그 빛이 만들어낸 그림자로 옮긴다. 만약 “삶이란 걷는 그림자에 불과하다면", 그것은 단지 덧없을 뿐만 아니라 실체도 없고, 실체 있는 현실의 조롱 섞인 모방일 뿐이다. 그림자는 평평하고 생명 없는 사람의 모조품이며, 그럼에도 좀비처럼 허망한 내일을 향해 무겁게 걸어가고 있다. 이후 셰익스피어는 모방의 개념을 더 발전시키며, 이미지를 또 한 번 바꾸어 배우로 비유한다.

> … 불쌍한 배우,
> 무대 위에서 자신이 맡은 시간을 뽐내고 애면글면하다가,
> 나중에 더는 아무 소리도 낼 수 없는 …

둔탁한 음절로 된 "뽐냄"과 "애면글면"은 맥베스(그리고 우리)의 자랑스러운 상승과 급격한 몰락을 잔인하게 요약한다. 울려 퍼지는 자음은 이 두 단어가 같이 위조된 동전의 양면, 즉 처음에는 선한 표정을 짓다가 나중에는 더러운 표정을 짓는 조롱의 존재임을 암시한다. 배우의 "무대 위에서의 시간"은 셰익스피어 시대에 연극이 보통 두 시간 동안 진행된다는 점에서 짧은 시간, 즉 절반으로 줄어든 시간이다. 게다가 그 배우는 무대에 있을 때도 별로이다. 그는 과장되게 연기하고, 뽐내거나 걱정하며 연기한다. 이는 우디 앨런의 영화 「애니 홀」에서의 음울한 농담을 떠올리게 한다. 캐츠킬스 리조트에서 두 명의 나이 든 여성이 대화하는 장면에서 한 여성이 "여기 음식 정말 끔찍하네요"라고 말하자 다른 여성이 "그러게요, 양도 적어요"라고 응답한다. 그게 인생이다.

그것은 어리석은 자의 이야기
소리와 분노로 가득 차 있건만,
아무런 의미도 없다.

우리의 명멸은 여기서 끝을 낸다. 지친 행군부터 꺼져가는 촛불, 어두운 그림자, 엉터리 연기, 미치광이의 고통스러운 외침까지, 결국 모든 것은 무(nothingness)로 끝난다. 이것이 독백의 결론이자 인생에 관한 마지막 한마디이다. 쓰라린 농담이 함축적으로 담겨 있기도 하다.

셰익스피어 시대에 "nothing(무)"은 여성 성기인 질에 대한 속어로 영국인들이 지금도 '헛소리'라는 의미로 쓰고 있는 "Bollocks(똥)!"와 비슷한 맥락의 어구였다.

하지만 이 농담의 이면에는 맥베스의 절망을 넘어선 다른 비전도 있다. 제로 상태인 인생의 맨 밑바닥, 모든 형태의 무덤은 무한이면서 공허의 결실이기도 하다. 우리의 소란과 안달, 행동이 안정을 찾으면 텅 빈 존재의 광활한 공간만 남게 된다. 내 스승인 마하리시가 언젠가 설명했듯이, "그냥 … 무이다. 하지만 그 안에는 매우 좋은 것이 있다."

이 '무'는 우리가 무언가를 부여잡으려 안간힘을 쓸 때 결핍으로 나타난다. 맥베스는 집착의 전략을 끝까지 추구함으로써, 모든 것이 궁극적으로 결핍되었다는 것을 깨닫지만, 그는 결코 집착을 버리지 않고 무엇인가에 끊임없이 매달린다. 행함을 놓고 존재에 침잠하면 달콤한 것을 얻게 된다. 그것이 바로 아난다, 무의 맛, 원인

없는 기쁨, 황금 거위의 알, 버크스 알라 모드(bubkes a la mode)*이다. 맥베스가 그토록 부단하게, 그토록 대가를 치르며 추구한 것 중 영원하고 만족스러운 것은 없다. 아무것도 신성하지 않다. 위대하다면 위대하고 소소하다면 소소할 수 있는 이 한 발짝의 행보로 맥베스가 알아낸 것은 추구할 만한 신성한 가치가 있는 것은 아무것도 없다는 것이었다.

연극의 끝에 이르면, 드디어 절망이 승리한다. 맥베스는 왕위를 쟁취하지 못한다. 허무하게 결론이 나자, 깨진 꿈들과 계략으로 가득 찬 그의 머리는 맥더프에 의해 잘리고 왕위는 벤쿠오의 자식들에게 넘어간다. 그들의 계보는 500년 동안 이어져 바로 이 연극의 첫 번째 관객인 제임스 왕까지 이어진다.** 적자생존의 비전이다.

---

* "Bubkes à la mode"는 다소 재미있고 독특한 표현으로 이를 해석하면: Bubkes는 이디시어(Yiddish)에서 유래한 단어로, "아무것도 아닌 것" 또는 "하찮은 것"을 뜻한다. 예를 들어 "I got bubkes"는 "나는 아무것도 못 얻었다"는 뜻이다. À la mode는 프랑스어로 "유행하는 방식으로" 또는 "스타일리시하게"를 의미하며, 미국에서는 종종 디저트(특히 파이) 위에 아이스크림을 얹은 것을 뜻한다. 이를 합치면 "하찮은 것을 화려하게 꾸며낸 것" 또는 "아무것도 아닌 걸 멋진 척 포장한 것"처럼 해석할 수 있다. 문맥에 따라 유머러스하게 사용되거나, 어떤 아이디어나 물건이 본질적으로 별로 가치 없으면서 겉만 번지르르할 때 쓰일 수 있다.

** 적어도 제임스의 공식 가계도에 따르면, 그 내용은 아마 터무니없었을 가능성이 크지만, 당시에는 거의 도전받지 않았다. 결국, 그는 왕이었으니까.

서두르지 않고 느긋하게 기다리면 즐길 수 있는 인생의 비전, 벤쿠오의 유전자만이 가난한 배우들과 조롱하는 그림자가 있는 연극에서 튀어나와 실제 세계, 우리 세상에서 번성한다.

맥베스는 자신이 부풀려서 큰 가치를 투여한 형상이 다름 아닌 공허함(emptyness)에 지나지 않는다는 것을 알고 고뇌에 빠져 죽는다. 그러나 그것은 이야기의 절반에 불과하다. 공허함이 맛있는 향연의 형태를 띤다는 것을 알면, 의자를 바싹 당기고 비이원성의 향연을 즐길 수 있다. 우리가 좋아하는 것만 고정되고 영원해야 한다고 분별하여 애착하지 않는다면, 인생은 경이로움과 기쁨을 보여주는 만화경의 향연이 될 것이다. 누구나 어린 시절 현재를 온전히 누리는 충만한 자유의 느낌을 받은 적이 있을 것이다. 그때는 구름은 구름일 뿐이고 나뭇잎은 나뭇잎일 뿐이지 그것들이 영원하거나, 다른 어떤 것으로 이어지기를 고대하지 않았다. 예수가 천국에 가려면 어린아이와 같이 되어야 한다고 말한 것도 이런 맥락이 아닐까 한다. 맥베스가 사는 세상과는 달리 우리는 모두가 왕이 되는 세상에 살고 있으니까.

14. 무無에 대한 감사

사무엘 베케트 • 고도를 기다리며

1막. 볼 것 없는 풍경, 헐벗은 나무 옆에서, 중절모를 눌러 쓴 두 부랑자 블라디미르와 에스트라곤이 고도라고 불리는 사람을 기다린다. 그는 오지 않는다. 한 소년이 메시지를 들고 도착한다: 고도는 내일 올 거예요.

2막. 다음날. 부랑자들은 기다린다. 고도는 오지 않는다. 한 소년이 메시지를 가져와 말한다: 고도는 내일 올 것입니다. 그리고 … 막이 내린다.

어떤 비평가의 유명한 표현처럼 "두 번 다 아무 일도 일어나지 않는다." '무(Nothing)'라는 단어는 맥베스의 마지막 독백이며 『고도를 기다리며』의 첫 단어이다. 이 단어는 연극에 스며들어 극을 지배한다. 1막은 에스트라곤이 바닥에 앉아 꽉 끼는 부츠를 벗으려고 안간힘 쓰는 모습으로 시작한다. 그는 마침내 "할 수 있는 게 아무것도 없다니까"라며 포기한다. 블라디미르는 이에 대해 다음과 같이 대꾸한다:

> 나도 그 의견에 점점 동의하기 시작했어. 평생 그 생각을 떨쳐내려 했지. 나 자신에게 "블라디미르, 이성적으로 잘 생각해봐. 아직 모든 걸 시도해본 건 아니잖아"라고 다독이면서. 그리고 다시 발버둥쳤지.

베케트는 그런 식으로 남자의 아픈 발을 존재의 허무함에 맞서는 인간의 고투로 확장시킨다. 그것이 연극의 전반적인 흐름이다.

하지만 더 나가기 전에: '고도(GOD-oh)'라는 단어를 살펴보자. 그것은 베케트가 연출한 공연에서 발음되었던 방식이고, 전 세계적으로 발음되는 방식이다—어떤 이유에선지, 미국인들만 제외하고 말이다. 첫 번째 음절은 "God"(신)와 같이 발음된다. 이것이 중요하다. 셰익스피어의 희극인 『뜻대로 하셔요(As You Like It)』에는 지나치게 철학적인 캐릭터인 자끄(Jaques)가 나오는데, 이것의 발음은 속어로 "뒷간" 즉 화장실의 속어인 '제이크스'이다. 그 이유는 그가 속임수(shit)를 너무 많이 써서이다. 사실, 베케트는 말년에 고도(Godot)라는 이름이 일으킨 모든 신학적 추측들로 인해 그것을 선택했던 것을 후회했다고 말했다. 한번은 그가 친구에게 "이 모든 일과 끝없는 오해에 진저리가 나. 사람들이 왜 이렇게 간단한 것을 복잡하게 만드는지 이해할 수가 없어"라고 편지를 쓴 적이 있다.

그것은 맞는 얘기다. 그러나 타이틀 캐릭터를 "원숭이 얼굴"이라고 이름 짓고, 특히 연극이 원숭이에 대한 참조와 신에 대한 추측, 그리고 이면에 신이 존재하지 않는다고 주먹을 날리는 극작가의 모습이 가득한 연극이라면, 사람들이 원숭이를 떠올린다고 그리 놀랄 일은 아니다. 『고도를 기다리며(Waiting for Godot)』는 명백하게 절대적인 누군가나 무언가가 나타나서 인간을 고통과 절망에서 구해 주기를 헛되이 기다리는 사람에 관한 이야기이다. 이 갈망의 대상이 신과 관련 있을지도 모른다는 추측, 즉 우리가 신을 찾을 때 진정으로 원하는 것이 무엇인지, 또는 우리가 "신"이라고 말할 때 상상하는 것이 무엇인지 추측하려는 것은 무리가 아니다.*

하지만 좋다, 우선 G—라는 단어는 버리도록 해보자. 베케트는 다른 친구에게 이렇게 편지를 썼다. "이 연극에는 정확히 뭔지는 모르지만, 좋든 싫든 사람들에게 스며드는 무언가 낯선 게 있어"라고. 그가 몰랐다고 하니 여기에 내 이론을 소개해 보겠다. 인생은 삼사라와 열반이라는 두 조각으로 이루어진 뒤얽힌 퍼즐과 같다. 삼사라(말 그대로 "윤회")는 평범한 삶으로, 세상사와 우리 자신의 신경증과 관련된 모든 혼란과 고통을 말한다. 니르바나(말 그대

* 만약 이 연극을 위해 테마 음악을 고른다면, 톰 웨이츠의 "God's Away on Business"나 루 리드의 "I'm Waiting for the Man"이 어울릴 것이다.

로 "불을 끄는 것")는 그 혼란과 고통에서의 해방을 의미한다. 대부분 퍼즐의 두 번째 조각이 빠져 있기에, 인생은 가장자리가 들쭉날쭉한 큰 구멍이 난 것처럼 보인다.

삼사라의 모양은, 니르바나가 완성되기를 바라는 들쭉날쭉한 가장자리를 가지고 있다. 이것이 베케트의 주요한 주제이다. 그는 그 가장자리를 직시하면서 열반이 있다면 어떤 모습일지 암시적으로 보여준다. 삶이 지옥이 되지 않으려면 우리가 니르바나의 당위성을 어떻게 느껴야 하는지 영혼이 긁히도록 간절하게 파고든 것이다. 내가 생각하기엔 그것이 베케트의 심오한 매력이다.

베케트는 지옥의 턱을 들여다보는 데 많은 시간을 보낸 사람처럼 초췌하고 깊이 파인 얼굴과 유령 같은 눈을 가졌다. 1906년 성금요일, 중상류층 아일랜드 개신교 가정에서 태어난 그는 어린 시절 다른 아이들의 파티에 가지 않기 위해 숨어 지낼 정도로 소심한 아이였다. 어머니는 강렬한 애착과 죄책감을 섞어 그를 과잉보호했던 것 같다. 정서적으로 혼란스러웠던 그는 습관적으로 60피트 전나무 꼭대기에서 낮은 가지를 딛고 땅바닥으로 반복적으로 뛰어내리는 버릇을 들였다. 이로 인해 젊은 시절 뛰어난 운동선수였고, 일류급 크리켓 선수 중 유일하게 노벨상을 탄 선수로 남았다. 잠시 대학 강사로 지루한 경력을 쌓았고, 초기 작품들 덕분에 보수적인 아일랜드에서 무신론자이자 외설 작가로 비난받았다.

나치의 위협이 불거지고 있었지만 베케트는 평화로운 아일랜드보다 전쟁 중인 프랑스가 더 낫다며 30년대에 파리에 정착했다. 그곳에서 무일푼의 좌파 작가로 살았고 한때 포주에게 가슴을 찔려 죽을 뻔한 적도 있었다. (오히려 자신이 포주를 좋아한다는 사실을 깨닫고 고소를 취하했다.) 또한 눈이 점점 멀어져 가는 제임스 조이스의 제자이자 조수가 되기도 했고, 점차 정신분열증이 심해지던 조이스의 딸과 로맨스에 빠지지 않으려 안간힘을 쓰기도 했다.

전쟁이 끝난 후 베케트는 레지스탕스에서 위험한 첩보 활동을 한 공로로 무공훈장(Croix de Guerre)을 받았다. 더블린으로 돌아와 파킨슨병에 걸린 어머니를 방문하다가, 그는 자신의 글쓰기를 송두리째 변화시킬 깨달음을 얻게 된다:

> 어머니의 얼굴은 마치 가면을 쓰고 있는 듯 전혀 알아볼 수 없었다. 그녀를 보며 문득 깨달았다. … 지식에 대한 모든 시도가 무위로 돌아간다는 것을. 모든 것이 엉망진창이었다. 알지 못하는 것, 인식하지 못하는 것, 불완전함의 세계를 탐구하는 것이 바로 내가 할 일이다.

이것은 베케트에게 멘토인 조이스처럼 삶을 신화와 지리, 역사, 여타의 다차원적 말장난으로 묘사하는 것의 종지부를 의미했다. (베케트는 『피네건의 경야』의 한 부분을 받아 적던 당시 황당한 경험을 얘기하기도 했다. 잠시 쉬는 시간에 문을 두드리자 조이스는 "들어와"라고 말했고, 당황한 베케트는 그것을 원고에 받아 적었다고 한다. 베케트가 원고를 다시 읽어주자, 조이스는 잠시 생각하더니, "그대로 두자"라고 말했다는 것이다.)

베케트는 이제 더 많은 것 대신 더 적은 것을 추구하고 제거할 수 있는 것을 제거하면서 무엇이 남아 있는지 확인하기로 했다. 캐릭터의 역사, 가족, 국적, 직업 등 모든 것을 제거했다. 그는 프랑스어로 글을 쓰기 시작했는데, 프랑스어를 잘해서가 아니라 영어가 힘들었기 때문이다. 장식과 세련미가 증류된 원초적인 목소리로, 이제껏 얘기되지 않았던 의미의 단어를 찾아 고군분투했다. 하지만 그런 단어들은 종종 이상한 꿈속 음악 같은 느낌을 주었고, 나중에 영어로 번역할 때도 그런 느낌이 유지되었다.

에스트라곤: 모든 죽어가는 목소리들.

블라디미르: 날갯짓 같은 소리가 나지.

에스트라곤: 마치 나뭇잎처럼.

블라디미르: 모래처럼.

에스트라곤: 나뭇잎처럼.

침묵

블라디미르: 모두 한꺼번에 말하지.

에스트라곤: 각자 자기 자신에게 말하지.

침묵

블라디미르: 오히려 속삭인다고 해야 할까.

에스트라곤: 바스락거려.

블라디미르: 수군거려.

에스트라곤: 바스락거려.

원작 프랑스어 연극은 1953년 1월 5일, 부채에 시달려 문 닫기 직전의 소극장에서 상연되었다. 잃을 것이 없는 상황이었다. 처음에는 혼란스럽고 화가 난 관객들이 휘파람을 불거나 야유를 해서 공연이 중단되기도 했다. 중간 휴식 시간에는 주먹다짐이 벌어지기도 했다. 그러나 논란 덕분에 『고도를 기다리며』는 곧 파리에서 큰 인기를 끌게 되었고, 버스터 키튼과 말론 브란도가 주연을 맡은 브로드웨이 공연이 제안되었다. (잠시 멈추고 그 모습이 어땠을지 상상해 보자. 와우.)

하지만 영어 판본의 판권 계약에 문제가 있어서, 결국 마이애미 비치의 코코넛 그로브 플레이하우스에서 "두 대륙의 웃음 센세이션"이라는 이상한 광고와 함께 개막하게 되었다. 『오즈의 마법사』에서 겁쟁이 사자로 많은 사랑을 받았던 버트 라흐(Bert Lahr)가 에스트라곤 역을 맡아 블라디미르와 주거니 받거니 대화를 했다. 이는 마치 뮤지컬 후렴구처럼 극 내내 반복되었다.

에스트라곤: 가자.

블라디미르: 우리는 그럴 수 없어.

에스트라곤: 왜 못 가?

블라디미르: 우리는 고도를 기다리는 중이잖아.

에스트라곤: (절망스럽게). 아하!

관객들을 향해 나온 말은 분명 "가자(Let's go)"였다. 현지 택시 기사들은 휴식 시간에 쏟아져 나오는 사람들을 태우기 위해 일찍부터 줄을 서기 시작했다. 런던 공연도 초반에는, 관객들이 크게 하품을 하거나 불평을 했다. 에스트라곤이 자살을 고민하는 장면에서는 관객이 "어서 밧줄 좀 줘!"라고 소리치기도 했다.*

결국 시간이 지나면서, 몇몇 통찰력 있는 비평가들 덕분에 사람들은 베케트가 전통적인 시작, 중간, 끝이 있는 극을 쓰려고 했던 것이 아님을 깨닫게 되었다. 베케트는 시작과 끝이라는 개념이 허구적이라는 것을 탁월하게 보여주었다. 삶은 모두 중간이다. 여기 우리처럼.

무엇을 해야 한단 말인가? 브로드웨이 상연에서, 2막에 회자되는 문제는 바로 이것이었다. 1막은 비교적 쉽다. 웨스트사이드 스토리의 제트족과 샤크족, 혹은 모르몬교도들의 우간다 같은 이국적인 세계를 만들어 관객을 그 세계에 빠져들게 하고, 갈등이 고조되는 가운데 등장인물들에게 관심을 가지게 하면 된다. 하지만 막간 후, 갈등을 해결하고 등장인물들을 만족스러운 종결로 이끄는 도전이 남아 있다.

---

* 몇십 년 후, 나는 필리 학교에서 이 연극을 가르치는 것을 끝까지 고집한 마지막 영어 교사였다. 다른 교사들은 이 연극이 학생들을 미치게 만든다는 이유로 포기했었다. "그래, 바로 그게 효과가 있다는 증거야"라고 나는 말했다. 그러다 2017년에, 내가 가르쳤던 제자 버지 코헨이 "제퍼디! 챔피언 대회"에서 경쟁하는 모습을 스튜디오 관중석에서 지켜보게 되었다. 그는 준결승전에서 탈락 직전이었지만, Final Jeopardy!의 정답이 "고도를 기다리며는 무엇인가?"로 밝혀지면서 승리를 거머쥐었다. 그는 25만 달러를 상금으로 받았고, 나중에 게스트 호스트로도 돌아왔다. 결국 고도는 누군가를 돕기 위해 나타난 셈이었다.

도서관 길의 명판(뉴욕, 5번가와 파크 애비뉴 사이 E. 41번가)

이것은 단지 극작술의 문제가 아니다. 삶의 문제이기도 하다. 인생—즉, 일상적인 삶, 혼란스럽게 떠도는 윤회의 삶—에는 해답이 없다. 무지개 끝의 금 항아리처럼, 우리의 여정은 아름다운 동화로 끝날 뿐이다. 베케트는 『고도를 기다리며』에서 여러 급진적인 시도를 했는데, 그중에서도 가장 급진적인 것은 2막의 문제를 대놓고, 노골적으로 미해결로 남겨둔 것이다. 고도는 오지 않는다.

대신 메신저인 소년이 등장한다. 고도가 신이라면 소년은 신의 사자, 선지자임에 틀림없다. 그의 메시지는 고도가 오늘은 오지 못하지만 내일은 반드시 올 거라는 것이다. 이 소식은 안도감을 주고, 그는 어제 1막 마지막에도 같은 메시지를 전달했었다. 그러나 그는 그렇게 한 기억도, 블라디미르와 에스트라곤을 본 기억도 없다고 말한다. 어쩌면 그의 형이었을지도 모르고 아닐지도 모른다면서. 다른 예언자들과 마찬가지로 그는 결코 일어나지 않을 구원을 계속 약속하고 있다. 내일 (혹은 내일, 또 내일, 내일, 내일…) 그래서 우리는 버티고 있다. 지금까지.

고도는 올 수도 있고 안 올 수도 있기에, 그것은 거의 반반의 비율이다. 인생이 의미 있는 결말을 맞이할 가능성은 동전 던지기에 달려 있다. 베케트의 세계에서는 상황이 더 나빠질 수도 있고, 더 빨리 나빠질 수도 있다. 1막이 시작될 무렵, 블라디미르는 갑자기, "도둑 한 명을 구했어. 내가 그중 한 명이야"라고 말한다. 그는 그리스도와 함께 십자가에 못 박힌 두 도둑 중 한 명은 그리스도를 믿어서 구원받았고, 다른 한 사람은 저주해서 저주받았다는 성경의 이야기를 언급하고 있다. 도둑을 우리의 대리인으로 삼은 이 이야기는 우리 운명에 선택권이 있고 올바른 선택을 할 확률이 오십 퍼센트라는 것을 암시하는 다소 고무적인 이야기이다. 하지만 블라디미르는 네 가지의 복음서 중 단 하나만 해피엔딩으로 기록된 것을 떠올린다. "네 명 중 한 명은 둘 중 한 명이 구원을 받았다고 말한다." 우리의 희망은 2분의 1의 확률에서 8분의 1의 확률로 눈앞에서 사라져 간다.

이 연극에서 우리를 대신하는 인물들은 바로 그 부랑자들이다. 블라디미르는 첫 번째 도둑처럼 신앙을 가지려고 노력하는 인물이다. 낙담시키는 증거들에도 불구하고 믿으려 애쓰는 사람이다. 그는 그들의 약속 장소에 대해 불안해한다. (그들은 나무 옆에 있지만, 이게 과연 맞는 나무일까?) 에스트라곤은 두 번째 도둑처럼 회의적이다. 그는 땅에 발을 붙이고, 음식과 잠 이외에는 아무것도 바라지 않는다. 블라디미르는, 말하자면, 정신을 상징한다고 볼 수 있는데, 이는 천상에 대한, 상상의 욕망을 품을 수 있는 능력을 가졌다는 뜻이다. 반면 에스트라곤은 육체를 상징한다. 한번은 브로드웨이에서 에스트라곤 역을 맡아 큰 호평을 받은 버트 라흐(Bert Lahr)가 대학 강의에서 이 연극에 대해 설명해 달라는 부탁을 받게 된 적이 있었다. 그는 잠시 당황한 듯 멈칫하다가, 배를 만지며 "배"라고 말했다.

고귀한 생각과 이상이 삶의 해답이 될 수도 있겠지만 육체의 단순한 만족감이 그 해답일 수도 있다. (아마 둘 중 하나는 답이 될 것이다.) 하지만 아니었다. 블라디미르의 모든 생각은 절망으로 이어지고, 에스트라곤의 육체는 고난과 고통으로 이어진다. 날씨가 좋은 날에는 쓰레기로 가득 찬 블라디미르의 주머니에서 부서진 당근을 찾아 먹고, 날씨가 좋지 않은 날에는 도랑에서 잠을 잔다. 그는 자주 낯선 사람들에게 구타를 당한다. 정신의 삶이냐 육체의 삶이냐: 당신의 독을 선택하라. 블라디미르는 자주 모자를 벗어 바람결에 흔들어 털며 왜 머리가 깔끄러운지 찾아내려 한다. 에스트라곤은 자신의 발을 아프게 하는 원인을 찾으려고 시시때때로 신발을 털어 댄다.

베케트 자신도 낭종, 종기, 치아의 농양, 늑막염, 생인손, 발한증 등으로 몸에 고통을 느끼며 살았다. 그는 위스키, 도박, 그리고 놀랍도록 많은 성관계로 자신을 마비시켰다. 그중 일부는 동시다발적으로 이루어졌으나, 그의 말에 의하면 모두가 전혀 사랑이 없는 관계였다. 그는 그런 관계를 "브랜디 없는 커피"라고 불렀다. 때때로 마음이 너무 울적해서 걸음을 떼지 못할 지경이었다. 2년간의 정신분석 결과 강박 신경증 환자라는 진단을 받았다. 우울함 속에 침잠해 있음에도 불구하고, 가끔 그는 아일랜드 시절의 청춘 유물인 오래된 호빗을 연주하기도 했다.

디디와 고고(서로를 부르는 이름)는 마음이든 몸이든, 믿음이든 의심이든, 아니면 베케트의 주장대로, 그냥 모자를 쓴 두 남자든, 서로 끈끈하게 엮여 있다. 그들은 서로의 습관에 대해 불평하고, 어제 일어난 일이나 내일 할 일에 대해 논쟁하며, 서로 떠나겠다고 으름장을 놓지만 헤어질 수 없는 나이 든 부부와 같다. 이는 수행자 공동체에 관한 비꼬인 해석이라 할 수 있다. 우리는 구원을 받든 망하든—아마도 망한 것 같지만— 어쨌든 무엇이든 함께한다. 우리는 친구이니까.

중절모자를 쓴 또 다른 두 남자가 1막에 이어 2막에도 등장한다. 그들은 친구가 아니라 주인과 노예이다. 잔인한 이름을 가진 럭키는 말없이 쌕쌕대며 주인의 가방과 소지품을 들고 다니고, 반면 포조는 럭키의 목에 긴 줄을 눌러 걸고 채찍을 휘두르며 명령을 내린다: "일어나, 돼지! … 일어나라고, 돼지야! … 뒤로 가! … 멈춰! … 돌아서!"

이것이 바로 우정의 대안인 착취이다. 착취가 경제적이든 제도적이든 개인적이든 상관없이, 그것은 같은 방식으로 작동한다. 만약 내가 당신을 내 즐거움의 대상으로 취급한다면, 당신을 착취하는 것이다. 만약 내가 당신을 객체가 아닌 주체로 취급한다면—나와 같은 경험자로, 여기에 있는 인식 공간의 동거인으로, 모든 시선 뒤에 있는 경험자로 대하는 것이라면—, 그렇다면 우리는 친구이다.

베케트의 착취에 대한 묘사는 잔인하다. 포조는 럭키를 죽기 직전까지 노예로 부려 먹고, 이제 늙고 쓸모없어지자 백발이 된 그를 팔기 위해 장터로 데려간다. 그러나 오히려 주인인 포조가 완전히 럭키에게 의존하는 노예이다. 마치 자본가에게 노동자가 필요하고 학대하는 연인에게는 복종하는 파트너가 필요한 것처럼 포조는 럭키가 필요하다. 흥미로운 점은 포조가 처음 등장했을 때, 블라디미르와 에스트라곤이 그를 고도로 오인하는 것이다. 폭군—왕—자본가—상사는 가짜 신인데, 그들에게는 항상 비위를 맞추고 복종하는 사람들이 있다. 럭키는 비굴한 자들을 대변하는 인물이다. 노동계급의 영웅이 아니라, 학대받는 동물처럼 무자비하고 사악하다. (에스트라곤이 눈물을 닦아주려 하자, 럭키는 그의 종아리를 거칠게 걷어찬다.) 그는 포조가 지배하는 데 중독된 것처럼 노예에 중독되어 있다. 지친 상태에서 앉지도 않고 포조의 가방을 내려놓지도 않는다. 포조가 외투를 입으려 할 때, 럭키는 자신의 손에 물건을 잔뜩 들려 있는데도, 억압 도구인 채찍을 입에 물고 손으로 옷 입는 것을 시중든다.

포조가 럭키에게 "생각하라"고 명령하는 장면은, 작가와 지식인이 노예처럼 상사의 즐거움을 위해 봉사한다는 암시를 담고 있다. 럭키는 정확한 위치를 잡고 나서 ("멈춰! 뒤로! 멈춰! 돌아! 생각해!") 연극에서 유일한 자신의 대사를 말하기 시작한다. 대사는 외관상 진지한 철학적 논의의 형태로 시작되고, 디디와 고고는 자신들의 처지에 관한 무슨 단서라도 얻을까 희망하면서 주의 깊게 듣는다—아마도 신 또는 고도가 존재하고 그들을 버리지 않았음을 입증해 주기를 바라는 것 같다.

펀처와 와트만*의 공공 작업물에서 언급된 바와 같이
인격적 신의 존재를 고려할 때

잠깐만. 마지막 부분이 뒤집혔다. 우리가 증명하고자 희망하는 신의 존재는 이미 주어진 것으로서 명시되어 있다. 이는 마치 "x=47로 주어졌으니, x=47이다"라고 수학 선생님께 "증명"을 제출하는 것과 같다. 이런 과정 없는 증명에 선생님은 당신을 탈락시킬 것이고, 그것은 옳다. 그러나 종교(대개 그렇듯이)는 이와 똑같은 것을 하고, 꽤 그럴싸한 '신앙'이라는 이름으로 미화한다.

그런 다음 설상가상으로, 철학과 종교 사전을 고기 가는 기계에 넣은 것과 같은 결론이 나오게 된다.

펀처와 와트만의 공공 작업물에서 언급된 바와 같이, 흰 수염을
가진, 시간 밖에 존재하는, 아무 곳에도 없는 인격신의 존재를
고려할 때, 그 콰콰콰콰(quaquaquaqua)의 신은 신성한 무관심,

---

* Puncher와 Wattmann은 실제로 존재하는 인물이나 개념이 아니라, 럭키의 혼란스러운 독백 속에서 등장하는 가상의 이름들이다. 이들은 특정한 인물을 지칭하기보다는 현대 사회의 불합리성과 복잡함을 풍자하는 상징적인 이름으로 해석될 수 있다.

신성한 무감각, 신성한 언어 장애를 지닌 채, 알 수 없는 이유로 우리를 매우 사랑하며, 몇 가지 예외가 있지만, 그 이유는 시간이 지나면 밝혀질 것이다.

'콰(qua: 로서)'는 "~의 능력을 갖춘"을 의미하며, 똑 떨어지는 라틴어이다. ("인간을 동물로서 생각하자", "인간을 사회적인 존재로서 생각하자.") 럭키는 신을 '로서(qua)'로 시작하지만, 너무 많은 '로서'가 쌓여서 그것들이 수상쩍은 오리의 꽥꽥 소리처럼 들린다. 이것이 바로 우리의 모든 철학과 종교가 다다른 곳이다.

우리가 그 이야기에서 골라낼 수 있는 의미의 조각들은 모두 우울한 것이다. 신은 "신성한 무관심의 높은 곳에 거주한다." 그는 우리에 대해 아무런 관심이 없고, 우리를 위해 아무런 감정도 느끼지 않으며, 우리에게 아무것도 말하지 않는다. 그게 신성한 것이다. 그러니 불평하지 마라. 그는 "우리를 끔찍이 아끼지만 몇 가지 예외가 있다." 그렇다: 암에 걸린 순진한 어린이들, 지진으로 짓눌려 죽은 어린이들, 그리고 (고도가 기록되기 불과 몇 년 전만 해도) 강제수용소에서 굶어 죽은 어린아이들이 있다는 점이다.

이것이 바로 고전적인 악의 문제이다. 어떻게 전능하고 사랑이신 하느님이 악과 고통을 허용할 수 있을까? 몇 세기 동안 신학자들은 이에 대한 근거를 찾아 애썼지만, 어느 것도 만족할만한 답이 없다. 그것은 여전히 "이유를 알 수 없는" 상태이다. 그러나 아마도 내일 (또는 내일 또는 내일) 고도(또는 누군가)는 이 모두를 설명하기 위해 나타날 것이다: "시간이 알려줄 것이다." 그러니 믿음을 가지라고 한다.

럭키는 구두점 없이 세 페이지에 걸쳐, 인간의 모든 희망이 산산이 부서져 점점 더 미치고, 이런 앞뒤가 맞지 않는 절망감을 테니스, 축구, 달리기, 사이클링, 수영, 비행, 부유, 승마, 활공 등으로 돌려 묘사한다. 그가 여기에 인용한 사상가들은 파르토프와 벨처*이다—이곳이 우리의 철학과 종교가 다다른 곳이다. 죽음 이외엔 어떤 결론에도 이르지 못했다("해골 해골 해골 해골"). 고도를 기다리는 것처럼, 이 중얼거림은 또 하나의 끝이 없고, 견딜 수 없는 것이 되었다. 럭키의 중얼거림을 멈추기 위해 다른 세 사람이 마침내 그를 공격하고 모자를 잡아챈다. (분명히, 인간은 모자 없이는 생각할 수 없다.) 그런 다음 럭키와 포조는 계속 나아간다.

2막으로 돌아오면—아마도 그다음 날— 두 사람은 많이 변해 있다. 한때 허풍을 떨던 포조는 이제 맹인이 되어 완전히 럭키에게 의

---

* 파르토프(Fartov)와 벨처(Belcher)는 럭키가 그의 긴 독백 중에 언급하는 가상의 사상가들로, 작가 사무엘 베케트의 의도적인 언어유희와 풍자적 비유가 담겨 있다. 이 이름들은 각각 다음과 같은 상징적 의미를 내포한다: 파르토프(Fartov)는 영어 단어 fart(방귀)와 어감이 비슷하여, 인간 사고나 철학이 종종 진지하고 고상한 척하지만, 사실은 공허하고 무의미하거나 우스꽝스럽다는 것을 풍자적으로 암시한다. 벨처(Belcher)는 영어 동사 belch(트림하다)에서 파생된 것으로, 인간의 사상이나 종교적 신념이 깊이 있는 진리라기보다는 단순한 소음이나 본능적인 반응에 지나지 않는다는 것을 우스꽝스럽게 표현한다. 따라서 파르토프와 벨처는 인간 지식의 헛됨과, 철학적、종교적 구원마저도 결국은 비웃음의 대상이 될 수 있음을 보여주는 베케트식의 풍자적 장치로 볼 수 있다.

존하면서 자기 연민에 빠져 있다. 럭키는 "그는 신음조차 못해"라고 바보처럼 말한다. 이에 대한 설명은 없다. 그러나 제목이 적힌 페이지에 베케트는 이 연극이 비극적 코미디라고 묘사한다. 그것은 비극적인 비전과 많은 낙천적인 광대극을 결합했다는 뜻이다. 포조는 비극적 영웅이며, 오만한 영웅으로 큰 추락을 겪은 듯하다. 2막에서 그는 문자 그대로 넘어져 땅에 엎드려 도움을 청한다. (한때 브로드웨이에서 거대한 존 굿맨이 포조 역을 연기하는 것을 본 적이 있다. 무대 위에 누워 있을 때 그가 발을 벌려 고개를 일으키기 위해 발버둥치는 모습이 마치 해변에서 버둥거리는 고래처럼 보였다.)

전통적인 코미디는 마치 삶의 영속성을 기념이라도 하듯 결혼 축하식으로 끝난다. 현대물에서 매력적인 코미디 커플은 마침내 장애물을 극복하고 사랑이 이루어지거나 제임스 본드와 그의 애인 애스턴 마틴처럼 차를 타고 떠나버린다. 여기에 계속 입씨름을 하면서도 헌신하는 커플 디디와 고고가 있다. 베케트는 로렐과 하디(그리고 채플린의 작은 중절모)*의 광팬이었고 디디와 고고는 거기서 많은 영향(입씨름과 중절모)을 받은 것으로 보인다.**

---

* 로렐과 하디(Laurel and Hardy)는 20세기 초에 활동한 미국의 전설적인 코미디 듀오로, 슬랩스틱 코미디의 대표적인 아이콘이다. 스탠 로렐(Stan Laurel)과 올리버 하디(Oliver Hardy)로 이루어진 이 콤비는 무성영화 시대부터 유성영화 시대로 넘어가는 과도기에 활약했으며, 전 세계적으로 사랑받았다.

** 『고도를 기다리며』가 성공한 후, 베케트는 프랑스 여성과 마침내 결혼하여

로렐과 하디

변화하는 두 남자와 변화, 그리고 견뎌내는 두 사람의 인내는 모두 시간 속에서 일어난다. 변화에는 삶의 X축인 시간이 필요하며, 이를 통해 Y축을 따라 진보(지위, 지식, 복리 및 기타 가치 있는 것의 축적)가 이뤄질 수 있다. 그러나 이것은 또한 부패가 일어날 수 있음을 의미한다. 우주의 평형이 그것을 요구하고, 올라간 것은 반드시 내려와야 한다. 그 결과, 비극이 발생한다. 1막에서 포조는 모든 승자(비극적 곡선의 오르막에 있는 사람)와 마찬가지로 시간을 사랑한다. 그의 시계는 가장 소중한 소유물이다. 에스트라곤이 "시간이 멈춰 있어"라고 말할 때, 포조는 시계를 귀에 대고 "그런 말은 하지 마세요. 당신이 원하는 건 뭐든 좋으나, 그런 건 아니에요"라고 대답한다. 우리는 즐겁게 시간을 보내는 동안은 시간을 좋아한다.

그러나 우리가 어려운 시간을 보낼 때, 우리는 시간을 싫어한다.

파리 외곽의 한 마을에 작은 집을 샀다. 어느 날 그들은 마을의 술집에서 실제 떠돌이 두 명을 만나 외투를 건넸다고 한다. 또 베케트는 마을 아이들을 학교에 데려다주는 일을 돕기도 했는데, 그중에는 나중에 키 7피트 4인치, 몸무게 520파운드의 프로레슬링 스타이자 영화 「프린세스 브라이드」에서 페지크(Fezzik) 역으로 유명해진 앙드레 더 자이언트도 있었다.

이제 우리는 패자이다. 에스트라곤이 포조에게 그가 시력을 잃은 시간이 언제이고, 럭키가 말을 잃은 시간이 언제냐고 묻자 포조는 분노를 터뜨리며 대답한다:

> 저주받은 시간으로 나를 괴롭히는 것은 그만해! 그건 혐오스럽거든! 언제! 언제! 하루, 그것으로 충분하지 않은가, 단 하루 말이야! 어느 하루 벙어리가 되고, 어느 하루 눈이 멀고, 어느 하루 우리는 귀머거리가 되지, 어느 날 태어나고, 어느 날 죽고, 똑같은 날, 똑같은 순간, 그것으로 충분치 않아? (차분해진다.) 무덤에서 태어나, 한순간 빛을 발하다가, 다시 밤이 되는 것. (밧줄을 잡아당긴다.) 어서!

이런 상황과 함께, 그와 럭키는 최종 퇴장을 한다.

시간이 흐르면 우리는 모든 것을 잃는다. 고도를 기다리는 것, 특히 과거와 미래, 탄생과 죽음이 단숨에 허무하게 무너진다는 이런 이야기는 맥베스의 "내일 그리고 내일"이라는 대사와 놀라울 정도로 닮았다. 고도는 언제 올까? 내일. 그리고 내일. 그리고 내일. 블라디미르와 에스트라곤은 무엇을 하는가? 날마다 꾸물럭거리며 기어오른다. "빛이 잠깐 비쳤다가"는 "아아, 단박에 사라지는 어젯밤의 촛불"과 유사하다. 무덤 위에서 출산한다는 포조의 공포스런 여성에 관한 이미지는 마녀가 가마솥에 던지는 재료 중 하나를 떠올리게 한다. "자궁에 걸려 죽어버린 아이의 손가락/ 어미가 도랑에 토해 버린 태아."* 럭키의 이야기에서 인간의 모든 삶은 바보가

들려주는 어리석은 이야기가 되어버린다.

포조와 맥베스는 시간이 지나면 결국은 모든 것이 공허해진다는 상실의 트라우마를 어렴풋이 깨치지만, 후회할 즈음엔 이미 늦어 있었다. 퇴락의 내리막으로 치닫는 사람들이 으레 그렇듯, 그들은 발 디딜 평지도 시간도 없다는 걸 알고, 당황하여 분노한다.

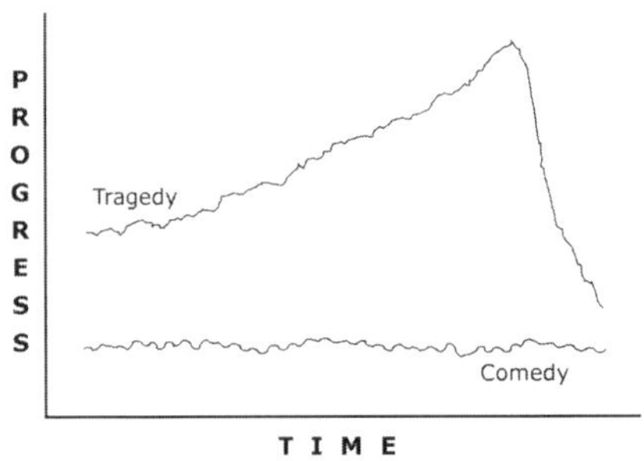

디디와 고고는 비록 상처를 입었을지라도, 영광에서 재앙에 이르는 비극적인 롤러코스터를 치러내는 지혜를 지녔다. 그들은 지루한 일상을 불평하지만 그 지루함에 순응한다. 우리가 과거라고 일컫는 기억은 전부가 유령이고, 소위 미래라고 일컫는 기대도 유령의 소문일 뿐이다. 그들은 지혜로운 현자처럼 이것을 알고 있다. 아무것도 없다. 얻을 것도, 잃을 것도 없다. 베케트의 세계에서는 그것이 삶을 긍정하는 것이다. 2막에서는 뼈만 남은 나무에 잎이 몇 개 돋아난다. 이것이 코미디다. 삶은 다름 아닌 그런 것이다. 계속, 계속, 계속. 그리고 디디와 고고는 계속 찾아와, 나무 옆에서 기다린다.

---

* "Drab"는 주로 "칙칙한" 또는 "단조로운"이라는 의미로 사용되지만, 오래된 용법에서는 "prostitute"를 의미하기도 했다. 이는 오늘날 거의 사용되지 않는 고어적인 의미이며, 현재는 거의 사용되지 않는 표현이다.

블라디미르: 우리는 성인은 아니지만 약속을 지켜왔어. 얼마나 많은 사람이 이 만큼 자랑스럽게 할 수 있을까?

에스트라곤: 수십억 …

에스트라곤의 "수십억"이라는 대답은 고상한 척하는 블라디미르의 감상적인 덮개를 걷어내는 냉소적인 표현이다. 하지만 냉소도 하나의 자세일 뿐이고, 그 역시 무너져야 한다. 그렇다, 수십억의 사람들이 약속을 지켰다. 이 지구상의 거의 80억 명의 인간과 중생은 행복을 추구하고, 고통에서 자유롭기를 바라고, 니르바나를 열망하고 있다. 그들은 (앨런 긴즈버그의 말처럼) "밤의 기계 속에서 별빛과 천상의 연결을 갈망"하고 있다. 매 순간, 심지어 무의식적으로, 그들은 무한을 추구하고 있다. 우리는 이 길에서 혼자가 아니다. 수십억의 사람들과의 동행은 아름다운 것이다. 모든 친구들을 보라.

어느 화창한 봄날 아침, 베케트는 파리의 아파트에서 밖으로 걸어 나갔다. 이웃이 그를 보고 소리쳤다. "샘! 좋은 아침! 정말 아름다운 날이야!" 그러자 베케트는 "글쎄요, 전 거기까지는 말씀 못 드리겠어요"라고 답한다.

베케트의 절망에 관한 가장 최고의 응답은 백 년 전에 에머슨에 의해 언급되었다.

> 인간의 삶은 비천하다는 것을 인정한다고 치자;* 그러면 어떻게 그런 것을 알았을까? 우리의 불안과 오랜 불만의 근거는 무엇일까? 결핍과 무지라는 보편적 감각은 무엇이며, 이런 엄청난 주장을 하는 영혼의 미묘한 암시는 무엇인가?

삶이 음울한 것 같은가? 맞다. 무엇과 비교해서 그런가? 우리는 매끄러운 피부 감각을 알기 때문에 울퉁불퉁한 피부를 거칠다고 말할 수 있다. 그렇지 않으면 우리는 그 둘을 모두 피부라고 부를 것이다. 우리가 삶을 "황량할 정도로 음울"하다고 말하는 것은 음울하지 않은 상황을 조금이라도 알기 때문이다. 삼사라는 니르바나를 암시하는 것이다. 마치 동전의 앞면이 뒷면과 붙어 있는 것과 마찬가지다.

무엇이 우리에게 동전을 뒤집지 못하게 하는가? 베케트는 이미 우리에게 말했다: 우리는 그저 계속 기다리고 있다고. 만약 열반, 해탈, 천국, 영혼의 거대한 요구를 상징하는 고도가 어딘가에 있다면 바로 여기 이 깨달음의 순간에 있을 것이다. 하지만 우리는 그 사실을 간과하고 그저 기다리기만 한다. 왜냐하면 상상 속 다른 순간을 기다리기 때문이다. 우리는 미래가 도착하기도 전에 무언가를 취하려고 전전긍긍한다. 기차, 비행기, 주말, 오르가즘 같은 것

---

* 비천한: 궁핍, 불모, 무보상.

을 말이다. 그런 다음 그것이 도착하면 다시 다음 것을 기대한다. 미래의 편안함을 고대하며 숨을 죽여서 현재를 항상 불안하게 만든다. 이 불안함(둑카, 불만족)은 디디와 고고가 모지니 부츠에서 털어내려고 하는 눈에 보이지 않는 성가심이다.

이런 습관을 어떻게 해소할 수 있을까? 베케트는 극의 첫 대사에서 자신에게 뿐만 아니라 우리에게 해결책을 준다: "할 게 없다"이다. 그의 등장인물들은 아무것도 아닌 것에서 도망치기 위해 전체 극을 다 소진한다. 그들은 생각하고, 춤추고, 불평하고, 더 불평하고, 자살을 계획하는 등 어떻게 해서라도 시간을 채우기 위해, 마치 정신을 바짝 차리지 않으면 안 되는 것처럼 무엇이든 바쁘게 행한다. 고고는 "아무 일도 일어나지 않고, 아무도 오지 않고, 아무도 가지 않고, 참으로 끔찍해"라고 말한다. 강박적으로 무언가를 해야 한다고 허둥거린다면 그것은 아무것도 하지 않은 것과 같다. 아무 일도 일어나지 않는 것에 단언된 끔찍함은 그저 하나의 관념이고, 검토되지 않은 가정일 뿐이다.

우리의 계획은 그 가정을 조사하는 것이다. 그것은 단지 경험적으로만 할 수 있다. 할 게 없다고? 좋다. 아무것도 하지 말자. 앉아라, 조용히 마음을 가다듬고, 네 방식대로 눈을 감아라. 아무것도 기다리지 마라, 무엇에도 저항하지 마라, 어떤 것에도 관여하지 말고, 모두 쥐고 있던 것을 내려놓으면, 시간이 가면서 무無 속으로 가라앉게 된다. 노력을 멈추면 저절로 일이 된다. 이 실험은 수천 년 동안 계속되어 왔고 데이터도 있다. 어떤 것도 끔찍할 게 없다는 것을 인지하는 것은 기쁨이다. 그것이 니르바나이다. 가장 높은 기도는 완전히 충만하게 "아무것도 아닌" 것에 감사하는 것이다.

결국 우리의 모든 경험은 허무로 종결되고 만다. 찾고, 기다리고, 베케트처럼 찾지 못해 괴로워하는 것이 우리 모두의 삼사라적 순환이다. 시간이 지나면 우리가 보는 모든 바위와 구름, 그것을 보는 행위, 그리고 그것을 보는 사람과 더불어 삼사라가 니르바나로 가득 차 있다는 사실을 발견하게 된다. 고도는 우리를 기다리게 한 게 아니라 우리가 그를 알아보지 못했을 뿐이다.

15. 완전한 괜찮음

로저스&해머스타인 • 오클라호마

우리의 이론이 맞는다면—만약 초대받지 않았는데도 다르마가 위대한 문학 작품 속에 계속해서 나타난다면— 뮤지컬 음악과 같은 문학과 인접한 장르에도 동일하게 적용되어야 마땅하다. 그렇다면 이 원칙은 뮤지컬 극장의 아이콘인 리처드 로저스(작곡가)와 오스카 해머스타인 2세(작사가)의 작품에서도 분명히 드러나야 한다. 이 두 사람은 「회전목마」, 「남태평양」, 「왕과 나」, 「사운드 오브 뮤직」과 같은 작품들로 1940년대와 1950년대 브로드웨이를 풍미했던 인물들이다.

나처럼 우드스톡에서 핸드릭스가 전자 기타로 연주하는 애국가를 듣고 자란 60년대생에게 로저스와 해머스타인의 음악은 꽤 촌스럽게 들릴 수 있다. 실제로 그들의 노래 중 하나는 사랑을 "8월의 캔자스처럼 진부한 느낌"이라고 묘사한다. 하지만 어떤 작품이 그런지 살펴보자. 해머스타인은 한 인터뷰에서 이런 말을 한 적이 있다.

"노래는 아마 가장 어려운 글쓰기 형태일 겁니다. 아이디어가 아주 단순해야 하고, 매 순간 명확해야 하니까요. … 영구적인 인기를 얻은 노래들은 모두 어떤 근본적인 이야기를 담고 있습니다."

해머스타인의 "근본적인 것"이 다르마에서 말하는 근본적인 것과 닮은 것인지 살펴보자. R&H의 첫 번째 합작품인 1943년 괴물 히트작 「오클라호마!」는 현대 뮤지컬의 원조이다. 오케스트레이션과 안무, 의상, 세트까지 1943년 개막작을 그대로 복원한 2011년 노스캐롤라이나 예술대학 프로덕션을 유튜브에서 볼 수 있다. (나는 이 버전을 추천하며 할리우드 영화는 건너뛰어도 무방할 것 같다.)

개막 당시 이 작품에 큰 기대를 거는 사람은 없었다. 유명 스타도 없었고, 1906년을 배경으로 카우보이와 농부에 관한 이야기를 다룬, 당시 거의 알려지지 않은 극작가 린 릭스(Lynn Riggs)의 희곡이 원작이었기 때문이다. 린 릭스는 자신을 숨겨야 했던 동성애자로, 오클라호마 출신의 전직 카우보이였다. 극장 직원들은 객석을 채우기 위해 길거리에 나가 휴가 중인 군인들에게 무료 티켓을 나눠줬지만, 관객을 다 채우는 데는 실패했다. 그러나 다음날부터는 줄이 극장을 한 바퀴 돌 정도로 인기를 끌었다.

이 쇼는 당시로서는 혁명적이었다. 막이 오르면—미군들을 실망시킬 위험을 감수하고— 다리 선을 드러낸 코러스 걸로 가득한 무대 대신, 허름한 농부 옷을 입은 노파가 버터를 휘젓고 있다. 오케스트라는 전형적인 힘찬 포르티시모로 분위기를 고조시키기보다는, 새벽녘에 지저귀는 새를 흉내 낸 한 가닥의 피리 소리로 희미해지다가 완전히 침묵에 빠져든다. 그때 무대 뒤에서 들려오는 목소리—거친 바리톤 목소리로, 당대의 가냘픈 테너 주연들을 일시에 초라하게 만드는 목소리가 들려온다.

무대에서는 보이지 않는 목소리가 무반주로 "들판 위에 황금빛 아지랑이가 피어오른다"라고 노래한다. 안무가 아그네스 드 밀에 따르면, 초연 날 밤 관객의 반응은 "극장에서 한 번도 들어본 적이 없는 깊은 탄식"이었다고 한다. 그저 "아~~~" 하는 소리였다. 이것은 단순히 쇼의 첫 대사일 뿐만 아니라 해머스타인이 로저스에게 음악으로 표현해 달라고 준 첫 번째 가사였다. 로저스는 그 당시를 회상하며 "나는 피아노로 달려갈 수밖에 없었어요. … 그 가사는 너무 아름다워서 거부할 수 없었거든요"라고 말했다. 이 가사는 우리에게 들판—신선하고 탁 트인 공간—을 보게 한다. 물체와 세부사항들이 흐릿해지고, 아지랑이가 낀 것처럼 보이지만, 그 아지랑이는 칙칙한 얼룩이 아니라 황금빛으로 빛난다.

이것이 우리가 명상할 때 일어나는 일이다. 외부 세계의 물체와 세부 사항들은 무의미하거나 흐릿해지거나, 심지어 잠든 것처럼 사라진다. 하지만 우리는 깨어 있는 밝은 경계를 유지한다. 교통 소음, 짖는 개, 옆방의 목소리와 같은 소리가 들릴 수도 있고, 생각과 감정이 있을 수도 있지만, 그것들은 모두 저편 어딘가의 안개 너머에 있는 듯하다. 우리는 그것들에 별로 주의를 기울이지 않고, 우리의 정신은 점점 더 깊이 내면의 들판으로 이끌려가며, 세상의 압박과 문제들은 뒤에 남겨진다. 그것이 개막날 밤 관객들이 느꼈던 바로 그 "아∽"이다.

목소리의 주인공이자 쇼의 주인공인 젊은 카우보이 컬리가 무대에 천천히 등장한다. 그는 옥수수가 코끼리의 눈높이만큼 자랐다고 노래하는데, 코끼리는 가장 큰 동물로 고대 인도에서는 무한한 존재인 브라흐만의 상징이기도 하다. 옥수수는 하늘을 향해 자라는 것이 아니라 '기어오르는' 것으로 묘사되며, 잭이 콩나무를 타고 더 높은 영역으로 기어오르듯이 새로운 모험을 향해 상승하라는 보편적인 부름을 떠올리게 한다. 그런 다음 노래의 영광스런 후렴구이자 제목인 "오, 얼마나 아름다운 아침인가"가 나온다. 상쾌한 아침 해가 떠오를 때 느끼는 광활함, 신선함, 희망찬 청량감이 모두 소환된다.

다음 구절은 아름다운 아침에서 아름다운 하루로 우리를 데려가며, 블레이크의 표현처럼(영원의 일출에서처럼) 이 신선함이 새벽을 넘어 영원히 지속될 수 있다는 암시를 준다. 동시에 그 순간, 삶의 덧없음과 다시없음의 애잔함이 느껴지기도 한다. 이 애틋함은 주로 로저스 덕분인데, 그는 '아침'의 첫음절을 살짝 불협화음을 이루는 고음부의 네 번째 음으로 설정하여 하늘을 향한 동경을 표현한 뒤, 두 번째 음절에서는 절반 내려가 조화로운 세 번째 음으로 안락함과 해소감을 주며 마무리한다. 모든 주제가 씨앗 형태로 이 두 개의 음 사이에 담겨 있다. 1979년에 전쟁 특파원이었던 존 허시는 1943년 시칠리아 전선에 배치되었을 당시 경험을 로저스에게 편지로 썼다. 다시 끔찍한 밤을 진흙탕 위에서 자고 난 후에 말이다.

> 그날 전장에서 죽을 수도 있는 한 군인이 벌떡 일어나 허리춤까지 옷을 내리고 헬멧에 찬물을 부어 면도를 하기 시작했지. 태양이 우리를 덮쳤어. 모두 평소처럼 투덜대고 있었는데 말이야. 그때 갑자기 그 군인이 똑바로 서서 "오 얼마나 아름다운 아침인가"라고 노래하기 시작한 거야. 목소리가 꽤 괜찮았어. 그의 노래에 상당한 아이러니가 있어서 친구들은 웃었지. 어쨌든 정말 아름다운 아침이었고, 갑자기 군인들은 견딜 수 없으리만큼 강렬하게 그 경치에 집중했어.

「오클라호마(Oklahoma)!」에는 줄거리가 있기 하지만, 조금 빈약한 편이다. 이야기의 핵심은 처음에는 불확실했던 컬리(Curly)와 농장 소녀 로리(Laurey)의 로맨스이다. 컬리는 "술 장식이 달린 화려한 마차(The Surrey with the Fringe on Top)"*라는 노래로 로리에게 구애를 시작하는데, 이 노래는 도망치는 병아리와 오리, 거위 같은 소리 때문에 단순히 귀엽기만 한 미국풍 노래로 치부되기 쉽다. 그러나 노래가 끝나갈 무렵, 컬리는 별이 흐릿해지는 한가로운 순간을 떠올리며 로리를 화려한 쌍두 마차에 태우고 무도회에서 집으로 데려가는 장면을 상상하며 점점 느려지고 차분해진다. 로리가 졸린 머리를 그의 어깨에 기댔을 때, 컬리는—간절한 속삭임으로 세 번이나— 그 순간이 영원히 계속되기를 바란다.

컬리가 "모든 세상이 고요하다고 생각하는" 바로 그때, 아침 종달새 한 마리가 (로미오와 줄리엣의 사랑의 밤을 끝내는 아침 종달새의 "거친 불협화음"을 떠올리게 하며) 로리를 깨우려 위협한다. 그러나 이 환상 속에서, 컬리는 (로미오와 달리, 상서롭게도) 종달새를 조용히 시키는 데 성공하고, 말고삐를 천천히 조여 "느린 … 클립 … 클롭" 속도로 천천히 걷게 한다. 바로 그 순간, 세상은 숨을 멈추고, 시간이 멈춘다. 그리고 우리는 젊은 사랑이 지닌 아릿한 아름다움—많은 이들에게 일생에서 단 한 번 비치는 숭고한 초월의 순간—을 목격하게 된다.

줄거리는 로리의 애정을 놓고 경쟁하는 컬리의 라이벌, 그녀의 고용인 저드 프라이에 의해 더욱 복잡해진다. 저드는 혼자서 억울함과 음란한 충동에 휩싸여 끓어오르는 폭군으로, 어두운 훈연실

* 커리는 로리에게 자신이 그녀를 태우고 갈 마차에 대해 묘사한다. 그 마차는 실제로 존재하지 않지만, 커리는 화려한 마차(surrey with the fringe on top)를 생생하게 그려낸다. 마차는 옆에 술 장식(fringe)이 달린, 고급스러우면서도 매혹적인 이미지로 묘사되며, 커리의 낭만적 꿈과 이상을 상징한다.

에서 벽에 외설스러운 사진들을 붙여놓고 지낸다. 로리는 나쁜 남자의 매력에 처음엔 그에게 관심을 갖지만, 이내 질리고 만다. 결국 컬리와 로리는 결혼하게 되고, 결혼식에서 저드는 칼을 들고 컬리를 공격한다. 그들은 몸싸움을 벌이다 저드가 죽고, 즉석에서 열린 재판에서 무죄 판결을 받은 컬리와 로리는 마침내 환상 속 마차가 아닌 현실이 된 마차를 타고 신혼여행을 떠난다.

이 부분—영웅이 용으로부터 여인을 구하고 그들이 함께 하늘의 성으로 떠나는 이야기—은 아마도 익숙하게 들릴 것이다. 라마 경이 악마 라바나로부터 시타를 구하는 이야기에서부터, 뽀빠이와 블루토가 올리브를 두고 싸우는 이야기, 수천 편의 할리우드 로맨틱 코미디에 이르기까지, 우리는 이런 이야기를 무한히 변주해 가며 들어 왔다. 우리는 모두, 성별에 상관없이, 고결하고 하늘을 향해 나아가며 아름다운 아침에 감사할 줄 아는 내면의 컬리를 확인할 필요가 있다. 우리는 또 야성적이고 원시적인 내면의 저드에서 벗어나야 한다. 그래야 관대하고 마음 넓은 사람이 되어 우리 곁의 사랑하는 존재, 외적인 로리와 연결되어, 함께 성이든 농장이든 아파트든 무언가를 이루며 삶을 꾸릴 수 있다.

진정으로 관계 속에 존재하려면—결혼이든 가족, 공동체, 세상이라는 더 넓은 관계망이든— 우리에게 약간의 깨달음, 즉 더 큰 자아에 대한 직관적인 이해가 필요하다. 그렇지 않으면 우리는 모두 같은 공간에 모여 가장 큰 부스러기를 차지하려 다투는 이기적인 작은 자아들에 불과할 테니까. 아무도 주려고 하지 않고 모두가 얻으려고만 하면, 결국 아무도 얻지 못한다. 그래서 우리는 이 이야기를 세대에서 세대로 계속 이어가는 것이다. 문명을 지속하기 위해, 이런 이야기가 시대를 넘어 계속 반복되는 것은 무리가 아니다. 그리고 온전히 관계 속으로 들어가려면, 특히 남성들은 자유를 잃는 것에 대한 두려움을 내려놓아야 한다. 미국에서 자유와 남성성의 전형은 카우보이다. 넓은 초원을 말 타고 돌아다니며, 별 아래에서 자고, 믿음직한 권총을 차고 다니는 모습이 그 예다. 1막에서 컬리는 자신을 "이 지역에서 최고의 야생마 조련사"라고 자랑한다. 하지만 결국 그는 로리와 정착하기 위해 자신의 총, 안장, 말을 팔게 된다.

> 아, 이제 농사꾼이 되어야 한다는 걸 알겠어, 밧줄을 던질 생각일랑 그만두고 새로운 방식으로 내 손에 물집이 생기게 말이야. … 풀 베는 기계를 사고, 초원을 깎고, 말에게 편자를 박고, 쟁기를 끌어다 땅을 갈면서 …

때로는 타이밍이 모든 것을 좌우한다. 「오클라호마!」의 첫 브로드웨이 공연은 전쟁이 끝날 때까지 이어졌고, 수백만 명의 군인들이 지친 병사 생활을 마치고 가정이라는 새로운 도전에 직면하면서 돌아오던 시기였다. 나의 아버지, 해리스 슬루이터 대위는 유럽 전선에서 B-17 폭격기를 몰며 폭격을 요리조리 피해 독일 공장을 파괴했고, 대원 중 유일하게 살아남은 사람이었다. 그는 제대 후 1, 2년이 지난 후 내 어머니와 결혼해 가정을 꾸렸다. 군인 대출을 받아 롱아일랜드의 초원에 세워진 신축 주택을 구입했으며, 잔디를 깎기 위한 풀 깎는 기계도 샀다. 그들의 반짝이는 작은 마차는 스튜

드베이커 자동차였고, 키우던 개의 이름은 페피였다. 흑백 TV에서는 강력한 D-데이 침공의 지도자였던 아이젠하워 장군이 이제는 친근한 골프를 즐기는 대통령으로 등장하고, 제너럴 모터스가 자동차를 만들어내는 속도에 맞추어 새로운 도로망을 건설하는 모습을 볼 수 있었던 시절이었다. 당연히 그 세대는 「오클라호마!」를 사랑할 수밖에 없었고 실제로 그렇게 살았다.

여기 "이 영토"는 허클베리 핀이 문명화로부터 도망치기 위해 가야 한다고 생각한 바로 그곳, 즉 인디언 보호 구역이기도 하다. 이곳은 추방된 원주민들을 위해 할당된 땅이었다. 허크의 시절에 그 영토는 지금의 와이오밍과 몬태나에 이르는 광활하고 야생적인 지역이었다. 하지만 정착민들이 몰려들고 조약이 파기되면서 그 영토는 여러 주로 나누어졌다. 1854년까지 이 영토는 현재의 오클라호마 동부 절반, 즉 '눈물의 길'이 끝나는 지점까지 줄어들었다. 1907년에 오클라호마는 연방에 가입되었고, 이로써 영토라는 개념은 사라졌다. 컬리와 함께 우리는 초원을 깎아내고 그곳을 농장으로, 그리고 이후에는 공장과 사무실로 바꾸었으며, 지금은 소 대신에 시계에 맞춰 출퇴근을 한다. 야생의 광활한 대초원은 안쪽으로 들어가야 볼 수 있다.

하지만 오클라호마의 주 승

격을 환영하는 열광적인 언급 말고는, 쇼에서는 이런 역사를 전혀 들을 수 없으며 인디언도 볼 수 없다. 또한 서부 카우보이의 4분의 1이 흑인이었다는 사실을 짐작할 수도 없다. (사실, '카우보이'라는 단어는 처음에 흑인 목장 노동자를 비하하는 용어로 생겨났다. 백인은 '카우 핸드'라고 불렀다.) 오클라호마가 주가 되기 전에, 그 지역에는 50개가 넘는 흑인 마을이 있었고, 그중 13개는 여전히 존재한다. 이 마을들은 남북전쟁 이후 이른바 '문명화된 다섯 부족'이라 불리는 노예들에 의해 만들어진 곳이었다. 이곳은 표면적으로 문해력, 기독교 … 노예제라는 문명화된 관습을 따랐다. 그렇다. 역사는 복잡하다.

그러나 이것은 역사로 본 오클라호마가 아니라 신화적으로 본 오클라호마이며 어떻게 보면 영혼의 오클라호마이다. 여기에는 가장 고조되는 순간의 타이틀곡이 큰 몫을 한다. 너무나 익숙해서 어떻게 연주되는지 다 알고 있는 것처럼 생각될지도 모르지만 실은 그렇지 않다. 최고의 스피커나 헤드폰을 켜고 노스캐롤라이나 대학교 복원본의 2막을 45분 50초로 넘겨 초심자의 마음으로 마치 개막식 밤에 군인들과 함께 앉아 있는 것처럼 새롭게 들어보라.

오케스트라 편곡가 로버트 러셀 베넷은 곡에 대해 큰 공로를 인정받을만하다. 로저스는 컬리를 위한 솔로곡으로 이 곡을 작곡했지만, 베넷은 이 곡을 거대한 오케스트라와의 폭발적인 연주와 하모니 반주로 거의 광란에 가득 찬 8부 합창으로 변형시켰다. 믿을 수 없을 만큼 전율이 온다. 원조 로리인 배우 조안 로버츠는 첫 개막일 밤에 이 노래에 대한 반응을 회상하며 이렇게 말한다.

> 박수 소리가 너무 커서 귀가 먹먹할 정도였다. 우리는 두 번의 앙코르를 반복했고, 박수가 멈출 때까지 그 자리에 서 있었다! 그런 반응이 나올 줄은 전혀 생각지 못한 일이었다.

천재적인 발상은 종종 지나고 나면 당연하게 느껴지곤 한다. 로저스가 피아노에 앉아 "O—O—O—O—OK!—lahoma"에서 'O' 소리가 다섯 박자 동안 길게 이어지며 마치 살아있다는 기쁨을 외치는 것처럼 음악 속에서 크게 부풀어 오르다 터져나가는 순간을 처음으로 깨달았을 때, 그 방안에 함께 있었더라면 얼마나 좋았을까. 이 벌어진 모음 소리는 오클라호마 대초원의 넓은 공간을 떠올리게 한다.

만트라 "O—O—O—O—Ommmm"처럼, 그것은 다르마(Dharma)의 핵심인 넓고 열린 공간감을 불러일으킨다. 이는 (어떤 선 수행자가 묘사한 것처럼) 마치 평생 플라스틱 수조에 살다가 열린 바다를 발견한 물고기의 경험과도 같다.

그때의 광활함은 더는 낡은 기억과 관념으로 세상을 걸러내지 않을 때의 신선함, 즉 영원히 아름다운 아침을 일컫는다. 유럽인들이 혼잡한 거리와 사회적 위계질서의 땅에서 북미에 도착했을 때, 노예제도와 굳어버린 종교 교리 등 많은 낡은 짐을 가지고 왔다. 하지만 탁 트인 공간이 너무 넓고 새로운 출발에 대한 기대가 너무 커서 그 짐은 대부분 사라졌다. 그 이후로 미국인들은 모든 것이 가능하다는 순박하고 고무적인 생각을 간직하게 되었다.

적절하게도, 이 노래는 로리와 컬리의 결혼 직후에 연주되며, 새로운 주에서 새로운 아내와 함께 새로운 삶을 시작한다는 도입부로 시작된다. 그러고 나서 주요 멜로디가 나오면서, 그 긴 “O—O—O—O—O” 소리가 나오고, 새로운 주의 신선하고 개방적인 본질이 그 신선하고 개방적인 소리에서 펼쳐진다. 다시 말해, 이것은 나마루파(nama-rupa)로, 이름이 형상을 불러일으키는 마법 같은 힘을 말하며, 특히 고대의 만트라로 가득 찬 신성한 언어들에서 그렇다. 오클라호마라는 이름은 초크토어로 “붉은 사람들”을 의미하는 okla humma에서 유래했다. 그 이름의 시작에 있는 유연한 “O”와 함께, 세 번째 음절에는 “om”이 들어 있고, 영어 사용자를 위한 “home”도 포함되어 있다. 이러한 점에서 오마하(Omaha, “Ommmm … aha!”)나 아이오와(Iowa), 자음 없이 부드러운 소리로 유대교의 거룩함을 의미하는 야훼(Yahweh)도 오클라호마와 마찬가지로 강력한 매력을 지니고 있다.

로저스가 광활한 개방감을 우리의 귀에 들려주는 동안, 해머스타인은 오클라호마의 넓고 열린 대지의 이미지를 우리의 눈에 쏟아낸다. 바람, 비, 평야, 물결치는 밀밭(출연진들이 드 밀의 안무로 몸을 흔들며 밀밭을 흉내 냄) 등의 이미지들이 음악의 넘치는 활기와 함께 이어진다. 하지만 두 번째 연의 이미지가 그 느낌과 잘 맞지 않는다. 밤에 홀로 앉아, 하늘에서 매가 “느긋하게 원을 그리며” 날아다니는 것을 바라보는 명상적인 구절이다. 이는 일본어에서 유우겐(幽玄)*이라 불리는 감정, 즉 쓸쓸한 가을 하이쿠에 어울리는 분위기를 진하게 연상시킨다. 해머스타인은 이 부조화를 알아차렸을 것이다. 그런데도 왜 그는 그 구절을 남기려 했을까? 그는 무엇을 직감했던 걸까?

옛날 티베트에서는 라마에게 명상하는 방법을 물으면 바위에 앉아 하늘을 선회하는 독수리를 바라보라고 말하곤 했다. 독수리들은 매처럼 태양열로 따뜻해진 표면에서 상승하는 열기류를 타고 몇 시간 동안 활공하며 가끔 날개 끝을 살짝 움직여 미묘한 조정만 한다. 최소한의 동요, 최대의 침묵, 광활한 공간에서 최대한의 활공, 이것이 바로 방식이다. 시간이 지나면 이것은 단순히 나는 방법이 아니라 삶의 방식이 되어, 세상의 소란스러움을 영혼의 동요 없이 능숙하게 대처하는 방법이 된다.

마지막 연은 우리를 다시 만트라로 데려간다. 순수하고 번역 불가능한 카우보이의 환호성이 먼저 나오고, 이어서 그것을 번역하려는 시도가 이어진다. 그 의미는 (합창단이 노래의 피날레에서 힘차게 알려주듯이) "넌 잘하고 있어"이다. 아, 바로 그것이다. 우리가

---

* 유우겐(幽玄)은 일본 미학과 예술철학에서 중요한 개념으로, "깊고 신비한 아름다움"을 뜻한다. 이 개념은 단순히 눈에 보이는 미를 넘어, 형언할 수 없는 심오함과 무언가가 숨겨진 듯한 미묘한 느낌을 지칭한다. 어원으로 보면 幽유는 어둡고 깊은 공간, 신비롭고 숨어 있는 느낌이고, 玄현은 심오하고 알 수 없는 본질을 뜻한다. 초월적이고 형이상학적인 것으로 이 두 글자가 합쳐져, 유우겐은 "눈에 보이지 않는 심오한 세계의 아름다움"을 나타낸다.

어릴 적 다이빙 보드에서 뛰어내리며 엄마 아빠에게 "봐줘!"라고 외친 이후로 줄곧 찾아왔던 가장 단순한 긍정이다. 인생의 도전 속으로 뛰어드는 것은 두려울 수 있다. 분명히 이 쇼의 첫 관객들에게는 전쟁의 도전 속으로 뛰어드는 것이 두려웠을 것이다. 백악관에 있는 모든 아빠의 아빠인 프랭클린 루즈벨트가 라디오를 통해 물이 처음에는 차갑지만 곧 괜찮아질 거라고 안심시키지 않았다면, 오늘날 우리는 모두 독일어를 하고 있을지도 모른다. 이것은 메시지를 강화하는 데 적격한 쇼였다.

하지만 우리가 잘하고 있음을 아는 때가 항상 가장 적절한 때이다. 실제 가사는 "넌 잘하고 있어, 오클라호마"이지만, 드 밀의 안무에서는 모든 출연진이 그 말을 노래하며 우리, 즉 관객을 똑바로 가리킨다. 자애로운 FDR(프랭클린 D. 루즈벨트) 스타일의 부모가 없다면, 우리는 바위처럼 흔들리지 않는 자신의 내면을 더 깊숙이 들여다봐야 한다. 사람들은 강요받기 전까지 이것을 찾지 못한다.

프랭클린 루즈벨트 자신도 처음에는 경박한 인물, 가문의 이름으로 살아가는 잘생긴 부잣집 도련님이었지만 소아마비를 앓은 후 내면을 향해 눈을 돌리게 되어 옳은 것을 찾게 되었다. 그가 대공황이나 히틀러를 직시할 수 있었던 것은 외부의 그럴싸한 사건들 때문이 아니라 내면의 힘에서 비롯되었다. 루즈벨트와 일한 사람들은 위기가 깊어질수록 그가 더 고요해졌다고 말한다. 두려움 자체에서 자유로울 수 있는 내면의 장소를 찾은 것이다. 그는 수백만 명의 사람들을 자신의 내면과 같은 곳으로 연결하는 방법을 직감했고, 꽤 성공적으로 세상을 구했다.

그 자유의 정신을 담아, 이 노래는 "오크(OK)!"라는 기쁨에 찬 외침으로 절정에 도달한다. 이 독특한 표현은 아마도 미국의 가장 성공적인 수출품일 것이다. 코카콜라나 아이폰보다 더 인기가 많다. 그 기원의 대해서는 최소한 20가지의 이론과 전설이 있다. 예를 들어 운송 서류에 자신의 이니셜을 서명한 철도 화물 담당자 오바다야 켈리(Obadiah Kelley), 남북전쟁 당시 병사들에게 인기가 많았던 오린스-켄달(Orrins-Kendall) 회사의 크래커, 벼룩을 쫓기 위한 마법 주문인 오메가 차이(omega chai) 등이 있다. OK라는 표현이 오클라호마에서 유래되었을 가능성도 있는데, 이는 초크토어로 "그렇다"를 의미하는 okeh에서 비롯되었다고도 한다. 그러나 대부분의 학자들은 이 표현이 1830년대 잠시 유행했던 약어로 된 농담 섞인 철자법에서 비롯되었다고 추적한다. 당시 유행을 따랐던 사람들은 KG가 "Know Go"(안 된다)를 의미하고 OK가 "Oll Korrect"(All Correct)를 의미한다는 것을 알고 있었다. OK는 마틴 밴 뷰런 대통령의 1840년 재선 캠페인에서 "올드 킨더훅"(Old Kinderhook)이라는 별명과 민주당의 OK 클럽의 성장 덕분에 이 유행어 중 유일하게 살아남았다.

모든 언어에는 아마도 '만족스럽다', '괜찮다', '수용 가능하다', '정상이다' 등을 나타내는 단어들이 있을 것이다. 하지만 활기찬 "OK"에는 평범한 만족감을 넘어서 긍정을 나타내는 무언가가 있다. 이는 문제없는 행복의 영역으로 가는 일종의 언어적 지름길이다. 그런 무미건조한 만족을 넘어서는, 긍정을 나타내는 일종의 언어적 지름길, 문제없는 행복의 영역에 대한 약간의 회고가 있다. 아마도 그 "모두(Oll)"의 잔재적인 기억이 있을 것이고, 어쩐지 모든 것이 어디서든 잘 되고 앞으로도 항상 잘 될 것이라는 느낌이 있을 것이다. 50여 년 동안 사마디를 묘사하려고 애썼지만, "무한한 OK—ness"를 능가할 수 없었다.

이 단어의 힘은 분명 이름과 형상(nama-rupa)에서 비롯된 것이다. 열린 소리 "O"는 자유롭고 무한한 존재—의식의 열린 하늘을 닮았다. 그러다가 우리는 "K"라는 단단한 소리, 흔들리지 않는 대지에 부딪히며, 일할 시간이 되었음을 알게 된다. 밭을 갈고, 파시스트들과 싸워야 할 시간이 된 것이다. 문자 모양 또한 이 단어의 힘에 기여한다. "O"는 하늘의 그릇처럼 둥글고, 창조의 알처럼, 모든 숫자의 씨앗인 0처럼 보인다. 반면에 "K"는 모두 직선과 날카로운 각도로 이루어져 있다. "O"는 무한한 존재의 황금빛 아지랑이 속에서 쉬게 하고, "K"는 날카롭게 집중된, 목표 지향적인 행동으로 돌아오게 한다. 『바가바드기타』는 삶의 철학을 두 가지 명령으로 요약한다—존재하고 행동하라, 명상하고 행동하라. 내면으로 깊이 침잠하라. 그곳에서 항상 괜찮은 상태로 존재하라: "O." 그런 다음, 그 완전함으로 충만해져 밖으로 나와서 행동하라. 그러면 그 행동 역시 완전하게 이루어진다: "K."

미국에서 가장 사랑받는 뮤지컬의 최고 순간이 "OK!"라는 외침이라는 것은 놀랄 일이 아니다. 그것은 광란의 할렐루야, 하느님이 창조한 세상을 보시고 "Oll Korrect"라고 선언하는 일곱째 날의 축복이다. 이 쇼가 신화적인 오클라호마의 영혼을 보여주는 곳은 무한한 "OK-ness"의 빛이 지배하는 장소이며, 약속된 땅을 향한 카우보이의 비전이다. 물론, 실제 오클라호마와 다른 모든 곳에서 많은 복잡한 역사적 사건들이 일어났고, 여전히 일어나고 있다. (세상이 여전히 미친 것처럼 보일지라도) 그래도 그것이 열망이나 비전을 무효화하지는 않는다. 오히려 그 비전을 더 절실하게 만든다.

16. 적멸

제라드 맨리 홉킨스

이 이야기는 내가 예전에 가르쳤던 학교의 교장 선생님께 들었던 이야기다. 그분은 1950년대에 잉글랜드에서 가장 오래된 가톨릭 학교인 세인트 메리 홀, 스토니허스트 컬리지 학생이어서, 그곳에서 평생 일해 온 고령의 정원사에게 이 이야기를 들었다고 한다. 그리고 정원사는 자신이 풋내기 정원사일 때, 이미 나이가 많았던 또 다른 정원사에게 들은 이야기라고 했다.

1870년대 초 어느 날, 세인트 메리 홀에서 사제가 되기 위해 수련 중인 예수회 신부 후보자들은 평소처럼 2시간 동안 기도서를 공부하고 있었다. 어떤 이들은 자신의 방에서, 어떤 이들은 교회나 복도에서, 어떤 이들은 자습실을 감독하거나 웅장한 학교 정원을 산책하며 기도서를 읽고 있었다. 제라드 맨리 홉킨스도 고딕 양식의 쌍둥이 종탑이 있는 본관 건물 모퉁이에서 책에 몰두한 채 학교 자갈길을 부지런히 오가고 있었다. 막 비가 지나간 뒤였고, 정원사는 멀리 교정 너머로 홉킨스의 모습을 우연히 목격했다.

홉킨스는 키가 5피트 2인치(157cm)에 불과했는데 갑자기 걸음을 멈추고, 급히 방향을 돌리더니, 땅에 엎드려 방금 자신이 신발 뒤꿈치로 파이게 한 구멍을 마치 이제껏 인생에서 본 가장 흥미로운 것인 양 응시했다. 그리고 얼마 지나지 않아, 불현듯 다시 일어나 기도를 계속하며 걸어갔다. 그가 시야에서 사라지자, 정원사는 직접 구멍을 보러 갔다. 정원사가 본 것은 별 볼 일 없는 것이었다. 구멍에 빗방울이 스며들어 바닥에 고인 물이 햇빛을 굴절시켜 정원의 색깔들을 반사하고 있었다. 몇 년 후 이 이야기를 하며, 정원사는 이렇게 결론지었다. "아, 홉킨스 신부는 언제나 좀 이상했지."

비전가들(visionaries)은 우리에게, 심지어 그들 자신에게도 이상하게 보일 수 있다. 홉킨스는 자신의 삶 대부분을 자기 의심, 신경쇠약, 우울증으로 고통받으며 살았다. 이따금 신성한 존재에 관한 황홀한 경험을 했지만, 그 경험은 빗물 속 햇빛처럼 세속적인 것에 굴절되고 반사되었다. 그는 자신의 깨달음을 시로 형상화했고, 그것들이 자신만큼이나 이상하다고 생각해서 출판하려 하지 않았다. 대신, 시를 친구인 로버트 브리지스에게 보이면서 그것들이 너무 "괴상한 것 같다"고 변명했다. 홉킨스가 죽은 지 30년 후, 브리지스는 세상이 이를 받아들일 준비가 되었다고 생각하고 시를 출판했으나, 그때에도 여전히 제1차 세계대전으로 세상이 너무 분주한 탓에 크게 주목받지 못했다.

그러나 사람들이 홉킨스의 작품을 읽기 시작했을 때, 독자들은 전에 아무도 시도하지 않았던 여러 가지 요소가 작품 속에 담겨 있음을 알아차렸다. 특히 강렬하고 밀도 높은 자음과 모음의 울림, 단어의 연금술적 조합과 변형, 홉킨스가 "튀는 리듬"이라고 부른 독특한 리듬감 등이 돋보였다. 이 리듬은 당시의 엄격한 음절 계산방식을 압도하는 훨씬 자유롭고 재즈 같은 접근 방식이었다. 그리고 이러한 혁신적인 기법을 사용하여 마치 만질 수 있을 듯한 생생한 이미지를 만들어냈다. 세계는 결국 홉킨스를 따라잡았고, 그는 이제 현대 시에 있어 다섯 손가락 안에 드는 뛰어난 창시자 중 하나로 인정받고 있다. 우리는 그가 그렇게 급진적인 단어 마법을 통해 표현해야 했던 급진적인 경험을 따라가 보고자 한다. 바로 빗방울 속에서 그가 본 것을 말이다.

홉킨스는 시인으로서뿐만 아니라 다른 면에서도 부적응자였다. 대영 제국의 남성적이고 자신감 넘치는 정복의 시대 한가운데에서 적응하며 살기엔 그는 너무 감성적이고 작은 연약한 존재였다. 뛰어난 학생이었지만, 신학 시험에서 낙제했고, 개신교 가문이었던 집안과 친구들에게는 가톨릭 신자라고 외면당했다. 아일랜드 가톨릭 교구민들은 그가 영국인이라는 이유로 그를 신뢰하지 않았다. 예수회에서도 그를 어떻게 다뤄야 할지 몰랐다. 처음엔 그리스어와 라틴어 교수로 임명했지만, 너무나 지나치게 서류작업에만 몰두한 나머지 수업에서 별다른 성과를 내지 못하자, 시골 목사로 보냈다. 그러나 시골 사람들과도 그는 잘 소통하지 못했다. 그의 뛰어난 설교를 이해할 청중이 없었던 모양이다.

홉킨스의 가장 큰 재능인 시적 천재성은 가장 큰 내적 갈등의 단초이기도 했다. 그는 시가 하느님께 헌신하는 것을 방해할까 두려워했다. 이러한 내적 갈등은 비트 시인 앨런 긴즈버그의 이야기와 닮아 있다. 이와 관련된 일화가 있다. 비트 시인 앨런 긴즈버그가 1970년대에 티베트 스승 초걈 트룽파 린포체*에게 다르마를 배우기 시작했을 때의 일이다. 긴즈버그는 명상을 하며 쿠션 옆에 작은 노트와 펜을 가지런히 두고, 떠오르는 계시를 시로 기록하곤 했다. 이를 본 트룽파는 즉시 펜과 노트를 압수하며, 긴즈버그에게 이렇게 말했다. "당신의 펜이 당신이 기록하려는 경험에 구멍을 내고 있다"라고.

제수이트(예수회) 사제 서품을 받은 후, 제라드 맨리 홉킨스도 자신의 모든 시를 불태워버렸다. 그리고 7년 동안 시를 쓰지 않았

---

* 초걈 트룽파 린포체(Chögyam Trungpa Rinpoche)는 20세기 티베트 불교의 중요한 인물 중 하나로, 그의 가르침과 서구에서의 활동으로 널리 알려져 있다. 그는 티베트 불교의 전통을 현대적이고 실용적인 방식으로 재해석해 서양 세계에 소개한 혁신적인 스승이었다. 트룽파 린포체는 불교 전통의 교리를 현대 서구인들이 이해할 수 있는 방식으로 전했다. 특히, 티베트 불교를 의례나 미신적인 요소에서 벗어나 명상과 실천 중심으로 설명했고 이를 통해 명상과 마음챙김이 서구 사회에서 대중적으로 받아들여지는 데 중요한 역할을 했다.

다. 그러던 어느 날, 독일에서 온 망명 수녀들이 배 침몰 사고로 익사하는 사건이 발생해서 상급자가 홉킨스에게 이 비극을 기리는 시를 써보라고 권했다. 홉킨스는 시를 썼고, 한 제수이트 잡지가 처음에는 이를 게재하려 했으나, 시를 자세히 검토한 뒤 마음을 바꿨다. 편집자들이 머리를 긁적이며, "이 시구가 대체 어느 행성에서 온 것인지" 의아해했을 심정도 충분히 이해된다:

> 우리는 최고의 말이든 최악의 말이든 내뱉는다네
> 마지막에는! 술에 푹 영근 검은 자두가
> 입속에서 팍—터져, 살이 퍼진 채
> 쏟아져 나오리!—그 사람, 그 존재를 시게 혹은 달게
> 물들이며

로버트 브리지스

어떻게 되었을 것 같은가?

홉킨스는 출판을 포기했다. 금욕적인 사제로서 그것이 차라리 다행이라고 생각했을지도 모르지만, 미지의 영역으로 모험을 떠나는 예술가로서 그는 자신이 미치지 않았음을 공감해줄 청중을 갈망했다. 시간이 지남에 따라 그는 두려움에 괴로웠다. 그는 자신의 유일한 청중인 브리지

스에게 그의 시를 두어 번 더 읽어보기를 간청했지만, 브리지스는 받아들이지 않았다.

홉킨스를 괴롭혔던 더 깊은 문제는 영적 이원론이었다.* 임상적인 관점에서 그는 만성 우울증을 앓았고, 그것을 해소하는 기쁨을 교회보다는 다른 곳에서 찾았다. "마땅히 있어야 할" 교회에서가 아니라 숲에서 말이다. (요즘에는 이 지혜가 PTSD를 앓는 퇴역군인들을 위한 "산림욕" 같은 형태로 나타난다.) 홉킨스는 오감을 통해 자연과 교감하면서 가장 분명하게 신의 존재를 느꼈고, 이것이 범신론(문자 그대로 "모든 것이 신이다")으로 해석될까 걱정했다. 범신론은 전통적인 가톨릭 신학에서는 부정적으로 여겨지는 개념이다. 가톨릭 신학에서는 신이 감각을 초월한 존재이며 자연 세계와는 영원히 분리되어 있다고 본다. 인간이 영적인 삶을 살기 위해서는 감각을 억눌러야 한다는 것이다.

공정하게 말하자면, 이러한 금욕적 성향은 거의 모든 영적 전통에 존재한다. 오늘날에도 일부 테라바다(상좌부)**에서 불교 승려들

---

* Hopkins의 개인적인 내면에서도 영적 이원론은 중요한 문제였다. 그는 종교적 의무와 예술적 열망 사이에서 갈등을 겪었다. 예술적 표현에서의 자유로운 창작과, 신의 뜻을 따르는 엄격한 종교적 규율 사이에서의 긴장감이 그의 작품에 큰 영향을 미쳤다. 성스러운 의무와 예술적 창의성 사이에서 Hopkins는 예술을 신의 선물로 보았지만, 예술이 신의 뜻을 거스르는 것처럼 느껴졌을 때 큰 내적 갈등을 경험했다. 이는 영적 이원론의 핵심적인 문제로, 종교적 의무와 창조적 자유 사이에서 상반된 요구를 조화시키려 했다.

** 테라바다(Theravada-"old school")는 팔리어 경전(Tipitaka)에서 다루고 있

은 미소조차 짓지 말아야 한다. 내 친구 중 한 명은 한번 선禪 수련회에 참석했는데, 그곳에서는 참가자들이 하루에 16시간 동안 명상을 했다고 한다. 한낮이 되면 그들은 고통스러운 무릎을 펴고 유일한 식사를 위해 줄을 섰고, 무뚝뚝한 얼굴의 주방 승려는 죽을 각자의 그릇에 퍼주면서 "맛보지 마라"라고 투덜거렸다. 홉킨스에게는 이러한 고통스러운 억압이 그의 시에 일종의 응축된 힘을 불어넣은 듯 보인다.

저항하려고 애썼음에도 불구하고, 자연 속에서의 신성한 체험은 감각을 덮쳐 인식을 넓히고 그를 매료시키는 황홀한 순간을 더욱 강렬하게 만들어 주었다.

분열이 고통스러울수록, 재회는 더욱 장엄해진다. 이는 홉킨스의 걸작 "신의 위엄(God's Grandeur)"에서 잘 드러난다. 이 시는 구조적으로 전통적인 14행 소네트지만, 그 형식 안에서 홉킨스는 우리를 깊은 절망과 높은 희열, 그리고 언어적 특수 효과의 세계로 안내한다. 특히, 자음의 반복인 두운법(alliteration)*은 홉킨스 시에 중

는 불교의 기본적인 교리와 법이다. 팔리어는 초기 불교의 언어로, 부처의 원래 가르침을 보존하고자 했다. 테라바다 불교에서는 부처가 생전에 직접 가르친 내용을 기록한 "경", "율"(행동 규범), "론"(교리 해석)으로 구성된 세 부분인 "세 경전"(Tipitaka)을 중시한다.

* 두운법(Alliteration)은 문장에서 같은 자음이 반복되는 기법으로, 주로 첫 자음이 반복되는 방식이다. 이 기법은 음악적 리듬을 만들어내며, 강조와 기

요한 역할을 한다. 홉킨스는 아마도 영어 시에서 가장 훌륭한 두운법의 챔피언일 것이다. 하지만 그는 단순히 기교를 과시하는 데 그치지 않고, 반복되는 자음들로 이 시를 추진력 있게 이끌어 가면서 영적인 긴박감을 준다. 마지막 4행에서 신의 은총과 황홀한 재결합은 두운의 향연으로 절정에 달한다.

다음은 첫 여덟 줄이다. 마음의 준비를 하라.

세상은 신의 장엄함으로 충만해 있다.
마치 금박이 흔들리며 광채를 쏟아내어 불꽃을 내뿜듯;
그것은 기름을 짜내듯 흥건하게, 신의 위대함을 그러모은다.
왜 사람들은 지금까지도 신의 권능을 헤아리지 않는가?
지나고, 지나고, 또 지나며 세대를 이어 왔건만;
모든 것이 거래로 훼손되고, 노동으로 번지어, 더럽혀졌다;
그리고 인간의 때가 베어 인간 냄새를 풍기지:
흙은 헐벗었으나, 신발을 신어 느낄 수가 없다.*

억하기 쉽게 만드는 효과를 준다. 두운법은 종종 시나 소설, 연설 등에서 사용되어 감정의 강조나 상징적인 의미를 전달하는 데 유용하다. 예를 들어 "She sells seashells by the seashore"처럼 자음이 반복되며, 문장의 리듬과 함께 감각적인 느낌을 강하게 전달할 수 있다. 이 기법은 문장의 미학적 측면을 강화하는 중요한 역할을 한다.

* 이 글의 충만한 이해를 위해 원문의 시를 참조하길 바란다.
The world is charged with the grandeur of God.
It will flame out, like shining from shook foil;
It gathers to a greatness, like the ooze of oil

홉킨스의 시 "신의 위엄"의 첫 줄에서 제시되는 대담한 논제는 단순히 외워서 되뇌는 주일학교 교리가 아니다. 이 시는 철저한 관찰, 눈물겨운 투쟁, 그리고 마침내 투쟁을 멈춰서 얻어진 직접적 인식의 현장 보고서이다. 시는 시인의 애정을 놓고 경쟁하는 두 경쟁자, 즉 '세상'과 '신'을 제시하는 것으로 시작된다. 홉킨스는 이 둘 모두와 치유될 수 없을 정도로 사랑에 빠져, 이 갈등을 해결하기 위해 신의 위엄으로 충만하며, 충격적인 스파크 같은 전압으로 가득 찬 세상에 대한 비전을 제시한다. 자연의 유한한 형상들은 무한하고 형상이 없는 신의 에너지로 끊임없이 넘쳐난다.

이 넘쳐흐름은 종종 빛의 이미지로 묘사된다. "하느님이 이르시되, 빛이 있으라 하시니라", 혹은 더 나아가 "하느님은 빛이시라, 그에게는 조금도 어두움이 없으시니라"와 같은 표현이 대표적이다. 인도에서 나타난 '비이원론'(Advaita)과 티베트에서 '아티요가'(Atiyoga), '조그첸'(Dzogchen), '마하무드라'(Mahamudra)* 등으로

Crushed. Why do men then now not reck his rod?
Generations have trod, have trod, have trod;
And all is seared with trade; bleared, smeared with toil;
And wears man's smudge and shares man's smell: the soil
Is bare now, nor can foot feel, being shod.

* '아티요가'(Atiyoga), '조그첸'(Dzogchen), '마하무드라'(Mahamudra)는 티베트 불교의 심오한 수행 전통을 나타내는 세 가지 중요한 개념이다. 이들은 모두 직접적이고 즉각적인 깨달음을 추구하는 고차원적인 수행법을 의미한다. 아티요가는 최상의 요가로, 궁극적인 실체와 자아의 본질을 깨닫는 수행법이다. 조그첸은 자연적인 상태, 즉 본래의 순수한 마음과 자유로운

불리는 사상은 이 논리를 극단으로 밀고 나간다. 만약 무한이 진정으로 무한하다면, 그것이 존재하지 않는 곳은 있을 수 없고, "어둠은 조금도 없을" 것이다. 다른 것은 있을 수 없다. 우리가 그 밖에 있다고 생각한다면, 그것은 단지 잠시 혼란스럽기 때문이다.

홉킨스는 이러한 자생적인 빛의 이미지를 두 번째 줄에서 생생하게 표현한다:

> 마치 금박이 흔들리며 광채를 쏟아내며 불꽃을 내뿜듯;

브리지스에게 쓴 편지에서 설명하듯이:

> 금박을 흔들면 번쩍이는 빛이 번개처럼 넓게 퍼져 나간다. 그런데 이는 다른 것과는 다르다. 금박의 지그재그 모양의 굴곡과 주름, 그리고 작고 여러 모서리를 가진 면들이 얽혀 있어서, 일종의 갈라진 번개 같은 빛을 만들어내기 때문이다

그렇다, 알루미늄호일(금박지)로 남은 음식을 싸면서 지그재그 번개를 본 적이 있다. 하지만 주의를 기울이지 않았다. 바로 이것이

존재를 경험하는 길로, "완전한 깨달음"을 목표로 한다. 마하무드라는 완전한 인식과 지혜의 깨달음에 이르는 수행법으로, 마음의 본성을 직접적으로 깨닫는 것을 중심으로 한다. 세 전통 모두 본래의 마음이나 무구의 마음 상태로 돌아가는 것을 강조하며, 무상, 무아, 그리고 평화로운 마음을 실천하는 과정을 설명한다.

우리와 위대한 시인들, 우리와 부처님들 사이의 차이다. 주의를 기울여라. 홉킨스는 브리지스에게 이 시 전체가 이런 이미지에서 비롯되었다고 말했다. 손바닥에서 마법처럼 갑자기 튀어나오는 번개가 시 창작의 발화점이다.

맹목적인 무관심에서 빛나는 시각으로 전환하려면, 이 발화점은 절망과 환희 사이의 간극을 가로질러야 한다. 번개와 마찬가지로, 개인적인 어둠이 얼마나 두껍게 지속적이었는지는 중요하지 않다. 순간적으로 모든 것이 빛으로 변하고, 우리는 갑자기 우울했던 기분을 기억할 수 없게 된다. 두려움과 외로움을 몰아내는 무한의 전기적 존재, 즉 '신의 위엄'은 항상 바로 여기에, 잠재적으로 존재한다. 그러나 그것을 보기 위해, 일시적인 혼란을 떨쳐내기 위해서는 대개 금속 호일이 흔들리거나, 명상하거나, 시를 창작하거나, 헌신을 실천하거나, 감정적 위기의 해결을 겪어야 한다. 즉, 우리를 변화에 집중토록 하는 무언가가 필요하다.

다음으로, 우리는 신의 존재를 보는 것뿐만 아니라 느끼고 냄새 맡는다:

그것은 기름을 짜내듯 홍건하게, 신의 위대함을 그러모은다.

이 이미지는 나무 압착기로 올리브를 짜내는 모습으로, 처음에는 부풀다가 나중에는 터지는 것을 묘사한다. 하지만 홉킨스는 새로운 연의 시작에서 '짜내듯(Crushed)'이라는 단어를 분리해 마침표를 찍음으로써 그 단어에 파괴적인 두 번째 의미를 부여한다. 우리는 그의 마음이 반복적으로 짓눌리는 것을 느끼며, 그가 순간적 환상의 소중하고 향기로운 오일을 짜내기 위해 견뎌낸 긴 고통을 느낀다.

연이어 그는 날카로운 질문을 던진다:

왜 사람들은 지금까지도 신의 권능을 헤아리지 못하는가?

"헤아리다"는 "가늠하다"라는 말로, "인정하다" 또는 "숙고하다"는 뜻이다. "권능"은 왕위를 상징하는 의미이다. 왜 사람들은 신의 권능을 인정하지 못하는가? 그들의 고통을 구원하는 그 위엄을 깨닫지 못하는가? 왜 고통은 느끼면서도, 그 안에 내재한 구원의 의미를 인식하지 못하는가? 어떻게 그들은 자신들을 둘러싸고 스며드는 빛에 계속 눈을 감을 수 있는가?

이 구절은 마치 비난처럼 읽히며, "세상은 가득 차 있다"라는 표현에 또 다른 의미를 더한다. 우리, 이 세상에 사는 존재들에게, 신의 위엄을 인식하는 것은 우리의 책무다. 하지만 우리는 그 의무를 소홀히 했다는 죄로 기소된 상태다.

어둠과 빛 사이의 간극은 건널 수 없는 것처럼 멀고 깊게 느껴진다.

왜 사람들은 지금까지도 신의 권능을 헤아리지 않는가?

세대를 지나고, 지나고, 또 지나왔건만;

"지금까지도"는 이것이 새로운 것이 아님을 의미한다; 옛날이나 지금이나 똑같다는 얘기다. 시대가 지나도 여전히 눈이 멀어 있다. 빛이 어둠 속에서 빛나고 있었건만, 어둠은 그것을 이해하지 못했다. "지나고, 지나고, 또 지나왔건만;"의 음울하고 무거운 발걸음에는 맥베스의 "내일, 그리고 내일, 그리고 내일"이 서려 있다. 같은 헛된 걸음마를 반복하는 세대가 이어지며 모든 이들은 블레이크의 해바라기처럼 시간에 지쳤다.

하지만 우리는 어떻게 그렇게 눈이 멀게 되었을까? 다음으로 다룰 문제는 바로 이것이다.

모든 것이 거래로 훼손되고, 노동으로 번지어, 더럽혀졌다;

영광이란 너무나 밋밋하여 우리는 거기서 눈을 돌리게 된다. 그것은 고요히 존재하는 것이다. 우리는 강박적인 행동으로 스스로를 파탄에 이르게 한다. 끊임없는 거래의 분주함으로 시야는 흐릿해지고 얼룩덜룩 왜곡된다. 홉킨스가 살던 시대는, 특별한 역사적 의미에서 이런 상황이었다. 사회가 본격적으로 산업화와 상업화로 돌입하기 시작했으니 말이다. 그러나 그것은 "지금까지도" 계속 존재하는 진리(내가 이 세련된 기기를 사기만 하면, 내가 이 프로젝트를 당신에게 팔기만 하면, 우리가 이 으스스한 트윗을 서로 주고받기만 하면 그때 나는 존재를 즐길 수 있다는)이기도 하다.

그는 계속해서 말한다:

> 인간의 때가 베어 인간 냄새를 풍기지: 흙은 이제
> 헐벗었으나, 신발을 신어 발은 느낄 수 없다.

이봐, 이 냄새가 뭐지? 아, 그건 우리이다. 우리가 이 장소를 악취로 채우고, 자연의 신선하고 깨끗한 신의 향기를 우리의 냄새로 더럽히고 있다. 다시, 여기에는 특별한 시간적 의미가 있다. 19세기까지 도시를 질식시키던 오염에 대한 비판, 영국의 시골을 새로이 불태우던 광산과 제분소에 대한 비판이다.

또한 부산스러운 생각으로 단순하고 직접적인 인식이 얼룩지게 되는 방식을 암시하기도 한다. 나의 스승인 찰스 제누드는 아시아 순례 중 일부 사람들이 경이로운 히말라야 산봉우리를 마주했을 때, "저 산의 이름이 뭐예요?"라고 즉시 물어보고, 정보를 작은 수첩에 기록하는 모습을 묘사했다. 이는 그들의 마음을 다시 닫고, 그 산을 단지 이름의 크기로 축소하는 것이다. 세계 반대편까지 여행을 가서도 마음을 내려놓지 못한다면 무슨 소용이 있겠는가?

우리는 발밑의 땅을 벌거벗기고, 발과 땅 사이에 가죽 신발을 끼워 넣었다("신발을 신어서 발은 느낄 수 없게 되었다"). 우리는 헉 핀처럼 맨발로 숲과 교감을 나누는 대신, 톰 소여처럼 숲을 베어내고 더 많은 문명을 위한 길을 마련하려고 한다. 우리는 발바닥과 영혼이 어머니인 지구와 닫는 것을 잃어버렸다.

이로써 첫 여덟 줄, 즉 옥타브가 끝난다. 소네트 전통에서 옥타브는 질문이나 문제를 제기한다. 결론의 여섯 줄은 이를 답하거나 해결해야 한다.

그럼에도, 자연은 결코 고갈되지 않네;
사물 깊은 심연에 가장 소중한 신선함이 살아있기에;
그리고 비록 마지막 빛이 어두운 서쪽으로 사라졌어도
오, 아침이여, 갈색의 동녘 끝에서 솟아오르누나—
성령께서 따뜻한 가슴, 아! 찬란한 날개로
휘어진 세상을 품고 계시기에.

홉킨스는 영적이고 생태학적인 황폐함의 어두운 구멍을 두려움 없이 직시함으로써, 거의 불가능해 보이는 도전을 한다. 이로 인해 6연의 시작을 전환점으로 삼는다:

그럼에도, 자연은 결코 고갈되지 않으리;
사물 깊은 심연에 가장 소중한 신선함이 살아있기에;

그렇다, 오염은 땅을 더럽히고 우울은 우리의 영혼을 상처 내지만, 모든 상처에서 무한한 재탄생과 치유의 힘이 솟아난다. 지진으로 파괴된 도시도 재건될 수 있고, 우울증도 기쁨으로 녹아들 수 있으며, 예술적 불모 상태는 다시 깨어난 창의성으로 대체될 수 있다(새로운 시, 이 시). "자연"은 때 묻지 않은 숲과 개울만을 의미하지 않는다. 모든 사물 깊은 곳에서 항상 신선한 그들의 진정한 본성—단순한 존재, 무한한 괜찮음—은 결코 더럽혀질 수 없다. 왜냐하면 그것이 그들의 본성이기 때문이다! 어떤 논리로도 설명이 되지 않겠지만, 경험이 당신을 설득할 것이다. 형태 없는 무한으로 보든 혹은 유한한 형태의 빛나는 표현으로 보든, 소외는 우리의 본성이 아니라 일시적인 상태이다. 그것은 금방 씻겨 내려갈 흐린 시야이거나 우리가 벗어던질 수 있는 마음의 꽉 끼는 신발일 뿐이다.

마지막 희망이 종말의 어두운 밤에 삼켜진 것처럼 보일 때조차도 홉킨스가 다른 시에서 불멸의 다이아몬드라고 부르는 이것은 계속 존재한다.

비록 마지막 빛이 어두운 서쪽으로 사라졌어도
오, 아침이여, 갈색의 동녘 끝에서 솟아오르누나—

태양, 달, 별들의 빛이 우리의 지평선 아래로 가라앉을 때도, 심지어 우리의 활력과 열망의 빛이 절망으로 가라앉을 때도, 우리는 단지 간단히 방향만 바꾸면 된다. 그러면 우리는 "동쪽의 갈색 가장자리에서 솟아오르는 아침"인 또 다른 지평선을 보게 되며, 모든 죽음이 재탄생으로 마무리 짓는 곳을 보게 된다.

태양은 동쪽에서 떠오른다. 기독교 용어로는, 하느님의 아들이 부활절에 부활하는 것과 같다. 이때는 우연히도 자연 세계가 다시 태어나는 봄의 시작 무렵이다. 첫 빛의 희미한 불빛이 존재하게 되면, 죽은 부정의 검은색을 생명의 갈색으로, 샘물로 비옥해진 흙으로 변형시킨다. 새로운 식물이 솟아오르고, 결국 새로운 시와 깨달음의 번뜩임이 솟아오르며, 새로운 자유와 평등의 개념과 지구 보존을 위한 새로운 사랑 어린 관심이 피어난다.

하지만 봄을 기다릴 필요가 없다. 우리는 항상 새롭게 빛나는 순간인, 갈색 가장자리에 서 있고, 과거의 죽음으로 현재의 신선함이 보장되었으니. 어쩌면 이 구절에는 홉킨스의 가톨릭 신념을 넘어서는 직감된 예언의 힌트가 있을지도 모른다. 서양의 고갈된 영성이 언젠가 동방에서 솟아오르는 다르마의 빛(法燈)에 의해 새롭게 될 것이라는 예언 말이다. 오늘날 우리는 마을마다 요가 스튜디오가 있고, 사람들의 휴대폰에는 마음챙김 앱이 깔려 있으며, 예수회 사제들이 불교 수행에 참여하는 세상에 살고 있다.

그렇다. 우리와 세상은 손상되었고, 검은색 과거의 무게에 눌려 굽어졌다. 하지만 손상이 아무리 심해도, 그것은 되돌릴 수 없는 것이 아니다. 이 시는 다음과 같이 결론짓는다:

그리고 비록 마지막 빛이 어두운 서쪽으로 사라졌어도
오, 아침이여, 갈색의 동녘 끝에서 솟아오르누나—
성령께서 따뜻한 가슴, 아! 찬란한 날개로
휘어진 세상을 품고 계시기에.*

---

* 여기 약속된 반복의 향연이 있다. 그것은 전부 '검은색'과 '서쪽'에 관한 것으로, "검은"에서 시작하여, "마지막 빛들"의 차가운 물에 의해 식혀진 것과 결합한다. 하지만 곧 "아침"의 따뜻한 기운을 받는다. 아침의 첫 붉은 햇살이 "검은" 것처럼 보였던 것을 "갈색"으로 드러내고, 그 후 아침의 지평선의 "가장자리"가 드러난다. 마침내, 마지막 줄에서 모든 것이 따뜻해진 갈색의 연속으로 절정에 이른다. "품고", "가슴", "밝은", 그리고 공기를 가르는 바람 소리로 환기된다: "세상", "따뜻한", "날개" 같은 것들이다.

성령, 모든 곳에 스며든 신성한 본질은 언제나 여기에 있다. 성령은 우리를 "품고" 있는데, 이는 우리의 상황을 조용히 숙고하는 것과 어미 새가 새끼들을 따뜻하게 품는 두 가지 의미를 모두 가진다. (아마도 부활절 병아리?) 성모 마리아처럼, 언제나 순수한 모든 것의 어머니로서, 시간과 변화, 손상의 영향을 받지 않으며, 동시에 우리의 짓눌리고 십자가에 못 박힌 자아 위에 몸을 구부리며, 따뜻한 가슴으로 우리의 새롭게 태어난 자아를 돌본다. 그리고 시의 마지막, 가장 짜릿한 순간에, 그녀는 새롭게 떠오른 태양의 빛을 받기 위해 천사 같은 여신의 날개를 펼친다. 이는 정신이 날아오르는 밝은 빛의 날개다.

홉킨스를 세상과 연결하는 다리 역할을 했던 시인 로버트 브리지스는 이 시를 이해하지 못했다. 그는 이 시를 우편으로 받은 후, 마지막의 빛나는 이미지를 "취향의 결함"이자 "인간 감정의 왜곡"이라고 비난했다. 홉킨스는 그가 무슨 말을 하려는지 알 수 없었고, 홀로 간간이 황홀한 삶을 이어 나갔다. 신(하느님)만이, 그가 기분이 좋을 때, 그의 완벽한 독자이자 연인, 친구였다. 이런 이야기를 들으면 우리는 시간 속으로 돌아가 그에게 더 나은 대접을 받을 자격이 있다고 토닥여주고 싶어진다.

그는 건강이 안 좋아지기 시작할 때조차 감염과 질병으로 황폐해진 빈민가에서 목회를 했고, 이런 행위가 위안이 되었다. 죽기 4년 전, 그는 이런 글을 썼다:

내 마음이여, 나에게 더 많은 연민을 가져라;
내 슬픈 자아에게 더 자비롭게,
친절하게 살아가게 해다오;
고통스러운 마음이 더는 이 고통스러운 마음을 괴롭히지 않게.

그는 마음과 "슬픈 자아"에게 더 친절해지기로 결심하고, 자신의 자아를 괴롭히는 마음이 가해자이자 희생자임을 깨달은 후, 우리가 명상으로 인식할 수 있는 해결책에 도달했다:

생각을 잠시 멈추고 내버려두어라;
위안이 뿌리내릴 공간을 마련해서; 기쁨이 자라게 하라
언제, 어떤 기쁨일지는 오직 신만이 아시리니;
그분의 미소는 억지로 짜낸 것이 아니니라.

그냥 있는 그대로를 놔두고, 꼬리를 좇는 생각들을 잠시 내려놓자. 영적 기쁨, 하느님의 미소를 좇는 것도 그만두자. 기쁨이 스스로 상황을 파악하여, 언제 어떻게 나타날지 스스로 결정하게 하자. 우리는 하느님의 미소를 억지로 만들 수 없고, 강요할 수도 없다. 모든 것은 그저 자기 나름의 아름다운 시간에 일어나도록 맡겨야 한다. 사랑을 서두를 수 없듯이 말이다.

영적 평온함은 보이지 않게, 마치 흙속에서 씨앗이 싹트는 것처럼 남겨져야 함을 깨달은 홉킨스는 또 하나의 멋진 이미지로 "위안이 뿌리 내릴 공간을 남겨두리라"는 결심을 한다. 이것은 성숙한

다르마 방랑자들이 수행할 때, 명상하거나 기도할 때, 혹은 낚시를 하며 가지는 온화하고 평온한 수용이다. 자신만의 자리를 선택하고, 미끼를 준비하고, 낚싯줄을 던지지만, 다음엔 조용히 기다리는 것과 같다. 물고기는 스스로 온다.

수년간 하느님을 쫓아다닌 후, 홉킨스는 마침내 하느님이 그를 찾게 하기로 결심했다. 오랜 투쟁이 그에게 투쟁을 포기하는 법을 가르쳐준 것이다. 44세에 맞이한 죽음은 육체적으로 고통스러웠으면서도, 그의 마지막 말은 "나는 정말 행복해, 나는 정말 행복해. 나는 내 삶을 사랑했어"였다. 그는 홀로 길을 걸어가면서도 언제든지, 바로 이 순간에 고통을 내려놓을 수 있다는 것을 배웠다. 힘을 풀고, 가볍게 하고, 빛을 받아들이자. 그러면 하느님의 미소는 우리의 미소가 되고, 하느님의 위대함은 삶의 위대함이 된다. 그것은 불꽃을 일으킬 것이다—그냥 편안히 두고 그 공간을 남겨두자.

17. 그럼에도 불구하고 사랑

토니 모리슨 • 가장 푸른 눈

범죄 소설가 월터 모슬리가 들려주는 이야기이다.

두 사람이 토니 모리슨에 관한 이야기를 하고 있었다. 첫 번째 사람이 말하기를, "나는 토니 모리슨을 사랑해요, 왜냐하면 그녀의 소설은 인종을 초월하거든요." 그러자 다음 사람이 말했다. "나는 토니 모리슨을 사랑해요, 왜냐하면 그녀는 흑인임을 두려워하지 않거든요." 그러자 방안은 박수 소리로 가득 찼다.

바로 그곳에 모리슨의 작품에 깃든 풍부한 역설이 숨어 있다. 몇몇 초기 비평가들은 그녀의 소설이 모두 아프리카계 미국인의 경험에 초점을 맞추고 있다고 말하고 고개를 절레절레 흔들며 진정으로 위대하고 중요한 작가가 되려면 그런 "한계"는 벗어나야 한다고 말했다. 이 말의 숨은 뜻은 '우리가 당신을 진지하게 받아들이길 원한다면 백인에 대해 쓰시오'라는 의미이다. 제임스 조이스도 이 점에 관해선 안타까운 인물이다. 그는 자신을 아일랜드인으로 한정 지었으니까.

보편성과 특수성은 항상 잘못된 선택이다. 보편적이려면 특수해야 한다. 반 고흐가 해바라기를 연이어 그려대고 그의 해바라기가 우리를 울게 만드는 이유도 이 때문이다. 무언가의 특수성에 깊고 똑바로 파고들다 보면 보편성에 이르게 된다. 빌려온 생각과 게으른 가정을 뚫고 현실의 '있는 그대로'에 도달하게 되는 것이다. 현실은 틀림없는 결을 가지고 있기에, 삶의 표층적 특성이 저마다 다르다 할지라도, 각각의 사람들은 그들의 깊은 실제의 결로 그것을 인식할 수 있다.

예를 들어 모리슨의 데뷔 소설인 『가장 푸른 눈』의 일부를 내레이션하는 흑인 소녀 클라우디아는 크리스마스 선물로 받은 금발에 파란 눈을 가진 아기 인형(아름답고 사랑스러움의 전형)을 싫다고 한다.

> 나는 그 인형을 사랑할 수 없어. 하지만 그걸 찬찬히 분리해 보면 왜 세상 사람들이 그걸 사랑스럽다고 하는지 알 수 있을 것

같아. 앙증맞은 손가락을 부러뜨리고, 납작한 발을 구부리고, 머리칼을 풀어헤치고, … 모가지를 떼어낸 다음, 톱밥을 털어내고, 철제 침대 난간에 등을 내리쳐서 부숴 보는 거야.

백인의 미를 강요하는 사회에서 자란 흑인 꼬마는 아닐지라도, 우리는 모두 한때 어린아이였고 어른들의 이해할 수 없는 감정 세계에 살고 있었다. 신비를 파헤치려 시도했고, 때로는 그 과정에서 무언가를 부수기도 했다.

많은 첫 소설이 그렇듯 『가장 푸른 눈』도 소재의 상당 부분을 작가 자신의 삶에서 가져왔다. 모리슨은 클라우디아와 마찬가지로 1940년대에 흑인과 백인(대부분 이민자)이 섞여 차별받던 시대에 오하이오주 로레인에서 부모님, 언니와 함께 성장했다. 클라우디아처럼 그녀에게도 초등학교 시절 눈이 파랗게 변하기를 간절히 바랐던 흑인 친구가 있었다. 당시에도 모리슨은 그런 소망을 인종적 자기혐오의 표현인 기괴한 것으로 여겼던 듯하다. 클라우디아의 친구인 페콜라 브리드러브는 열한 살이며, 그녀의 어머니가 인정하듯 못생긴 아이다. 처음 몇 페이지에서 자유분방하게 드러나는 이야기의 클라이맥스는 술에 취한 아버지에 의한 강간과 임신이다. 그러나 페콜라는 이 책의 대부분을 통해 등장인물들의 의식과 그것을 형성한 삶 속으로 깊숙이 파고들면서도 무대 밖의 인물로 등장한다.

모리슨이 공감적 상상력의 천재라는 점은 특히 이 지점에서 빛을 발한다. 노예제 시대부터 현대에 이르기까지 흑인의 경험을 다룬 열한 편의 소설을 집필하면서, 그녀는 어릴 때 노인들에게 들은 이야기를 취합하고, 조사하고 묘사했다. 그러나 거기에서 더 나아가 자신의 마음 깊은 곳에 정착한 채 시간과 공간을 초월해 모든 마음이 연결되는 지점을 찾아낸다. 이 초능력을 겸손하게 표현한 단어는 직관(intuition)이다: 내면의 소리를 듣는 것, 때때로 그녀의 직관은 역사학자들보다 진실을 먼저 알아챘다. 예를 들어 『빌러비드(Beloved)』에서 남성 노예들이 겪은 특정 유형의 성적 학대가 상상한 것이 아닌 실재였음이 나중에 문서에서 드러난 것처럼 말이다.

한때 그녀는 사람들 내면을 완전히 명료하게, 마치 그들이 수정으로 만들어져 있고 그들을 형성한 모든 복잡한 원인과 조건이 투명하게 보이는 것처럼 들여다볼 수 있다면, 그들에 대해 한없이 깊은 연민만을 느낄 것이라고 말한 바 있다. 이 점에서 모리슨은 탁월한 작가이다. 모리슨이 가장 잘하는 것이 바로 이것이다. 이것은 특히 페콜라의 아버지, 촐리 브리들러브의 경우에서 가장 극적으로 드러난다. 우리는 이야기의 초반부터 그가 끔찍한 범죄를 저지를 것임을 알고 있다. 그러나 그에 대해 모리슨이 느낀 연민을 우리가 느낄 수 있다면, 우리는 스스로를 확장시킨 것이다. 우리는 사랑을 '길러내는(breed love)' 방법을 배우게 된 것이니까.

모리슨은 촐리의 근본적인 트라우마로 우리를 데려간다. 조지아의 시골에서 태어난 지 나흘 만에, 정신적으로 불안정한 미혼모가 촐리를 철길 옆 쓰레기 더미에 버리고 사라져버린다. 촐리는 그의 고모할머니 지미의 눈에 띄어 키워졌으나, 열세 살이 되었을 때 그녀도 세상을 떠난다. 그녀의 장례식 당일, 촐리는 첫 성 경험을 한다. '소나기가 올 것 같은 공기'와 소나무 숲 가장자리의 푸른 보랏빛 풀밭에서 이루어진 이 황홀한 만남은, 갑작스러운 또 다른 상상할 수 없는 트라우마로 중단된다. 긴 총을 든 두 명의 백인 남자가 촐리의 벌거벗은 몸에 손전등을 비추고 비웃으며 명령을 한 것이다. "어이, 계속해. 제대로 해봐라."

굴욕감에 상처받고 세상에 홀로 남겨진 그는 한 번도 만나본 적 없는 아버지를 찾으러 달아난다. 몇 달 동안 노력한 끝에 메이컨에 도착해서 낯선 골목에서 죽기 살기로 주사위 게임에 빠져 있는 아버지를 발견하고 자신을 소개한다.

> 그러나 촐리의 아버지는 새로 시작하는 게임에 몰두해 있었다. 그는 몸을 숙이며 판돈을 바닥에 던지고 주사위 차례를 기다렸다. 게임이 끝나자, 그는 일어서서 짜증 섞인 목소리로 촐리에게 소리를 친다. "그 미친년한테 돈 줄 거라고 전해. 이제 당장 내 눈앞에서 꺼져."

아버지에게 거절당하고 살 곳이 없던 촐리는 잃을 것이 없는 바닥 생활에 몸을 던진다. 철도에서 일하고, 죄수 노동 부대에서 시간을 보내고, 여자들을 사귀었는데, 그중 하나가 그의 다리에 총을 쏜다. 그러다가 그는 백인 세 명을 살해한다.

이런 삶이 그에게 가져다준 대담함으로 그는 미래의 아내가 될 폴린을 유혹한다. 하지만 방랑에 익숙하기에, 결혼의 책임과 아버지 역할의 단조로움을 참지 못하고 무너지기 시작한다. 술은 피난처가 되었다가 결국 그를 파멸로 이끌게 된다.

> 어느 토요일 오후, 봄의 옅은 빛이 스며드는 날, 그는 비틀거리며 술에 취해 집에 돌아와 부엌에 있는 딸을 보았다.
> 딸은 설거지를 하고 있었다. 작은 등이 싱크대 위로 구부러져 있는데 … 그의 감정의 순서는 혐오, 죄책감, 연민, 그리고 사랑이었다. … 지칠대로 지친 흑인 남자가 열한 살짜리 딸의 구부정한 등짝에 대고 뭐라 말할 수 있을까? … 그의 무거운 팔과 당황한 두뇌는 무엇으로 자신을 괜찮은 사람이라 여길 수 있게 해줄까? …
> 부드러움이 그에게서 솟아났다.

촐리의 인생 여정이 여기까지 도달하는 데 꽤 시간이 걸렸고, 결코 믿을 수 없는, 즉 그가 페콜라를 강간한 것이 부드러움에서, 사랑에서 비롯되었다는 것을 우리는 이 시점에서 알게 된다. 물론 당황스럽다. 술에 취한 부드러움이라니, 끔찍하게 왜곡된 사랑이며 그 결과는 파괴적이다. 서술자 클라우디아는 이렇게 결론 내린다.

> 사랑은 다름 아닌 사랑하는 자의 본성 그 자체이다. 사악한 사람은 사악하게 사랑하고, 폭력적인 사람은 폭력적으로 사랑한다.*

---

* Love is never any better than the lover. Wicked people love wickedly,

하지만 그럼에도 불구하고 여전히 사랑이다. 궁극적인 관점에서 현자들은 말한다. 모든 인간의 행동, 사실상 우주의 모든 크고 작은 사건은 사랑의 표현이며, 형체 없는 무한이 유한의 형체로 넘쳐흐르는 것, 신이 세상으로 넘쳐흐르는 것이라고 말이다. 하지만 우리는 그런 방식의 깨달음을 얻은 이들이 드물다. 윌리엄 블레이크는 이렇게 말한다:

> 사자의 울음소리, 늑대의 울부짖음, 폭풍이 몰아치는 바다의 격렬함, 그리고 파괴적인 칼은 영원의 일부다. 이것은 인간의 눈에는 이해할 수 없는 거대함이다.

촐리의 이야기를 통해 모리슨은 그 끔찍하고 숭고한 비전의 한 줄기를 우리에게 보여준다. 한 번에 한 인물씩 여러 번의 삶의 여정을 통해 그런 시선을 제공하면서 말이다.

토니 모리슨이 『가장 푸른 눈』을 썼을 때, 그녀는 두 아들을 혼자 키우며 랜덤 하우스에서 수석 편집자로 일하고 있었다. 그곳에서 그녀는 앤젤라 데이비스부터 무하마드 알리에 이르기까지 흑인

---

violent people love violently. —이 문장은 결국 사랑이 아름답고 올바른 정체성에 입각한 특정 감정이 아니라, 사랑을 하는 사람의 성격이나 행동 패턴에 따라 다르게 변질될 수 있음을 강조한다. 사랑의 순수성과 질은 사랑하는 사람의 본성에 따라 결정된다.

작가들의 작품을 길러냈고, 친한 친구인 프랜 리보위츠와 함께 사무실에서 웃고 떠들며 즐겼다. 그녀가 쓴 모든 소설집의 내용은 첫 작품에 고스란히 담겨 있다. 거칠고 처절하면서도 웃기고, 따뜻하며, 과거의 유령에 사로잡혀 있고, 흑인들의 말투와 대지의 리듬에 빠져들게 한다. 때로는 그 리듬이 더 높은 시의 경지에 오르기도 하지만, 힘겨운 삶의 현실과 연결을 잃지 않는다. 여기, 그녀가 봄의 도래를 어떻게 묘사했는지 보자:

> 갓 나온 첫 번째 나뭇가지는 얇은 녹색이며 유연하다. 그들은 완벽한 원을 그리며 휘어지지만 꺾이지 않는다. 개나리와 라일락 덤불에서 피어나는 섬세하게 한껏 부푼 희망은 그저 공기를 가르는 방식만 바뀌었을 뿐이다. 봄은 우리를 다른 방식으로 두근거리게 한다.

모리슨은 자신의 소설에서 로시(Roshi)*, 즉 선승 같은 역할을 한다. 선의 전통에서는 한 스님이 로시에게 "부처란 무엇인가?"라고 묻는 얘기가 나온다. 고타마가 누구인지가 아니라 깨달음의 본질이 무엇인지 묻는 이야기이다. 로시는 깨달음이란 "황금빛 일몰"이나 "아기의 웃음"같이 어떤 현상으로라도 답할 수 있는 것이라

---

* "Roshi"(로시, 老師)는 일본어에서 유래된 용어로, "노사" 또는 "노스님"으로 번역될 수 있다. 본래는 존경받는 스승이나 노련한 지도자를 뜻하며, 특히 선불교禪佛教에서 널리 사용된다. 로시는 수행과 지혜에서 뛰어난 경지를 이룬 스님이나 스승을 가리키며, 제자들을 지도하는 역할을 맡는다.

고 답한다. 깨달은 자의 시각으로는 모든 것이 다 무한한 긍정으로 보이기 때문에 그 대답은 옳다. 그래서 능숙한 스승인 그는 "길 가운데 똥 더미"라고 말하기도 한다. 질문한 스님이 그곳에서 부처를 볼 수 있다면 그는 아마도 모든 곳에서 부처를 볼 수 있으리라.

모리슨은 술에 취해 딸을 강간한 사람에게서 우리가 부처님의 빛, 넘치는 생명력, 영원의 일부를 볼 수 있다면, 다른 모든 곳에서 그것을 볼 수 있음을 알고 있다. 인종차별뿐만 아니라 한 세대에서 다음 세대로 이어져 내려온 빈곤, 무지, 개인적 폭력 등 미국 흑인 경험의 가장 해로운 요소를 소재로 사용함으로써 자신의 사명을 계속 이어가고 있다. (그녀의 가장 유명한 작품인 『사랑하는 사람(Bloved)』은 딸을 노예로 만들지 않으려고 죽이는 어머니의 사랑 행위를 다룬다.) 이 대담한 성취로 모리슨은 수백만 독자와 더불어 퓰리처상, 노벨상, 대통령 자유 훈장을 받았다.

그녀의 문학적 선배는 프레드릭 더글러스이다. 그는 날이 갈수록 미국 문학에서 사실주의 전통의 근원이었음이 명확해지고 있다. 그가 1845년 노예 서사를 발표했을 때, 북부의 백인들은 에머슨의 고상한 철학적 글들을 읽고 있었고, 남부인들은 월터 스콧경의 『아이반호』 같은 도피주의적 중세 판타지를 읽고 있었다.

> 나는 가문의 명예와 내 빛나는 여인의 사랑의 이름으로 맹세하노니, 이런 전투에서 저렇게 훌륭한 기사와 한 편이 되어 싸울 수 있다면 십 년의 포로 생활도 감내하겠노라!

사실, 남부인들의 허구 세계로의 몰입은 아마도 인구와 산업 기반이 훨씬 큰 북부와 무모하게 무력 충돌을 일으키는 데 기름을 붓는 격이었을 것이다. 그 결정은 당시의 인기 있는 작품인 대니슨의 "가라하드 경"에서 표현된 감정을 받아들인 덕분이었으니까.

나의 힘은 열 사람의 힘과 같다네
마음이 순수하기에.

더글러스와 같은 흑인 작가들은 그런 희미한 꿈에 빠질 여유가 없었다. 직면해야 할 어려운 현실과, 다른 사람들에게 그 현실을 직시하게 해야 할 긴급한 소명이 있었기 때문이다. 하지만 백인 작가들과 독자들을 그 꿈에서 깨어나게 만든 것은 남북전쟁의 묵직한 깨우침이었다. 마크 트웨인은 『허클베리 핀』에서 조롱 섞인 문학적 유머로 이를 요약했다. 그는 침몰하는 증기선의 이름을 '월터 스콧'이라고 지었다. 이 증기선은 운명이 정해진 '악당들과 실패자들'이 조종하고 있었다.

제프리 초서

모리슨의 다른, 더 한참 선배는 14세기 영국의 제프리 초서이다. 『캔터베리 테일즈』를 읽는 것이 고등학교 시절 가장 고통스러운 경험 중 하나로 기억되는 사람이라면, 그것은 초서의 잘못이 아니다. 예를 들어 교사들이 서문이 아닌 성적 농담과 방귀 장난으로 가득한 「방앗간 주인의 이야기」로 바로 시작했다면 그런 실수는 저지르지 않았을 것이다. 그건 나에게도 해당된 이야기이다.

초서 또한 선승이었다. 여러 귀족과 왕족을 섬기면서도, 화려한 프랑스어를 사용하는 궁정을 벗어나 (말 그대로) 소똥 가득한 거리로 나가 실제 영어를 쓰는 사람들에게 섹스와 폭력 가득 찬 이야기를 전달하려고 했다. 600년 후에 등장할 래퍼들처럼, 그는 길거리 언어의 박자를 활용했다. 이 펑키한 비트는 '약강오보격'(iambic pentameter)*이라 불린다. 1950년대, 듀-왑 그룹들**이 미국 남부의 공연장에서 공연을 할 때, 모든 흑인 관객들은 강당의 한쪽에 앉아야 했고, 백인 관객들은 다른 쪽에 앉아야 했다. 음악가들은 무대 조명에 가려 관객을 볼 수 없었지만, 그들은 누가 어디에 있는지 알

---

* 이 문장은 Gerard Manley Hopkins의 스타일이나, 그와 비슷한 문체를 가진 미국 현대 시인에 관한 유머러스한 설명으로 보인다. 특히, 이 문장에서 iambic pentameter(아임빅 펜타미터)를 다루고 있는데, 이는 영국 시학에서 중요한 시적 운율로: iambic meter는 한 음절이 약하게 발음되고, 그 뒤에 강하게 발음되는 두 음절로 이루어진 리듬을 말한다. 이 문장에서는 다음의 운율로 예를 든다: mm–MMH mm–MMH mm–MMHmm–MMH mm–MMH

** "Doo–wop acts"는 1950년대와 1960년대에 인기를 끌었던 미국의 아카펠라 기반의 리듬 앤 블루스(또는 R&B) 음악 그룹들을 가리킨다. 'Doo–wop'은 그들의 음악에서 중요한 특징인, 백업 보컬이 반복적으로 내는 "doo–wop" 같은 음성 효과에서 유래한 이름이다. 이 음악 스타일은 종종 감미로운 멜로디와 하모니로 유명하며, 흑인 커뮤니티에서 시작되었다.

수 있었다. 왜냐하면 백인 관객들은 1박자와 3박자에 맞춰 손뼉을 치고, 흑인 관객들은 2박자와 4박자에 맞춰 손뼉을 쳤기 때문이다.

초서의 후계자인 셰익스피어와 키츠, 그리고 다른 악강오보격의 작가들은 그런 박자에 맞춰 손뼉을 친다. 초서는 바로 그 박자(랩의 AABBCC 운율)를 사용하여 방앗간 주인과 관리인의 외설적인 농담, 주부들의 결혼 생활의 기쁨과 고통, 사기꾼 면죄부 판매자들의 음모(오늘날의 사기꾼 텔레비전 전도사의 전신), 기사들의 전쟁 이야기, 수녀들의 살인적인 반유대주의적 상황을 재현했다. 높고 낮음, 선과 악, 그는 신의 안경을 통해 모든 것을 보았다. 오히려 그는 우리가 뿌연 안경을 벗고 모든 사람을 사랑으로, 소똥 부처님으로 진실하게 보기를 바랐다.*

모리슨의 모든 캐릭터는 초월적인 존재를 구현한다는 점에서 그 비전을 공유한다. 그러나 초서와 달리, 그녀는 초월적 경험을 하는 인물을 보여준다. 일부에서는 성을 통해 이런 경험이 일어난다. 이것은 종종 간과되는 삶의 실제이다. 성의 매력은 때로는 감정의 강렬함뿐만 아니라 그 강렬함의 절정에서 폭발하는 초월성이다. 『가장 푸른 눈』에서 페콜라의 어머니 폴린의 의식을 깊이 들여다볼 때 이를 명확히 볼 수 있다. 그녀는 결혼 초기에 촐리가 잠자리에 들어 만지기 시작하면 자신의 뇌가 "시든 잎처럼 오그라들곤 했다"고 회상한다.

* 최근에 아무런 맥락 없이, 다섯 살짜리 손자 폭스가 갑자기 이렇게 말했다. "모두가 사랑 똥이야"라고. 나도 그렇다고 생각한다.

내 안 깊숙이 작은 색깔 조각들이 떠오르는 것을 느끼기 시작한다. 오뉴월의 벌레 빛이 주는 초록색 줄무늬, 허벅지를 따라 흐르는 열매의 보라색, 엄마의 레몬에이드의 노란색이 내 안에서 달콤하게 흐른다. 그러면 내 다리 사이에서 웃음이 터지고 그 웃음과 색이 뒤섞이는 것을 느끼며, 내가 절정을 느낄까 두렵고, 못 느낄까 두렵다. 하지만 나는 느낄 것임을 안다. 그리고 정말 느낀다. 그러면 내 안이 무지개로 가득 차게 된다.

아난다, 행복이 몸을 통해 밝혀진다는 것은 모리슨의 솔직한 땅으로의 뿌리내림과 일치한다. 그러나 만약 당신이 아난다를 위해 덧없는 것에 의존한다면, 그것은 사라질 것이다. ("나는 테니스 코트에서 명상한다"고 말하는 사람이 있다. 무릎이 나갈 때까지는 괜찮다.) 만약 당신이 섹스를 통해서만 황홀경을 안다면, 결국 젊음의 활력과 낭만적 흥분을 잃는 순간 황홀감은 상실될 것이고, 이것이 폴린의 결혼 생활이 해체되는 이유이다.

하지만 이제는 그렇지 않아. 대부분 그는 내가 깨기 전에 내 안에서 마구 움직여대고, 내가 깨어나면 빠져나가거든. 나머지 시간은 술에 찌든 고약함에 그 곁에 있을 수도 없어. … 가끔 그 무지개만이 그리울 뿐이야.

무지개는 초월적인 영광이며, 아름다움과 평화, 하늘의 미소, 비가 온 후 노아에게 주신 신의 표징, 설명할 수 없는 선함이다. 위대한 발견, 즉 다르마의 발견은 우리가 섹스라는 정황을 통해 무지개를 보았더라도, 그것이 우리의 실제 본질이나 정황과는 무관하다는 것이다. 아무것도 그것을 부여하거나 빼앗을 수 없다. 이 발견을 공유하는 파트너가 있다면, 모든 숨 가쁜 노력 없이도 함께 무지개를 즐길 수 있다.

초월의 순간은 초월해야 할 것이 많은 인물에게 더욱 가슴 아프게 다가온다. 바퀴벌레와 쥐가 들끓는 집에서 잠을 자거나, 인종적 폭력 혹은 가정 폭력에 시달리고, 인종적 혐오에 빠져 있는 사람들을 말한다. 페콜라만 그 함정에 갇힌 것은 아니다. 학교 운동장 사건에서, 그녀는 외모 때문에 소년들의 무리에 둘러싸여 검둥이라는 놀림을 받는다. 소년들 자신도 흑인이면서 말이다.

그녀는 또한 부모들의 끔찍한 싸움을 목격하고, 이불을 머리까지 뒤집어쓴 채 자기만의 세계로 침잠한다.

> "제발, 신이시여," 그녀는 손바닥을 대고 읊조린다. "제발 저를 사라지게 해주세요." 그녀는 눈을 꼭 감았다. 몸의 작은 부분들이 사라지기 시작했다. 천천히, 때로는 급박하게. 다시 천천히 … 허벅지 위쪽이 가장 힘들었다. 아주 가만히 있다가 조이면서 … 거의 다 되어간다. 이제 꼭 찌그려 감은 눈만 남았다. 눈은 항상 남아 있었다.

의지로 몸을 사라지게 하는 행위는 초월의 필사적인 발현이다. 햄릿이 "오 너무도 딱딱하고 딱딱한 녹아내릴 몸이여"라고 말한 것과 같은 맥락이다. 영적 구도자로서 우리는 자신을 여유로운 유람선을 타고 열반으로 가는 행복한 모험가라고 생각한다. 하지만 사람들은 자신이 처한 유한한 것들이 참을 수 없거나 불편해질 때라야 무한에 진지해진다. 직업의 붕괴, 로맨스의 재앙, 지속할 수 없는 중독, 사랑하는 사람의 죽음, 심각한 질병 등 어떤 식으로든 바닥을 쳐야 한다. 그러면 조롱하는 사람들은 영적 전환을 병이라고 치부하며, 그런 행위를 "단지" 고통을 덜기 위한 전략으로 일축한다.

"고통을 덜기 위한 전략"은 부처님의 가르침을 가장 간결하게 축약한 설명이므로 페콜라는 좋은 동반자를 만난 셈이다. 전통적인 심리학자라면 그녀가 해리 증상을 겪고 있다고 말할지도 모르고, 그런 행동이 지속되지 않도록 약물을 권할 수도 있다. 하지만 다르마에 기반한 심리학자라면 그녀가 한 본능적 명상을 숙련된 형태로 바라볼 것이다. 그녀의 "꽉 감긴 눈"은 초월에 저항하는 중요한 부분이고, 그 눈의 긴장 상태, 즉 세상을 차단하려는 노력이 문제라고 말이다. 눈과 더불어 모든 것을 이완시키고, 본 것에 몰두하지도 밀어내지도 않으며, 생각과 감정이 마찰 없이 오가게 놓아두면 우리는 내면의 고요에 잠길 수 있다. 그러면 휴식으로 새롭게 회복되어 명확성과 힘을 되찾아 그 영역으로 되돌아올 수 있다.

이 모든 것이 세상의 끔찍한 고통을 사라지게 하려는 낙천적인 시도처럼 들릴 수도 있고, 악명 높은 '영적 우회'를 통해 그것들을 피하려는 것처럼 보일 수도 있다. 하지만 할 수 있는 게 무엇이겠는가? 결과적으로, 페콜라는 강간을 당하고 아기가 죽은 후, 우리가 말하는 그런 부드럽고 신중한 초월의 단계를 경험하지 못한 채, 극단적으로 병적인 광기의 도피를 선택하게 된다.

> 그녀는 종일 … 마치 그녀에게만 먼 곳에서 드러머 박자가 들리는 듯 그 소리에 맞춰 머리를 위아래로 흔들며 걸어 다녔다. 팔꿈치를 접어 손을 어깨에 얹은 채, 새처럼 팔을 휘저으며 영원 속에서 도에 지나치게 헛된 노력을 해대는 새처럼 파닥거렸다. 날개는 있지만 땅에 발을 딛고 선 새, 도달할 수도 없고 심지어 볼 수도 없는 푸른 공허를 바라보며 마음의 골짜기를 채우는 새처럼.

페콜라는 자신이 푸른 눈을 원한다고 생각했지만, 그녀가 정말로 원했던 것은 바로 "파란 공허"였다. 그것은 모두가 원하는 것이다. 우리는 페콜라처럼 견딜 수 없는 것들을 넘어서서 즐거이 모든 것을 녹이는 공허의 열린 하늘로 날아오르기를 열망한다. 눈은 보이는 동시에 보는 것, 객체이자 주체이다. 추하다고 조롱받는 페콜라는 파란 눈을 가져서 예쁘게 보이고도 싶고, 그 눈으로 파란 하늘이 가득한 세상을 보면서 살고 싶기도 하다.

그녀가 못생겼다는 문제 이면에는 인종차별적인 아름다움에 관한 개념과 그것이 조장하는 자기혐오가 내재해 있다. 거기엔 우리가 과연 무엇인지에 대한 혼란스러운 문제가 잠재해 있다. 깊이 들어가면 우리는 객체도 주체도, 흑인도 백인도, 이것도 저것도 아니다. 깨어나면 깨어날수록 더 명확하게 색깔도, 크기도, 성별도, 국

적도 아무것도 없는 순수하고 밝은 각성으로 자신을 인식하게 된다. 우리는 마땅히 다른 사람들이 우리를 그런 관점으로 보는 세상에 살아야 하지만, 그것을 진지하게 받아들이기란 여간 어렵지 않다. 세상에서는 크기와 색깔, 그 밖의 것들을 입어야 할지 모르지만, 그것은 우리 자신이 아니기에 가볍게 입는 게 좋을 듯하다.

그러한 깨달음은 더 공정하고 자비로운 세상을 만드는 데 일조할 것이다. 우리는 명상을 통해 내면의 무형성에 함몰됨으로써 그것을 찾을 수 있다. 소설이나 예술적 기교를 통해 타인의 시선 뒤에서 우리의 제한된 자아인식을 흔들어 볼 수 있다.

원시 시대에는 엄격한 부족주의가 우리에게 잘 맞았을지 모른다. 다르게 말을 하거나 다른 옷을 입고, 다른 피부색을 가진 사람들을 경계하는 것이 상식이었다. 서로 다른 부족들 간에는 치명적인 갈등을 겪을 수 있다. 하지만 현재 부족주의의 잔재는 치명적이다. 인종차별주의자와 민족주의자는 (자비의 눈으로 본다면) 그저 옛 부족주의적 사고에 갇힌 셈이다. 세상은 이제 너무나 상호 연결되어 있어 오래되고 고립된 방식은 통하지 않는다. 모든 사람, 모든 종과의 전 지구적 상호 존재성을 인정하는 것은 영적 사치가 아니다.

토니 모리슨의 공감적 상상력을 선물로 일단 받아들이기만 한다면, 단순한 문학적 경험을 넘어 세계 속에서 어떻게 존재해야 하는지를 알 수 있다. 그것이 공식이다. 비전을 가지고 행동에 옮기라. 존 루이스 하원의원이 인용하기 좋아했던 아프리카 속담에 "기도할 때 발을 움직여라"라는 말처럼 말이다.

18. 백경

허먼 멜빌 • 모비딕

고백: 30년 동안 미국 문학을 가르치면서 학생들에게 『모비딕』은 정말 위대한 책 중 하나이며, 놀라운 대서사시이고, 죽기 전에 꼭 읽어야 할 책이라고 찬사를 보냈다.

그러면서 나는 그 책을 전혀 읽지 않았다.

생각해 보니 나만 그런 것은 아닌 것 같다. 이 순간에도 셀 수 없는 많은 선생님들이 클립노트를 베껴가며 학생들을 가르치고 있을 것이다. 내가 이 책을 쓰기 위해 700여 페이지에 달하는 『모비딕』을 마침내 모두 읽어야 한다는 것은 그동안 어설프게 문학을 다뤘

던 것에 대한 업보로 여겨졌다. 다행스럽게도 내가 옳았다. 이 책은 내가 상상했던 것보다 훨씬 더 고약스럽고 훨씬 더 흥미로웠다.

이 책은 매우 원대한 주제를 다루고 있는데, 그중 일부는 신, 운명, 삶의 의미와 무의미에 관한 진지한 질문이고, 다른 일부는 아이러니하게도 자본주의, 종족, 성*에 관한 거대 담론이다. 예를 들어 화자인 이스마엘은 왜 자신이 "하얀 고래"에 막연히 이름 모를 공포를 느끼는지 다음과 같이 설명한다.

> 많은 자연물에서, 백색은 대리석, 자포니카, 진주처럼 그 자체로 특별한 미덕을 가지고 있고 아름다움을 정제하며 고양시키는 것으로 보인다: 때문에 여러 나라에서 어떤 방식으로든 이 위대한 색상으로 왕권의 우월성을 인식시켰으며; 심지어 페구(Pegu)의 야만적인 고대 왕들조차도 그들의 다른 모든 장엄한 지배의 칭호보다 "흰 코끼리의 제왕"이라는 칭호를 우위에 두었다. 그리고 현대 태국의 시암 왕족들은 왕실 깃발에 똑같이 눈처럼 하얀 네발짐승을 나부끼게 했고; 하노버 국기에는 순백의 말의 형상이 그려져 있으며; 로마를 지배한 위대한 카이사르의 후계자인 오스트리아 제국이 황제의 색으로 같은 색을 가

---

* 사실, '모비딕'이라는 제목의 "dick"이라는 단어는 현대 영어에서 음란한 의미로도 사용되지만, 멜빌이 이 책을 썼던 19세기 중반에는 그런 속어 의미가 전혀 없었다. 따라서 여기서 "sex"가 다뤄졌다는 언급은 직접적인 성적 주제가 등장한다기보다는, 그 용어를 현대적 맥락에서 바라보는 독자들에게 생길 수 있는 오해를 경계하는 의미에서 쓰인 것으로 보인다.

지고 있음에도 불구하고 …

멜빌은 이렇게 시작한다. 이 문장은 계속해서 한 페이지를 가득 채운 뒤 “그러나”라는 전환점에 이른다.

> … 그러나 이러한 모든 누적된 연상에도 불구하고, 무언가 달콤하고, 존귀하고, 숭고한 것과 함께, 이 색조의 가장 깊은 의미 속에는 빨간 피가 주는 공포보다 더 영혼에 공포를 주는 교묘한 무언가가 숨겨져 있다.

그렇다. 이런 표현은 괴기스러운 고래처럼 엄청난 괴물 같은 문장으로 흰색이 본질적으로 피를 상징하는 붉은색보다 더 불안감을 준다고 우리를 설득하는 어려운 작업을 맡고 있다. 문장은 명석하고, 최면을 걸듯이 끌어당기며, 강박적으로 세부 사항을 축적함으로써 어쩌면 제정신이 아닌 것처럼 보이기도 한다. 이것은 역사, 신학, 심리학, 인류학, 이런 모든 것에 대한 문장이다. 짜증이 나면서도 웃기고, 짜증이 나기에 더 웃긴다. 그리고 이 모든 것이 『모비딕』 전체에 해당하는 이야기이다. 이와 비슷한 다른 것을 찾으려면 끝없이 창의적인 존 콜트레인의 색소폰 연주*를 들어보아야 한다.

---

* 존 콜트레인(John Coltrane, 1926~1967)은 미국의 전설적인 재즈 색소폰 연주자이자 작곡가로, 20세기 음악에 지대한 영향을 미친 인물이다. 그는 특히 재즈의 비밥(Bebop), 하드밥(Hard Bop), 그리고 프리 재즈(Free Jazz) 스타일을 혁신적으로 발전시켰으며, 종교적이고 영적인 음악으로도 유명

콜트레인은 한때 마일스 데이비스에게 "어떻게 멈춰야 할지 모르겠어"라고 말한 적이 있었다. 마일스는 "호른을 입에서 빼면 되지 않을까?"라고 답했다.

멜빌은 멈추는 방법을 모르고, 그의 주인공 에이햅 선장도 마찬가지다. 백경을 찾아 미친 듯이 항해하는 에이햅의 이야기는 책 속에 모든 삶을 담아내려는 멜빌의 미친 탐구와 일맥상통한다. 삶의 솔기가 터져 나오듯 문장도 터져 나온다. 모든 것이 넘쳐난다—과잉은 과잉을 낳는 법이다. 멜빌의 비전은 (다시 말해 콜트레인의 솔로곡과 마찬가지로) 프랙털*이다. 프랙털이라고 불리는 기하학적 구조는 깊이 파고들수록 패턴이 풍부하게 드러나기 때문에 끝없이 정의할 수 없다. 삶 자체도 프랙털이다. 우주 멀리서 보면 샌프란시스코에서 샌디에고까지의 해안선은 본질적으로 500마일 길이의 직선이다. 하지만 가까이 다가가면 몬트레이 만, 컨셉션 곶, 팔로스 버데스 같은 불규칙한 해안선을 볼 수 있다. 이들을 둘러싼 모든 곡면을 측정하면, 해안선의 길이는 아마도 천 마일이 될 것이다. 더 자세히 들여다보면서, 만들의 입구, 바위들, 돌맹이, 모래알, 원자, 아원자의 입자까지 에둘러 측정한다면 수천 마일에서 수십억,

---

하다.

* 프랙털(Fractal)이란 수학적 또는 시각적 개념을 기반으로, 주로 자연과 인공적인 시스템에서 자기 유사성(Self-similarity)을 설명하거나 재현하는 데 사용된다. 프랙털은 작은 부분이 전체와 비슷한 구조를 갖는 패턴을 말하며, 이를 통해 복잡하고 불규칙해 보이는 시스템을 이해하거나 시뮬레이션할 수 있다.

빅서 해안의 프랙털

수조 마일까지 계속 늘어날 것이다. 모든 유한한 것은 결국 무한이라는 것이 밝혀졌다. 당신 손에 있는 찻잔과 손까지도 말이다. 시인과 신비주의자뿐만 아니라 수학자들도 그렇게 말한다.

이 프랙털 모델을 따라 멜빌의 지침 원칙은 두 점 사이의 가장 긴 거리를 찾는 것이다. 무언가가 시작될 때마다—화자인 이스마엘이 포경선을 타기 위해 낸터킷에 도착하고, 피쿼드호의 선원으로 등록하고, 배의 세계 일주가 시작되고, 고래가 발견되고, 신비로운 에이햅 선장이 마침내 갑판에 나타나서, 선원들을 소집하여 미친 연설을 하면서 고래기름을 채취하려는 합리적인 상업적 목적 대신 자신의 다리를 물어뜯은 백경에 대한 복수를 수행하고 있음을 밝히는 순간마다— 행동이 멈추면서 우리는 탈선하거나 긴 탈선의 연속으로 빠지게 된다. 에이햅은 위대한 임무 완수를 꿈꾸지만, 이스마엘은 『고도를 기다리며』의 럭키의 말처럼 종국에도 결국은 "끝나지 않음"이 된다는 것을 알고 있다. 그는 "이 책 전체는 초고에 불과하다—아니, 초고의 초고일 뿐이다"라고 기록한다.* 그리고 전 세계 작가들이 이해할 수 있는 말로 "오, 시간, 힘, 돈, 그리고 인내여!"라고 덧붙인다.

하나의 탈선은 신비로운 앨버트로스와의 만남에 관해 한 페이지 길이로 설명한 주석이다.

> 간간이, 그것은 거대한 대천사가 날개를 펼쳐 마치 성스러운 방주를 포옹이라도 하려는 듯 보였다. 놀라울 만큼 퍼덕거리는 몸짓과 고동이 그것을 동요시켰다. 비록 신체적으로 해를 입히지 않았지만, 마치 왕의 유령이 초자연적인 고통 속에서 외치는 울부짖음처럼 위압감을 주었다. 그 이상한 눈을 형언할 수는 없지만, 나는 신에게 연루된 비밀을 엿본 듯한 생각이 들었다.

또 다른 탈선은 추격 중 잠시 멈추고 고래의 방귀를 언급하는 장면이다.

> 그(고래) 안에서 이상한 요동이 올라와 … 뒤쪽에 물거품이 일었지. … "거센 역풍이 그 안에서 광란의 크리스마스를 치르고 있는 거야. 여보게들, 그것이 내가 일찍이 발견한 선미에서 불

* "Draught"는 "draft"의 옛날식 영어 철자로 문서의 초안이나 초기 버전을 의미한다.

어오는 첫 번째 악풍이었다네…"

그리고 또 하나는 고래 가족의 분류를 작성하는 데 온전히 할애된, 뻔뻔할 정도로 지루한 챕터이다. 이 분류는 종과 아종이 아닌 "책"과 "장"으로 기묘하게 구성되어 있으며, 괴짜 학문의 조롱 섞인 풍자를 정교하게 보여준다. 문제는 그것이 웃기지도 않으면서 끝없이 이어진다는 점이다. 덧붙어 고래의 정확하고 부정확한 그림에 관한 역사를 다룬 세 개의 챕터가 있는데, 그중 하나는 "물감 속의 고래; 이빨 속의 고래; 나무 속의 고래; 철판 속의 고래; 돌 속의 고래; 산 속의 고래; 별 속의 고래"라는 황홀한 제목을 가지고 있다.

어떤 사람들은 이것을 잡동사니라고 부르지만, 그것은 편향된 용어이다. 깊은 관심과 사랑으로 본다면 사소한 것은 아무것도 없다. 우리는 그것을 '사소한 것'이라고 부르며 그 속에 빠지지 않으려 한다. 세상은 끝없이 이어지는 프랙털 같은 탈선의 이야기이기에 그 나선에 빨려 들어갈까 두려워 시선을 돌린다. 하지만 사이렌의 노래를 듣기 위해 귀를 막지 않겠다던 오디세우스처럼, 에이햅과 멜빌도 이 거대한 비전을 정면으로 마주하겠다고 고집했고, 그것이 둘 다를 모두 파멸시켰다.

두 사람 모두 원초적인 상실에서 출발하여 그것을 치유하려고 헌신한다. 에이햅은 고래에게 자신의 일부를 잃었고; 그로 인해 책의 파국적 전환점은 그가 선원들을 모아 자신의 임무에 동참하도록 복수의 맹세를 할 때 찾아온다.

"이것이 바로 여러분이 승선한 이유요. 여러분! 그 백경을 쫓아 육지의 양쪽에서, 지구의 도처에 그가 검은 피를 뿜고 지느러미를 드러낼 때까지 쫓아갑시다. 여러분, 손을 거머쥐고 맹세하겠소? 여러분은 용감해 보이는구려."

"네, 네!" 작살수들과 선원들이 흥분한 늙은 선장에게 가까이 다가가며 외쳤다. "흰고래를 주시하라; 모비딕을 위해 날카로운 작살을 준비하라!"

"신이시여, 축복하소서." 그가 반쯤은 울먹이며 외치듯 말했다. "신이시여, 저들을 축복하소서."

멜빌은 1820년대 호황기에 부유한 집안 아이로 자랐으나, 상인이던 아버지의 과도한 재정 확장으로 파산하면서 상황이 달라졌다. 하인들은 해고되고, 가족은 맨해튼에서 저렴한 알바니로 이사했다. 멜빌이 열두 살이었을 때, 아버지가 갑자기 사망했다. 젊은 멜빌은 곧 은행에서 서기로 일하기 시작하여, 그 후 여러 직업을 전전했다. 그러다 열아홉 살에 리버풀로 향하는 상선에 승선했고, 2년 후에는 남태평양으로 향하는 포경선 선원이 되었다.

이 경험이 모든 것을 바꾸었다. "포경선은 나의 예일 대학이자 하버드 대학이었다"라고 그는 이스마엘을 통해 말한다. 멜빌은 시가를 피우고 이야기를 늘어놓는 모험가로 돌아와서 그의 실제 경험을 과장한 소설 『타이피(Typee)』와 『오무(Omoo)』를 썼다. 이 소설들은 마르케사스 제도에서 배에서 뛰어내린 후, 무시무시한 식인종과 젊고 아름다운 고갱의 여인들과 보낸 시간을 바탕으로 지어낸 이야기이다. 이 소설들의 성공이 그를 진정한 유명인으로 만들었다. 그는 큰 인기를 누리며 매사추세츠 대법원장의 딸과 결혼했다.

몇 편의 모험 소설이 더 나왔고, 다음 소설을 기다리는 많은 독자를 확보했다. … 그리고 드디어 1851년 독자들에게 끝없이 방대한 『모비딕(Moby-Dick)』을 선사하기에 이른다. 대부분의 영국 평론가들은 이 책을 사랑했고 "고래기름에 푹 젖은 시"라고 평한 이도 있었지만, 미국 대중들은 머리를 긁적이며 의아해했다. 그의 경력은 회복되지 않았는데 이유는 『모비딕』이 그만의 『모비딕』이었기 때문이다. 1857년 마지막 소설을 출판했는데 그것도 실패였다. 첫 소설을 출판한 지 11년 후의 일이었다. 이후 그는 무명으로 사라져 뉴욕시에서 세관 검사관으로 일하며 가끔 이야기와 시를 썼다. 그리고 1891년 아무도 모르는 채 사망했다. 「뉴욕 타임즈」에 여섯 줄의 부고 기사가 났으나 걸작의 제목이 철자가 틀리게 나올 정도로 세간의 관심을 끌지 못했다.

다시 한번 말하지만, 선각자는 죽은 후에야 비로소 사람들에게 알려지는 법이다. 『모비딕』은 1920년에서야 등장하기 시작했고, 1950년에는 『허클베리 핀』, 『개츠비』와 함께 위대한 소설로 칭송받았다. 독자들이 이 소설을 이해하려면 적어도 세 가지 전제를 받아들여야 한다. 첫째는 1차 세계대전으로 남루해진 세계 질서, 사회 계층의 몰락, 종교적 교리가 무너지면서 사람들은 연약한 인간보다는 우주와의 연결성에 더 크게 의존하게 되었다는 점이다. 두 번째는 1922년 출간된 제임스 조이스의 『율리시즈』의 등장이다.

이 책은 모든 면에서 놀랍고도 방대한 책이며 『모비딕』과 비슷한 리듬, 유머 그리고 우주적 범위를 가지고 있다. 세 번째는 재즈이다. 이 책을 읽기 위해서는 조밀하고 복잡한 신경 경로가 필요하여 반드시 재즈를 듣는 것이 도움이 될 것이다.

고래기름이 전 세계의 등불을 밝히던 19세기에는 포경업이 거대한 국제 산업이었다. 피쿼드호 같은 범선은 고래의 이동 경로를 따라 전 세계를 돌았다. 보통 큰 고래잡이배에는 세 척 이상의 작은 고래잡이배가 동원된다. 고래가 먹잇감에 가까이 접근하면 작은 배를 띄우고 창과 작살로 무장한 소규모 선원들이 노를 저어 가까이 접근해 포획을 시도했다. 포경은 위험한 작업이었으며 수많은 여행기와 소설에 영감을 주었다.

『모비딕』에는 다채로운 액션 장면이 있지만, 동시에 초월적인 면모도 풍부하다. 향유고래 사냥에 성공하면, 머리를 자르고 잔인하게 사체를 해체하는 과정을 거친 후, 조용한 마무리 부분이 등장한다. 이 부분에서는 힌두교와 불교에서 깨달음의 상징인 연꽃이 소환된다.

> 마지막 임무가 끝나고 정오가 되자 선원들은 점심을 먹으러 아래로 내려갔다. 소란스럽던 갑판에는 이제 적막만이 감돌았다. 노란 연꽃 같은 강렬한 구릿빛 고요함이 무수한 잎사귀를 바다 위에 한없이 펼쳐내고 있었다.

돛대 망보기 부분에는 재미있는 대조가 있다. 이 장면에서는 선원이 두 시간 동안 돛대 꼭대기에 서서 고래를 찾기 위해 바다를 스캔하는 장면이 나온다. 멜빌은 이 부분을 자연스럽게 고대 이집트인들이 피라미드 꼭대기에서 별을 바라보는 역사로 시작하여 긴 학문적 논의를 이어간다. 드디어 이스마엘이 돛대 위로 올라가자, 고요함은 너무나 짙어서 그는 깊은 삼매에 녹아들기 시작하는데, 이야기의 핵심은 삼매경이 직업상 위험하다는 것이다.

> 열대의 고요하고 적막한 날씨 속에서 돛대 꼭대기에 있는 기분은 정말 짜릿했다. 마스터 헤드; 아니 꿈꾸는 명상가에게는 황홀할 지경이다. … 거기에 있으면 끝없이 펼쳐진 무한한 바다의 연장 속에서 길을 잃고 있는 듯하다. 파도 외에는 아무것도 요동치지 않는다. 잠든 듯 배는 느긋하게 흔들리고, 졸린 무역풍

이 불어오며, 모든 것이 존재를 나른함에 빠뜨린다. … 숭고한 무사태평함이 몸을 감싼다. … 이 마법에 걸린 기분 속에서, 영혼은 원래 왔던 곳으로 흘러가 시간과 공간을 통해 퍼져 나가고 … 마침내 둥근 지구 해안의 일부가 된다. … 하지만 이 잠, 이 꿈속에 있을 때 발이나 손을 조금이라도 움직인다면, 그 순간 공포 속에서 자신의 정체로 돌아오게 된다. … 그러면 아마도 한낮의 가장 화창한 날씨에는, 목이 반쯤 막힌 비명과 함께 투명한 공기를 뚫고 여름 바다로 떨어져 다시는 떠오르지 못할 것이다.

이스마엘이 흰고래를 처음 보았을 때, 거기엔 유혹과 위험이 한데 뒤엉켜 있었다. 모비딕은 단순한 괴물이 아니라 평온의 신이면서—일종의 괴물이었다.

부드러운 즐거움—유려함 속에 있는 강력한 온화함 … 위대한 최고신인 주피터조차도 그처럼 신성하게 헤엄치는 영광스러운 하얀 고래를 능가하지는 못할 것이다. 그리하여 열대 바다의 고요한 평온 한가운데서 … 모비딕은 몸통을 물속에 침잠시킴으로써 공포를 드러내지 않고, 잔인한 턱의 흉측함을 감춘 채 계속 나아갔다.

한편, 이스마엘은 자신을 완전히 내려놓고 에고가 녹는 초월 상태에 들어간다. 이 기이한 책의 가장 이상한 구절 중 하나는 밀랍 같은 스페르마세티*를 반죽하는 묘사이다. 이 액체는 향유고래의 정수리에서 채취하여 양초를 만드는 데 사용되는데, 수확한 후에 큰 통에 부으면 식으면서 덩어리가 생겨서, 선원들은 그것을 다시 액체 상태로 짓이겨야 했다.

> 단지 몇 분밖에 손을 담그고 있지 않았는데도 내 손가락은 장어처럼 미끌거리고, 마치 뱀처럼 꿈틀대기 시작했다.
>
> 갑판 위에 편하게 앉아 다리를 꼬고 있었다; … 파랗고 고요한 하늘 아래서, 선박은 느긋하게 항해하고 고요하게 미끄러져 간다; 내 손들은 거의 한 시간 동안이나 부드럽고 말랑말랑한 조직으로 된 작은 방울들 속에 담겨 있었다; 방울들이 손가락에 닿아 풍성하게 터지며 마치 잘 익은 포도가 포도주를 흘려내듯이 말이다. 나는 그 순수한 향을 들이마셨는데; 그 향기는 마치 봄의 제비꽃 냄새처럼 느껴졌다; 단언컨대, 그 순간 나는 향기로운 초원에 와 있는 듯했다; 손을 담그는 동안만큼은 모든 악의, 성급함, 짜증, 그 어떤 사소한 것도 신성하게 씻기는 자유로움을 느꼈다.
>
> 꽉! 꽉! 꽉! 아침 내내; 나는 손가락이 다 녹아내릴 때까지 향유

---

* 스페르마세티(Spermaceti)는 향유고래(Sperm whale)의 머리 부분에 있는 기름 같은 물질로, 고래기름과 구별되는 독특한 성질을 가지고 있다. 이 물질의 이름은 라틴어에서 유래했으며, "고래의 정액"을 의미하는 sperma ceti에서 왔다. 이는 초기 유럽의 고래잡이들이 이 물질을 처음 봤을 때 그것이 정액처럼 보였기 때문에 붙인 이름이다.

를 짜냈다; 향유를 짜다 보니 거의 그 속으로 녹아들 것 같았다; 향유를 짜다가 이상한 종류의 광기가 나를 엄습했다. 동료들의 손을 부드러운 방울로 착각하여 그들의 손을 짜고 있었다. 이 일이 너무나 풍부하고 애정 어린, 친근하고 사랑스러운 감정을 불러일으켜 마침내 그들의 손을 계속 쥐어짜며, 촉촉하게 눈을 쳐다보았다. 마치 이렇게 말하는 것처럼 말이다. "오! 나의 사랑하는 동료들이여, 왜 우리는 사회적 신랄함을 간직한 채 조금이라도 나쁜 기분 혹은 질투를 느껴야 하는 걸까요! 자, 우리 모두 손을 맞잡고, 아니 우리 모두 껴안고, 친절의 젖과 향유 속으로 녹아듭시다. 내가 영원히 그 향유를 쥐고 있다면 얼마나 좋을까! … 밤의 환상 속에서 긴 줄의 천사들이 각자 향유 항아리에 손을 담그고 있는 것을 보았다.

『모비딕』의 광기 어린 찬연함에도 불구하고, 가장 찬사 받는 문장은 세 단어로 되어 있는: "나를 이스마엘이라고 불러라"이다. 비평가들의 합의에 따르면, 이 문장은 소설 역사상 가장 멋진 오프닝 문장으로 꼽힌다.* 이스마엘이라는 이름은 축복과 저주, 재앙과 묵시록이 있는 구약성서의 공간으로 즉각 우리를 데려가며, 여기서

* 두 번째로 강력한 후보로는 가브리엘 가르시아 마르케스의 『백년의 고독』이 있다: "많은 세월이 흐른 후, 총살대 앞에 서게 된 아우렐리아노 부엔디아 대령은 아버지가 그를 데리고 얼음을 찾으러 갔던 먼 오후를 기억한다."

화자는 고난을 통해 신의 구원을 향해 나아가는 인물이다. (창세기에서 이스마엘은 아브라함의 아들로, 추방된 후 어머니와 함께 사막을 방랑한다. 그러다가 기적적인 도움을 받고 이랍 민족의 조상이 된다.)

하지만 이스마엘이라고 부르라고? 그렇다면 당신은 정말 누구인가? 우리는 결코 "이스마엘"이 도망자나 범죄자의 가명이라는 느낌은 받지 못한다. 가면 뒤에 숨어 있는 진실한 어떤 이름이 있을 것이다. 오히려 이름 뒤에 이름 붙일 수 없는 무언가가 있고, 얼굴 뒤에 얼굴 없는 무언가가 있으며, 페르소나(즉, "가면") 뒤에는 비개성적이고 눈에 보이지 않는 어떤 인식이 가면의 눈구멍을 통해 들여다보고 있을 것이다.

다시 말해, 이스마엘은 우리와 같다. 우리는 모두 눈구멍을 통해 엿보고 있으며, 모든 이름은 가명이다. 나를 딘이라고 불러 달라—내 부모님이 그렇게 불렀듯. "나를 이스마엘이라고 불러라"는 마치 수학에서 증명의 첫 줄과 같다: x=17이라고 하자. 우리는 x에 값을 할당하고, 그 할당에서 어떤 결과가 나오는지 보자. 우리에게 주어진 이름과 그에 따라붙는 페르소나는 고난과 구원을 여행하는 데 필요한 적합한 구성물일 뿐인데, 우리는 그것이 자신의 궁극적 실체라고 오인한다. 하지만 멜빌은 첫 문장에서 그 비밀을 누설한다. 그는 우리에게 이름 짓기라는 장치에 의식적으로 참여하도록 권하고—그 농담을 함께 공유하자고 초대함으로써—정체성을 꿰뚫어보게끔 이끈다.

책이 진행될수록, 이 농담은 이스마엘의 페르소나가 명백히 얇

파하다는 것을 드러낸다. 보통 소설가는 일인칭 화자가 현실적으로 제한된 시점을 가진 설득력 있는 인물로 보이도록 노력한다. 화자들은 모퉁이 뒤를 볼 수 없고, 텔레파시를 쓸 수 없으며, 자신이 듣지 못한 대화나 목격하지 못한 행동, 또는 다른 인물들의 마음속 생각을 전할 수 없다. 하지만 이스마엘은 다르다. 페르소나의 설정이 불편해질 때면, 그는 그것을 조용히 거둬낸다. "이스마엘"은 유동적인 전지적 의식으로 녹아들어, 멀리 떨어진 장면을 보고, 다른 인물들의 가장 깊은 속마음(재미 삼아 셰익스피어식 독백으로 표현된)까지 듣게 된다. 이는 그를 가장 깊은 의미에서의 이스마엘, 즉 '정처 없는 방랑자'로 만든다. 그는 보통의 화자가 늘어놓는 가계 배경, 교육, 결혼 상태 등 (홀든 콜필드가 "데이비드 코퍼필드* 같은 잡다한 얘기"라고 부르는) 이야기를 우리에게 해주지 않는다. 왜냐하면 그런 것은 존재하지 않기 때문이다. 그의 이름 '이스마엘'은 "신이 들으셨다"는 의미를 지닌다. 멜빌의 이스마엘은 성취할 목표나 이루어야 할 욕망을 가진 인물이 아니다. 그는 들려야 할 목소리이며, 이야기 속에 발 한쪽만 담근 채, 인물됨의 가정에 절반도 헌신하지 않은, 장난기 어린 작가의 꼭두각시이다. 월트 휘트먼처럼,

---

* 『데이비드 코퍼필드(David Copperfield)』는 찰스 디킨스(Charles Dickens)의 자전적 소설로, 주인공 데이비드 코퍼필드의 어린 시절부터 성인까지의 성장 이야기를 다룬다. 가난과 고난을 극복하고 성공하는 과정에서 가족, 사랑, 배신, 우정 등 다양한 주제를 얘기한다. 이 책에는 디킨스 특유의 유머와 풍자가 담겨 있다. 종종 감정 과잉이나 구식 이야기 방식에 대한 반감을 나타낼 때 '코퍼필드 같은 잡다한 이야기'라는 표현이 사용된다.

그는 "게임의 안과 밖에 동시에 있으면서 그것을 바라보고 경탄"하고 있다. 이 책의 가장 큰 경이 중 하나는 이야기 속의 공포 앞에서도 내내 흘러넘치는 행복하고 가벼운 자유로움이다.

에이햅 선장은 등장인물로 완전히 몰입하여 공포 속에 푹 빠져 있다. 이름 또한 구약성서의 인물인 아합 왕에서 따왔다. 아합 왕은 예언자 엘리야를 만나서, "개들이 네 피를 핥을 것이다. 네 피를"이라는 예언을 듣지만 이를 비웃는다. 왕들은 자신의 죽음을 상기시키는 것을 좋아하지 않는다. 성서, 셰익스피어, 신화와 동화에서 왕들은 보통 허구적인 개별 자아, 즉 자아를 상징한다. 특히 헤롯 왕처럼 폭군이거나 클로디어스와 맥베스처럼 찬탈자일 때 더욱 그렇다. 그들의 정당치 않은 왕위 찬탈은 무한하고 비개인적인 인식 공간에 "나는 존재한다"는 자아 감각이 부당하게 자리를 차지한 것이다. 그들은 자신의 왕관을 지키기 위해 모든 위협에 맞서 죽을 때까지 싸운다: 헤롯은 무고한 아이들을 학살하라고 명령하고, 클로디어스는 햄릿을 암살하려는 음모를 꾸미고, 맥베스는 실제건 상상이건 경쟁자를 하나씩 제거한다. 그리고 그들은 종국엔 파멸한다. 왜냐하면 두려워하고 반응하는 자아는 결국 실체가 없기 때문이다. 그것은 언젠가는 깨어나는 열병의 꿈이다.

그래서 왕은 자신의 웅대함에도 불구하고 항상 상처받고 포위된 느낌을 받는다. 상처받은 자아의 불완전함과 죽음에 대한 끊임없는 인식은 우리에게 무한한 완전성을 찾도록 하는 자극이다. 에이햅 선장의 상처는 당연히 그가 잃어버린 다리이다. 자신의 완전성을 회복하기 위해 그는 모비딕을 찾아야 한다. 하얀 고래에 대한 분노에도 불구하고, 집착적인 추격은 마치 연인을 추구하는 것과 같고, 신앙인이 신성을 추구하는 것과 같다. 고래의 색은 수많은 창조가 스며들어 합쳐진 하나의 맑은 빛의 흰색이다.

우리가 만든 페르소나*도 여기에 포함될 것이다. 돛대 꼭대기에서 경계를 보는 이스마엘처럼, 우리는 모두 완전성과의 합일을 두려워한다. 왜냐하면 그 합일이 결국 자아의 죽음이라는 것을 정확히 느끼기 때문이다. 그럼에도 불구하고 우리가 그런 합일을 원하는 것은 오직 합쳐짐을 통해서만 충족을 찾을 수 있음을 감지하기 때문이다. 이는 진정 간절히 바라는 완성이다. 운명의 증표처럼 상처받은 자아는 이미 그 무한의 본질을 담고 있다. 에이햅의 인공 다리는 고래 뼈로 만들어졌다. 수십 년 동안, 너무나 많은 나라에서 상처받고 복수심에 불타는 왕이 자신의 왕관을 지키기 위해 어떤 대가—설사 과정 중에 자신과 왕국이 파괴되는—를 치르고서라도 끝까지 싸우는 모습을 보아왔다. 만약 선장이 파멸해야 한다면 배도 함

---

* 페르소나(persona)는 심리학과 문학에서 주로 사용되는 개념으로, 자기 자신을 표현하는 외적인 모습이나 사회적 역할을 의미한다. 이 용어는 칼 융(Carl Jung)의 심리학 이론에서 유래했으며, 사회적 존재로서 우리가 다른 사람들과 상호 작용할 때 내면의 본질과는 다르게 표현되는 가면을 뜻한다. 페르소나는 자아의 일부이지만, 타인과의 관계에서 우리가 일시적으로 착용하는 역할로, 본래의 자아와는 다를 수 있다. 예를 들어 직장에서의 모습과 가정에서의 모습은 서로 다를 수 있으며, 이는 모두 페르소나로 간주될 수 있다. 페르소나는 긍정적일 수도 있고 부정적일 수도 있지만, 자기 보호나 사회적 기능을 위한 중요한 도구로 작용한다. 그러나 지나치게 페르소나에 집착하면 진정한 자아와의 괴리가 생길 수 있다.

께 침몰할 것이다.

그것이 바로 에이햅이 한 일이다. 분노에 찬 추격에서, 모비딕은 그를 추격하는 포경선을 파괴하고 피쿼드호도 파괴한다. 마지막 침몰하는 배에서 에이햅은 작살을 던지지만 작살에 연결된 밧줄에 목이 감겨 바다 속으로 사라진다. 거대한 고래가 잠수할 때, 모든 것, 모든 사람이 계시록처럼 소용돌이에 휩쓸려 들어간다. 이스마엘만이 유일한 생존자이다.

이 모든 것은 99장 전부터 일찌감치 운명 지워진 것이다. 에이햅은 선원들을 갑판으로 불러모아 자신의 미친 임무를 공개하고, "모비딕에게 죽음을!"이라고 외치며 선원들을 선동한다. 이 장면은 현대의 미친 선장들이 정치적 복수를 외치며 추종자들을 선동하는 모습과 섬뜩하게 유사하다. 이후 이스마엘은 에이햅의 성공의 수수께끼를 곰곰이 생각한다.

> 어떻게 해서 그들은 그렇게 넘치도록 그 노인의 분노에 반응하게 되었는가.어떤 악마적인 마법으로 그들의 영혼이 사로잡혀, 때로 그의 증오가 거의 그들의 증오처럼 느껴졌으며, 하얀 고래가 그에게 견딜 수 없는 적인 만큼이나 그들의 적이 되게 되었는가. 이 모든 일이 어떻게 일어났는가, 하얀 고래가 그들에게 무엇이었는가, 또는 그들 또한 무의식적으로 어렴풋하게나마 그 고래를 인생의 바다를 미끄러지며 다니는 거대한 악마로 보았는가—이 모든 것을 설명하려면, 이스마엘이 다다른 심연보다 더 깊이 들어가야 했다.

“이스마엘이 다다른 심연보다 더 깊이.” 맞다. 위험하게 손상된 지도자들이 그렇게 열정적인 지지를 끌어낼 수 있는 “사악한 마법”을 부린다는 것은 깊은 미스테리다.

하지만 다음을 고려해 보자.

착한 소년과 소녀가 되는 것은 힘든 일이다. 자연의 법칙뿐만 아니라 물리, 논리, 수학의 법칙에 의해 제약받는 것은 답답한 일이다. 중력, 도덕성, 합법성—이런 모든 것이 힘들다. 그러므로 만약 누군가가 모든 법칙을 프로 레슬러가 심판의 머리 위로 접이식 의자를 날리는 기세로 어겨버린다면 얼마나 상쾌하고 흥미로울까. 우리가 알다시피, 사람들은 그런 지도자를 따른다. 그가 자기 파괴로 이끌 때조차 말이다. 독이 든 음료가 아니면 아무 재미도 없는 법이다.

일탈은 어설픈 초월일 뿐이다. 그것은 올바른 질문에 대한 잘못된 답변이다: “무한한 영혼을 지닌 우리가 이 견딜 수 없는 경계를 어찌해야 한단 말인가?” 마약, 술, 도넛 과식, 혹은 가정을 파괴하는 성적인 모험에 빠지는 것도 하나의 방법이 될 수 있으리라. 그러나 이런 것들은 우리가 인식하는 감옥의 철장을 머리로 들이받는 것과 같아서 잠시 마비된 듯한 감각을 주지만, 많은 부수적인 피해를 동반한다. 현자들의 해결책은 환상의 창살을 빠져나와 존재의 자유에 눈을 뜨는 것이었다—제약 없는 존재의 자유에 눈을 떠, 그것으로 몇 가지 규칙을 따르는 것이 아무 문제도 아니게 만드는 것이다.

옛날에는 수도승들이 정글이나 언덕에 들어가서 무한과 교감하며 다음 세대를 위해 앉을 자리를 따뜻하게 덥혀 놓으면 나머지 사람들이 자기 일에 걸려 넘어질 때 거기서 쉴 수 있었다. 그러나 지금은 너무 위험해서 그렇게 비틀거리며 다닐 수가 없다. 우리는 모두 피쿼드호에 타고 있고, 파괴적인 일탈이 만연하여, 초월만이 유일하게 효과적인 약일지 모른다.

욥기에 경의를 표하며, 이 책의 에필로그에서 이스마엘은 "나만이 홀로 도망쳐 당신에게 이것을 전한다"라고 말한다. 다르마의 관점에서 그의 생존은 의미가 있다. 그는 무게 없는 서사적 목소리, 형체 없는 목격하는 의식이다. 부처가 자신의 몸이 해체되기 직전에 말한 것처럼, 모든 구성된 것들, 즉 몸, 계획, 국가 같은 것들은 결국 해체되고 말 것이다. 그래서 불이 나기 전에 소방 훈련을 하는 게 좋다. 우리가 소중한 인간의 신경계를 가지고 있는 동안, 우리 마음 깊은 곳에 있어서 파괴할 수 없는 고요함에 맞춰 조율하는 연습을 하는 것이 좋다. 이스마엘은 결론을 내린다. 이 세상에서 우리는 온갖 재앙이 소용돌이치는 폭풍에 휘말린다고:

> 하지만 그럴 때조차도, 존재의 소용돌이가 휘몰아치는 대서양 한가운데서, 나는 여전히 묵묵한 고요함 속에 중심을 잡고 머문다. 끝없는 비애의 행성들이 내 주위를 맴도는 동안, 깊고 깊은 내면에서 끝없는 기쁨으로 나 자신을 정화하면서.

19. 무아無我

에밀리 디킨슨

인도에서, 성자는 깨우친 자를 의미한다. 성자는 순교나 기적을 일으킨다기보다는, 겉으로는 지극히 평범하고 눈에 띄지 않으면서 내면으로는 조용히 깨달음의 삶을 사는 사람이다. 스승 중 한 분이 말씀하시기를 외부 사건에 비추어 성자를 이해하려고 하는 것은 모래 위에 남은 발자국을 연구하여 그 사람을 알려고 하는 것과 같다고 하셨다.

에밀리 디킨슨의 발자취를 연구하는 일은 150년 넘게 진행되어온 작업이다. 매사추세츠주 애머스트의 이웃들이 그녀의 모습을 노란 저택 바깥에서 더 이상 볼 수 없게 된 이후로 말이다. 이웃들은 동네 어귀를 지나면서 그녀의 손길이 듬뿍 담긴 잘 가꾸어 놓은 정원에 감탄했고, 항시 하얀 드레스를 즐겨 입던 그녀를 보기 위해 정원 내부를 흘끔거렸다고 전해진다. 동네 아이들은 2층 침실 창문 아래 옹기종기 모여 그녀가 바구니 한가득 구운 과자를 밧줄 도르래로 내려주기를 고대했다. 답례로 데이지꽃이나 클로버를 보내면서 말이다. 디킨슨은 줄곧 침묵을 지키며 무한의 깨달음을 찾는 중이었다. 그녀는 "생각은 하늘보다 더 넓다"라고 썼다.

여학교 때의 그녀는 밝고 활기찼으며, 마운트 홀리요크 대학에서 1년 동안 교사가 되기 위한 경건한 기독교적 태도를 배웠다. 그러다 이런저런 이유로 상황이 바뀌어 고향 집으로 돌아와 머무르게 되었다. 그녀는 엄격한 아버지(변호사, 입법자, 애머스트 대학 재무이사)와 우울한 어머니, 미혼인 여동생 빈니와 함께 평생을 독신으로 살았다. 부엌이나 정원에서 놓여나오면 에밀리는 카를로라는 이름의 갈색 뉴펀들랜드와 함께 들판을 돌아다녔다. 피아노를 연주하고 때로는 자작곡을 쓰면서 다락방에서 혼자 셰익스피어를 소리 내어 읽기도 했다. 그녀는 가엾게도 멀리 떨어져 사는 나이 든 기혼남성들에게 절망적이고 지루한 집착을 보이면서 그들에게 긴 편지를 쓰기도 했다.

에밀리 디킨슨은 수백 통의 편지를 썼다. 그중 상당수는 학창 시절부터 사랑했던 친구이자, 오빠 오스틴과 결혼해 옆집에 살았던 수잔 디킨슨에게 보낸 것이다. 수가 에밀리의 낭만적 열정의 주된 대상이었을 수도 있다는 설이 난무하기도 하지만 우리가 알 수 있는 것은 에밀리가 그녀에게 "나는 네 따뜻한 마음 가까이에 둥지를 틀고 싶어. 너에게 나를 위한 마음의 여지가 있을까? 아니면 내가 노숙자처럼 방황이라도 해야 할까?"와 같은 많은 편지를 썼다는 사실이다. 수의 남편이자 에밀리의 오빠 오스틴은 공개적으로 수년간 매력적인 이웃과 불륜을 저질러 아내를 괴롭게 했다는 설도 있다.

에밀리의 은둔 생활이 점점 깊어진 이유에 대해서도 여러 가지 설이 난무한다. 로맨틱한 거절* 때문일 수도 있고, 남북전쟁의 충격, 어머니의 건강 악화, 자폐증, 심지어는 반려견의 죽음 때문이라는 둥 … 결국, 에밀리는 집에 손님이 올 때마다 자신의 방에 틀어박혔고, 아버지의 장례식 때조차 문을 조금만 열어둔 채 식을 지켜봤다고 한다.

오늘날이었다면, 아마도 광장공포증(공공장소나 공개된 장소에 대한 공포)이나 공황장애(그녀가 편지에서 '공포'라고 부른) 같은 진단을 받았을 것인데, 이는 그녀와 매우 친숙했던 사람들이 십오 년 동안 네 명이나 사망한 때문으로 보인다. 그녀의 고독은 분명 병적인 측면이 있다. 하지만 그렇다고 해서 깨달음이나 그것에서 비롯된 시적 정서가 줄어든 것은 아니었다. 위대한 성인이나 부처에게 원초

---

* "Romantic rejection"은 낭만적인 연애 관계에서 거절당하거나 마음이 받아들여지지 않는 경험을 의미한다. Emily Dickinson의 경우, 삶에 대한 기록이 제한적이긴 하지만, 학자들은 그녀가 깊이 사랑하고 애정을 품었던 사람에게 거절당한 경험이 있어서 이것이 그녀의 감정적 고립이나 은둔 생활을 심화시켰을 것이라 추측한다.

적 트라우마가 있었던 것처럼, 아마 그녀에게도 많은 일이 있었던 듯하다. 외적으로 평온한 삶을 누린 사람은 대개 내면을 진지하게 들여다볼 여지가 없는 법이니까.

'상처 입은' 사슴이 — 가장 높이 뛰어오른다 —
사냥꾼들은 이렇게 말한다.

우리 대부분이 그렇듯, 디킨슨이 경험한 깨달음은 신경증의 잔재와 섞여 있었다. 신성한 빛이 신경증의 잔재를 모두 씻어내지는 못한다. 잔재의 고통은 서서히 사라지지만 기괴함은 여전히 남아 있게 된다.

중요한 것은 그 혼합물에서 나온 시였다. 디킨슨의 동시대 사람 중 그녀의 글을 읽은 사람은 거의 없다. 그녀가 친구들에게 보낸 편지에 시가 한두 편씩 포함되었을 때도 있었지만, 생애 동안 출판된 시는 신문에 익명으로 실린 열 편 정도에 불과했고, 그마저도 편집자가 수정을 하는 바람에 원본이 훼손된 상태였다. 디킨슨은 초기에 자신의 시가 출판되기를 꿈꿨지만, 곧 그 꿈은 좌절되었다. 1886년, 55세의 나이로 노란색 저택에서 세상을 떠날 때까지 아무도 그녀가 방대한 양의 시를 써서 숨겨두었다는 사실을 알지 못했다.

에밀리가 모든 문서를 태우라고 지시했던 빈니(Vinnie)는 그녀의 서랍을 뒤지다가 평생 쌓아둔 편지들과 손수 만든 약 40권의 소책자를 발견했다. 그 안에는 약 800편의 시가 정성스럽게 적혀 있었다. 거기에 보태어 낡은 봉투 안쪽이나 초콜릿 포장지 뒷면에도 수백 편의 시가 더 있었다. 약 1,800편의 제목 없는 글이었고, 절반 이상은 남북전쟁인 5년 동안 급하게 쓴 창작물이었다. 빈니는 편지를 태우고 시들은 남겨두었다. 디킨슨의 필체는 화석화된 새 발자국에 비유되기도 한다. 그녀의 글에는 아주 짧은 가로선이 신기하게도 빼곡히 박혀 있다. 때로는 그것이 다용도 구두점 역할을 하는 것처럼 보이기도 하고, 때로는 무시하는 듯한 특이한 필체처럼 보이기도 한다. (여기서는 하이픈으로 표기했다.) 출판을 기대하지 않고 들판과 정원, 2층 침실로 이루어진 고독한 세계에서 디킨슨은 조용히 자신만의 길을 걸어갔다. 시적으로나 정신적으로나 그녀의 방식은 급진적이었다.

1860년에 쓴 두 줄짜리 폭탄선언을 보라.

기다리는 것은—"계시"가 아니라,
본래 그대로의 눈을 뜨는 것이지—

디킨슨은 셰이커교에서 몰몬교에 이르기까지 경쟁적인 교파들이 각자의 궁극적인 진리에 믿음을 선포하는 격렬한 영적 소용돌이의 시대에 자랐다. 하지만 이 시에서 그녀는 믿기만 하는 것이 아니라 보는 자의 냉정한 자신감으로 "계시"에 익살스런 따옴표 한 쌍을 찍음으로써 모든 사람의 주장을 일소시킨다.

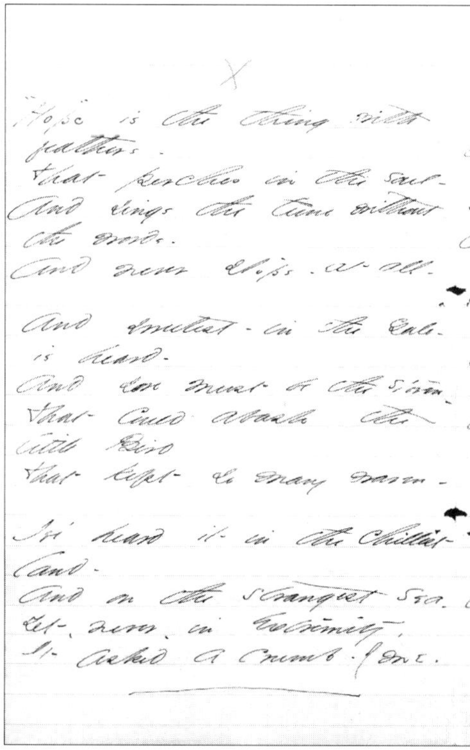
"Hope" is the thing with
feathers -
That perches in the soul -
And sings the tune without
the words -
And never stops - at all -

And sweetest - in the Gale -
is heard -
And sore must be the storm -
That could abash the
little Bird
That kept so many warm -

I've heard it in the chillest
land -
And on the strangest Sea -
Yet, never, in Extremity,
It asked a crumb - of Me.

그녀가 보는 것은 깨달은 현자들이 항상 보아왔던 것, 즉 진정한 궁극적 진리를 드러내는 경로가 계시가 아님을 정확히 보여준다. 계시에는 메시지(즉, 특정 사유), 느낌, 감각적 경험 등 어떤 것이든 내용이 있다. 어쩌면 그것은 숭고한 천상의 내용일 수도 있다. 신이 귓가에 '만유의 메시지'를 속삭이면서 십만 천사가 호산나를 노래하거나, 수천 볼트의 쿤달리니 에너지가 척추를 타고 올라와 크리스마스트리처럼 차크라에 불을 밝히는 것일 수도 있다. 그러나 그것은 내용이라는 게 있기에 여전히 진리가 아니다. 이것 혹은 저것이라는 구체성은 한계가 있고 유한하다. 우리가 진정으로 갈망하는 것은 무한함이다.

디킨슨은 이를 "우리의 본래 그대로의 눈"이라고 부르는데, 눈이나 다른 감각 기관으로 하는 경험을 말하는 게 아니라, 보고 경험하는 인식의 공간에 그냥 머무는 것을 말한다. 마치 가구가 없는 방처럼 아무것도 걸리적거리는 게 없는 텅 빔을 일컫는다. 물론 이것은 좌선 수행에서 일어나는 일로, '눈'과 '내가' 일시적으로 대상에서 벗어나 자신 안에 머무는 것이다. 여러 사물을 비추던 태양이 이제는 단순히 자기 빛 안에서 존재하는 것과 같다. 우리는 꾸밈없이 빛나는 자유를 누리고, 깨달음이 커짐에 따라 환희심이 생기고, 명상이 끝나 눈을 떴을 때도 즐거움이 지속된다.

이것은 미묘한 다르마의 통찰이며, 책에서 배울 수 있는 것이 아니다. 오랜 시간 고요한 고독에 머물면서 자연과 교감하는 동안 자연스레 내면에 거하는 습성이 든 것이다.

이슬 한 바가지—두어 마리 벌—
나무 사이 춤추는 산들바람—
그것만 있으면 나는 장미!

그녀는 콩코드에서 고작 75마일밖에 떨어져 있지 않은 곳에 살았기에 초월주의자들에 대해 익히 알고 있었고 소로의 작품이나 에머슨의 시집에 감탄하여 소중히 여겼다. 한번은 에머슨이 애머스트를 방문해 디킨슨의 바로 옆집에서 식사를 하는 바람에 그녀도 초대를 받았다. 하지만 그녀는 나타나지 않았다. 신경증 때문인지 아니면 자신만의 초월주의에 깊이 심취해 있던 탓인지, 다른 이들의 주의(-ism)에 방해받을 필요가 없었다.

디킨슨의 시는 고매해서 사마디의 관점으로라야 해독이 가능하다. 그렇게 하지 않으면 머리를 긁적일 수밖에 없다.

나는 한 번도 빚어진 적 없던 술을 맛보네—
진주로 빚어진 술통에서 떠낸—

이것은 선문답(koan)이다. 한 번도 빚어진 적 없는 술의 맛은 손뼉 소리 없는 박수, 부모님이 태어나기 전에 가졌던 얼굴, 또는 키츠의 가락 없는 시구절처럼 무無의 것이다. 그것은 무미無味의 맛을 내면서, 우리를 높은 경지로 데려간다. 감각과 정신을 넘어선 숭고한 무의 상태로 직접 닿게 하는 것이다. 술통은 비었음에도, 진주처럼 빛나는 깨달음의 공성으로 가득 차 있다. 시의 마지막 부분에서 에밀리는 비틀거리는 술 취한 사람처럼 가로등에 기대어 있으나—실은 그녀만의 고양된 상태로 "태양에 기대고 있다!"—, 에머슨은 외국에서 들여온 동양 경전들에서 신들을 취하게 하는 음료인 소마를 설명한 베다의 찬가를 읽었고, 디킨슨은 그 술을 마구 들이켰다.

티베트 불교에서, 디킨슨이 말한 "본래 그대로의 눈"은 "벌거벗은 인식"이라고 부른다. 이 표현은 60년대의 반문화 슬로건: "경고—옷 속의 나는 알몸이라네"를 떠올리게 한다. 여러 겹의 옷을 입은 우리 몸처럼, 우리 인식 또한 사고와 감정, 그리고 "개인성"이라고 불리는 습관과 성향의 거친 직조물에 싸여 있다. 속은 알몸인 채로 말이다. 명상은 종종 순수한 깨달음을 발견하는 과정으로 오인되지만, 사실 명상을 통해 깨달음을 드러내는 것이다.

하지만 그것을 어떻게 발견할 수 있을까? 디킨슨은 그것 역시 알고 있었다.

새벽이 언제 들이닥칠지 몰라,
나는 온 집안의 문을 열어둔다네

언제, 어느 방향에서 삼매의 빛이 우리를 위해 떠오를지 알 수 없다. 그래서 우리는 전 방향으로 열려 있어야 한다. 이것이 우리가 기대할 수 있는 가장 간결한 명상법이다. 그녀는 다른 시에서 이렇게도 표현한다.

나는 완전히 추락할 때까지 아무것에도
매달리지 않는다네—
허무와의 충돌, 그게 다인 것을—

여기서 작동하는 단어는 "추락"이다. 동요하지 않는 마음 상태를 만들려는 노력은 그 자체가 일종의 동요이므로 자기 패배이다(많은 명상가들이 놓치고 있는 중요한 포인트). 따라서 집중하거나 몰입하려고 애쓰지 말라. 오히려 떨어짐(추락) 그 자체 속에 자신을 내

맡겨라. 마치 잠에 빠지거나 사랑에 빠지듯이 자연스럽게 말이다. 수면이나 사랑에서와 마찬가지로 우리의 역할은 그저 방해에서 벗어나는 것이다.

디킨슨 같은 도인이라면 누가 말하지 않아도 이 사실을 알고 있으리라; 추락은 저항도 예측도 할 수 없이 그들을 압도한다는 것을 말이다. 사실 이 두 구절은 고요한 명상이 아니라 애도에 관한 시의 중반부에 등장한다. 때때로 극심한 감정적 고통은 우리에게 모든 것을 놓게 만든다. 그러면 극도로 힘들게 명상하는 사람들이 한계에 맞닥트려 항복할 때의 교훈을 얻게 된다. 아무 데도 집착하지 말라. 무엇이 무엇인지, 어디로 가는지, 어떻게 도착할 것인지 기준점이나 정해진 생각을 붙잡지 말라. 당신은 운전자가 아니다. 가상의 운전대나 지도에 집착하지 말라. 디킨슨의 또 다른 시구처럼 당신도 마찬가지다.

나침반도 끝나고—
지도도 다 되었다네!

당신의 경로를 계획하지 말라. 그냥 그대로 있다가 노력이나 계획에 차질이 생기면 긴장을 풀어라. 알아내려 하지 마라. 여기서 디킨슨은 자신의 경험 속에서 키츠가 발견한 부정적 능력을 명확하게 재현했다. 일본 선禪에서는 시칸타자(shikantaza)*, 즉 "그냥 앉아

* 시칸타자(Shikantaza, 只管打坐)는 일본 선종禪宗에서 중요한 명상법 중 하나

있는 자"라고 일컫는다. 계획하지 않으면, 가장 적절한 때가 되어, 중력이 그 자리를 대신한다. 추락은 으레 일어나기 마련이다.

우리는 어디로 추락하는 것일까? "무와의 충돌, 그게 다이다." 추락할 때 우리 자신은 붕괴하고 경험 세계도 함께 붕괴하여 모든 것이 조용히 무로 전락한다. 모든 형상은 공으로 무너지는 것이다. 그런 다음 형상의 세계로 되돌아오지만, 점차 형상들은 여전히 비었고 항상 그랬었다는 것을 목도하게 된다. 그러면 텅 빈 우리는 마치 버터처럼 아무런 마찰 없이 텅 빈 세상을 미끄러져 다니게 된다. 정말 재미있는 일이다.

이것이 종교가 우리를 위해서 해야 할 일이다. 그것이 최선이고 그 최선은 드물게 일어난다. 디킨슨은 열다섯 살 때 한창 그 지역에 만연하던 기독교로의 개종에 친구들 친척들과 함께 휩쓸리게 된다. 그러나 자기-깨달음에 무자비하도록 심취해 있던 그녀는 기독교를 통한 믿음의 도약은 자연스런 추락이라기보다는 부단한 노력

로, "그냥 앉아 있는"이라는 뜻이다. 이 수행법은 특정한 집중 대상 없이 오로지 현재의 순간에 완전히 집중하는 방식이다. 시칸타자는 자아의 관념을 버리고 무념무상의 상태에 도달하려는 목표를 가지고 있으며, 명상 중에 어떤 생각이나 감정이 떠오르더라도 그것에 얽매이지 않고 자연스럽게 흘려보낸다. 이 명상법은 사마디(집중의 상태)나 통찰을 추구하는 것이 아니라, 단순히 존재하는 것 자체를 완전히 경험하려는 의도에서 이루어진다. 시칸타자는 불교의 본질적인 가르침과 일치하는 깊은 자기인식과 깨달음의 길로 간주된다. 이 수행법은 언어로 설명하기 어렵지만 깊은 내적 평화와 본래의 마음을 깨닫는 데 중요한 역할을 한다. 시칸타자는 선의 가장 순수한 형태로, 행위나 목적이 아닌 그 자체로서 수행된다.

으로 얻는 인위적인 도약이라는 것을 깨닫게 된다. 그때 나이가 22세였다. 그녀는 다음과 같은 시를 쓴다.

어떤 이들은 안식일을 지킨다고 교회에 간다네—
나는 집에서 안식일을 보내지—
쌀먹이새의 지저귐이 바로 성가대라네—*
교회의 멋진 지붕 대신 향기로운 과수원이—
…
저명한 목사이신 신이 직접 설교하시지—
절대 길지 않다네,
천국은 이끌림에 의해서가 아니라 종국에는—
나 스스로 천국을 향해 가는 중이지, 계속해서.

우리는 그녀의 대담한, 신과의 융합에 관한 사실상 이단적인 증언을 사랑해야만 한다. 사람들이 교회 안에서 찾는 것을 그녀는 묵언의 야외 고독 속에서 자연스럽게 찾는다. 진정한 영적 고양을 위해서는 정식으로 인정받은 목자가 필요하다는 그녀의 건조한 재치를 사랑해야만 한다. 그녀의 목사는 가는 곳마다 만나는 신이며, 결국 저명한 목사라고 확고하게 평판 받는 분이어야 한다. 그는 마을의 목사와는 달리 길고 지루한 설교를 하지 않는다. 그의 진리는 공(empty)의 내용이며 매 순간순간 침묵 속에서 전해진다.

* 지휘자가 노래하는 새인 합창단.

애머스트 메인 가에 있는 디킨슨의 집

교회에 다니는 사람들은 자신들이 마지막에 천국에 이를 것이라고 믿고 희망한다. 그들은 지루한 봉사를 견디고 약속된 내세의 축복을 "얻는"(벌고, 획득하는) 것을 목표로 고결한 삶을 살기 위해 분투한다. 에밀리는 장황한 말로 계시하는 중계자를 제거하고 스스로 존재하는 방식을 취한다. 세상을 살아가는 매 순간 특정 행위나 축복의 추구가 아닌 자연스럽게 "그저 되는 대로"를 지향하라는 의미이다. 베트남의 선승인 틱낫한은 "매 발걸음에 평화가 있다"라고 썼다. 자신의 방식대로 천국을 찾으려고 땀 흘리는 경건한 수행자들은, 자신의 방식대로 평화를 얻으려 땀 흘리는 명상가들과 마찬가지로, 추구하는 데에 힘을 다 쏟아 정작 목표를 놓친다.

여기서 디킨슨의 영적 권위를 미묘하게 강화하는 것은 그녀가 가장 좋아하는 리듬 패턴인 '발라드 미터'에서 비롯된다. 이 패턴은 네 개의 강세를 가진 아임빅 테트라미터(iambic tetrameter)와 세 개의 강세를 가진 아임빅 트리미터(iambic trimeter)가 교대로 나타나며, 두 번째와 네 번째 줄이 서로 운을 맞추는 방식이다.

하나, 둘, 셋, 넷,
하나, 둘, 셋,

빠—다, 빠—다, 빠—다, 빠—다,
빠—다, 빠—다, 빠—디.

디킨슨이 살던 당시 뉴잉글랜드에서는 이것이 찬송가의 표준 음계가 되었다. 그래서 그녀는 교회를 비하하면서도 그 소리를 반영하여, 일요일 아침의 엄숙함을 오르간 음악으로 표현했다. (그녀의 시인지 확인하는 빠른 방법은 '어메이징 그레이스'의 멜로디에 맞춰 부를 수 있는지 보는 것이다. 그게 아니면 '길리건의 섬 테마곡'에 맞춰 부를 수 있다.)

그녀의 스타일에서 가장 중심이 되는 것은 고의적인 단순함, 현대적이고 감상에 빠지지 않으며 "여성스럽지 않은" 언어의 강인함이다. 이는 헤밍웨이가 그토록 큰 반향을 일으켰던 때보다 70년이나 앞선 것이다. 우리는 특히 그녀의 무뚝뚝한 오프닝 대사들에서 그것을 들을 수 있다. 이것은 존 던이 하는 것처럼 독자를 도발시킨다: "여름 나무 이야기는 하지도 마세요", 또는 "배가 고팠어요, 매해마다", 또는 "당신에게 시든 꽃을 보냅니다"처럼 말이다. 이 거친 언어는 단순한 태도나 스타일이 아니다. 이 시는 솔직한 심리적 강인함을 강조한다:

고통의 모습을 나는 좋아해,
그것이 진실이라는 것을 알기에—

아니면 이런 시는 어떤가:

한 마리 새가 산책로로 내려왔지—
새는 내가 보는 것도 모르고—
지렁이를 반으로 잘라서
녀석을 날로 냠냠 먹었지

이것은 산문과 특히 시詩가 꽃필 것으로 기대되었던 시대에 급진적인 선택이었다. 미국 작가들은 여전히 변방에서 정교하고 복잡한 문장이나 다음절의 라틴어 단어를 사용함으로써 세련된 유럽인처럼 쓸 수 있다는 것을 증명하려고 고투 중이었다. 왜 단순히 걷는다고 표현하면 될 걸 '유유히 산책하다(perambulate)'라고 하는가? 왜 단순히 거짓말을 한다고 표현할 수 있는데 '교묘히 숨기다(dissimulate)'라고 하는가? 1855년에 출간된 월트 휘트먼의 『풀잎』은 한결 토속적이고 소박한 미국적 목소리를 발전시키는 데는 기여했을지 몰라도(곧 알게 되듯이) 그 안에 담긴 관능적인 내용으로 점잖은 사회를 불편하게 했다. 에밀리 디킨슨은 친구에게 이렇게 썼다. "휘트먼이라는 작가에 대해 말하셨더군요. 저는 그의 책을 읽어본 적이 없지만, 그 책이 불명예스럽다는 이야기를 들었습니다." 그녀는 자신의 영적 통찰력처럼, 자신만의 전위적인 스타일을 스스로 찾아야만 했다.

디킨슨의 사생활에 대한 소문과 추측들은 책, 연극, 영화 그리고 최근에는 스트리밍 TV 시리즈가 나올 정도이다. 거기에서 그녀는 미심쩍은 현대적 춤사위를 선보이는 섹시하고 강렬한 걸 파워 히로인으로 묘사되기도 한다. 이 모든 것은 신비해 보이는 그녀가 누구인지 알아내고 비밀을 추측하기 위한 시도이다. 그러나 그녀는 우리에게 스스로 비밀을 드러낸다: 그녀는 애초에 사람이 아니었다는.

나는 아무도 아닙니다. 당신은 누구십니까?
당신 역시 아무도 아니신가요?
그렇다면 우리 둘은 짝패군요!
말하지 마세요! 그들이 떠벌릴 거예요! 알잖아요!

얼마나 끔찍한가요—누군가로 존재하는 것은!
—개구리처럼—시끄럽게 떠벌리며
—긴 6월 내내—자기 이름을 울어대다니
그 어마무지한 늪지대에 대고!

이 '아무도 아님'에 대한 시적 수용은 종종 디킨슨이 자신의 익명적 삶을 긍정하거나 혹은 신 포도처럼 위안 삼아 명성에 대한 비판, 어쩌면 같은 익명의 영혼과 함께 은둔처에서 보내고자 하는 로망을 나타낸다고 여겨진다. 그녀의 말은 받아들일 만하다. "무아無我"는 불교 용어로 아나타, 즉 '자아가 아닌 것'을 의미한다. 그녀는 이기주의, 자기-중심뿐만 아니라 자아라는 개념, 즉 껍데기로 깔끔하게 포장된 별개의 실체라는 자아 자체를 부정하고 있다. 지각 있는 사람이라면 자신이 특별하다고 여기지 않을 것이다. 그런데 디킨슨은 거기서 한층 더 심오하게, 자신이 어떤 사람임을 부인한다.

앞서 살펴보았듯이 셰익스피어의 비밀은 "자기 안에 아무도 없다"라는 것이다. 그것은 현자들의 비밀이다. 그럴듯해 보이는 텅 빈 열린 공간 속으로 자아가 있다고 계속 빠져들면 그것은 우리의 비밀이 된다. 머지않아 실체라고 여겨지던 누군가가 전혀 실체가 아니었음이 밝혀질 것이다. 그 누군가는 단지 활동의 패턴, 행위의 다발일 뿐이며, 그것 뒤에는 행위자가 아닌 무한한 존재가 있을 뿐이다.

이 발견은 우리의 깊은 결핍감을 없애준다. 그러므로 비움의 비밀을 알고 있는 또 다른 사람을 만난다는 것은 참으로 반가운 일이 아닐 수 없다. 마치 파자마 파티에서 다른 사람들은 모두 코를 골고 있는데 나만 깨어 있다고 생각하다가 누군가 건너편에서 윙크하는 것을 보는 것과 같다. 안녕하세요! 이것이 바로 두 번째와 세 번째 줄에서 일어나는 일이다: "그럼 당신도 아무도 아니신가요?/ 그럼 우리는 짝패로군요!" 까꿍이라는 어린아이 같은 어조가 맥을 잡는다: 아무도 아니게 존재한다는 것은 단순함이고 순수함이라는. 이것은 이상하거나 끔찍한 것이 아니다. 베케트 같은 작가가 상상한 것처럼 말이다. 이것은 다른 놀이 친구들과 공유하고 싶을 만큼 유쾌하고 재미있는 천국으로 가는 여정이다.

그러나 네 번째 줄에서는 우리가 지나치게 비밀을 공유할 때 발생할 수 있는 문제를 볼 수 있다. 많은 다르마(dharma) 수행자들이 처음 이 비밀을 발견하고 흥분한 나머지 다른 사람들에게 그 경험을 설명하려다 겪었던 일이다. "말하지 마세요! 떠벌릴 테니!" 깨달음이라는 각성은 역사상 많은 희극과 비극의 오류를 발생시켰다. 가장 비극적 사례는 누군가를 십자가에 못 박은 일이다. 이단자로 정죄 받든, 바보로 치부되든, 전문가로 추앙받든, 다소 왜곡된 버전으로 "광고"되는 것은 십자가에 못 박히는 일이다. 그것은 인격이 없는 무상의 존재가 비범한 지위의 인격으로 변질되어 만화의 주인공이 되는 고통이다. 그러니 고개를 숙여라.

두 번째 연에서, 디킨슨은 아무도 아니라는 것의 대안, 즉 누군가가 되는 일상을 묘사하는데 거기에 적절한 단어는 "끔찍함(dreary)"이다. 존재하지 않는 것을 존재하게 하려고 끊임없이 노력하는 것은 정말 힘든 일일 테니. (멈추면 우리는 다시 아무것도 아닌 존재로 녹아내려 죽게 되겠죠?) 누군가의 신화를 유지하기 위해 우리는 계속 반복해야 한다: 보도 자료를 보내고, 인스타그램을 게시하는 것처럼 말이다. 정치, 예술, 종교, 스포츠, 사랑에 관해 이야기하는 소리를 들어보면 그들이 결국 자신에 대해 말하고 있다는 것을 깨닫게 될 것이다. 명시적이든 비명시적이든, "나는 생각한다", "나는 느낀다", "나는 원한다", "나는 두려워한다"가 전부이다. 사실 이것은 여름밤 개구리 울음소리만큼이나 반복적인 이야기이다. 시를 마무리하는 기발한 농담에서 개구리들이 울부짖는 것은 자신의 이름이며, 개구리의 이름은 모두 "나, 나, 나, 나"이다.

그렇다, 당신은 특별하다. 다른 사람들과 마찬가지로 말이다. 그리고 우연히 다른 삶보다 조금 더 크게 "나"를 울리는 데 성공했다면, 그 보상은 개구리 떼가 찬사를 받는 만큼의 명성일 뿐이다.

디킨슨의 모든 시가 이런 통찰력과 예술적 수준에 도달한 것은 아니다. 1,800편은 꽤 많은 축에 속하지만 셰익스피어가 『윈저의 즐거운 아낙네들』에서 그랬듯이 그녀도 매번 대박을 터뜨리지는 못했다. 자신의 시가 출판될 줄 모르고 그녀는 소소한 로맨틱한 고뇌가 적힌 메모를 일기장에 남겼다("그를 위해 이 상처들을 간직할 거야" 같은). 그러나 이야기는 성적 판타지로 빠져들면서 비로소 생명력을 얻게 된다(거친 밤—거친 밤!/ 당신과 내가 함께 있었던). 어떤 글들은 시대를 반영한 게 아니라 친구를 즐겁게 하려고 지은 가벼운 시이다. 또 일부는 모든 예술가가 자신의 예술을 찾는 과정에 대한 실험적 작업일 뿐이다. 하지만 그녀가 한번 제대로 작품을 쓰면, 정말 강렬하게 쏟아져 나온다.

디킨슨은 특히 죽음에 대해 광범위한 글을 썼다. 죽음을 너무 많이 보았기 때문에 어느 순간 죽음을 받아들여야 한다는 것을 알게 되었다. 누구에게나 첫 번째 단계는 죽음이라는 냉혹한 현실, 즉 사랑하는 사람이나 그렇지 않은 사람 모두에게, 나 자신에게도 죽음이 다가오고 있다는 사실을 인정하는 것이다. 물론 우리는 논리적으로 죽음의 법칙에 예외가 없음을 잘 알고 있지만, 내심으로는 웃음을 지으며 우리는 괜찮다고 확신한다. 옛날 티베트에서는 수도원에 새로 입적한 승려들이 매일 밤 자신의 관을 만들어 그 안에서 잠을 자게 함으로써 그 내면의 웃음을 치료했다는 설이 있다.

잘 알려진 시의 서두에서 디킨슨은 죽음의 냉혹함에 맞서면서, 티베트인보다는 가벼운 말장난을 곁들여 표현한다.

내가 죽음을 멈추게 할 수 없기에
친절하게도 죽음이 나를 멈추게 하네.

죽음을 맞이할 시간이 없는가? 아주 중요한 일로 너무 바쁜가? 문제없다. 친절하고 정중한 마차 운전사처럼, 당신이 어디에 있든 죽음은 당신을 위해 특별히 정차할 것이다. 그는 당신의 스케줄에 없을지 모르지만 그의 스케줄에는 당신이 있다. 죽음은 승객을 남겨두지 않는다.

디킨슨의 또 다른 행보는 종교의 미소 띤 얼굴을 옆으로 제쳐놓는 것이었다. (걱정하지 마세요, 하늘나라에서 당신들은 할머니, 할아버지, 그리고 당신의 강아지와 재회할 수 있을 테니.) 그녀는 죽는다는 게 무슨 의미인지 직접적이고 솔직하게 경험하기 위해서 더 엄격하고 경험적인 접근 방식을 취해야 한다는 것을 알았다. 눈의 응시가 가시적인 죽음의 표면을 관통할 때까지 어떤 개념도 개입시키지 않은 채 부단히 죽음에 관해 명상했다. 이를 위해서는 육안이 아닌 통찰력과 직관력을 사용해야 했고 이 두 가지는 "내면의 시선"을 의미했다. 사실, 우리는 희망하거나 두려워하는 환상을 내면의 시선으로 착각하기 쉽지만, 디킨슨은 비범한 명확성과 정직함이라는 은총을 받았기 때문에 이를 분별할 수 있었다.

죽음에 관한 명상 중 가장 강력한 것은 1862년에 쓴 다음 시에 있다.

뇌 속에서 장례식을 느낀다네,

애도객들이 지나다니며
밟고 또 밟고— 계속 밟아,
그런 밟음으로 의식이
부서지는 것 같았지—

그리고 그들이 모두 자리에 앉았을 때,
예배가, 마치 북처럼—
울리고—울려— 계속
마음이 마비되고 있다는 생각이 들었지—

내면의 시선은 너무나 강렬해서 마치 시인이 현미경과 망원경이 나오기 수천 년 전에 현자들이 사용했던 잊힌 과학 도구, 즉 우리가 외부라고 생각하는 사물의 본질적인 진실과 연결할 수 있게 해주는 내시경을 재발견한 것같이 느껴진다. 그녀는 장례식을 단순히 보거나 듣는 것이 아니다. 본능적으로, 만져지듯이 느끼며, 첫 번째 줄에 "뇌 속에서"라고 쓴 것처럼, 경험의 확고한 실체를 보증하기 위해 육체적 기관을 명시했다. 첫 연에 나오는 상여꾼들의 끝없는 '밟고—밟기'와 두 번째 연에 나오는 장례식장의 북소리 같은 '울리고—울려'는 익숙하게 느껴질 수 있다. 장례식이 으레 그렇듯이 그것은 억압적이고 끝이 보이지 않을 정도로 지루하게 계속된다. (재미있게 놀 때 시간이 흐르는 것과 반대이다.) 익숙하게 느껴질 수도 있는 결과 중 하나는 마음이 무감각해지는 것이다. 우리는 더 이상 생각하지 못하고 그냥 흘려버린다. 그러나 우리가 체크아

웃하는 곳은 현자와 시인이 체크인하는 곳이다. 디킨슨에게 이 마비는 수술 전 마취와 같다. 그것은 그녀가 깊이 잠자도록 해준다. 일상적인 상상에 사로잡히지 않게 되자, 이제 그녀는 상상할 수 없는 영역으로 감각의 범위를 확장할 수 있게 된다. "감각이 깨어나는 중이다."

그리고 사람들이 관을 들어올리는 소리
납 장화 내딛는 소리와 함께
내 영혼을 가로지르는 삐걱거림
그리고 공간에서—퍼지는 종소리

세 번째 연에서, 예배는 끝이 난다. 시인은 애도객들이 "관을 들어올려" 옮기는 것을 시야가 아닌 소리로 듣는다. 이상스럽다. 관을 들어올리는 것은 조용한 행위이다. 그러나 이제 시인의 모든 감각은 청각에 집중되어 더욱 또렷하게 느껴진다. 동시에 그녀의 의식("영혼")은 오래된 경계로부터 녹아내리기 시작한다. 꿈에서와 마찬가지로 시점은 미끄러지며 퍼진다. 조문객의 발걸음은 다시 시작되고("납 장화처럼" 차갑고, 무겁고, 어두운 느낌), 교회 바닥은 삐걱거리지만, 이제 영혼은 나무 바닥과 나무관 안에서 흘러내리며 "자아"와 "타자"라는 개념은 마비되고 흐릿해져 애도자와 애도 받는 이 모두가 엉겨 녹는다.

모든 하늘이 하나의 종처럼 울리건만

존재는, 그저 귀뿐,

그리고 나, 그리고 침묵, 어떤 이상한 종족,

좌초되어, 고독한, 여기에—

객관적인 관점에서 볼 때, 다음에 일어나는 일은 교회 종소리가 울리는 것이다. 그러나 그 관점은 살아있는 자의 것이다. 시의 목격 의식은 계속 퍼지고 확장되면서, 그 경험은 (이전 연 마지막 부분에서) "우주가 종처럼 울리기 시작했다"고 느끼는 것이다. 이는 티베트인들이 바르도(bardo)*라고 부르는, 죽음과 다음에 올 것 사이의 전이적 차원으로의 여행의 시작을 의미한다. 사람들이 인식하는 육체는 죽었지만 감각이 이 세상에서 사라지는 데는 시간이 조금 더 걸린다. 오늘날 과학(그리고 임종자와 밀접하게 일하는 사람들)에 의해 확인된 바와 같이, 마지막으로 사라지는 감각은 청각이다. 따라서 종이나 견고하게 눈에 보이는 실체 개념은 사라졌다. 시각, 촉각, 후각, 미각의 세계는 사라졌다. 남은 것은 우주를 가득 채우는, 천국 자체의 소리뿐이다. 그리고 소리를 경험하는 경험자는 순수한 청각으로 정제된다("존재, 그저 귀뿐").

그러고 나서 소리와 청각마저 사라지고. 남은 것은 "나, 그리고

---

* 이 문장은 바르도를 죽음(dying)과 그 이후 상태(환생 또는 열반) 사이의 전환적 차원(transitional dimension)으로 설명하며, 죽음이 끝이 아니라 새로운 차원으로 가는 문임을 강조한다. 티베트 불교의 관점에서 바르도는 단순히 죽음 이후의 상태를 설명하는 것 이상으로, 삶과 죽음의 연속성을 상기시키고, 현재 순간의 중요성을 깨닫게 한다.

침묵, 어떤 이상한 종족,/ 좌초되어, 고독한, 여기에—", 원초적인 나라는—인식, 의식할 것이 아무것도 없는 의식, 절대 침묵이라는 절대 진공에서 절대적으로 고독한 의식뿐이다. "좌초"라는 단어는 우리가 여행하는 두 세계의 상반된 관점을 다시 한번 반영하는 말장난이다. 살아있는 세계에서는 부서진 시체의 잔해가 담긴 관이 옮겨지고 있다. 사람들은 '죽었다'고 하지만 '죽었다'는 것은 산 자만이 즐길 수 있는 개념이다. 한편 한때 살아있다고 여겨졌던 사람들은 이제 로빈슨 크루소가 낯설고 고요한 땅에 인간 종족으로는 유일한 이방인이 된 것처럼 미지의 해안에 난파되어 있다.

이것이 이승 여행의 한계처럼 보이지만, 디킨슨은 한 스탠자의 시를 더함으로써 내면의 통찰력의 가치를 표현한다.

그러다가 이성의 판자가, 부서지고,
아래로 떨어지고, 추락하면서—
매번 떨어질 때마다, 세계와 충돌하여,
인식은 끝이 나고—그런 다음—

완벽하고 고독한 침묵의 먼 해안조차도 어떤 면에서는 무언가이며, 우리는 적어도 추상적으로 그것을 상상할 수 있다. 그러나 그 상상력조차도 사라져야 하고("이성의 판자가 부서졌다"), 마지막 작은 깔개조차도 발밑에서 거둬져야 한다("그리고 나는 아래로, 아래로 떨어졌다"). 이제 저 멀리 산 자의 땅에서도 애도객들은 관을 땅 아래로 묻기 위해 묘지로 이동했다. 하지만 우리는 토끼굴로 떨어지는 엘리스처럼 초차원적인 엘리베이터 통로를 타고 내려가고 있으며, 지나가는 모든 층은 가능한 세계, 우주, 재탄생이다. 어디서 멈출까? 우리는 어느 층에 도착할까?

우리가 알 수 없는 것("그리고 알기를 끝내는—그런 다음엔"). 그것이 다음 삶이다. 그것은 모두 우리가 추락할 때 무엇을 붙잡느냐에 달려 있다. 우리가 움켜쥐지 않고 낙하의 자유를 즐길 수 있을 만큼 평정심을 얻은 진귀한 영혼이라면 어떤 층에도 얽매이지 않는다. 그러면 생사윤회가 끝나는 것이다. 그것이 궁극의 니르바나이며, 만약 이 말이 뭔가 상실로 다가온다면, 아직 그곳에 도달할 자격이 안 되는 것이다.

이것은 8세기부터 바즈라야나 불교도들*이 저승길을 안내하는 지침서로 사용했던 티베트어로 "사자의 서"라 불리는 『바르도 퇴돌(Bardo Thodol)』**에 묘사된 것과 흡사하다. 바르도 퇴돌은 훨씬

---

* 바즈라야나 불교(Vajrayana Buddhism)는 불교의 주요 전통 중 하나로, 산스크리트어로 "금강승金剛乘"이라는 뜻을 가지고 있다. 바즈라(Vajra)는 "금강"이나 "번개"를 의미하며, 이는 깨달음의 견고함과 날카로움을 상징한다. 이 전통은 빠르고 직접적인 깨달음의 길을 목표로 하며, 대체로 티베트, 부탄, 몽골, 그리고 히말라야 지역에서 많이 실천된다.

** 『바르도 퇴돌(Bardo Thodol, བར་དོ་ཐོས་གྲོལ)』은 티베트 불교에서 죽음과 환생에 대한 안내서로, 흔히 『티베트 사자의 서(The Tibetan Book of the Dead)』라고 알려져 있다. 산스크리트어로는 "안티라바바티-묵타카(अन्तराभव मुक्तिका)"라고도 한다. "바르도 퇴돌"은 티베트어로 "중간 상태(바르도)에서 듣고 해탈함"을 뜻한다. 이 책은 죽음 후 중간 상태(바르도)에서 경험하는 현상과 그 상황을 극복하여 해탈에 이를 수 있는 가르침을 제공한다.

더 길고 상세하며, 맑은 빛을 따라 침착하게 지나가야 하는 엘리베이터 통로에 숨어 있는 환각적인 화려함과 공포에 대한 정교한 묘사이다. (차량이 완전히 멈출 때까지 손과 팔을 차량에 넣어주세요.) 애머스트 저택에서 홀로 살았던 여인이 가르침도 없이, 내면의 시선만을 사용하여 어떻게 이런 식견에 도달했는지 놀라울 따름이다.

에밀리 디킨슨이 열일곱 살 무렵 테이블 옆에서 꽃 한 줌과 책을 팔꿈치에 올려놓고 포즈를 취한 인증 사진이 유일하게 한 장 있다. 그것을 찬찬히 응시하면, 우리의 내면에서, 사진의 표면을 꿰뚫고, 눈을 통해 되돌아보는 의식의 깊이를 알고 싶은 유혹이 일어난다. 우리는 그녀가 용감하고 고독한 우주비행사였다는 것만 알고 있을 뿐 그 이상은 알지 못한다.

하지만 흥미로운 장면도 있다. 디킨슨의 사랑하는 시누이이자 옆집 이웃이었던 수는 결국 세 자녀를 낳는다. 에밀리는 조카와 두 명의 조카딸에게 애정을 쏟았고, 그들의 정원과 과수원은 지역 어린이들의 사랑을 독차지했다. 적어도 잠시 그녀는 어른들의 세계에서 물러나 그들의 세계에서 즐겁게 산 듯하다. 그들은 그녀를 미스 에밀리라고 불렀고, 그녀가 만들어 보내온 슈가를 입힌 하트 모양의 케이크와 초콜릿 캐러멜, 그리고 수에게 보내는 편지와 시의 고마움을 잊지 않았다. 반세기 후에, 조카 중 한 명인 맥그리거 잰킨스는 이런 글을 쓴다.

고모는 아이들에게는 수줍음이 없었다. 그녀는 훌륭한 동지이자 확고한 동반자였다. 그녀의 준비된 미소, 춤추는 눈빛, 빠른 대답은 그녀 곁에 있는 우리를 즐거움으로 들뜨게 했다. … 고모가 무엇을 좋아하는지 알고 있었기에 우리는 새벽 들꽃, 붉은 낙엽, 반짝이는 돌, 새가 떨군 빛나는 깃털을 가져다주었고, 주는 것만큼 감사의 선물도 받았다.

젠킨스의 회상 중 특별한 것이 있다면, 다정한 가정주부인 에밀리와 시인으로의 디킨슨의 접점이다.

그녀는 아주 희미한 먼 곳에 있는 소리를 듣는 것처럼 황홀하게 서서 집중하는 습관이 있었다. 어린아이들이던 우리는 종종 해질녘 부엌 창가에 서서 나무 사이로 서쪽 하늘을 빼꼼히 바라보는 그녀를 보았다. 자랑스러운 작은 머리를 뒤로 젖힌 채, 눈은 하늘로 치켜뜨고, 특유의 자세로 한 손을 앞으로 내밀고 있었다.

에밀리 디킨슨이 어떤 사람인지 정말 알고 싶다면, 그녀에 관한 것은 잊고 그녀가 탐색한 대로 탐구해야 한다. 우리는 이렇게 시작할 수 있다. 한 손을 앞으로 내밀고 열중한 채 서서 희미하게 멀리서 들리는 소리를 들어보는 것이다.

20. 나는 거대하다

월트 휘트먼

에밀리 디킨슨과 월트 휘트먼은 거의 모든 면에서 대척이 되면서도 미국 시문학의 쌍벽을 이루는 두 기둥이다. 여자(디킨슨)는 청교도 가문 출신이고, 남자(휘트먼)는 자유로운 생각을 가진 퀘이커교도 출신이다. 여자는 애머스트 은둔의 신화였다. 하지만 남자는 19세기 중반 맨해튼의 번화한 거리를 배회하며 "현대인들과 마찬가지로 열정적이고 변덕스러운" 새로운 군중들과 더불어 스산하게 움직였다. 여자가 버려진 종잇장에 찬송가 모양의 작은 시를 만드는 미니어처 작가였다면 남자는 라임이나 운율에 구속되지 않고 정글처럼 한 페이지 한 페이지를 풍성한 줄기로 채우는 맥시멀니스트였다.

심지어 신체적으로도 여자는 "갈까마귀처럼 작았다"고 한다. 남자는 큰 뼈대에, 붉은 얼굴, 머리와 수염이 그의 글처럼 난장판이었다. 여자는 익명으로 글을 썼다. 남자는 자기 돈으로 출판을 하고, 뻔뻔스럽게 자기 홍보까지 했다; 익명으로 글을 썼다면 그 이유는 자신의 시를 극찬해서 원고료를 챙기기 위함이었다. 여자는 우리의 상징적인 영원한 처녀이다. 남자는 우리의 상징적인 에로틱한 게이 (또는 게이-플러스) 파파베어이다. 여자의 사진은 단 한 장뿐이다. 남자는 수백 장이다. 그는 카메라를 사랑했고 카메라도 그를 사랑했다. 여자는 "나는 아무도 아니다"라고 썼다. 남자는 "나는 거대하고, 많은 것을 품고 있다"라고 썼다. 하지만 두 사람은 정반대의 방식으로 같은 장소에 있게 된다. 그녀는 펜으로 내면을 응시하며 장미나 벌, 관을 깊숙이 파고들어 무한에 도달한다. 그는 사람들과 풍경, 미국과 우주의 웅장함을 아우르며 바깥으로 확장하여 무한에 도달한다. 휘트먼의 광활한 비전을 깔끔한 운율의 짧은 시로 압축할 수는 없다. 그는 더 크고, 더 느슨하고, 더 확장된 형식이라는 큰 용량이 필요했다. 하지만 그런 형태는 존재하지 않기에, 그는 그것을 직접 창조했다. 밤과 낮, 탄생과 죽음, 소용돌이치는 행성, 자신의 맥박과 호흡 등 자연의 리듬을 반영하였다. 폭풍의 주기는 운율이 없고, 사람들은 소네트 형식으로 사랑을 나누지 않는다. 그건 희망 사항일 뿐이다. 그러나 그 모든 것은 강렬한 운율을 내뿜으며, 자연의 에너지가 요구되는 한 계속되지 않느냔 말이다. 반세기 후, 프랑스 시인들은 이러한 접근 방식을 '발견'하고 자유시(vers libre)라고 불렀다.*

휘트먼의 비전을 구현한 43페이지 분량의 초대형 자유시, 그의 찬란함의 선언서는 바로 '나 자신의 노래'다. 이 시는 초대형 주인공을 필요로 했고, 그는 바로 손닿는 곳에서 그 주인공을 발견했다.

> 월트 휘트먼, 우주이며, 맨해튼의 아들
> 격렬하고, 관능적이며, 감각적이고, 먹고 마시고, 번식하는

하지만 이 버전의 월트는 태어난 것이 아니라 만들어진 것이다. 그는 원래 브루클린 출신의 월트 휘트먼 주니어로 태어나, 어머니와 함께 마틀 애비뉴에 있는 집에서 살았고, 정신적ㆍ신체적으로 장애가 있는 형제와 침대를 나눠 썼다. 그의 형제 중 두 명은 정신병원에서 세상을 떠났고, 또 다른 형제는 알코올 중독으로 죽었다. 그는 간헐적으로 일하던 기자이자, 당시 시대의 멋쟁이처럼 옷을 입은 이류 소설가였다. 그는 온순한 기자였지만, 자신만의 슈퍼맨을 창조한 뒤, 그 슈퍼맨이 되기 위해 세상으로 나아갔다.

휘트먼은 뉴욕으로 페리를 타고 건너가 초현대적 도시의 장관

---

* 휘트먼은 또한 킹 제임스 성경의 리듬과 오페라 아리아의 유연한 선에 영향을 받았다. 그러나 그의 진정한 선구자는 100년 전에 휘트먼보다 앞서 아주 기이한 작품을 썼던 크리스토퍼 스마트였다. 그는 당시 정신병원에 있었고, 그의 시는 1939년이 되어서야 발견되었다. "For I will consider my Cat Jeoffry"를 구글에 검색하고 깊은 숨을 쉬어보라.

속으로 자신을 던졌다. 새롭게 솟아오르는 고층 사무실 건물들, 각국의 배들로 붐비는 항구, 오페라(그는 오페라의 열렬한 팬이었다), 대규모 이민 물결, 태동하는 다운타운 보헤미안 살롱 문화, 빈민가 주택, 매춘부들, 보워리 보이스와 데드 래빗* 같은 싸움꾼 거리 갱단들, 그리고 부패하고 분열된 정치—당시 뉴욕 시장은 노예제를 지지하고 연방 탈퇴를 주장하던 음흉한 부동산 개발업자였다. 이는 이전에 없던 대조적인 도시 풍경이었다. 휘트먼은 그곳에서 인쇄소 견습생, 교사, 기자, 편집자로 일했지만, 어느 일도 오래 지속하지 못했다. 만성적인 게으름 때문에 자주 해고되곤 했다. 당시의 사진들을 보면 그는 거의 눈을 뜨고 있는 것조차 힘들어 보인다.

그러던 그가 깨어났다. 서른 초반 즈음이었다. 아마도 1853년이나 1854년 6월 말 어느 날 아침, 그는 극적인 사마디 경험을 했고, 이는 다른 누구도 결코 써본 적 없는 언어의 폭발로 표현되었다. 『풀잎』은 열두 편의 시로 구성되어 있으며, 그중 첫 번째이자 가장 긴 시는 '나 자신의 노래'이다. 슈퍼히어로 월트는 1855년에 출판된 첫 번째 판의 권두 삽화에 처음으로 등장한다. 이 고의적이고 도발적인 판화는 새로운 뉴욕과 새로운 월트를 상징한다. 불확실했

---

* Bowery Boys와 Dead Rabbits는 19세기 중반 뉴욕에서 대립했던 갱단이다. Bowery Boys는 미국 토착주의를 지지한 개신교계 백인 노동자들로, 아일랜드 이민자들을 적대했다. Dead Rabbits는 아일랜드 가톨릭 이민자 중심의 갱단으로, 민주당의 Tammany Hall과 연결되었다. 두 조직은 1857년 'Dead Rabbits Riot'에서 격렬하게 충돌했으며, 결국 군대가 개입해 진압했다. 이들의 대립은 미국 초기 이민자 갈등과 정치적 분쟁을 상징한다.

던 멋쟁이는 노동계급 거리의 사내, 힘찬 미국 노동자로 다시 태어났다. 그는 재킷도 넥타이도 없이 셔츠 깃을 풀어헤친 채, 모자와 엉덩이를 삐딱하게 틀고 있다. 그는 스스로를 "부랑아 중 하나(one of the roughs)"라고 부른다. 이런 모습은 시인이 취할 자세가 아니었다. 심지어 소박한 소로조차 사진을 찍을 때는 일요일 예복을 입었으니까.

이런 모습의 월트는 도전과 유혹의 상징이었다. 한 손은 주머니에, 다른 손은 엉덩이에 얹고, 고개를 살짝 기울인 채 독자를 바라보며 이렇게 말하는 듯한 표정을 짓고 있다. "그래서 … 나랑 싸우겠다는 거야, 아니면 나랑 자겠다는 거야?" 인쇄가 중반쯤 진행되던 시점에 휘트먼은 판화가에게 인쇄기를 멈추고 자신의 가랑이 부분을 더욱 돌출시켜 강조해 달라고 부탁했다. 그림은 의도한 효과를 가져왔다. 충격과 논란이 일었고, 가장 중요한 것은—사람들의 주목을 받게 되었다는 점이다.

휘트먼의 시대에 서점에 가서 『풀잎』을 집어 들고 '나 자신의 노래' 서두를 읽었다면 아마도 작가가 펜을 든 아주 오만한 얼간이였

다고 짐작할 수 있을 것이다.

나는 나 자신을 기리고, 나 자신을 노래하네,
내가 떠맡은 것을 너도 떠맡게 될 것이기에
내게 속한 모든 원자는 너에게도 똑같이 속해 있을지니.

첫 번째 줄은 앞부분만큼이나 대담한 도발이다. 두 번째 줄은 상황을 더욱 악화시킨다. 이 작자는 자신을 찬양할 뿐만 아니라 근거 없는 가정을 우리에게 강요하기로 결심한다. 그러나 세 번째 줄은 모든 것을 바꾼다. "나에게 속한 모든 원자는 당신에게도 속한 것이다." 오. 분명한 것은 여기서 칭송하고 있는 것은 개인, 자아처럼 뚜렷한 경계를 가진 독특하고 고립된 개체의 일반적인 의미의 자아가 아니라는 것이다. 그것은 유동적이고, 투과성이 있으며, 공동체적이다. 사람, 행성, 동물, 나무가 모두 하나의 거대한 우주 수프로 함께 끓고 있으며, 그 수프에서는 원자가 무분별하게 확장, 축소, 혼합, 공유되고 있다.

이제 우리는 "떠맡다"라는 단어가 역할이나 책임(또는 대출)을 맡을 때처럼 "떠맡다"라는 의미를 지닌다는 것을 알 수 있다. 우리는 우리에게 오는 원자들을 떠맡고, 이 경계 없는 변화무쌍한 존재 안에서 결국 그 모든 원자를 우리에게 다가오도록 허락한다. 그래서 월트가 자신을 찬미할 때, 그는 모두를 찬미하는 것이다. "나는 그이고, 너는 그이며, 너는 나다"라는 말처럼, 이것이 현실의 본질이라면 우리는 그것을 자연스럽게 볼 수 있어야 한다. 하지만 어떻게? 휘트먼은 다음 행에서 놀라울 정도로 단순하게 대답한다.

나는 나른하게 쉬며 내 영혼을 초대한다네

여기서 "나른하게 쉬며 내 영혼을 초대한다네"는 디킨슨과 마찬가지로 하나의 문장으로 명상 안내서를 제시하고 있다. 하지만 휘트먼은 그만의 도발적인 방식으로 이를 설명한다. '나른하게 쉬며'(게으름을 피우는 것)는 흔히 치명적인 죄 중 하나로 간주되지만, 여기서는 자신에 대한 자랑이자 축하의 표현이다. 또한 교묘한 수단이기도 하다. 모든 것을 시도한 후에, 게으름이야말로 우리의 영혼, 즉 본질을 초대하는 가장 효율적인 방법임을 알게 된 것이다. 모든 것을 내려놓고 존재에 침잠하라, 그것이 바로 영혼이다.

물론 그 영혼은 이미 여기에 있다. 우리가 실제로 초대하는 것은 그것을 알아차리는 일뿐이다. 그 과정의 일부로서, 우리는 고요함에 안주하면서 집중할 수 있는 대상, 즉 만트라, 화두, 좋아하는 신의 이미지 등을 사용할 수 있다. 키츠는 빛나는 별과 그리스 도자기를 사용했다. 휘트먼은 우리가 무심코 지나치거나 심지어 발로 밟고 지나가는 것들마저 사용했다.

여름 풀 한 포기를 쳐다보다가 온몸이 나른해져 몸을 비스듬히
누이고 한가로움을 즐긴다.

시는 다음과 같이 이어진다.

나의 혀, 내 피의 모든 원자는 이 땅, 이 공기에서 형성되었고,
여기서 태어난 부모로부터, 그 부모의 부모로부터,
또 그들의 부모로부터 태어났네.
나는 이제 서른일곱, 완벽한 건강 속에서 시작하노라,
죽음이 올 때까지 멈추지 않기를 바라며.

교리와 학파는 뒤로하고,
잠시 물러서되, 그 자체로 충만하여 잊히는 법 없으리.

여기서 시인은 자신의 사명을 선언한다—우주적 현실을 충만함 속에서 표현한다. 죽을 수밖에 없는 인간의 혀가 그걸 할 수 있을까? 할 수 있다. 왜냐하면 다른 것과 마찬가지로, 언어 자체도 그 현실의 일부이다. 현실이란 우주라는 수프 속에 던져진 또 한 개의 당근과 다를 바 없는 원자로 이루어져 있다. 그 원자들은 피, 흙, 공기, 수많은 부모 세대로 존재해 왔고, 시간이 지나면 또 다른 것이 될 것이다. 그리고 맞다, "교리와 학파는 보류한다"라고 했기 때문이다. 그는 모든 종교와 철학을 잠시 뒤로 미루고, 새로운 것을 보기 위해 어린아이처럼 새롭게 바라본다.

"진리를 찾지 마라." 선종의 세 번째 조사인 승찬은 말했다.

"견해에 집착하는 것을 멈추어라."

이런 백지상태의 태도는 시인이 맡은 중대한 과업의 초석을 다지는 일이다.

선이든 악이든 다 품고, 어떤 위험에도 굴하지 않은 채
자연에 대해 있는 그대로, 그 원초적인 에너지와 함께 말하려
한다.

휘트먼은 넓고 포용적인 항구(마치 뉴욕 항구처럼)가 되어, 어떤 배든 판단 없이 받아들이겠다고 제안한다. 그리고 자연이 그의 뮤즈가 되어 그를 통해 말하고, 모든 장애물을 제거한 우주의 생명력 넘치는 에너지가 그를 통해 흘러나와 언어로 표출되도록 한다. 그게 전부다.

휘트먼은 남은 생애 동안 계속해서 『풀잎』을 수정하고 확장했다. 개정판에 가서야 '나 자신의 노래'라는 시호를 붙이고 52개의 장으로 나누었다. 5장에서는 자신의 삶을 변화시키고 궁극적으로 문학을 변화시킨 깨달음에 관해 설명한다.

나는 기억한다, 어느 투명한 여름날 아침 누웠던 때를,
그대는 내 엉덩이에 머리를 누이고 있다가
부드럽게 내 쪽으로 몸을 돌렸었지.

우와! 분명, 우리는 펠라치오*의 시적 표현을 목격하고 있는 듯

* Fellatio는 구강성교의 한 형태로, 한 사람이 다른 사람의 성기를 입이나 혀

하다. 그러나 다음 몇 줄에서 우리는 알게 된다. 이 이름 없는 "그대"는 인간 연인이 아니거나, 단순히 인간 연인만은 아니라는 것을. 그것은 주의 천사, 시인 위에 내려앉은 평화를 가져다주는 성령이다. 이는 마치 성령이 "비둘기 같은 모습으로" 예수 위에 내려앉았던 것처럼, 인간 연인의 형태로 시인에게 임한 것이다.

그리고 내 가슴뼈 위의 셔츠를 젖히고, 혀를 내 벌거벗은
심장 속으로 깊이 밀어 넣었지,
내 턱수염에 닿을 때까지, 내 발을 감쌀 때까지 손을 뻗으며.
곧이어 내 주위로 퍼진 것은, 세상의 모든 논쟁을 넘어서는
평화와 지식이었다.

좋아, 이건 펠라치오가 아니다(어찌 단순한 펠라치오뿐이겠는가). 여기서 폭발하는 것은 휘트먼의 정신이다. 이 장면에는 두 가지 기묘하고 아름다운 제스처가 있다. 첫 번째는 천사—영혼이 시인의 하트 차크라*에 프렌치 키스를 하는 것이다. 이는 휘트먼에게 있어

로 자극하는 행위를 말한다. 이 단어는 라틴어 "fellare"(빨다)에서 유래했다. Fellatio는 다양한 문화와 시대에 따라 다르게 받아들여져 왔으며, 성적 행위의 일환으로 또는 친밀감의 표현으로 간주된다.

* 하트 차크라(Heart Chakra, 아나하타)는 가슴 중앙에 위치한 에너지 센터로, 사랑, 연민, 조화, 연결을 상징한다. 이는 인간관계와 자기 사랑을 조율하며, 균형이 맞을 때 깊은 평온과 조화로운 감정을 느낄 수 있다. 녹색으로 상징되며, 열린 상태에서는 조건 없는 사랑과 용서를 실천할 수 있게 돕는다. 하

깨달음으로 가는 길이 곧 사랑, 즉 마음을 열어 주는 행위임을 상징한다. 두 번째는 천사가 손을 뻗어 월트의 발과 턱수염을 잡는 장면이다. 이 행위는 다정한 친밀함이자 동시에 레슬링의 제압 기술처럼 보인다. 월트는 주님과 레슬링을 벌이지만, 야곱과는 달리 패배 속에서 승리를 발견한다. 그는 투항함으로써 영혼의 축복을 얻는다. 사랑은 명상 같은 어떤 활동처럼 우리가 발버둥을 멈출 때 작동한다. 사물이 "이래야 한다"는 우리의 고집을 내려놓을 때, 우리는 그것이 있는 그대로 가진 불가능한 아름다움에 마음을 열게 된다.

그러한 항복과 함께 평화가 찾아오는데, 이는 바오로 사도가 말한 "모든 이해를 초월하는 하느님의 평화"와 같다. 그 평화는 어떤 이유 없이 갑자기 찾아온다. 그것은 모든 복잡한 현상을 꿰뚫고 있는 단순하고 비현상적인 존재의 침묵이며, 때때로 우리는 그 안으로 그대로 굴러 떨어진다. 그 평화는 "순식간에 솟아오른다." 시인과 십자 모양으로 누워 있는 영혼의 연인은 '패덤(fathom)'을 연상시키는데, 패덤은 원래 한 남자의 팔을 벌린 길이로 측정되던 6피트 깊이의 항해 단위이다(휘트먼도 이를 알고 있었을 것이다). 이 숭고한 평화는 우리를 깊이 헤아린다. 그것은 머리끝부터 발끝까지 우리를 울려 퍼지게 하고, 내면의 깊이를 측량한 후, 외부로 넘쳐흐른다("그리고 내 주위로 퍼졌다"). 그것은 이 땅 위에 펼쳐진 하늘나라의 평화이다.

여기서 일어나고 퍼지는 것은 단순히 "평화"만이 아니라 "지식"

지만 막히거나 불균형하면 외로움, 질투, 정서적 단절을 경험할 수 있다.

이다. 그것은 완전히 비어 있는 앎으로, 마침내 즉각적으로 우리의 성가신 모든 질문을 잠재운다. 그것은 "세상의 모든 논쟁"을 초월한다. 우리의 부딪히는 생각과 이론들은 술 취한 스머프들이 떠드는 소리이다. 이 지식은 어떤 데이터도 필요로 하지 않으며, 어떤 책에서 나온 것도 아니다. 그것은 "가장 확실한 확실성만큼이나" 자명한 진리이다. 그리고 이 진리가 가지는 파급 효과 또한 자명하다. 이어지는 몇 줄에서 "그리고"와 "나는 안다"라는 단어가 끊임없이 반복되는 강렬한 리듬을 통해 이를 강조한다(여기서 앎은 단순히 생각하거나 느끼는 것이 아니다). 그것은 해변으로 밀려오는 거대한 파도의 연속처럼 의심을 모두 씻어낸다.

그리고 나는 안다, 하느님의 손이 곧 나 자신의 약속임을,
그리고 나는 안다, 하느님의 영이 곧 나 자신의 형제임을,
그리고 이 세상에 태어난 모든 남자는 나의 형제이며,
모든 여자는 나의 자매이자 연인임을,
그리고 창조의 가장 깊은 기반이 사랑임을.

"신의 손은 약속이다"라는 언급은 창세기에 "하느님이 자기 형상대로 사람을 창조하시니라"를 떠올리게 한다. 이 구절은 깊은 신화적 힘을 가지고 있지만, 개인이 아닌 인간에게 일어난 오래전 사건을 묘사하는 다소 멀고 추상적인 구절이다. 휘트먼의 버전은 현재 시제 '임을(이다)'을 사용하여 친밀하고 즉각적인 느낌을 주며, 물감이 아직 젖어 있는 듯 신선하다. 창조는 현재 진행형이며, 우주

의 창조적 에너지가 영원히 스스로를 복제하고, 하느님의 손이 내 손을 만들고, 내 손이 시를 만드는 등, 창조는 현재 진행형이다.

"그리고 나는 하느님의 영이 내 형제라는 것을 안다." 신의 본질인 영은 형제간처럼 내 본질과 밀접하게 닮아 있다. 종교란 형체 없는 영혼에 형체를 부여함으로써는 접근 가능케 한다: 우주의 왕이신 하느님, 아버지이신 하느님, 어머니이신 하느님. 휘트먼은 우리에게 형제라는 경이로울 정도로 평등한 관계를 제공한다. 형제! 그리고 우리는 모두 그런 영혼이기에, 그런 관계가 시공간을 뚫고 "지금까지 태어난 모든 남성과 여성"으로 확장되어야만 하는 것이다. 당신은 나와 같은 신 편에 있는 자매이다.

"그리고 창조물의 골자(kelson)는 사랑이다." 켈슨(골자) 혹은 킬슨이라는 것은 배의 용골 위나 옆에 구조적으로 덧대 있는 널빤지를 일컫는다. 사랑은 운이 좋을 때, 연약한 인간관계에서 잠시 일어나는 스치는 감정이 아니다. 그것은 튼튼한 목재, 창조 그 자체의 기초적 요소, 우주의 척추이다. 성 바오로 사도는 하느님은 사랑이라고 말한다. 좋은 감정을 많이 느끼는 위대한 사람으로서의 사랑이 아니라, 은하계를 만들고, 은하계를 돌리고, 은하계와 분리될 수 없는, 친밀함을 넘어선 친밀함, 그런 사랑을 말한다. 아무도 그런 사랑을 당신에게 설득할 수는 없지만, 그것을 보면, 알 수 있다.

이렇게 고상한 진리를 선언하고 나면 다른 할 말이 남을까? 더 높은 것을 바라볼 수 없으니, 그 웅장한 영적 클라이맥스에 대한 일종의 조용한 종지부로 휘트먼은 자연계의 사소한 것들, 땅에서 가장 미미한 것들을 내려다본다.

들판에 서 있는 늘어진 무한한 풀잎들,
그 아래 작은 구멍 속의 갈색 개미들,
이끼가 낀 벌레 울타리, 쌓인 돌들, 그리고 접골목, 댑싸리,
갈고리풀.

이것은 성경이나 베다, 꾸란, 불교경전에서는 찾아볼 수 없는 직접적이고 극단적인 발견이다. 선(zen)에 관한 글에서 찾을 수도 있고, 휘트먼처럼 자신의 의식(아마도 어린 시절 지루한 오후에 개미와 돌멩이를 하염없이 들춰내던) 속 모험에서도 발견했을 수도 있다. 위대한 진리를 보았다고 생각할 때마다 그것을 테스트하는 방법은 다음과 같다. 아주 작은 부분에서라도 진리를 볼 수 있어야 한다는 것이다. 신은 말 그대로 디테일에 있다. 갈색 개미나 벌레 울타리의 이끼 낀 딱지를 내려다보라. "그렇다, 거기에도 있다." 그것을 알게 되면 진리에 대한 테스트는 통과된 것이다. 처진 갈색 나뭇잎이나 뻣뻣하고 건강한 녹색 나뭇잎, 그리고 건강하거나 처진 자신의 몸에서 진리를 발견했다면 말이다.

모든 사람에게 이런 종류의 깨달음이 찾아갔겠지만, 휘트먼만이 정확하고 예리한 시각으로 그것을 설명해 준다. 이야기꾼이 자신의 소명에 맞는 그런 이야기를 드디어 찾은 것이다.

"나는 몸의 시인이며 영혼의 시인이다"라고 휘트먼은 쓴다.

모든 것은 신, 사랑, 영혼 등 무한함의 표현이기 때문에, 육체를

포함하여, 모든 냄새와 우리가 숨기는 세세한 부분마저도 모두가 신성하다.

> 나에게 붙어 있는 모든 몸뚱이와 기관, 그리고 강건하고 순수한
> 모든 이의 몸뚱이와 기관들은 환영받는다네.
> 나의 몸에서 한 치도, 그 어떤 작은 조각도 천하지 않으며, 어느
> 하나도 다른 것보다 소원하지 않다네. …
> 나는 안팎으로 신성하며, 내가 닿거나 나에게 닿는 모든 것을
> 거룩하게 만들지.
> 겨드랑이 냄새도 기도보다 고귀한 향기를 품고 있으며,
> 머리는 교회, 성경, 그리고 모든 신조보다도 더 위대하다네.

따라서 휘트먼은 우리에게 경건한 신체 부위를 여행시킨다. 혈액에서 정액, 유방, 뇌, 음경과 고환으로 이어지는 과정은 때때로 놀라울 정도로 생생하게 묘사된다.

> 내가 다른 어떤 것보다 하나를 더 숭배하고자 한다면, 그것은
> 내 몸과 거기에 포함된 일부가 될 것이다. …
> 오, 내 풍성한 피여! 내 삶의 흐름을 이루는 희고 연약한 줄
> 기여!
> 다른 가슴에 기대어 있는 나의 가슴이여, 그것은 바로 당신
> 이다!
> 나의 뇌여, 그것은 당신의 신비한 뇌돌기가 될지니!

씻긴 칼머리 창포의 뿌리여! 겁먹은 물쏙독새여! 둥지 속의 쌍둥이 알들이여! 그것은 바로 당신일 것이다!

여정이 계속되면서 우리가 시인의 몸을 보고 있는지, 독자의 몸을 보고 있는지("그것은 바로 당신일 것이다") 아니면 세상의 몸을 보고 있는지 구분할 수 없게 된다. 들판의 건초인지 그의 머리카락인지, 흐르는 단풍 수액인지, 흐르는 인간의 수액인지, 시냇물과 땀, 생식기와 바람이 모두 하나로 뒤섞인다.

엉킨 건초 더미 같은 머리칼, 수염, 근육, 그것은 당신이다!
흐르는 단풍나무 수액, 남성다운 밀의 섬유질, 그것은 당신!
너그러이 빛나는 태양, 그것은 당신일지니라!
나의 얼굴에 빛과 그림자를 드리우는 안개, 그것은 당신이다!
땀에 젖은 시내와 이슬, 그것은 당신!
나를 부드럽게 간질이는 바람의 성기, 그것은 당신일지니라!

나는 나 자신에게 반했다네. 이토록 많은 나를 지니고,
그토록 탐스럽다니.

우리가 이런 신체의 신성함에 대한 감각을 잃어버리면, 시의 일부는 소프트코어 포르노*의 경계에 다다르게 된다. 특히 제11절에

* 소프트코어 포르노(soft-core porn)는 성적 묘사가 포함된 콘텐츠 중에서

서는 "스물여덟 명의 젊은 남자들"이 냇물에서 목욕하는 장면이 나온다. 그들은 휴식을 취하고 있는 건장한 노동자들로 보이며, 부유한 스물여덟 살의 노처녀는 그들을 창문 너머로 엿본다. 여자들의 화려한 옷과 집은 그들의 벌거벗은 몸과 전원적인 대조를 이룬다. 숫자 '스물여덟'은 여자들과 남자들 사이에 보이지 않는 연결이 있음을 암시하는데, 여성의 월경 주기의 네 주와도 연관된다. 짝을 찾고 번식하려는 우리의 원초적인 내적 흐름은 계급과 예절이라는 인위적인 장벽을 넘나든다. (이것은 레이디 채털리가 정원사와 그 일을 하기 70년 전의 이야기이다.) 그녀가 상상 속 억압을 벗어나 자신의 환상 속 하렘에 합류할 때, 순수한 기쁨이 인다.

해변을 따라 춤추고 웃으며 다가온 스물아홉 번째 목욕객,
다른 이들은 그녀를 보지 못했지만, 그녀는 그들을 보고
사랑했네.

젊은 남자들의 수염은 물에 젖어 반짝였고, 물이 그들의 긴 머리에서 흘러내렸지.

도 비교적 노골적이지 않고 암시적이거나 부드러운 방식으로 표현된 것을 말한다. 예를 들어 누드 장면이나 애정 행위가 등장하더라도 직접적인 성행위를 상세히 묘사하거나 보여주는 하드코어 포르노(hard-core porn)와는 달리, 소프트코어 포르노는 더 은유적이고, 감각적이며, 주로 미적이고 낭만적인 분위기를 강조한다.

작은 물줄기들이 그들의 몸을 타고 흘렀고,
보이지 않는 손이 그들의 몸을 타고 흘렀네.
그 손은 그들의 관자놀이와 갈비뼈를 떨며 내려갔지.

휘트먼은 평소의 담백한 언어와 단순한 세부 묘사로, 남성의 탄탄한 몸매를 햇빛에 반짝여 깊게 파인 근육 사이로 흐르는 물줄기처럼 보이게 한다. 휘트먼의 상상력에 우리의 상상력이 더해지고 그것은 다시 독신 여인의 상상력과 연결된다. 우리는 그녀의 입장이 되어 처녀처럼 소심하게 떨면서, 관자놀이와 갈비뼈를 따라 남성의 몸 아래로 계속 손을 미끄러뜨려 내려간다. 그런 다음, 모든 자극적인 소설에서처럼, 조신한 여성의 수줍음이 격렬한 오르가슴의 해방으로 이어진다. 상상력의 한 가지 장점은 스물여덟 명의 연인을 한번에 모두 만족시킬 수 있다는 것이다.

젊은 남자들은 등을 대고 떠다니며, 그들의 하얀 배를
태양을 향해 부풀어 올리네,
그들은 누가 자기들을 꽉 붙잡는지 묻지 않네.
누가 공기를 가득 불어넣었다가 늘어뜨린 채 구부린 아치를
만드는지 알지 못하네,
누가 자신들에게 물보라를 뿌리는지 생각지 않네.

휘트먼의 성적 정체성은 빅토리아 시대의 회피에 가려진 영원한 질문이다. 여성과 연루된 연애에 대한 증거는 미미하나, 남성과

관계한 증거는 많다. 이들 대부분은 일반적으로 배우지 못한 거친 일용직 노동자들: 버스 차장, 택시 운전사, 항만 노동자 등이다. 열정에 티오르는 오스카 와일드가 한번 영국에서 그를 방문한 적이 있었는데, 몇 년 후에 "월트 휘트먼의 키스는 여전히 내 입술에 남아 있다"고 말했다고 한다. 휘트먼 자신은 이런 면에 대해서는 완고하게 말을 아꼈다. 나중에, 그의 작품에서 명백한 동성애적 요소에 직면했을 때, 그는 이런 아이디어를 "끔찍하고 … 지옥 같은 … 병적인 것"이라고 비난했다. 그는 또한 신빙성 없게 여섯 명의 사생아를 두었다고 주장하기도 했다.

하지만 이건 우리 세계에서 살았던 휘트먼의 이야기이다. 이보다 중요하고, 훨씬 흥미로운 것은 시의 의식 속에 존재하는 궁극적인 휘트먼이다: "갈망하고, 거칠고, 신비롭고, 벗은." 이 점에서 그는 자신을 창조한 인물보다 더 크다. 그는 모든 성을 망라하며—모든 사람, 모든 것, 우주, 신과 황홀하게 합일하고 싶어 한다. 당신은 그렇지 않은가?

『풀잎』의 과감한 성적 노출 때문에 보스턴에서는 판매가 금지되었는데, 휘트먼은 이것이 판매를 증진시킬 거라고 정확히 추측했다. 책을 보는 이들은 그것을 "잔인하다", "무모하다", "무법적이다", "외설적이다", "저속하다", "짐승 같다", "비열하다", "오물의 집합체", "가장 사악한 상상력", "천부적인 미숙함", "심한 외설", "멍청한 오물"이라고 표현했다. 하지만 이 책에는 19세기 중반이라면 꽤 당혹스러울 다른 주제들도 있다. 오늘날에는 휘트먼이 개척한 확장된 관점 덕분에 이런 것을 쉽게 들을 수 있다.

예를 들어 오늘날 "지금의 힘(power of now)"은 사람들에게 충분한 통용력을 얻게 되었는데—

지금보다 더한 시작은 그 어느 곳에도 없고
지금보다 더한 젊음 혹은 나이 듦도 없다
그리고 지금보다 더 완벽해진 적도 결코 없으며
지금보다 더 천국이나 지옥인 적도 없다.

오늘날 많은 이들은 사물의 있는 그대로의 깊은 올바름을 감지하고 있다.

나방과 물고기의 알은 제자리에 놓이고,
내게 보이는 밝은 태양과 보이지 않는 어두운 태양도 자기 거처에 있으며,
감지할 수 있는 것도 제 있을 곳에, 감지할 수 없는 것도 자기 있을 곳에 있다.

많은 이들은 작은 몸이나 짧은 삶을 초월하여 자신이 훨씬 큰 존재라고 생각한다.

모든 것은 앞으로 나아가고, 어떤 것도 무너지지 않으며,

죽음도 생각과는 달리, 운이 좋은 것이라네.

태어난 것이 행운이었다고 생각하는 자가 있는가?
그런 이들에게 서둘러 말하노라, 죽는 것도 운 좋은 것이라고.

나는 죽어가는 이들과 죽고, 새로 씻은 아기와 함께 태어나,
모자와 신발 사이에 갇히지 않지.

명상이나 내면의 깊은 경험을 가진 사람들이라면, 이러한 경험을 잘 표현한 묘사에 공감하여 그 아름다움의 미묘한 정확성을 친구에게 설명하려 고군분투할 것이다.

끌고 밀어붙이는 것들에서 벗어나,
내가 있는 그 자리에 서 있다.
즐거워하며, 만족스러워하며, 연민을 느끼며,
한가롭게 서 있다.
아래를 내려다보고, 꼿꼿하게,
눈에 보이지 않는 확실한 휴식에 팔을 걸치고,
옆으로 기운 머리로 다음에 올 것을 궁금해하며 바라본다.
게임 안팎에서 그것을 지켜보며, 놀라워하며 바라본다.

부드럽고 아름다운 선적禪的 평온함이 공중에 가득 차 들리는 듯하다.

나는 내 자신에게 모순될까?
자신에게 모순된다면 매우 좋은 것이지

거기엔 미친 무정부주의적 자유에 대한 열망, 비트와 히피, 이피와 펑크, 로큰롤을 들을 수 있을 만큼 충분한 갈망이 있었다.

문에서 자물쇠를 풀어라!
문 자체를 문틀에서 떼어내라!

우리는 또한 더 넓고 포용적인 민주주의를 갈망한다. 휘트먼은 그 민주주의의 예언자이다. ("태양이 너를 배척할 때까지," 그는 어떤 시에서 창녀에게 말한다, "나는 너를 배척하지 않겠다.") 우리는 이것을 특히 '나 자신의 노래' 15절에서 볼 수 있다. 여기서 그는 우리를 또 다른 여행으로 이끌며, 이번에는 다양한 장소에서 여러 활동에 참여하는 사람들을 소개한다. 낭만주의 작가들이 여전히 미친 천재나 원탁의 기사들, 즉 비범한 존재들에 대한 숭배에 집착하고 있던 시기에, 휘트먼은 일상을 신성하다고 찬양한다.

오리 사냥꾼은 고요하고 조심스러운 걸음으로 걸어가고,
부제들은 제단에서 성호를 긋고 서품을 받네,
…
미치광이는 마침내 정신병원으로 옮겨져 확진 판정을 받고,
(그는 어머니 침실에 붙어 있는 요람에서처럼 다시는 잠들지 못하리;)
…

쿼드룬 소녀는 경매장에서 팔리고, 술꾼은 술집 난로 옆에서 꾸벅이고,
기계공은 소매를 걷어붙이고, 경찰관은 순찰을 돌며, 문지기는 지나가는 사람을 기록한다네.

이렇게 줄줄이 이어지며 1850년대 미국 사회의 전경과, 놀라울 정도로 명확한 원격 관찰이 이루어진다: "인디언 여자", "감정가", "운하 소년", "신부", "아편 중독자."

우연이라 보기 무색하게, "대통령"이라는 단어는 리듬을 맞추어 "매춘부"라는 단어 뒤를 바싹 따르며 대구로 반향을 이룬다. 휘트먼의 민주주의 비전은 정치적이면서도 성적이지만, 가장 중요한 것은 영혼의 민주주의라는 것이다. 우주의 모든 시민은 모두 같은 본질이기에 평등하다. 휘트먼은 "나와 마찬가지로 모두 불멸하고 측량할 수 없다"고 말한다. 이 전체 부분을 하나로 묶는 일관된 리듬과 반복되는 단어가 암시하는 바는, "실 잣는 소녀", "농부", "울버린"[*]이다. 이 나라의 모든 사람, 우주의 모든 존재는 만다라의 가장자리에 있는 점들이다. 만다라의 중심에는 우리가 "나"라고 부르는 각각의 자아가 있고, 방사형으로 뻗어나가는 등가성의 바퀴살

---

* 이 구절에서 "The Wolverine"은 울버린이라는 인물이나 존재를 지칭하는 것으로, 이 문맥에서는 미시간주에 사는 사람들을 의미할 수 있다. "Wolverine"은 미시간주의 별명이기도 하고, 미시간 대학교의 스포츠팀 이름이기도 하다. 시인의 의도는 다양한 직업과 배경을 가진 사람들이 이 우주의 일부로 동등하게 연결되어 있다는 점을 강조하는 것이다.

이 "나"를 다른 존재들과 연결한다.

이들은 내게로 향하고, 나는 그들에게로 향하네,
이들이 다름 아닌 내가 되는 것이기에
이들 중 하나이자 모두가 내 노래를 엮어낸다네.

처음부터 『풀잎』을 높이 평가한 사람들이 있었다. 휘트먼은 초판본을 에머슨에게 보냈고, 에머슨은 극찬의 편지로 답장을 보냈다. 휘트먼은 허락도 구하지 않고 곧바로 홍보용 책자를 만들었지만 에머슨은 달가워하지 않았다. 1856년 소로는 뉴저지에서 한 달 동안 측량 일을 했다. 어느 날 소로는 브론슨 앨콧과 다른 친구와 함께 브루클린으로 건너가 휘트먼을 방문해 담소를 나눴다. 벽에는 그리스 신들의 그림이 붙어 있고 침대 위는 치워지지 않은 책이 어지럽게 널려 있었다고 한다. 소로는 휘트먼에게 동양의 신비한 책을 읽었느냐고 물었고, 그는 "아니요, 제게 얘기해 주세요"라고 답했다. 두 사람의 만남은 때로는 어색했지만 휘트먼은 소로에게 초판보다 훨씬 강렬한 새로운 『풀잎』 2판 사본을 주었다. 풋내기였던 소로는 충격과 감탄 속에서 갈등했고 콩코드로 돌아와 이 유명한 책을 눈에 띄게 들고 다니며 반항의 깃발로 삼았다.

휘트먼은 남북전쟁 시기인 40대 초반을 워싱턴에서 보내며 불구가 되어 죽어가는 병사들이 넘쳐나는 관공서 임시 병원에서 자원봉사를 했다. 절단된 팔다리 더미와 곪은 상처의 악취 속에서 그는 젊은이들을 위로하고 소소한 간식을 가져다주며 가족이나 연인에게 편지를 쓸 수 있도록 도와주었다. 이 작업으로 휘트먼은 급속도로 노쇠해졌지만, "착한 회색 시인"이라는 별명을 얻어 존경받는 인물이 되었다. 기념 시 "에이브러햄 링컨의 죽음", "오 캡틴! 나의 캡틴!"은 그리 흥미로운 시는 아니지만 그가 완벽하게 운율에 맞춰 시를 쓸 수 있음은 증명한 셈이다. "오 캡틴!"은 최고 히트곡이 되었으며, 말년에는 지치도록 대중 앞에서 이 시를 낭독해야 했다.

휘트먼은 1873년 뇌졸중을 일으켜 뉴저지 캠든의 동생 집에서 9년 동안 침상에서 보낸 뒤 사망했다. 그곳에서 12편의 시를 400여 편으로 늘린 『풀잎』 최종판을 준비했다. 그는 추종자들의 방문을 받았고, 자신의 묘를 설계하고, 세상으로부터 떠나는 것을 고민했다.

하지만 가장 깊은 작별 인사를 하기 훨씬 전에, '나 자신의 노래'의 말미를 통해 어떻게 죽음을 맞이할 것이지 심혈을 기울여 글을 썼다. 개별성을 우주로 확장하고 장엄하게 찬탄한 그는 어떻게 이 무대를 퇴장했을까? 하늘에서 온 메신저가 그를 무대 뒤로 안내한다. 잠시 물질화되어 모든 이가 겪고 있는 원초적이고 거친 존재의 소용돌이에 휩쓸렸던 그를 되돌아가게 한 것이다.

점박이 매가 덮쳐들며 나를 비난하기를, 내 주절거림과 게으름이 못마땅하다네.

내가 조금도 길들여지지 않고, 또한 세상사를 알지 못하며,

그저 세계의 지붕 위에서 야만적인 나의 외침만 내뱉었다고.

그리하여 날이 저물고 시가 침묵 속으로 녹아들 때, 시인 자신도 녹아내리며 원소로 분해된다. 당신을 사랑하는 사람이 죽었을 때, 만약 충분히 침묵할 수 있고 충분히 맑아질 수 있다면, 그들이 아무데도 가지 않았다는 것을 알아차릴 수 있을 것이다. 그들은 그저 장소만 차지하지 않은 것이다; 그들은 우리가 오래전부터 함께 해왔던 존재로 되돌아간 것뿐이다. 몸과 인격을 벗어버린 그들의 진정한 본질은 도처에 있다. 그것을 찾느냐 못 찾느냐는 당신에게 달려 있다. 연인 휘트먼이 언제든 찾을 수 있는 존재로 우리 곁에 남아 있는 것처럼 말이다.

나는 공기가 되어 날아올라, 폭주하는 태양에 하얀
머리채를 흔들며
소용돌이치는 물결에 살을 내뿜고, 실오라기가 되어 흩날린다.

내가 사랑하는 풀에서 자라기 위해 흙에 몸을 바치나니,
만일 당신이 나를 찾기를 바란다면 신발 밑창 아래를 보라.

내가 누구인지, 무슨 의미인지 모르겠지만,
그럼에도 나는 당신에게 건강이 되어 주고,
피를 걸러 주고 맑게 해줄 것이다.

나를 소환하는 데 실패하면 계속 용기를 가지고
이곳저곳을 뒤지며 그리워하라,
나는 어딘가 멈춰 서서 당신을 기다릴지니.

21. 오, 친구여

제롬 데이비드 샐린저

북아프리카에서 베네치아로 커피콩이 수입되던 1600년경까지 유럽인들은 커피가 무엇인지 알지 못했다. 중세에서 르네상스를 거쳐 오는 시기는, 귀족이든 농민이든 모두 무기력하게 비틀거리며, 모퉁이를 살피고 덤불 뒤를 엿보며 "뭔가 다른 것이 있을 텐데 … 뭔지는 모르겠어"라고 중얼거리던 시기였다.

그것이 바로 홀든 콜필드의 상황이다. J.D. 샐린저의 소설 『호밀밭의 파수꾼』에서 불안하고 우울한 16세 소년 주인공이자 내레이터인 홀든은 내 스승 마하리시가 "구도자의 불안"이라고 부르던 것의 전형이다. 그는 인생이 심히 만족스럽지 않은데도 무엇이 빠져 있는지 모르는 사람의 끓어오르는 불안을 상징한다. 그는 겉으로 보기에 안락과 보상이 갖춰진 '좋은 삶'이라는 것이 한 차원 더 높은 진리, 더 깊은 기쁨에 비해 왠지 얕고 진실하지도 않으며, '가짜'라는 것을 어렴풋이 느낀다. 그와 비교되는 어떤 아직 정의되지 않은 더 높은 진리, 더 깊은 기쁨이 어딘가에 있을 거라고 말이다.

이것이 헨리 데이비드 소로가 말했던 조용한 절망의 삶이다. 보통은 경력 붕괴나 사랑하는 사람의 죽음 같은 위기가 닥치기 전에는 쉽게 알아차리지 못하는 만성적이고 저급한 상태를 말한다. 하지만 홀든과 같이 감수성이 예민한 청소년들은 끊임없는 위기 상태와 혼란을 겪고 있기에 우리 같은 성인의 조용하고 단조로운 불안에 견주면 멋지고 극적인 은유로 작용한다. 이런 의미에서, 『호밀밭의 파수꾼』은 청소년의 불안을 다룬 대표적인 소설이지만, 전혀 청소년에 관한 것이 아니다.

우리는 이를 록펠러 센터 장면에서 볼 수 있다. 여기서 홀든은 살짝 로맨틱한 관심에 사로잡힌 샐리 헤이즈와 스케이트를 타고 콜라를 마시며 앉아 있다. 홀든은 대학에 가서 샐리와 결혼한 후, 그저 그런 어른 생활에 잠식되는 것을 상상한다.

> 가방과 잡동사니를 든 채 엘리베이터를 타고 아래층으로 내려가야 한다. 사람들에게 전화를 걸어 작별 인사를 하고 호텔에서 엽서를 보낸다. 회사에서 일하면서 돈을 많이 벌고, 택시나 매디슨 애비뉴 버스를 타고 출퇴근하며, 신문을 읽고, 브릿지 게

임을 하며 논다.

이 모든 것을 항목별로 보았을 때, 그리 강제적인 것은 없다. (나는 브릿지가 아주 재미있다고 들었다.) 하지만 이런 것들이 삶의 전부라면, 당신은 무한한 자유 공간으로 나가는 통로가 막힌 곳에서, 폐쇄적으로 사는 것이다.

청소년에 관한 이야기라는 점에서 이 책의 출간 시기는 좋았다. 1951년 즈음은, '틴에이저'라는 단어가 널리 퍼지고, 청소년의 경험에 주목해야 한다는 사유가 퍼지던 때였으니까. 그 이전까지는 사춘기라는 시기가 일반적으로 가능한 한 빨리 고개를 숙이고 서둘러 통과해야 하는 어색한 과도기적 통로로만 여겨졌다. 전쟁 후의 번영으로 교외 지역까지 텔레비전이 확산되면서, 아이들은 반항할 수 있는 사치품과 여유가 생겼다. 내가 영어를 가르치기 시작한 1970년대 후반에 『호밀밭의 파수꾼』은 고등학교에서 필수적으로 읽는 책이었다. 학생들은 이 책이 얼마나 오래된 것인지 알고는 엄청 놀라곤 했다. 모든 세대의 십 대들은 자신들이 성, 성에 대한 불안, 방귀 농담, 욕설, 흡연, 그리고 형편없는 부모와 교사들에 대한 냉소를 새로이 발명했다고 생각한다. 책의 첫 문장부터, 홀든의 서술은 내면에서 우러나오는 반항적인 목소리이다.

> 정말로 듣고 싶은 것이 있다면, 당신이 제일 먼저 듣고 싶을 것은 내가 어디서 태어났는지, 내 어린 시절은 얼마나 형편없었는지, 나를 만들기 전 우리 부모님은 어떻게 살았는지일 것이다.

아마도 『데이비드 코퍼필드』류의 이야기일 것인데, 솔직히 말하자면 그런 류의 이야기로 시작하고 싶지는 않다.

이 책의 줄거리는 간단하다. 영리하지만 성적이 좋지 않은 주인공 홀든은 펜실베이니아의 기숙학교에서 낙제점을 받고 퇴학을 당한다—이곳은 그가 퇴학당한 첫 번째 학교가 아니었다. 그는 뉴욕으로 향하는 기차를 타고 사흘 동안 도시를 배회하다가 부모님을 만나러 집으로 간다. 샐린저는 12월 깊은 밤중에 홀든을 출발하게 함으로써 여행에 쓸쓸함을 더한다.

갈 준비가 다 됐을 때, 가방을 들고 서서 계단 옆에 서서 마지막으로 나는 그 빌어먹을 복도 아래쪽을 하염없이 내려다보았다. 무슨 이유에선지 눈물이 흘러내렸다. 왜 그랬는지 모르지만, 빨간 사냥 모자챙을 뒤로 가게 내 식으로 돌려쓴 다음 "잠이나 자, 이 멍청이들아!"라고 큰소리로 외쳤다.

이 반항적인 제스처는 홀든의 사명을 분명하게 한다. 데살로니카 전서에서 바오로 사도가, "우리는 다른 사람들처럼 자고 있지 말고 깨어 분별력을 가져야 합니다"라고 말했듯 말이다. 홀든은 바오로식으로 말할 줄은 모르지만, 각성의 길로 들어선다. 사냥 모자는 탐색에 대한 약속을 나타내고, 그것을 돌려 쓰는 것은 다른 사람들, 자는 사람들과 구별되려는 의지를 나타낸다.

그러나 "잠이나 자, 이 멍청이들아!"라고 외쳤을 때, 홀든은 청소년들에게 지혜로운 경멸로 알려진 분리와 경멸의 선을 넘는다. 영적인 길로 보면, 그것은 초보자의 실수이다. 고집스럽고 성숙하지 못한 사람들은 계속해서 자신들의 고통이나 천재성을 인정하지 않는 사람과 세상을 비난한다. 만약 『호밀밭의 파수꾼』을 읽는다면, 세상과 이길 수 없는 전쟁을 하는 홀든의 고통속으로 초대받은 것 같은 착각을 일으킬 것이다.

그러나 샐린저는 그의 주인공을 위한 다른 계획이 있다. 잠자는 자의 땅에서 출발한 홀든은 자신이 어딘가로 가야 한다는 건 알지만, 어디로 가야 할지 모르는 미지의 상태에 있다. 옛날처럼 무지하고 안락한 상태(모든 걸 고민하지 않던 시절)로 돌아갈 수도 없고, 완전히 깨달음을 얻거나 성장한 상태에 도달한 것도 아니다. (인도에서 말하는 바와 같이, 우리는 오두막을 떠났지만 아직 궁전에 도달하지 못했다.) 샐린저는 이런 심리적 풍경을 음울한 기차역, 부패한 호텔, 그리고 나쁜 댄스 밴드가 있는 라운지의 연속으로 묘사한다. 그곳의 가장 깊은 심연에는, 절망의 풍경이 있다.

> 공원은 형편없었다. 날씨는 춥지 않았지만 해는 아직 뜨지 않았고, 개똥과 노인들의 침과 담배꽁초를 제외하고는 아무것도 없었고, 벤치에 앉으면 다 젖을 것만 같았다. 우울한 기분이 들었고 가끔 걷다가 이유 없이 소름이 돋기도 했다. 크리스마스가 임박했다는 것이 믿기지 않았다. 아무것도 올 것 같지 않았다.

홀든은 국토를 횡단하면서 친절하기도 하고, 무례하기도 하며, 밝고, 어리석고, 도움이 되는, 위험한 사람들을 무작위로 만나게 된다. 그들은 홀든의 혼란을 가중시킨다. 명료한 지혜를 찾기 위해 영어 선생님을 찾아가지만, 도움 대신 무시만 당한다. 호텔로 돌아와서는 싸구려 매춘부와 잠자리를 한다. 이론적으로, 또는 적어도 남성의 환상 속에서, 매춘부는 성적 치유의 멋진 수호천사가 될 수 있지만(레너드 코헨의 "자비의 자매들"처럼), 그러나 아이러니하게도 써니라고 불리는 이 여자는 불친절하고 어리석어서 홀든은 그녀와 접촉할 용기를 내지 못하고 더 깊은 우울함에 빠진다.

사실, 홀든의 세계에서 유일하게 현명하고 순수하며 존경스러운 사람들은 어린이들이다. 특히 그의 열세 살 동생 피비와 열한 살에 죽은 형 앨리뿐이다. 쓰여진 그대로, 우리는 어른들에게 침해될 운명이다—우리는 모두 타락할 운명이다. 이것을 은유적으로 받아들이면, 어둠에서 벗어나는 방법은 정해져 있다. 예수는 우리가 어린이처럼 되어야 천국에 들어갈 수 있다고 말한다. 이런 일은 종종 자연스럽게 일어난다. 아마도 예술 작품을 만들거나 아이들과 놀고 있거나, 숲이나 바다에, 또는 사랑에 빠졌을 때일 것이다. 어떻게든 우리는 성인의 계획과 방어와 궤변을 완화하고, 단순하게 존재해야 한다. 그냥 존재하면서, 모든 것을 그냥 내버려두어야 한다. 그러면 무엇을 하든 마찰이 없고, 공기보다 가벼우며, 모든 것이 괜찮은 초월의 특성을 띠게 된다.

이 책 전반에 걸쳐, 종종 이러한 초월의 번쩍임이 어두움을 밝혀준다. 예를 들어 우울한 에드몬트 호텔의 우울한 라벤더 룸에서, 홀

든은 우울한 멍청이 금발 여행객과 춤을 추고 있는 자신을 발견한다. 그러나 그녀는 정말 대단한 댄서였다:

그녀는 내가 함께 춤을 춘 사람 가운데 가장 훌륭한 댄서 중 하나였어. 진짜야, 때로는 멍청한 여자들이 춤 무대에서는 정말 인상적이거든.

그는 그녀에게 물어본다:

"언제 여자가 끝내주게 춤을 잘 추는지 아나요?"
"뭐라고요?" 그녀가 말했다. 그녀는 내 말을 듣고 있지조차 않았다. 그녀의 마음은 다른 곳에 있었다.
"여자가 언제 정말로 대단한 댄서냐고 물었어요?"
"응—응."
"글쎄요, 내가 당신의 등에 얹은 손을 얹었을 때, 내 손 아래에 아무것도 없다고 생각된다면—손, 다리, 발, 아무것도 없다고 생각된다면— 그럼 그 여자는 정말 대단한 댄서에요."

바로 이것이다. 모든 게 아무것도 아닌 것처럼 된다: 아무 맛도 없는 상태이다. 불교 용어로, 형상이 공허로 드러나는 순간이다. 수년 전에 나는 안드레 왓츠(André Watts)가 엄청나게 거칠고 빠른 피날레로 피아노 협주곡을 연주하는 것을 보았다. 물론 그의 기술적 기량은 최상위의 무도가 수준이었다. 그러나 어느 순간에는 갑자기 텅 빈 것 같았다: 기술이나 속도(마치 시간이 존재치 않는), 피아노도 없고, 연주도 없고, 연주자도 없고, 듣는 이도 없었다. 홀든이 말하는 것처럼 "아무도 없있나"—그저 무의 상태였다. 나는 깨우친 현자들과 마주칠 때도 같은 경험을 했다. 몇 마디 말이 오고 가지만 그 말을 하는 사람도, 듣는 사람도 없었다. 그게 어떻게 일어나든, 그건 똑같은 무의 상태였다.

이 숭고한 초월성은 홀든이 두려워하는 평범한 부르주아적 일상에서도 찾아볼 수 있다. "많은 돈을 벌고, 택시나 매디슨 애비뉴 버스를 타고 출퇴근하며, 신문을 읽는 것." 그것이 바로 선(zen)에서 말하는 "깨달음(사토리)에 앞서 나무를 베고 물을 나른다"라는 선문답의 의미이다. 초월이라는 요소만 추가한다면 아무리 남루한 일상도 견뎌낼 수 있고, 더는 그 남루함이 우리 곁에 올 수 없을 것이다. 모든 것은 부담스럽지 않고, 넓고, 자유로워진다. 홀든의 금발 댄스 파트너처럼 멍청해도 괜찮다.

책의 말미에 이르러, 홀든이 어느 날 밤 부모님 몰래 집에 들어갔을 때 깨인 정신의 순수한 또 다른 측면이 드러난다. 그는 포에베가 침대 한가운데서 요가 수행자처럼 다리를 접고 앉아 있는 모습을 발견한다. 분명 현자처럼 말이다. 라디오에서 댄스 음악이 잔잔하게 흘러나오자 홀든은 그녀와 춤을 추고 싶었지만, 그녀는 사원이나 아쉬람에 들어가기 전처럼 먼저 신발을 벗으라고 고집한다. 그녀의 이름은 달콤하게 노래하는 작은 새뿐만 아니라 태양의 신이자 신성한 진리를 관장하는 포에부스 아폴론을 연상시킨다.

어린이에 걸맞은 용어로, 포에베는 홀든이 들어야 할 진실을 말해 준다. 그가 자신의 슬픔에 관해 부정적인 폭언으로 두 페이지가량의 이야기를 늘어놓자 그녀는 "오빠는 만사가 다 마음에 들지 않는다는 거야?"라고 물음으로써 그의 말을 중단시킨다. 그 말에 홀든은 멈춘다. 포에베는 세상에 대한 홀든의 독한 태도를 나무란다. 그녀는 눈을 크게 뜨고 세상과 사람을 있는 그대로, 때 묻지 않은 선함과 아름다움을 통해 보라고 채근한다. 마르코 복음에 따르면 미성숙한 구도자는 하늘나라가 우리 안에만 있다는 원칙에 따라 행동한다. 내면의 니르바나를 추구하기 위해 그들은 담배꽁초와 침 덩어리가 있는 엉망인 외부 세계로부터 물러난다. 그러나 성숙한 구도자들은 도마 복음에 따라 천국은 우리 안과 밖, 모두에 있으며, 니르바나의 은총은 적이라고 생각했던 것까지 포용한다는 것을 알고 있다. 그게 더 발전된 시각이다. 이런 사유를 갖는 데는 시간이 오래 걸리지만 중요한 일이다. 그렇지 않으면 동굴을 찾기 시작해야 한다.

홀든은 지혜의 또 다른 버전을 하나 더 얻게 되는데, 그것은 아주 감미로운 것이다. 책 내내 그는 센트럴 파크의 오리는 겨울에 호수가 얼어붙으면 어떻게 되는지 곰곰이 생각한다.

> 트럭에 탄 누군가가 그들을 동물원이나 다른 곳으로 데리고 갔는지 궁금했다.
> 아니면 그냥 날아갔을까?

그는 가끔 낯선 사람들에게 오리의 운명을 물어보지만 아무도 답을 하지 못한다. 이 질문은 홀든이 자기 삶의 문제를 해결하기 위해 풀어야 할 퍼즐, 일종의 화두가 되었다. 질문 속의 질문, 냉소적이고 캄캄한 세상에서 감성적인 구도자 홀든은 어찌해야 할까? 날아서 탈출할까? 서부로 히치하이킹을 떠나 시골 주유소에서 익명으로 일하며 "청각 장애자인 척" 하는 공상에 빠지기도 한다. 그렇게 하는 것이 미친 짓이라는 것은 알지만 대안이 있는가? 동물원 같은 시설로 끌려가게 될까? 사실, 이야기가 끝날 무렵, 독자는 이 이야기가 홀든이 정신적 붕괴를 치유하며 요양원에서 서술하는 것임을 알게 된다.

그러나 어느 순간, 홀든은 토 냄새가 나는 택시에 올라타고 고혈압인 운전사 호르비츠에게 오리들에 대해 묻는다. 첫 번째 응답은 "내가 그런 거지 같은 걸 어떻게 알아?"라는 것이었다. 그러나 연이어 그는 물고기 얘기로 화제를 돌린다. 마치 홀든이 처음부터 잘못된 질문을 했다는 듯이 말이다.

> 물고기들은 어디도 가지 않지. 물고기들은 있던 곳에 그대로 있어. 바로 지독한 호수 속에. … 그들은 겨우내 한 자리에 얼어붙어 있지. … 그들의 몸은 영양소를 흡수해, 그것도 바로 지독한 해초와 더러운 것들 속에서 말이야. 그들의 숨구멍은 항상 열려 있거든. 그게 바로 그들의 본성이야, 내가 무얼 말하려 하는지 알겠어?

홀든은 그가 말하는 것을 당장은 이해하지 못한다. 호르비츠는 아니 오히려 호르비츠를 통해 샐린저는 말하려는 것은: 세상에서 도망치지 말고(문제를 피하지 마라), 구조되기를 기다리지도 말며, 세 번째 길인 다르마를 택하라는 의미이다. 바로 이 자리에 머물라. 호르비츠의 얼어붙은 물고기가 모공을 통해 영양분을 섭취한다는 비유는 과학적으로 정확하지 않을 수 있다.—첫째로, 나는 센트럴 파크 연못에 해초가 없다고 확신하니까.— 하지만 이는 매우 정밀한 명상 지침이다. 너의 경험을 "좋음"(향이 퍼지는 냄새)과 "나쁨"(개가 짖는 소리)으로 나누려 하지 마라. 판단하거나 걸러내거나, 선호하거나 저항하지 말고, 그냥 모든 것 속에서 휴식하라. 모든 것에 숨구멍을 열어 두어라. 사실, 나는 "모든 숨구멍을 열어 두라"는 문구를 명상 지도의 일부로 사용하는 불교 라마들과 함께 앉아 있어 본 적이 있다. 그들은 학생들에게 눈을 크게 뜨고 명상하라고 지시하면서, "명상"과 "삶" 사이의 경계를 빠르게 지우라고 권한다.

그런 다음엔 어떤 오감이 떠오르든 괜찮다. 나타나는 모든 생각이나 감정은 좋은 것이다. 어떤 것이건 순수하게 받아들이면 모든 게 선물이고 맛의 천국이 지상에 펼쳐져 있음을 발견할 수 있다. 하늘의 왕국이 땅 위에 퍼져 있는 것이다. 티베트 전통에서는 이 접근 방식을 '가루다'라는 우주 독수리로 의인화하여 표현한다. 그의 이름은 "먹는 자"를 의미한다. 가루다는 항상 우리가 일반적으로 피하려고 하는 '나쁜' 경험을 상징한 독사를 먹어 치우고 그것을 영양소로 전환하여 깨달음에 이른다. 독이 그의 깃털을 반짝이게 한다.

홀든은 그것을 이해했을까? 책이 끝날 때 즈음 영적인 여정의 끝에 도달했을까? 아니다, 그는 시작점에 도달했다. 우울한 25장

가루다

의 이야기를 펼친 후에, 센트럴 파크의 벤치에 앉아 포에베가 회전목마를 타는 것을 구경하면서 카타르시스적 환희의 순간을 맞이한다. 비가 내리기 시작한다.

> 사냥용 모자는 어떤 면에서 상당한 보호를 해주었지만, 그래도 흠뻑 젖었다. 하지만 상관없었다. 포에베가 계속해서 목마를 타고 빙글빙글 도는 것을 보니 갑자기 너무나 행복해서 거의 울부짖을 지경이었다. 정말 행복했다, 진실을 알고 싶다면 말이다.

하지만 결정적인 장면은 이 장면 바로 앞에 있다. 홀든은 서부로 떠날 결심을 하고, 가기 전에 학교 밖에서 포에베를 만나 작별 인사를 하기로 한다. 하지만 그녀는 "빌어먹을 큰 가방을 끌고" 나타나서 함께 가겠다고 고집을 피운다. 그녀의 제스처에 감동해서, 그는 마침내 "나는 아무 데도 가지 않을 거야. 마음이 바뀌었어"라고 말한다. 그때 우리는—얼음 속의 물고기처럼, 나무 아래의 부처 고타마처럼—어떤 역경에도 불구하고, 있는 그대로의 무한한 괜찮음을 찾겠다는 다짐과 함께 치유가 시작되었다는 것을 알게 된다. 바로 그 자리에 남겠다고 결심하는 순간이 모든 것이 그 자체로 완벽하다는 것을 발견하는 때이다.

좋아하는 작가를 만나면 반드시 실망하게 마련이다. 작가들이 작품에 자신의 최선을 다 쏟아내어, 훌륭한 작품이 되면—언젠가 샐린저가 말한 대로, 그들의 재능이 다 펼쳐졌을 때—책은 작가보다 늘 더 나은 것으로 드러난다: 더 현명하고, 더 재미있고, 더 인생을 넓히고, 더 마법적이다. (나중에 책을 읽으며, "세상에, 저게 어디서 나온 거야?"라고 말하기도 한다. 그런 다음 다시 이런 것을 쓸 수 있을지 의아해 한다.) 그러므로 작가들을 만나는 것이 실망스러울수록, 그들은 잘 쓴 것이다.

이런 일이, 뉴햄프셔의 코니쉬로 가서 샐린저의 앞을 가로막고 삶의 의미에 관해 물으려 했던 열정적인 순례자들에게 일어났다. 그들이 발견한 것은 심술궂고 반쯤 귀가 먼 채, 책 속의 내용을 온전히 믿지 않는 사람들로부터 하도 괴롭힘을 당해서 잔뜩 짜증이 난 노인네의 모습이었다.

샐린저는 그저 글을 쓰고 싶어 했을 뿐이다. 『호밀밭의 파수꾼』

의 성공이 그를 유명인으로 만들자, 쓰기를 방해받지 않으려고 뉴욕에서 코니쉬 농장으로 이사하여, 2010년 사망할 때까지 거기서 살았다. 드문드문 인터뷰를 했지만, 은둔자도 기인도 아니었다. 소수지만 친구가 있었고(잠깐이지만), 세 아내와 두 아이가 있었다. 간헐적으로 다이어트를 하면서도 불에 구운 와퍼, 스포츠, 히치콕 영화, 마르크스 형제들, 그리고 아이 러브 루시를 즐겼다.

그는 치즈를 팔던 유대인 집안 출신으로 뉴욕 대학교를 중퇴했다. 한때 유진 오닐의 데뷔작에 출현했던 우나에게 구애를 했으나 그녀는 오슨 웰스와 양다리를 걸치다가, 둘 다를 차버리고 찰리 채플린과 결혼했다. 셀린저는 또한 제2차 세계대전 참전용사로, 디-데이 상륙작전과 벌지 전투에 참가했고, 해방 직후 다하우의 수용소에 수감되었다. 나중에 딸에게 "아무리 오래 살아도 코에서 살타는 냄새를 완전히 사라지게 할 수는 없을 것" 같다고 털어놓는다. 그는 전투 트라우마로 입원했고 얼마 지나지 않아 선 수행을 시작했다.

1951년 『호밀밭의 파수꾼』이 출간되던 해에 통찰과 명상을 통해 무한에 이르는 인도 철학의 정점인 베단타를 공부하기 시작했다. 그의 스승은 샐린저가 자란 파크 에비뉴 아파트에서 불과 두 블록 떨어진 곳에서 가르침을 전하던 스와미 니할라난다*였다. 스와

* 스와미 니할라난다(Swami Nihalananda)는 20세기 인도의 유명한 힌두 스승으로, 위대한 자아실현을 강조하는 영적 지도자로 알려져 있다. 그는 벵골 출신으로, 라마크리슈나와 스와미 비베카난다의 가르침에 깊은 영향을 받았으며, 자기인식과 명상을 통한 깨달음을 추구했다. 니할라난다 스와미는

미는 세인트 로렌스강 섬에 있는 목가적인 빅토리아풍 별장에서 여름 세미나를 이끌기도 했다. 샐린저는 뉴햄프셔에서 영적 불꽃을 뜨겁게 태우며 자신만의 시골 피난처를 찾게 되었다.

실제로 샐린저는 여러 영적 열정을 가지고 있었지만 베단타가 주축이었다. 그는 스와미 니할라난다와 좋은 친구가 되어 수년에 걸쳐 편지를 주고받으며 자신이 영적으로 부족하다고 한탄하기도 했다. 그러나 어느 순간 직접 현자가 되지는 못하더라도, 별빛 같은 영성을 발산할 수 있다면, 책 한 페이지에라도 그것을 창조할 수 있다는 것을 깨닫는다.

샐린저의 현자는 시모어 글라스(Seymour Glass—see more glass)* 로, 그 이름은 말장난이자 의문이다. 안경을 통해 다른 사람들보다 깊이 볼 때 무슨 일이 일어날까? 안경이 없다면 우리가 상을 흩트리지 않고 잘 볼 수 있을까? 부처가 없는 세상에 살 수 있을까? 그 세상은 우리와 함께 존재할 수 있을까? 이러한 질문은 샐린저가

자기실현을 통해 인간의 고통을 극복하고 내적 평화와 하나됨을 경험하는 길을 가르쳤다. 그는 바가반의 절대적인 실체와 신성의 존재에 대해 설명하며, 신과의 합일을 강조했다. 또한 수행과 명상을 통해 인간의 본질을 깨닫는 것이 중요하다고 가르쳤다. 그의 가르침은 사람들에게 영적 성장과 깨달음을 위한 길잡이가 되었다. 스와미 니할라난다는 오늘날에도 여전히 영적 스승으로서 영향력을 이어가고 있다.

* Seymour Glass는 J.D. 샐린저의 "Raise High the Roof Beam, Carpenters"와 "Seymour: An Introduction"에서 등장하는 중요한 인물이다. 그는 샐린저의 "글래스 가족" 시리즈의 일원으로, 여러 작품에서 등장하는 복잡한 인물이다.

1948년부터 1965년 사이에 「뉴요커」에 연재한 일련의 단편소설에 논해져 있으며 그것들은 나중에 세 권의 책으로 묶였다.*

시모어는 샐린저처럼, 트라우마를 겪은 전쟁 참전용사로, 그의 첫 번째 등장 작품인 『바나나피쉬를 위한 완벽한 하루(A Perfect Day for Bananafish)』에서 그에게 직면한 어둠도, 빛에 도달하려는 고투도 이해 못하는 멍청한 여자와 결혼한 남자로 묘사된다. 아내의 이름은 뮤라엘(Muriel: 벽화)로 이것 역시 장난이다. 벽화처럼 예쁘게 화장했지만(그녀의 주된 일은 손톱 관리), 그녀와 소통하는 것은 벽과 마주한 것과 다름없다. 그녀에 대한 시모어의 대응은 자신의 뇌를 날려버리는 것이었다.

하지만 그의 끝은 그의 시작이었다. 샐린저는 남은 작품 생애 동안 시모어의 특이한 가족사를 통해 그를 재조명하고 재평가하는 작업에 몰두했다. 결국 우리는 시모어가 라디오 퀴즈 쇼인 '현명한 아이'의 스타 참가자였던 7명의 천재 아이 중 장남이었다는 사실을 알게 된다. 이들 모두는 라디오 퀴즈 쇼 "천재 아이들(It's a Wise Child)"의 스타 참가자들이었다. 그는 또한 동서양의 깨달음에 관한 글에 깊이 심취한 가족의 구루였으며, 동생들을 영적으로 교육하는 데 앞장섰다.

---

* 다음 순서로 읽어야 한다: (1) 『아홉 개의 이야기』, (2) 『프래니와 주이』, (3) 『지붕 들추기, 목수들, 그리고 시모어 — 서문』. 그 후, 만약 정말로 샐린저의 깊은 우주를 따라가고 싶다면, 온라인에서 1965년 6월 19일자 「뉴요커」를 찾아보아라. 이 호에는 수집되지 않은 (그리고 일부 독자들에 의해 불안정하다고 결론지어진) 이야기 "핵스워스 16, 1924"가 실려 있다.

그는 부처님처럼 귓불이 길었다. 시모어는 본인 결혼식에 나타나지 않았는데, 그 이유는 두렵거나 속상해서가 아니라 너무 행복했기 때문이다. 한 번은 그가 동생 버디에게 이렇게 말했다. "우리가 삶 전체를 통해 하려는 것은 작은 거룩한 성지에서 다른 성지로 이동하기 위한 거야"라고 말이다. 그는 일기에 이렇게 썼다. "나로 말하자면 뭐든 반대로 하는 광자이다. 나는 사람들이 나를 행복하게 만들려고 음모를 꾸미는 것 같다." 그에게 부처다운 면모가 자세히 드러날수록, 그의 자살은 더욱 모호한 것이 된다. 그러나 모호함도, 그의 가족도 우리에겐 반드시 숙고해야 할 명목이다. 이것은 또 다른 화두가 된다.

아마도 그의 자살을 가장 쉽게 설명하는 방법은 샐린저의 초기 깨달음에서 윤곽을 잡는 것이 좋을 듯하다. 이것은 나쁜 애머슨주의의 깊은 잔재 때문인데, 거기에서 현자는 사회의 평범함 속에서 영웅적인 갈등을 겪는 명석한 비정상인으로 정의된다. 이 깨달음이 약간 더 기교화된 버전으로 홀든에게 와서 '잘 자, 이 멍충이들아(Sleep tight, ya morons!)'라고 말하는 식의 태도가 된다. 진실은 더 심오하다. 그것은 바로 우리 자신과 다른 사람들의 침묵이다. 설익은 붓다 지망생들이 허약한 태도를 보강하려고 고군분투하는 사이, 진짜 부처들은 큰 편안함에 머물며 쉬고 있다. 샐린저는 다양한 가족 구성원들을 통해 이러한 것들을 해명한다.

물론, 샐린저가 무엇을 깨달은 것인지는 60여 년이 지난 지금 판단하기가 더 쉬워졌다. 그것은 샐린저가 엘리트 문학 소설 속에 다르마의 가르침을 주입하고, 그것을 전혀 준비되지 않은 미국 사회로 과감하게 전달한 덕분이다.

1953년, 조지프 매카시가 역겨운 권력을 한창 휘두르고, "창문에 있는 그 강아지 얼마에요(How Much Is That Doggie in the Window)?"*가 히트 차트의 정상에 올랐을 때, 「뉴요커(New Yorker)」는 "테디"라는 이야기를 발표했다.** 여기서 10살 소년 주인공은 직설적으로 베단타 철학을 쏟아낸다. 테디는 가족과 함께 대서양을 크루즈로 횡단하는, 실제로 시모어보다 더 완벽하게 구현된 현자로 그려진다. 현대판 그리스도의 산상수훈이나 붓다의 사슴 공원 법

---

* "How Much Is That Doggie in the Window?"는 1953년에 발표된 귀엽고 경쾌한 팝송으로, 어린이들과 어른들 모두에게 사랑받은 노래이다. 이 곡은 패티 페이지(Patti Page)가 부른 버전으로 가장 유명하며, 미국과 영국에서 큰 인기를 끌며 히트 차트를 장악했다.

** 1953년은 미국 역사에서 중요한 사회적, 정치적 변화가 일어난 시점이다. 당시 조 매카시는 매카시즘이라 불리는 정치적 운동의 선두주자로, 공산주의자 색출과 정치적 탄압을 통해 극도의 사회적 긴장과 불안을 만들어냈다. 그가 주도했던 반공주의 캠페인은 사람들에게 큰 영향을 미쳤고, 예술가나 작가들은 자주 정부의 검열을 받거나 압박을 받았다. 같은 해인 1953년, "(How Much Is That) Doggie in the Window?"라는 경쾌한 팝송이 차트에서 큰 인기를 끌었다. 이 곡은 표면적으로는 가벼운 내용의 노래였는데 이 배경 속에서 「Teddy」라는 단편이 「뉴요커」에 실렸다. 이 작품은 J.D. 샐린저의 작품으로, 주인공인 테디라는 10살 소년이 등장하는 이야기이다. 이 소년은 베단타(Vedanta) 철학, 즉 인도의 고대 철학을 말하는데, 영혼의 본질, 무상함, 깨달음 등에 대해 아주 성숙한 통찰을 보여준다. 당시에는 철학적 깊이가 있는 작품이 대중적인 잡지에 실리는 것이 흔하지 않았고, 특히 어린아이가 이런 주제를 다룬다는 점에서 매우 파격적이었다.

문에 해당하는 이 이야기에서 테디는 회의적이지만 호기심 많은 어른에게 우리의 평생에 걸친 깨달음의 여정이 어떻게 작동하는지 설명한다. (이야기 중에 그는 지난 생애 동안 인도에서 수행자로 살다가 한 여인의 유혹에 빠져 영적인 길을 이탈했던 것을 회상한다.) 테디는 "누구나 죽음을 수천 번, 수만 번 겪었으니 그것을 두려워할 필요가 없다"라고 말하며 이야기의 끝에 이것이 단지 말뿐이 아님을 보여준다. 『호밀밭의 파수꾼』 이후의 모든 작품에서 홀든은 어눌한 사춘기 목소리에서 벗어나 더욱 풍부하고 정교해졌으며, 복잡하고 장난스러운 자의식적 문장들을 쉼 없이 펼쳐내어 재미가 더해진다.

> 시모어가 사춘기의 한가운데에, 즉 열여섯이나 열일곱 살이 되었을 때, 그는 자신이 원래 쓰던 방언, 즉 그가 사용하던 수많은 뉴욕식 사투리를 조절하는 법을 배웠을 뿐만 아니라, 진정한 시인의 어휘, 즉 자신의 완벽한 어휘를 이미 구사하게 되었다.
> 그의 끊임없는 이야기, 독백, 거의 연설에 가까운 이야기들은 시작부터 끝까지 많은 이들에게 즐거움을 주었으며, 내게는 그것들이 베토벤이 청력을 잃기 전의 대작들, 그중에서도 B-flat 장조와 C-sharp 단조 현악 사중주와 비슷하지 않을까 하는 생각이 든다.

샐린저는 작가 버디 글래스를 통해 "조금 일찍 피어난 괄호(((())))라는 소박한 꽃다발을 받아주세요"라며 익살스러운 몸짓을 독자들에게 전한다. 이 꽃다발은 아마도 샐린저가 재현하고자 하는 인간의 마음을 표현하는 방식일 것이다. 샐린저의 글은 생각 속의 생각, 또 그 속의 생각을 층층이 쌓아가는 형태로, 그 중심에는 완벽하고 향기로운 '빈 공간'이 있다. 또한 같은 맥락에서 버디는 자신이 『호밀밭의 파수꾼』이나 다른 몇몇 작품의 진짜 저자임을 밝히며 독자들에게 일종의 유쾌하고 어지러운 농담을 던지고 있다.

마침내, 글래스의 천재들이 경멸이 아닌 사랑으로 우리를 보듬으며 우리와 함께 사는 방법을 깨닫게 되면 이야기는 감동적으로 변한다. 『프래니와 주이(Franny and Zooey)』에서 시모어의 막내 동생인 주이 글래스는 인생의 위기에 처한 누이 프래니를 도와야 한다. 그녀는 자신이 선택한 직업(연기)이 무의미하고, 세상을 살아가는 얄팍한 사람들의 모든 행위 또한 무의미하다고 확신하고 있는 상태다.

이에 대한 대답으로 주이는 '현명한 아이들'에 출현하기로 했을 때 시모어가 먼저 반드시 구두를 닦으라고 시킨 이야기를 들려준다. 어린 주이는 라디오라서 아무도 구두를 보지 못한다고 했고 시모어는 그에게 "뚱뚱한 여자를 위해 신을 닦으라"고 했다는 것이다. 뚱뚱한 여자가 누군지는 설명하지 않았지만, 주이는 자신의 비전을 가지고 있었다.

> 나는 그녀가 종일 문간에 앉아, 파리채를 날리며, 아침부터 밤까지 라디오를 틀어놨다고 여겼다. 날씨는 무척이나 더웠고, 아

마도 그녀는 암에 걸렸을 것이라고 생각했다.

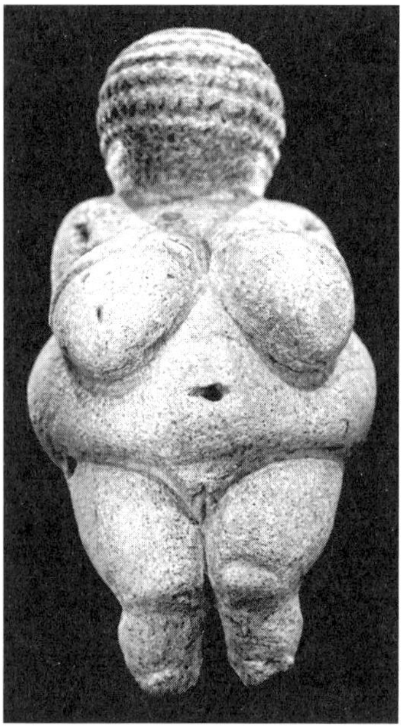

어머니 신(빌렌도르프의 비너스, 구석기 시대 석회암 조각상)

동시에 시모어의 우주적인 관점을 고려해 보면, 뚱뚱한 여인을 "모든 것을 낳고, 모든 것을 먹이고, 모든 것이 되는 고대 전통 속 무한히 관능적인 존재인 어머니 신(God the Mother)"과 연결 짓고 싶어질 것이다.

주이(Zooey)는 프래니(Franny)에게 뚱뚱한 여인을 위해 연기하라고 말한다. 그리고 자신에게도 하는 말처럼 그녀에게 이렇게 덧붙인다. 우리가 함께 살아가는 지구의 동료들이 참을 수 없을 만큼 무의미하게 느껴지고, 이 땅에서의 삶이 지겹고, 진부하고, 공허하며 아무런 가치가 없어 보일 때 기억해 두면 도움이 될 만한 말을 말이다.

> 시모어의 뚱뚱한 여인은 세상 도처에 있어. 넌 그걸 모른단 말야? 그런 빌어먹을 비밀을 모른다고? 그 뚱뚱한 여자가 실제로 누군지 정말 모르겠어? … 아, 친구여. 친구. 그건 그리스도야, 바로 그리스도라고, 이 친구야.

뚱뚱한 여인이란, 말하자면, 온갖 고통을 지닌 모든 존재이다. 항상 우리 자신처럼 실제적이고 중요한 존재라고 말할 수 있다. 모든 존재는, 아무리 속물적이거나 무지해 보여도, 혹은 아무리 진보적이거나 보수적이라 치부해도, 그들 모두는 우리가 찾는 신성 그 자체이다. 아, 친구여. 그것은 그리스도 자체이고, 친구이다.

그래서 여기 당신이 샐린저를 그의 안마당에서 만났을 때 … 만약 그가 보청기를 켜고 당신의 말을 들을 준비가 되어 있고 … 한 번이라도 책에 이미 설명해 놓은 내용을 반복하는 것을 개의치 않는다면 들음직한 지혜가 있다. 당신이 무엇을 하든 다 내주라는 것이다. 중동에서 평화를 협상하던, 쓰레기를 버리든, 신이나 무한, 우주한테라도 말이다. 뚱뚱한 여자에게 다 맡기라. 그럼 당신이 하는 일이 크든 작든, 성공하든 실패하든 상관이 없다. 당신이 하는 일은 결과를 위한 것이 아니라 무엇인가를 제공하기 위함이다. 중요한 것은 흠 없이 행동하라는 것이다. 신발을 닦아라.

22. 정견

키, 로저스&프랭클린 • 세 가지 애국가

"처음부터 시작하라." 왕이 매우 진지하게 말했다.

"그리고 끝까지 계속하라: 멈추지 말고."

— 루이스 캐롤, 『이상한 나라의 앨리스』

끝에 도달하기 전에 한마디 …

우리의 작은 여행이 그대가 무한의 빛을 보는 데 조금이라도 도움이 되었기를 바란다. 이 빛은 문학에만 있는 것이 아니라 세상 도처에 있다. 정원을 가꾸거나 드럼을 치거나 소프트웨어를 개발하거나, 아침에 일어나 그 무엇을 하더라도 당신은 그 속에서 다르마를 발견할 수 있을 것이다. 분명히 보장한다.

문학에서도 다르마를 계속해서 탐구할 수 있다. 우리는 영어로 된 작가들만 살펴보았지만, 사포, 소포클레스, 무라사키 시키부, 단테, 세르반테스, 소르 후아나, 프루스트, 릴케, 카프카, 네루다 같은 작가들도 흘러넘친다. 영어로 글을 쓴 작가 중에는 이 책의 몇 배가 넘는 지면을 할애해야 할 작가들이 있었다. 일단 시작하자면, 이디스 워튼(『순수의 시대』), 제임스 조이스(일 년 정도 여유가 있다면 『율리시즈』, 그리고 여러 해가 남았으면 『피네건의 경야』), 엘리자베스 비숍과 윌리엄 카를로스 윌리엄스의 시가 있다. 다음에 볼 곳 중 하나는 블라디미르 나보코프의 『창백한 불꽃』일 것이다. 이 글은 이야기 전체가 999줄의 시와, 이에 연관된 이상한 주석의 연속으로 이뤄져 있다. 시는 새의 죽음과/ 열반에 이르는 장면으로 시작된다.

나는 죽은 밀랍 인형의 그림자
창유리에 비친 가짜 푸른 하늘에 투영된;
나는 잿빛 솜털의 얼룩—그리고 나는
그 투영된 하늘에서 살고, 날아다녔다네.

잭 케루악, 1956년경

나는 또한 당신이 잭 케루악을 느껴보도록 해줄 생각이다. 케루악은 살면서 계시와 동요, 빛나는 기쁨과 놀랄 만한 환희에 뒤섞인 글을 썼기에 그를 이해하려면 굳이 숨아낼 필요 없이 그가 쓴 『길 위에서』나 『다르마 행려』 또는 『제라드의 비전』 같은 책 속으로 직접 뛰어드는 것이 가장 좋은 선택이 될 것이다. 책의 내용을 그저 조용히 따라가라. 그렇게 하기만 해도 거기서 그의 영혼이 히치하이킹 하는 것을 느끼게 된다. 여기에 등장하는 작가들은 케루악이 겪었던 낡고도 성스러운 모험을 어떤 형태로든 살았으며, "모든 천사가 무한대로 날아가는 널빤지" 위로 뛰어내려 춤을 추거나 비틀거리는 방식의 여정을 경험한 사람들이다.

우리의 탐구를 마무리하기 위해서는, 미국에서 해마다 가장 많은 사람들이 가장 여러 번 경험하는 문학 작품, 즉 우리의 애국가를 고려하지 않을 수 없다. 이는 우리가 전통적으로 목소리와 마음을 모아 공유된 미국적 본질을 함께 울려 퍼지게 하는, 일종의 국가적 주술(mantra)이라고 할 수 있다. 그 본질이 무엇이든 말이다.

어쨌든 그게 원래의 의도지만, "별이 빛나는 깃발"*은 요즘 시대

* "별이 빛나는 깃발(The Star-Spangled Banner)"은 미국의 국가(National Anthem)로, 프랜시스 스콧 키(Francis Scott Key)가 작사했다. 이 노래는 1814년 미국과 영국이 벌였던 전쟁(War of 1812) 중에 작성되었다. 당시 프랜시스 스콧 키는 메릴랜드주 볼티모어 항구의 맥헨리 요새(Fort McHenry)가 영국군의 공격을 받는 상황을 목격하게 되었고, 요새에 걸린 큰 미국 국기가 여전히 휘날리는 것을 보고 감명받아 이 시를 썼다고 한다. 노래의 가사는 맥헨리 요새 위에 떠오르는 큰 성조기(Star-Spangled Banner)를 보며

에 여러모로 비판을 받고 있다. 1812년 전쟁 중 한 전투를 목격한 후 이 노래의 가사를 쓴 변호사이자 대통령 고문인 프랜시스 스콧 키는, 사실 여섯 명의 노예를 소유하고 있었다. 물론, 그는 살면서 그들 모두를 해방시켰으나, 한편으로는 노예제 폐지 문서를 소지한 사람들을 기소하기도 했다. 반면, 그는 해방된 흑인들과 자유를 찾는 노예들을 무료 변호하기도 했고, 한 신문 편집자에게 노예제도가 "근본적으로 잘못되었다"고 설득하기도 했다. 다시 말하지만, 인간이란 정말 복잡한 존재다.

또한, 논란의 여지가 있는 3절의 구절도 있다:

고용된 자와 노예들은 어떤 피난처도 없다네.
도망의 공포나, 무덤의 어두움으로부터.

이 구절은 노예를 무차별적으로 살해한 것을 기리기 위한 것이라고 널리 퍼져 있었다. 그러나 그것은 말이 되지 않는다: 노예들은 어쨌든 소중한 재산으로 여겨졌으니까. 오히려 이 구절은 전투에서 적군 병사들의 살인을 찬양하는 것일 수 있다. 시의 일부는 용병("고용인")이거나 전 노예였던 적군을 죽인 것을 기념하는 것이다. (흑인 병사들은 양쪽 모두에서 싸웠으므로.) 사실 여기서 노예라는 단어는 비자발적 노예와는 아무런 관련이 없을 수 있다. 수 세기 동

미국의 생존과 독립을 상징하는 이미지를 표현하고 있다. 키가 쓴 시는 이후 곡으로 만들어졌고, 1931년에 공식적으로 미국 국가로 지정되었다.

안 이 단어는 여러 방면으로 모욕적인 표현이었다. 셰익스피어의 등장인물 중 노예가 아닌 인물들이 "술 취한 노예", "정신 나간 노예", "악마 같은 노예", "냉혈한 노예", "악당 같은 노예" 등으로 불린다. 벤쿠오는 맥베스가 자신을 죽이려고 보낸 깡패에게 이런 마지막 말을 던진다. "오 노예여!"

어쨌든 2절, 3절, 4절은 문서상으로 존재하지만, 적어도 지난 150년 동안 미국인들은 노래할 때 이 구절들을 포함시키지 않았다. 아이작 아시모프의 단편소설 『피난처를 찾을 수 없네(No Refuge Could Save)』에서 제2차 세계대전 중 정보 장교는 철저하게 준비된 독일 스파이가 미국 국가를 1절부터 4절까지 모두 알고 있다는 사실을 발견하고, 진짜 미국인이라면 그럴 리 없다는 점을 이용해 그를 노출시킨다.

이 국가(The Star-Spangled Banner)의 멜로디는 자신감 넘치는 군사 행진곡처럼 들리지만, 자세히 들어보면 큰 놀라움을 준다. 사실 이 곡은 왈츠이며, 아무것도 주장하지 않는다. 다음 정복을 향해 직선으로 행진하기보다는, 3/4 박자로 자유롭게 회전하며 춤을 추고, 물음표로 끝난다. 마치 코안(불교의 화두)처럼, 끊임없이 열려 있는 질문으로서 영원히 답이 주어지지 않는 방식이다.

이것은 지아이 조(GI Joe) 스타일의 군사적 이미지와는 다르다. 실제로 이 나라는 여성으로 상징된다. 미국이라는 이름은 이 나라의 비자 만트라(bija mantra), 즉 씨앗이자 본질을 담은 만트라인데, 여성형이다. 그녀를 상징하는 신성한 형상은 뉴욕 항구에 있는 거대한 자유의 여신이다. 우리의 남성적 국가 이미지는 마치 19세기 오페라에서 여성이 남장하고 용감한 일을 수행하는 트라베스티(travesti) 역할과 비슷하다. 예를 들어 남장을 하고 남편을 감옥에서 구출하는 여성 캐릭터가 그러하다. 결국 그녀는 진정한 본성을 드러내며, 여성적 지혜에서 비롯된 자비롭고 양육적인 특성을 나타낸다.

미국은 분명 마초적이고 호전적인 역사를 가지고 있다. 우리는 필요한 일도 끔찍한 일도 모두 해왔다. 코리 부커 상원의원의 말처럼 "미국이 당신의 마음을 아프게 하지 않았다면, 당신은 미국을 충분히 사랑하지 않은 것"이다. 하지만 이제 행복한 피날레를 위해(우리와 세계의 지속적인 생존을 위해), 우리는 이 남성성을 벗고 본질로 돌아가 어머니의 지혜를 소환하여 배고픈 사람을 먹이고, 지구와 물과 공기를 돌보고, 평화를 이루며, 나아가 다른 사람들을 깊은 평화로 이끄는 도움을 주어야 할 때다. 자유의 여신상은 정적인 자세로 머물지 않는다. 그녀는 발치에 부서진 족쇄와 쇠사슬을 남겨두고 어디론가 떠돌아다니고 있다. 그녀의 정식 명칭은 '세상을 비추는 자유'이며, 머리에서 발산되는 빛은 깨달음으로 활짝 열린 크라운 차크라를 나타낸다.

미국 국가國歌에 얽힌 역사적 배경은 잘 알려져 있다. 1814년 9월3일, 프랜시스 스콧 키와 또 한 명의 미국인은 볼티모어 항구에 있는 영국 선박에 탑승하여 매디슨 대통령을 대신해 미국인 포로 석방을 위한 협상을 벌였다. 키와 그의 일행은 영국 장교들과 정중한 저녁 식사를 하던 중 맥헨리 요새에 대한 임박한 포격 계획을 엿듣게 된다. 이제 그들은 너무 많은 정보를 알게 되어 아침까지 배에 남아 있어야 했다. 만약 영국군이 볼티모어를 지키는 이 요새를 점령한다면 그들에게는 옛 식민지를 탈환하는 좋은 기회가 되는 거였다.

폭우와 끊임없는 폭격이 이어진 긴 밤 동안, 두 명의 미국인은 성조기가 여전히 요새 위에 휘날리고 있기를 간절히 바라며 초조하게 새벽을 기다렸다. 그날 아침, 프랜시스 스콧 키는 "포트 맥헨리 방어"라는 시를 썼고, 이 시는 곧 영국의 오래된 술 노래에 가사를 붙여 "천국의 아나크레온에게"라는 곡으로 거듭났다. 이 멜로디는 너무나 인기가 많아 이미 80곡 이상의 노래에 사용된 바 있다.

하지만 이 국가國歌에는 역사를 넘어서는 깊은 울림이 있다. "O say can you see"(오, 그대 볼 수 있는가?)는 이 책을 통해 우리가 던지고 있는 질문이자, 다르마에서도 반복적으로 묻는 질문이다. 정

맥헨리 요새 포격

말로 보고 있는가? 당신의 세상과 존재의 궁극적 실체를 인식하고 있는가? 무지의 어두운 밤 속에서는 그것을 인식하기가 어려웠지만, 이제 "여명의 빛"으로 우리의 첫 번째 각성이 시작되며, 처음으로 가슴 뛰는 깨달음의 한 조각을 엿볼 수 있다.

그러나 그 깨달음 속에는 어디선가 본 듯한 익숙한 느낌, 일종의 데자뷔가 있다. 만약 어둠이 정말로 모든 것을 덮고 있었다면 우리는 그 어둠을 벗어나는 방법을 전혀 알 수 없다. 무엇을 찾아야 할지조차 알지 못했을 것이다. 그러나 무한함은 우리 본연의 성질, 우리의 몸이나 생각, 감정, 또는 성격보다 더 진정한 우리 자신이기 때문에 우리는 그것에 대한 원초적인 기억을 가지고 있다. 마치 가장 오래된 친구처럼, 우리는 그것을 인식하고 재인식한다. 우리는 그것을 이미 보았다. "땅거미가 지기 직전에" 말이다.

이 익숙함은 고타마, 즉 부처가 되기 전의 석가모니의 이야기에서 극적으로 표현된다. 깨달음을 얻기 위해 몸을 굶기고 고통을 주던 수년간의 수행 후, 고타마는 일곱 살 때의 경험을 갑자기 떠올렸다. 그의 아버지와 일꾼들이 밭을 갈고 있었고, 소년은 장미—사과나무 그늘에 혼자 남겨졌다. 그 여름날의 평온한 마음 상태에서, 조용히 혼자 남겨져 있으면서, 아마도 들판을 왕복하는 갈퀴의 반복적인 움직임에 집중하면서, 그는 자연스럽게 삼매에 빠졌던 모양이다.

이 기억은 그에게 깨달음을 위해 긴장된 접근 방식을 취하는 것은 비생산적임을, 자신을 자연스럽게 놓아주는 것이 직접적인 길임을 가르쳐주었다. 지나치게 긴장하는 것은 효과가 없었다. 그 식견을 통해 고타마는 마을 소녀 수자타가 공양한 음식을 받아먹고 보리수나무 아래 앉아 명상을 하며 깨달은 자인 부처가 될 때까지 선정에 들었다.

나는 수년간에 걸쳐 명상을 가르치며 사람들이 "처음으로" 명료한 초월감을 맛보면, 종종 "오—바로 이거야!"라고 말하는 소리를 들었다. 그들은 어린 시절에 아무런 훈련이나 의도 없이 자신의 존재로 침잠되었던 첫 번째 맛을 상기한다. 예를 들어 아침의 빛 속에서 자전거를 타거나 뒷마당에서 혼자 놀면서, 어린 고타마처럼 자신의 본질로 안착하는 것 말이다. 이것은 세상에서 가장 자연스러운 일이며, 깨달음의 삶으로 나아가는 첫걸음이다.

그 삶은 "넓은 줄무늬와 밝은 별들"이 그려진 성조기로 구현된다. 불타오르는 빨간색과 차가운 흰색의 줄무늬는 전쟁과 평화, 수축과 팽창, 단호함과 수용(닥터 수스의 고양이 모자처럼)이라는 대립적인 이중성을 지닌 물질세계, 즉 삶의 수평적 차원을 암시한다. 별들은 어두운 푸른 배경에서 떠다니며, 우리가 열망하는 초월적인 하늘, 모든 격동하는 변화의 고요한 목격자인 변하지 않는 존재를 상징한다(키츠의 "밝은 별"처럼). 넓은 별들과 줄무늬는 크리슈나의 '요가스타 구루 카르마니(요가의 상태에서 행동하라)'라는 삶의 온전함을 구성한다. 무한한 우주적 존재인 하늘에 굳건히 자리잡고, 당신에게 부여된 특정 전장에서 대담하게 행동하라.

우리가 확고하게 자리를 잡기 전까지, 그 비전은 "위험한 싸움"의 어둠과 혼돈 속에서 계속해서 길을 잃을 것이다. 하지만 그때조차도 우리는 섬광을 얻을 수 있다. 이것이 아래 시에 가장 인상적인

이미지로 묘사되어 있다:

로켓의 붉은 눈부심과 공중에서 터지는 폭탄은
밤새도록 우리 깃발이 여전히 그곳에 있음을 증명한다네.

전투가 진행되는 동안, 볼티모어 전역은 정전상태였다. 키(Key)는 영국군이 요새를 포격하는 동안 발사한 폭탄과 로켓의 불빛으로 성조기를 볼 수 있었다. 우리의 삶도 요새가 공격을 받는 동안 위험 자체의 발화 에너지에 비추어져, 온전함의 비전이 드러난다. 건강하고, 아이들이 행복하고, 나라가 평화롭고, 은행에 돈이 있을 때나 안일하게 깨달음을 얻었다고 느끼기 쉽다. 하지만 삶이 가장 흔들리는 어두운 밤이라야 우리의 흔들림 없는 본성의 진면목이 드러난다.

당신이 아플 때나 해고당했을 때, 대규모 프로젝트나 소중한 관계가 어려움에 빠졌을 때, 기분이 좋지 않고 모든 가르침이 허무할 때, 바로 그때가 스스로에게 묻고, 스스로를 돌보아야 하는 때이다. 이 모든 변화 속에서도 변하지 않는 것이 무엇인지 말이다. 이 모든 상실에도 불구하고 내가 결코 잃지 않고, 결코 잃을 수 없는 것은 무엇일까? 바로 그 단순하고 환원할 수 없는 존재, 기분이 좋건 아니건 그 둘에 영향을 받지 않는 나—라는 깨달음이 바로 그것이다. 내 다르마 스승 중 한 분은 "흔들 수 있는 모든 것은 흔들어야 한다"고 말씀하셨다. 그리고서 남는 것이 진짜라고 말이다. 그 진짜 안에 안주하라.

사회도 마찬가지이다. 우리가 당연시 여겼던 미국의 많은 것들이 흔들리고 있다. 이 글을 가까운 미래나 먼 미래의 어딘가에서 읽는 당신은, 이 모든 것이 어떻게 끝났는지 나보다 더 잘 알 것이다. 그러는 동안 나는 밤중에 하늘을 보며 증거를 찾고 있다.

별이 빛나는 깃발이 아직도 나부끼는가?
자유의 땅, 용감한 자들의 고향에서?

내가 어렸을 때 학교 운동장이나 버스에서 어떤 아이가 대장 노릇을 하려고 하면 "여긴 자유주의 국가잖아!"라는 대답이 기본이었다. 몇 년이 지난 후에야 다른 나라의 아이들은 그런 표현을 쓰지 않는다는 것을 알았다. 미국은 그럴 자격이 없을 때조차 어떻게든 자유주의 정신을 대표하며 세계 각국 사람들에게 영감을 주었다. 그 정신이 살아남을까? 그 깃발은 여전히 펄럭일까? 이 왈츠가 우리를 어디로 데려갈지 보자.

그 질문은 마지막 줄에서 "자유의 땅 위에서"라는 말로 극적인 긴장감을 절정에 이르게 한다. 물론, "자유"라는 단어로 인해 "미국 국가"는 부르기가 어렵다. 가장 낮은음보다 한 옥타브 반이 높기 때문이다. 사실 '붉은 눈부심'은 평이한 높이로 부르지만 "자유"는 곡의 결정적인 순간에 나오기 때문에 더 높게 들린다. 자유의 유∞라는 발음은 언어에서 가장 밝고 은은한 모음 소리이며, 그 소리는 기적적으로 공중에 떠있는 구슬처럼 길게 유지되기 때문이다. 부르기 어려운 게 맞다. 이 대목에 다다르면 '우리가 과연 해낼 수 있을까?' 궁금한 생각이 든다. 세상의 자유는 쉽게 지켜지는 게 아니며, 그 이름조차도 섣불리 발음되어서는 안 된다. 그러나 누군가 그것을 온전히 옳게 해낼 때(예를 들어 휘트니 휴스턴이 슈퍼볼 XXV에서 한 것처럼), 우리는 초월을 경험하는 빛나는 순간을 함께하게 된다.

우리 안에 밝은 별이 가득한 천국은 언제나 자유의 땅이었다. 미친 왕들이 다스리고 있을 때조차도 말이다. 한때 승가에 속했던 우리는 항상 내면에서 숭고한 약속의 땅을 찾고 다른 사람들이 그것을 찾도록 돕는 것이 첫 번째 임무였다. 그런 다음 두 번째 과제는 하늘에서와 같이 땅에서도 그 자유의 외적 버전을 성장시키는 일이다. 그것이 어려운 일이다. 그렇기에 우리가 그것을 잘 해낼 수 있다면, 그곳은 용감한 자들의 고향이라 불리게 될 것이다.

하지만 심오한 아름다움에도 불구하고 미국 국가인 "별이 빛나는 깃발"은 이제 국민을 하나로 모으는 노래로의 역할은 다한 것 같다. 대체할 곡들이 오랫동안 제안되어 왔지만, 주요 후보들 역시 문제가 있다. "이 땅은 너의 땅"은 너무나 사회주의 여름 캠프의 노래처럼 들려서 국가를 하나로 묶기에는 적절하지 않으며, "신이여, 미국을 축복하소서"는 어빙 벌린(Irving Berlin)의 최악의 가식적인 면을 드러낸다. 이 곡은 신을 축복의 힘을 켜고 끌 수 있는 수도꼭지로 생각하는 야만적인 발상이 들어 있는데다가, 축복은 미국에만 주어져야 하고 다른 보잘것없는 나라에는 주어질 필요는 없다고 여기는 듯하다.

어빙 벌린의 최고의 걸작을 생각해 본다면, "푸른 하늘"을 고려할 수 있다(윌리 넬슨의 녹음을 틀어 보길 바란다). 『반야심경(Prajñaparamita Sutra)』에서는 깨달음을 "균형 잡힌 열린 공간에서 모든 가능한 형태를 자발적으로 경험하는 것"으로 정의한다. (모든 형태뿐만 아니라 모든 가능한 형태까지 다 말이다. 다음 모퉁이에 숨어 있는 새로운 위협에 대해 걱정할 필요는 없다.) 이 노래는 우리가 보는 모든 것이 푸른 하늘이며, 그들이 우리에게 미소 짓는 경험, 즉 우리를 둘러싸고 우리에게 스며드는 넓은 공간이 바로 기쁨의 본질임을 기린다. 이 열린 공간과 기쁨에 대한 직관은 아마도 미국인의 가장 두드러진 미덕인 할 수 있다는 낙관주의의 깊은 뿌리일 것이다.

같은 주제를 레게 스타일로 변형하면 "나는 이제 명확히 볼 수 있어(I Can See Clearly Now)!"를 고려할 수 있다.* 이 곡은 제목에서부터 명시적인 깨달음의 선언이며, 키의 질문인 "그 별이 수놓인 깃발이 아직도 보이는가(O say can you see)?"에 대한 긍정적인 답변이다. 국가國歌라면 최소한 국민을 무기력에서 일으켜 세워야 하

---

* 이 장에서 언급된 모든 음악은 유튜브와 다른 곳에서 찾을 수 있다. 어빙 벌린은 "화이트 크리스마스"와 "치크 투 치크"를 포함해 800곡이 넘는 노래를 작곡했지만, 이 곡이 그의 가장 좋아하는 곡이었다. 이 곡은 1926년 브로드웨이 쇼에서 처음 선보였으나 그 쇼는 실패했다. 그러나 개막식 밤에 관객들은 "블루 스카이즈"를 무려 24번이나 앙코르로 요청했고, 지친 가수가 가사를 더 이상 기억하지 못하자 벌린이 첫 줄에서부터 직접 큰 소리로 가사를 불렀다.

기에, 조니 내쉬나 지미 클리프의 녹음을 틀어놓고 함께 춤을 추면 우울할 틈은 없을 듯싶다. 사람들이 가득 찬 경기장 전체가 그렇게 춤을 춘다고 생각하면 정말 멋지지 않은가? 전체 경기장이 그와 같은 분위기에 휩싸이는 모습을 상상하는 것만으로도 즐거운 일이 될 것이다.

아니면 키의 전투 장면을 완전히 180도 방향을 바꿔 사랑 노래로 전환하면 어떨까? 사랑은 미친 듯한 집착과 배타적인 감정이 아니라 우주 안의 모든 인간, 조개껍질, 그리고 천둥소리와의 친밀감을 의미한다는 것을 배웠다. 그런 마음의 관점으로 냇 킹 콜(Nat King Cole)이 부른 해롤드 알렌(Harold Arlen)과 테드 쾰러(Ted Koehler)의 표준 곡 "사랑에 빠집시다(Let's Fall in Love)"를 들어보자. 콜의 묵직한 바리톤 성량은 친밀감을 음향적으로 표현한다. 이 노래는 우리가 분리되어 있다는 미망에서 빠져나와 신 즉 사랑이라는 완전성에 침잠하여, 거기에 안주하고, 굴복하고, 스며들라는 다르마의 곡조를 드러낸다. 노래는 사랑이 우리의 본질이며 "마음은 만들어진 것"이라고 말해 준다. 어떤 대목에서는 심지어 눈을 감고 천국을 찾으라고 초대하기도 한다.

모든 존재에 대한 한량없는 자비로 구현된 보살(보디사트바) 의식에서 우러나온 애국가를 작곡한 사람이 우리에게 있다는 것은 여전히 더할 나위 없이 행복한 일이다.

보디사트바가 최대한 많은 사람을 슬픔과 혼란에서 빛으로 이끌기 위해 20세기에 나타난다면, 교회나 아쉬람이 아닌 텔레비전에, 그것도 어린이 텔레비전에 등장했을 것이다. 신경학적으로 마음이 맑고 유연한 사람에게 접근하기 위해서 말이다. TV에 나온 현자는 느긋하게 마음챙김이 깃든 속도를 보여주며, 모든 행동과 말 사이에 충분한 침묵의 여유를 두고, 인내심 있게 상식적인 대화를 나누며, 아마도 과장된 두려움을 없애기 위해 소소한 노랫말로 착한 아이들이 뒤틀린 어른이 되지 않게 도움을 줄 수 있었을 것이다.

이것이 프레드 로저스가가 1968년부터 2001년까지 895회에 걸쳐 '미스터 로저스의 이웃집(Mister Rogers' Neighborhood)'이라는 에피소드를 통해 한 일이다. 세상을 깨우치는 이런 위대한 역할로 그는 부처와 성인보다 더 많은 것을 이루었다. 한 30년 전쯤 그를 인터뷰할 기회가 있었는데, 카드를 들고 다니면서 바로 앞에서 상담을 해주는 스님이나 현자와 비슷했다. 어느 순간, 그는 인터뷰에서 방향을 바꾸어 나를 주인공으로 만들고, 내 안에 소멸할 수 없는 선함이 존재함을 깨닫게 했다. 세션을 끝날 때쯤 나는 눈물을 흘리고 있었다.*

"별이 빛나는 깃발"과 마찬가지로 그의 주제곡인 "제 이웃이 되어 주시지 않겠어요?"는 '이웃'이라는 영원히 풀리지 않는 질문을 던진다. 그러나 밤의 폭격을 배경으로 하는 현재의 애국가와는 달리, 이 노래는 밝고 평온하다. 노래는 아름다운 날이라고 선언하는 것으로 시작한다. 미스터 로저스의 세계에서는 하루하루가 항상

---

* 아니다, 프레드 로저스는 군에서 저격수가 아니었다. 그렇다, 그는 목사로 서품받았지만, 종교를 설교하지는 않았다. TV 작업이 그의 사역이었다. 그렇다, 그는 채식주의자가 되었는데, 그 이유는 어머니가 들어 있는 것을 먹고 싶지 않았기 때문이다.

아름다운 날이고, 날씨와는 아무 상관이 없다. 맑은 눈으로 본 삶은 본질적으로 아름다울 수밖에 없다—우리에게 보이는 것은 청명한 하늘뿐이다.

이런 시각은 어디에서 이루어져야 할까? "이웃 안에", 바로 우리가 있는 어느 곳에서나이다. 이것이 미스터 로저스의 모든 작품의 핵심 아이디어이다: 세계는 이웃, 승가, 사랑하는 공동체, 모두가 함께하는 무엇이다. 모두가 시민인 보편적 생태계이다. 물론 자신을 포함해서 말이다. 몇몇 어린이 TV 호스트들(예를 들어 무서운 생일 광대 척코)은 시끄럽고 무례하게 "안녕, 얘들아!"와 같이 인사하며 나타났지만, 미스터 로저스는 온화하게 "안녕하세요, 이웃님"을 사용했다. 그는 분명히 방안에서 가장 현명한 어른, 즉 '미스터'였지만, 각 에피소드를 시작할 때마다 이 노래를 부르며 문을 통과해 들어와 어른의 스포츠 재킷과 가죽 구두를 벗고, 아이들에게 친숙한 스웨터와 운동화로 갈아입었다. (스웨터는 그의 어머니가 뜨개질해 준 것이었다.)

두 번째 절에서 우리는 "이 동네의 아름다운 날"에서 "이 아름다운 숲속의 이웃 같은 날"로 넘어간다. 그렇다, 이건 금붕어의 죽음 같은 어려운 주제를 다루기 전에 모두가 긴장을 풀도록 유도하는 가벼운 넌센스이다. 하지만 이는 또한 우리의 비분리성을 은연중에 암시한다.

휘트먼의 표현을 빌리자면, "나에게 속한 모든 원자는 너에게 속한 것만큼이나 소중하다"는 얘기다. 개인(이웃), 환경(동네, 숲), 그리고 이 둘의 본성인 숭고한 아난다(아름다움)가 모두 하나의 유기체로서 유쾌하게 어우러져 있다. 네 이웃을 네 몸과 같이 사랑하라는 말은 자신만큼이 아니라 바로 자신처럼 사랑하라는 뜻이다. 집, 학교, 세상 등 어떤 폐쇄적인 시스템 속에서도 우리가 하는 모든 일은 우리에게 되돌아온다. 이런 방식으로 우리가 둘이 아니라는 진실이 계속 펼쳐진다. 우리가 소위 카르마라고 부르는 것은 오른손이 왼손을 때리면 둘 다 상처를 입는다는 사실을 깨닫는 일이다. 그러니 조심하라.

노래의 브릿지(bridge)*에서 반복되는 키워드는 "항상"이다. 로저스 씨는 모든 면에서 우리와 같은 이웃을 원했다고 말한다. 다시 말하지만, 이것은 원초적이고 기존의 진실에 대한 선언이다. 우리는 태어나기 전부터 이미 사랑을 받고 있었다. 이것의 의미는 우리의 사랑스러움이 우리가 존재한다는 사실 외의 다른 어떤 것에도 의존하지 않는다는 뜻이다. 로저스 씨가 우리에게 늘 상기시키는 것처럼 당신은 매일 매일을 특별한 날로 만들고 있다. 당신이 존재

---

* 브리지(bridge)는 곡의 구조에서 주로 중간에 나오는 새로운 구간을 의미한다. 브리지는 보통 곡의 주요 멜로디나 반복되는 구간(예: 벌스와 코러스)과는 다른 분위기나 변화를 제공하며, 곡에 다양성과 감정적인 전환을 추가한다. Mr. Rogers의 "*Won't You Be My Neighbor?*" 노래에서 브리지(bridge)는 따뜻하고 초대하는 메시지를 강조하는 중요한 부분이다. 이 부분에서 노래는 청중에게 직접적으로 말을 거는 느낌을 준다.

한다는 바로 그 사실만으로 말이다. 단지 이 사실만 숙지하고 있다면—모두가 내재적 신성을 공유하고 있다는— 우리는 세상을 구할 수 있다. 이 노래의 마지막 대사는 "가장 아름다운 날을 만들자"고 간청하며 이 임무의 시급성을 인식시키려는 것으로 보인다. 존재의 본질적인 아름다움은 우리에게 선택의 기회를 제공한다. 허클베리 핀처럼 우리도 두 가지 사이에서 결정을 내려야 한다. 우리는 이 기회를 최대한 활용하여, 아름다움에 자신을 열고, 아름다움에 헌신하고, 아름다움에 부응하여, 자신과 타인을 바라보고 대하는 방식에서 아름다움이 우리 자신을 통해 빛나게 할 수 있다. 그렇지 않으면 우리를 앞서간 많은 세대처럼 아름다움에 등을 돌린 채 모두를 고통의 쳇바퀴로 몰아넣을 수도 있다.

정말 긴박한 일이다. 노래가 끝나감에 따라, 로저스씨는 "부디"라는 단어를 세 번이나 반복한다. 그는 "당신이 내 이웃이 돼주지 않겠어요?"라고 아주 간절히 호소한다. 모든 것이 쉽게 그렇게 될 수 있다.

공공장소에서 프레드 로저스를 만난 사람들은 즉흥적이고 행복한 코러스인 "내 이웃이 돼주지 않겠어요?"를 합창하는 것으로 유명한데, 이 행복한 코러스는 애국가의 위상이 무엇인지를 보여주는 것이다. 조금 더 강렬한 음악을 원해도 용서받을 수는 있다.

어느 따뜻한 토요일 저녁, 나는 산타모니카의 메인 스트리트를 베스파를 타고 달리고 있었다. 빨간불이 켜졌을 때 나는 파티를 위해 준비된 검정 드레스로 화려하게 치장한 20대 여성들로 가득 찬 커다란 파란색 컨버터블 옆에 차를 세웠다. 사운드 시스템을 최고로 올린 채 모두가 황홀감에 취해 들썩거렸고, 신호등이 초록색으로 바뀌자 아레사 프랭클린과 한목소리가 되어 "R—E—S—P—E—C—T! 이게 무슨 뜻인가요!"를 밤이 찢어져라 외쳐댔다.

그래서 … 우리에게 마지막 후보자 한 명이 남았다.

이 노래의 기본 전제는 미스터 로저스의 노래와 비슷하다. 좋은 이웃이 된다는 것은 서로를 존중하는 것이다. 하지만 오티스 레딩(Otis Redding)이 1965년에 발표한 "존중(Respect)"의 원곡*은, 빠른 템포와 펑키한 혼(Horn) 섹션에도 불구하고 사실은 애달픈 탄원이다. 핵심적이면서도 뜻밖의 가사는 2절에 등장한다. 수많은 록과 R&B 곡들이 "다른 남자와 바람피우는 걸 절대 용서하지 않겠다"는 내용으로 가득 차 있는 반면, 여기서 오티스는 연인에게 "원한다면 바람피워도 돼, 자기! 내가 없을 때 말이지. … 하지만 집에 와서는 날 존중해 줘!"라고 말한다. 굴욕적인 말이다. 존중에 대한 그의 호소는 절망적이리만큼 무기력하게 들린다. 그는 진정으로 존중받기를 갈망하지만 명백히 그것은 좌절될 것이다.

아레사는 다르다. 그녀와 그녀의 자매들(백업 가수 에르마와 캐롤라인 프랭클린)은 가사를 약간 수정하고, 강력한 편곡을 만들어 곡에

---

* Otis Redding의 1965년 원곡 "Respect"는 사랑과 관계에서 상대방의 존중을 간절히 바라는 남자의 마음을 담고 있다. 노래에서 화자는 자신이 집 밖에서 열심히 일하며 돈을 벌어오니, 최소한 집에 돌아왔을 때는 존중(respect)을 받고 싶다고 호소한다.

전혀 다른 느낌을 주었다. 아레사는 존중이란 준비되었든 아니든 상관없이 주장되는 것이라고 선언했다. 덕분에 이 노래는 1967년부터 민권과 여성권의 찬미가가 되었고, 지금은 우리 모두의 노래가 되었다.

오티스의 불만은 여성과의 관계만을 의미하는 게 아니다. 그것은 삶에 대한 불만이고 패배와 완전한 무용성을 인정하는 것이다: 내가 무엇을 하던 다 엇나가게 될 것이다. 바라는 것은 삶의 잔인한 악의가 면전에서 뒤통수를 치지 않았으면 하는 것이다. 그렇게 되면 내게는 일 푼의 존엄성도 남지 않을 것이기 때문이다. 아레사가 그의 질문에 자신의 버전으로 답할 때, 그녀는 여성뿐만이 아니라 삶을 겨냥하여 답하는 것이다. 그리고 맞다, 그녀는 자격이 있다—그녀는 영혼의 여왕이고 궁극적으로 오바마 취임식에서 거대하고 장엄한 여신의 자리에 올랐고, 평범한 인간은 절대 피할 수 없는 활로 된 왕관을 썼으니까.

아레사 프랭클린은 이 중요한 2절을 재해석하며, 오티스의 악의적인 가정을 뒤엎는다. 그녀는 "당신이 없는 동안 잘못하지 않을 것"이라고 노래하는데, 이는 마지못해 하는 양보가 아니라 "잘못을 하고 싶지 않기 때문"이라고 말한다. 인간적인 차원에서 이는 깨우친 윤리이며, 숨 쉬는 것만큼 자연스러운 도덕성이다. 종교의 금지 규율들은 우리가 아직 다른 사람들을 타인으로 보고, 착취의 대상으로 여길 때 우리의 행동을 규제하기 위해 존재한다. 그러나 우리가 그들을 우리와 분리되지 않은 존재로 보기 시작하고, 누구를 착취하지 않아도 흔들림 없이 행복해진다면, 그 규칙과 규제는 불필요해진다. 살인하지 말라고? 도둑질하지 말라고? 간통하지 말라고? 문제없다. 하고 싶지 않으니까.

우주의 차원에서 "난 원하지 않아"라는 말은, 우리 여신이 자비로운 존재임을 뜻한다. 그녀는 우리에게 존재의 풍요로움을 베푸는 여신이다. 아레사 프랭클린이 노래하듯, 그녀는 자신의 모든 돈뿐만 아니라, 꿀보다 더 달콤한 입맞춤도 우리에게 준다. 힌두교에서 사람들은 그녀를 락슈미(Lakshmi)라고 부르며, 손에서 황금빛 동전이 끊임없이 흘러내리는 모습으로 묘사한다. 버지니아 울프는 그녀를 램지 부인(Mrs. Ramsay)이라 부르며, "모두를 위한 풍요로움"을 지닌 존재로 그린다. 샐린저는 그녀를 뚱뚱한 여인(The Fat Lady)이라고 부른다. 지금 이 글을 읽고 있는 당신—수많은 불확실성과 역경 속에서도, 우주는 당신을 키우고, 성장시키고, 여기까지 오게 했다. 설령 다음 순간 당신이 죽는다 해도, 그것은 여전히 아주 많은 사랑이 있었던 삶이다.

그러니 감사는 마땅하다. 삶은 좋은 것이다. 만약 당신이 그렇게 생각지 않더라도, 그것조차 이해가 된다. 공간과 시간 속에서 벌어지는 현상들만 본다면, 확실히 구원받지 못한 많은 고통을 볼 것이다. 그렇다면 인생은 여신의 돌봄이 없는 고약한 현실일 뿐이고, 결국 우리는 그렇게 죽게 된다. 모든 현상의 근저에 있는 비현상적 존

재의 본질적인 선함을 보려면, 더 깊고 맑은 시야가 필요하다. 그것을 깨달음(enlightenment)이라고 부르며, 그것이 바로 다르마 프로젝트(Dharma project)이다.

한편, 시야가 맑아지면 알게 되겠지만, 우리는 이제껏 줄곧 보살핌을 받아왔다. 여신, 신, 우주 등 어떤 표현이 더 적절할지 모르겠지만 말이다:

> 내가 눈먼 이들을 그들이 알지 못하는 곳으로 인도할 것이다. 나는 그들 앞의 어둠을 빛으로 바꾸고 거친 곳을 평평한 땅으로 만들 것이다. 이것이 내가 할 일이며 나는 그들을 버리지 않을 것이다.
>
> — 이사야 42:16

그리고 그녀가 당신에게 요구하는 것은 그저 약간의 존중뿐이다. 그것도 아주 조금.

그게 무슨 뜻일까? 다시 뒤돌아 살펴보자. 당신이 간과하고 있는 것이 무엇인지 살펴보라. 당신을 위해 준비된 길과 빛, 평평한 땅이 보이지 않는가? 다시 보라. 자녀나 반려견, 전 애인이나 싫어하는 정치인의 눈을 통해 하느님이 당신을 보고 웃고 있지 않은가? 다시 보라. 면접을 보러 가는 길에 펑크 난 타이어를 바꾸려고 정신없이 애쓰면서도 매 순간 조용히 웃고 있는 무한한 사랑이 느껴지지 않는가? 다시 보라. 저 현수막이 아직 흔들리고 있거나 의식의 상상 속 경계가 녹아내리는 것이 보이지 않는가? 눈을 감았다가 다시 떠보라.

이 스물두 개의 장에서 우리는 무엇을 배웠는가? 오래된 책을 꺼내서 다시 읽은 것 말고는 아무것도 하지 않았는가? 이제 우리는 모래알에서 세상을 보고 야생화에서 천국을 보라고 조언했던 블레이크의 이야기로 돌아왔다. 아직도 보이지 않는가? 다시 보고 필요하다면 반복해 보라. 걱정하지 말라, 신이 당신을 기다려 줄 것이다. 그리고 자신과 옆에 존재하는 동료들을 다시 바라보며, 아직 그들이 당신과 하나인 순수한 빛으로 인식되지 않는다면, 일단 모두가 하나의 빛이라 가정하고, 모든 사람을 그렇게 대하라.

케루악은 "만사가 순리대로 이루어지고, 친절을 행하면, 천국이 가까이에 있다"고 말했다. 모든 것은 단순하다.

자, 그럼, 어디서든 다시 만나자. 긴 글에 동반해 주어서 감사하다.

감사의 말

저의 독특한 비전을 처음부터 믿어주신 에이전트 리사 헤이건에게 깊은 감사를 드립니다. 제 최고의 아이디어를 육성해 주시고 최악의 순간에서 구해 주신 편집자 제이슨 가드너에게도 감사드립니다. 또한, 이 책을 만드는 모든 과정에서 각별한 사랑과 정성을 기울여 주신 신세계 출판사의 모든 팀원들께도 감사드립니다.

이 프로젝트를 다양한 방식으로 도와주신 친구들, 특히 캐서린 베일리, 후딩 청, 신시아 에번스, 제스 팔론, 아담 페라라, 헨리 데이비드 소로 협회의 마이클 프레더릭과 브렌트 라날리, 다니엘 잭슨, 고故 밥 모리슨(행복한 여정을 기원합니다, 친구여), 칼 노먼, 로렌 로젠버그, 테드 슐츠, 케이라 슈워츠, 사라 스갈랏, 데이브 스탠턴, 그리고 특히 저와 함께 글을 쓰는 형제들인 마이클 에임스와 필 골드버그에게 깊은 감사를 드립니다. 루퍼트 스피라는 초기 단계에서 중요한 격려를 해주셨고, 비이원적 실재에 대한 완벽하고 자비로운 지침을 보여주는 모범이 돼주었습니다.

과거와 현재, 동양과 서양, 실제와 가상의 상가(승가) 형제자매들, 그리고 1977~2010년 동안의 핑리 스쿨에서 함께한 학생들과 동료들에게도 감사드립니다. 제 능력을 제가 알기 전에 알아봐 주신 짐 핸들린에게, 그리고 불완전하게 복구된 히피를 교실에 풀어

볼 용기를 내어주신 고故 교장 H. 웨스콧 커닝엄 3세(이건 제가 지어낸 이름이 아닙니다)에게도 특별히 감사드립니다. 또한 1973~75년 동안 마하리쉬 국제대학교(MIU)의 학생들과 교수진, 그리고 '더티 더즌'이라 불렸던 MIU의 선구적인 교육 조교들에게도 큰 감사를 드립니다.

제가 과분하게도 함께하게 된 가족, 즉 온갖 시끌벅적한 레레아-닥-슬루이터-피즐리-로젠버그 가족에게도 진심으로 감사드립니다.

언제나 제 스승들께 깊은 감사의 마음을 전하며, 그들의 작품을 깊이 고민할 수 있었던 것에 대해 영광으로 생각합니다.

그리고 야파(Yaffa)에게 … 후우우우우우우우.

찾아보기

ㄷ

ㅁ

ㅅ

ㅈ

ㅊ

ㅌ

ㅍ

ㅎ

추천의 글

"정말로 지혜롭고 멋진 책이다. 우리는 위대한 작가들의 작품을 통해 가장 단순하면서도 고귀한 질문들을 탐구할 수 있다. 나는 누구인가? 나는 여기서 무엇을 하고 있는가? 의식의 본질은 무엇인가? 나의 일시적인 에너지를 초월하는 힘과 에너지는 무엇인가? 브라보!"

— 켄 번스(Ken Burns), 영화감독

"『부처님 법을 전한 서양 문학』은 영감과 영적 통찰이 언제 어디서나, 어떤 상황에서도 발견될 수 있음을 아름답게 보여준다. 세속적인 것 속에 숨어 있는 신성을 드러내는 딘 슬루이터(Dean Sluyter)의 작업은 경험 자체로 놀랍고, 정신과 영혼의 만족스러운 축제이다. 음미하며 읽어보길 바란다."

— 마이클 버나드 벡위스(Michael Bernard Beckwith), 아가페 국제 영적 센터 창립자 겸 영적 지도자

"이 책은 지혜롭고 유쾌하며, 영감을 주는 동시에 영감으로 가득하다. 독자에게 완전히 새로운 시각을 열어 준다."

— 코니 츠바이크(Connie Zweig), 심리학 박사, 『The Inner Work of Age』 저자

"딘 슬루이터는 섬세하면서도 유머와 명료함이 함의된 익숙한 문학 작품에서 내면적 의미를 끌어내고, 위대한 지혜 전통의 핵심에 자리한 비이원적 이해를 드러낸다. 그는 문학적 과거를 통해 우리 자신의 본질적 본성을 깨닫는 길을 제시한다."

— 루퍼트 스파이라(Rupert Spira), 『Being Aware of Being Aware』 저자

"이 책은 문학 애호가들을 신비주의적 전사로, 영적 구도자들을 문학 애호가로 변화시킬 마법을 담고 있다. 책벌레와 내면 탐구자, 신앙인과 초심자 모두에게 필독서이다."

—마이클 임페리올리(Michael Imperioli), 배우·작가·영화감독

"계몽적이다! 위대한 문학 작품 속에 담긴 영적 지혜를 밝히고, 이 지혜를 자신의 삶에 적용할 수 있도록 안내하는 훌륭하고 아름답게 쓰인 책이다. 읽는 즐거움이 크고, 재치도 넘친다."

— 피터 러셀(Peter Russell), 『Letting Go of Nothing』과 『From Science to God』 저자

"재미있고, 날카롭고, 호기심을 일으키는 지혜로운 『부처님 법을 전한 서양 문학』은 영적 삶의 굽이굽이를 따라가는 서정적 여정을 선사한다. 이 책은 단순히 우리에게 말할 뿐만 아니라, 독서가 급진적이고 해방적인 행위가 될 수 있음을, 책이 우리를 깨우고 영원히 변화시킬 수 있음을 보여준다."

— 윌라 블라이스 베이커(Willa Blythe Baker), 박사, 내추럴 다르마 펠로우 창립 교사

"가볍고 유쾌하며 독창적이다. 산들바람처럼 상쾌하다. 문학과 영성을 사랑하는 독자라면 슬루이터의 신선한 시각을 분명히 즐길 것이다."

— 퍼블리셔스 위클리(*Publishers Weekly*)

"나는 이 통찰력 있고, 매혹적이며, 철저히 독창적인 책을 사랑한다. 기존의 종교 안내서의 무미건조한 전통을 과감히 넘어서, 동서양의 위대한 문학 작품에 담긴 영원한 지혜를 드러낸다. 이 책들에 다소 익숙한 독자라 해도, 딘 슬루이터의 새로운 관점에 매료될 것이다."

— 라비 라미 샤피로(Rabbi Rami Shapiro), 『Perennial Wisdom for the Spiritually Independent』 저자

"이 책은 평범한 다르마(dharma)에 관한 책도, 일반적인 문학책도 아니다. 서양 문학 속에서 다르마의 길을 발견하도록 돕는 기발하고, 통찰력 넘치는, 때로는 대담한 여정이다. 딘 슬루이터는 당신이 바라던 바로 그 문학 스승이며, 이 여행은 반드시 경험할 가치가 있다. 안내는 매력적이고, 동행은 훌륭하며, 관점은 우주적이다. 그리고 여행에서 돌아올 때 우리는 근본적인 희망을 얻게 된다."

— 요가차리야 엘렌 그레이스 오브라이언(Yogacharya Ellen Grace O'Brian), 『The Jewel of Abundance』 저자

"이 책은 『죽은 시인의 사회』와 부처님이 만나는 곳이다. 딘 슬루이터는 아무도 알아채지 못하는 지혜의 보석을 발견해 내는 능력을 가졌다. 블레이크, 샐린저, 디킨슨, 그리고 슬루이터의 올스타 작가들이 자신의 작품이 이런 깊이 있는 깨달음과 기쁨의 통찰로 평가받는 것을 기쁘게 여길 것이라고 나는 확신한다."

— 필립 골드버그(Philip Goldberg), 『American Veda』 저자

"이 놀라운 책은 모든 것을 다룬다. 20개가 넘는 영문학과 미국 문학 명작들의 배경 이야기, 서사 구조, 그리고 초월적인 의미까지 포괄한다. 딘 슬루이터는 존 던에서 토니 모리슨에 이르는 사랑받는 작가들의 작품을 비교하며, 우리가 소설과 시를 통해 얻는 기쁨과 지혜를 축복한다. 이 책은 교육자와 학생 모두에게 계속 읽고, 성찰하고, 인류에 대한 신뢰를 유지하도록 영감을 줄 것이다."

— 크리스토퍼 키 채플(Christopher Key Chapple), 로욜라 메리마운트 대학교 인도학 및 비교신학 교수, 『Living Landscapes』 저자

"딘 슬루이터는 강렬하고 깨우침을 주는 작가이다. 그의 최신작에서 그는 서양 문학의 위대한 고전들에 자신의 빛과 지혜, 그리고 넘치는 재치를 비추고 있다. 셰익스피어에서 닥터 수스까지 아우르는 그의 초광각 렌즈를 통해 우리는 신성한 가르침과 고대의 진리를 발견하기 위해 멀리 여행할 필요가 없음을 알게 된다."

— 자이 우탈(Jai Uttal), 성스러운 음악 작곡가·가수·연주자

딘 슬루이터는 1970년부터 명상을 가르치고 워크숍과 피정을 이끌어 왔다. 그의 활동 장소는 아이비리그 대학부터 최고 보안 등급의 교도소까지 다양하다. 여러 전통의 현자들에게 배움에 대한 깊은 감사를 느끼는 그는 인도, 티베트, 네팔, 그리고 서부에서 수많은 피정과 순례를 경험했다. 딘의 이전 저서로는 2015년 노틸러스 골드 어워드에서 신체, 마음, 영혼 실천 부문 최고의 책으로 선정된 『내추럴 명상』이 있다. 그는 「코스트 투 코스트 AM」, 「내셔널 퍼블릭 라디오」, 「뉴욕 타임스」, 「오프라 매거진」, 「트리사이클: 불교 리뷰」, 「USA 투데이」 등 다양한 매체에 출연했다.

1977년부터 2010년까지 딘은 뉴저지의 핑리 스쿨에서 영어를 가르치며 깨달음의 문학 프로그램을 개발했다. 현재 산타 모니카에 거주하며 명상 교육을 하고, 웨스트사이드 쓰레쇼드 합창단에서 노래하며, 우쿨렐레로 옛 노래를 연주하고, 베스파를 타고 즐겁게 돌아다닌다. 그는 다큐멘터리 영화감독 야파 레아와 결혼했다.

더 많은 정보는 DeanSluyter.com에서 확인할 수 있으며, 강연과 가이드 명상은 YouTube에서 "Dean Sluyter"를 검색해 보기 바란다.

옮긴이 양윤희

소설 작가.

「반복 충동과 포스트모던 소설」로 영문학 박사 학위를 받고, 경희대학교 후마니타스 칼리지에서 인문학을 가르쳤으며, 현재 경희대학교 부설 비폭력연구소에서 감정 연구를 하고 있다.

옮긴 책으로 『천 에이커의 땅에서 Ⅰ, Ⅱ』, 『요술 부지깽이』, 『감정의 재탄생』 등이 있고, 2021년 메타픽션 소설집 『두 달 뜨는 밤』을 펴냈다.

대원불교 학술총서 42 불교에 심취한 서양 작가들

초판 1쇄 인쇄 2026년 1월 20일 | 초판 1쇄 발행 2026년 1월 28일

지은이 딘 슬루이터 | 옮긴이 양윤희

펴낸이 김시열 | 펴낸곳 도서출판 운주사

(02832) 서울시 성북구 동소문로 67-1 성심빌딩 3층

전화 (02) 926-8361 | 팩스 0505-115-8361

ISBN 978-89-5746-877-912-5 03220 값 32,000원

http://cafe.daum.net/unjubooks 〈다음카페: 도서출판 운주사〉